T. H. L. Parker

Johannes Calvin
Ein großer Reformator

T. H. L. Parker

# Johannes Calvin
## Ein großer Reformator

**SCM** Hänssler

# SCM

Stiftung Christliche Medien

Bestell-Nr. 394.830
ISBN 978-3-7751-4830-6

© 2006 T. H. L. Parker. Original edition published in English under the title
›John Calvin‹ by Lion Hudson plc, Oxford, England.
Copyright © Lion Hudson plc 2006.

© Copyright der deutschen Ausgabe 2009 by
SCM Hänssler im SCM-Verlag GmbH & Co. KG · 71088 Holzgerlingen
Internet: www.scm-haenssler.de
E-Mail: info@scm-haenssler.de
Übersetzung: Volker Jordan M. A.
Umschlaggestaltung: Jens Vogelsang, Aachen
Titelbild: shutterstock.de
Satz: Bittner Dokumedia, Hoisdorf
Druck und Bindung: CPI – Ebner & Spiegel, Ulm
Printed in Germany

Für Mary

# Inhalt

# Vorwort

Vier ausführliche Biografien über Calvin erschienen zwischen 1900 und 1936 in englischer Sprache. Sie stammen von Williston Walker (1906), H. Y. Reyburn (1914), R. N. C. Hunt (1933) und J. Mackinnon (1936). Eine Auswahl zwischen ihnen zu treffen, wäre schwierig, denn man kann aus jeder von ihnen viel lernen. Reyburns Buch ist zu Unrecht vernachlässigt worden; zweifelsohne litt es daran, dass es im Jahr des Ausbruchs des Ersten Weltkriegs veröffentlicht wurde. Reyburn schöpft die Originalquellen gut aus und zitiert reichlich aus ihnen. Nichtsdestoweniger ist Williston Walkers *John Calvin* eine viel überzeugendere und scharfsinnigere Biografie. Ihr jüngst erfolgter Nachdruck ist begrüßenswert.

Als ich gebeten wurde, eine neue Lebensbeschreibung über Calvin zu verfassen, stimmte ich aus mehreren Gründen gerne zu. Dass fast vierzig Jahre vergangen waren, nachdem das letzte der gerade erwähnten Bücher erschienen war, ist von mehr als gewöhnlicher Bedeutung, denn diese vierzig Jahre brachten große Veränderungen sowohl in der Welt im Allgemeinen als auch in der Kirche im Besonderen mit sich. Walker, Reyburn und sogar Hunt schrieben in einer Welt vor Hitler, d. h. in einer Welt, die nicht aus erster Hand wusste, was schlimme Verfolgung für die Kirche bedeutet. Es ist für Calvin-Studien nicht irrelevant, dass die Bekennende Kirche sich so beflissentlich gerade Luther und Calvin zuwandte, Männern, die das Wort redeten, dessen sie zu ihrer Stärkung bedurfte. Man kann nicht mehr so über Calvin schreiben, als ob er im deutschen »Kirchenkampf« keine Rolle gespielt hätte.

Außerdem steht zwischen den dreißiger und den siebziger Jahren des letzten Jahrhunderts das Zweite Vatikanische Konzil. Die Veränderungen und Entwicklungen, welche in der römisch-katholischen Kirche bereits stattgefunden haben, wirken sich ganz besonders auf die Interpretation Calvins aus. Es ist kein Zufall, dass einige der interessantesten und kreativsten Arbeiten über ihn in den zurückliegenden etwa zehn Jahren von römisch-katholischen Wissenschaftlern vorgelegt worden sind. Ist es vielleicht so, dass sie, nachdem der alte polemische Geist abgelegt worden ist, Calvin entdecken und merken, dass sie in beachtlichem Ausmaß dieselbe Denkwelt teilen?

Und noch etwas: Nur bei Mackinnon ist der Einfluss von Karl Barth erkennbar, und zwar mit eher geringer Aussagekraft. Doch wenn man Calvin heute behandeln wollte, ohne sowohl Barths Kritik an Calvin als auch das neue Licht, das er auf viele Lehren Calvins geworfen hat, zu berücksichtigen, würde man sich selbst als hoffnungslos archaisch disqualifizieren. Offensichtlich kann man den Autoren, die sich Anfang des letzten Jahrhunderts über Calvin äußerten, kaum ihren Lebenszeitraum vorwerfen. Ihr Zeitalter brachte für sie gewisse Vorteile mit sich, um die wir sie beneiden können – insbesondere, dass sie in derselben geordneten Welt lebten, welche Calvin bewohnte, und mit ihm dieselbe klassische Tradition teilten. Jemandem, der nach dem Zweiten Vatikanischen Konzil und nach Karl Barth lebt, erscheinen sie jedoch als erschreckend schwache Interpreten seiner Theologie – zweifellos, weil sie meinten, dass diese der Vergangenheit angehöre. Außerdem vermittelten sie, da sie Calvins Predigten und Bibelauslegungen nicht näher kannten, dadurch, dass sie diese zentralen Arbeitsbereiche vernachlässigten, ein unausgewogenes Bild des Genfer Theologen.

Was die nackten Tatsachen betrifft, so fügt das vorliegende Buch dem bereits Bekannten wenig oder nichts hinzu. Doch in einer- oder zweierlei Hinsicht darf es für sich beanspruchen, ein wenig anders zu sein. So widmet es der Studentenzeit Calvins größere Aufmerksamkeit, indem es sein universitäres Leben und seine universitären Studien ausführlicher darstellt, als dies in früheren Biografien geschehen ist. Es berücksichtigt auch seine Bibelauslegungen und seine Predigten stärker. Noch bedeutsamer ist jedoch die Interpretation Calvins. Während der Abfassung des Buches nahm er für mich immer mehr den Charakter und die Statur eines Lehrers der katholischen Kirche an. Ein »Reformator«? Ja, gewiss, denn es ist das Amt eines Kirchenlehrers, die Kirche zu reformieren – und *ecclesia reformata semper reformanda*. Aber Calvin war nicht bloß »Reformator« im historischen Sinne, nicht nur der erste der Calvinisten, der Calvinianer, der »Reformierten«

oder der Presbyterianer. Vielmehr war er in einer Zeit, als die Kirche des Westens provinziell geworden war, ein Lehrer der katholischen Kirche. Vielleicht wird dies zum Leser so stark durchdringen, wie ich selbst es empfunden habe.

Es bleibt mir noch übrig, meinen Dank auszusprechen. Erstens an Professor H. S. Offler von der Universität Durham für seine Anleitung – und seine warnenden Hinweise! – zu jenem äußerst schwierigen und komplexen Thema der Universität Paris im frühen 16. Jahrhundert. Ich hoffe, er wird mit meiner Umsetzung seiner Ratschläge nicht unzufrieden sein. Ich möchte auch jenen Mitarbeitern der Universitätsbibliothek von Durham, die für Fernleihen verantwortlich sind, für ihre Geduld und Hilfestellung danken. Meinen Dank bin ich auch den Lektoren der Erstausgabe schuldig, sowohl für ihre Langmut im Laufe der Jahre als auch für die zahlreichen wertvollen Vorschläge, die sie mir unterbreiteten. Und nicht weniger bin ich dem aktuellen Verlag dafür dankbar, dass das Buch in einer Neuauflage erscheinen darf. Wenn ich keine weiteren Danksagungen für empfangene Hilfe ausspreche, so geschieht dies nur in *direktem* Bezug zu diesem Buch. Eine Auflistung jeder indirekten Hilfe, die ich im Laufe der Jahre zu diesem Thema empfangen habe, würde den Rahmen unseres Vorwortes bei Weitem sprengen.

*T. H. L. Parker*

# Einleitung

Unsere Geschichte handelt von einem Mann der Ordnung und des Friedens, der in eine Welt des Konflikts hineingeboren wurde. Von Natur aus, seiner Erziehung und seiner Überzeugung nach ein Konservativer, gehörten seine Ideen zu den revolutionärsten in ganz Europa. Die tendenziell aristokratische Ordnung, die er lobte und deren Etablierung er sein Leben widmete, wurde in den nachfolgenden Jahrhunderten zu einer der Plattformen für die Demokratie. Seine Theologie war im Grunde so altmodisch, dass sie als eine Neuerung anmutete. Er selbst, ein Liebhaber schattiger Pfade und abgelegener Haine, fühlte sich genötigt, einen äußerst schwierigen und höchst beschwerlichen Dienst unter misstrauischen Fremden anzutreten. Und schließlich sollte er, der Mann, der die Notwendigkeit der Einheit besser als jeder andere in seinem Jahrhundert verstand, bevor er starb, nicht nur drei »Hauptkirchen« in Europa (von denen eine ihn als ihren Führer anerkannte) sehen, sondern auch erleben, dass die religiösen Differenzen sich zum ersten der grausamen Bürgerkriege verdichteten. Er selbst schuf den Konflikt nicht. Er war der Kultur, der Theologie und der Politik seiner Zeit immanent. In der Tat hätte niemand, der ein öffentliches Amt bekleidete, den Konflikt vermeiden können. Er trug ihn entweder in sich selbst, oder er erlebte, wie seine eigenen Handlungen, vielleicht sogar Handlungen, die auf Konfliktlösung abzielten, sich in fataler Doppeldeutigkeit gegen sich selbst richteten. Willibald Pirckheimer, der Humanist aus Nürnberg, ist ein Beispiel dafür, Guillaume Briçonnet ein weiteres, Sir Thomas More ein drittes. Es wurden Versuche angestellt, den Konflikt auszugrenzen (das Trienter Konzil kann man in diesem Lichte betrachten), doch das bloße Verschließen der Tür trieb den Konflikt nicht von der Eingangsstufe weg. Die Bedrohung beunruhigte, wenn sie nichts anderes vermochte, dennoch diejenigen, die drinnen waren.

Die Welt, in welche Calvin hineingeboren wurde, war bereits durch den Konflikt gekennzeichnet, den er in solch bemerkenswertem Maße verkörpern sollte. Doch nur die scharfsichtigsten Beteiligten erkannten die Veränderungen als eine Revolution. Für die gewöhnlichen Leute sah ihr Lebenslauf noch genauso aus, wie er in der Zeit ihrer Urgroßväter ausgesehen hatte. Zwischen 1400 und 1500 hatte es keine derart einschneidenden technologischen Entwicklungen und entsprechenden Veränderungen im Leben gegeben, wie sie die Welt, in welche mein Vater vor über einhundert Jahren hineingeboren wurde, in die Welt, in der ich heute schreibe, umgestalteten. Das frühe 16. Jahrhundert sah große Veränderungen im Baustil, da die Notwendigkeit der Verteidigung kaum noch bestand, die Einführung des Schießpulvers revolutionierte die Kriegsführung, und die Druckerpresse stieß die Türen der Erkenntnis weit auf; selbst der Horizont wurde dramatisch erweitert, als Entdeckungsreisende neue Welten erkundeten. Doch der Bauer, der Landbewohner, der Handwerker, die Hausfrau und das Kind machten sich alle ziemlich auf die gleiche Weise wie ihre fernen Vorfahren an ihre Aufgaben und wurden dabei nur entfernt durch die Druckerpresse, das Schießpulver oder die beiden Amerikas beeinflusst. In vielerlei Hinsicht war das Leben im Jahre 1500 weniger instabil als im Jahre 1400. Nur einige wenige erkannten die Bedeutung der Spannungen in ihrer Gesellschaft, und überhaupt niemand konnte etwas von den radikalen Veränderungen ahnen, die im Blick auf die Struktur der Kirche, des Staates und sogar der Gesellschaft in dem Jahrhundert, welches gerade begann, bevorstanden.

Zwar konnte sich das niemand vorstellen; viele aber konnten eine vage Bedrohung ihrer Existenz befürchten. Eigentümlicherweise waren es die Obskuranten, deren Einschätzung ihrer Welt sich als richtig herausstellte. Die christlichen Humanisten des 15. Jahrhunderts glaubten, dass sie eine Synthese zwischen dem Christentum und den klassischen Kulturen von Griechenland und Rom erreichen oder – falls das zu weit ging – dass sie die alten Philosophien in den Dienst des Evangeliums stellen könnten, und dies alles, ohne das Gefüge der Gesellschaft durcheinanderzubringen. Doch schließlich beschleunigten ihre Umtriebe die Säkularisierung Europas, der die Obskuranten Einhalt bieten wollten. Ferner war das Studium der griechischen Sprache etwas Wünschenswertes, das den Schüler nicht nur in den Klassikern, sondern auch im Neuen Testament und in den griechischen Kirchenvätern unterweisen konnte. Doch die Obskuranten hatten einen gesunden Instinkt: Die Wiederbelebung des Griechischen bedeutete den Anfang vom Ende für die lateinische Kirche, zumindest in ihrer damaligen Gestalt.

Die Reformer dachten auch nicht an ein Schisma, als sie Verbesserungen in der Organisation der Kirche vorschlugen. Die Obskuranten merkten, wie ihre Befürchtung wahr wurde, dass dies (wie sie sagten) der Anfang vom Ende war. Zur Zeit der Geburt Calvins im Jahre 1509 hatte sich der latente Argwohn jedoch noch nicht so herauskristallisiert, wie dies in den nächsten zehn Jahren der Fall sein sollte. Das letzte große Kirchenkonzil war siebzig Jahre zuvor in Basel zusammengetroffen. Es waren Forderungen nach einer Kirchenreform laut geworden. Die durchgeführten Reformen vermochten den Bedürfnissen der Kirche nicht zu entsprechen und infolgedessen die gestellten Forderungen nicht zum Schweigen zu bringen. Ein weiteres Konzil versammelte sich ab dem Jahr 1512; doch das erstaunlichste Charakteristikum dieses Fünften Laterankonzils war seine mangelnde Dringlichkeit. Es war die letzte Chance der römischen Kirche, bevor Luther mit seiner verblüffenden Fähigkeit zum Verständnis der inneren theologischen Bedeutung praktischer Themen, mit seiner Kühnheit und Sturheit im Behaupten und Verteidigen seiner Überzeugungen und seiner Brillanz und Sprachgewalt als Schriftsteller auf den Plan trat.

Die Rezeption Luthers durch die Welt war nicht schwer vorauszusagen. Es war zu erwarten, dass er schnell eine große Anhängerzahl hinter sich scharen würde. Seine Theologie war augustinisch, und eine Form des Augustinismus war der offizielle Glaube der Kirche des Westens; für viele bedurfte es keines Opfers ihres Verstandes oder ihres Glaubens, sich auf die Seite Martin Luthers zu stellen. Es war zu erwarten, dass viele Geistliche seine Stellungnahme zum Ablasshandel begrüßen würden, der bereits einen Streitgegenstand darstellte. Es war auch zu erwarten, dass die christlichen Humanisten ihn als einen Gesinnungsgenossen willkommen heißen würden und dass er und seine Anhänger sich ihrer sprachwissenschaftlichen und textlichen Werkzeuge zum besseren Verständnis der Bibel und der Kirchenväter bedienen würden. Das alte Sprichwort, dass Erasmus das Ei legte und Luther es ausbrütete, stellt natürlich eine allzu starke Vereinfachung dar, aber es bringt die tatsächliche Abhängigkeit der Reformation von der sogenannten christlichen Renaissance zum Ausdruck. Vor allem war angesichts der vorherrschenden kirchlichen Verhältnisse die offizielle Reaktion der Kirche auf Luther zu erwarten.

Im Spätherbst 1517 griff Luther den Ablasshandel aus theologischen und pastoralen Gründen an und appellierte an den Papst, sich von den Missbräuchen zu distanzieren und das System zu korrigieren. Der Papst versuchte zunächst, die Angelegenheit zu klären, indem er Disputationen zwischen Luther und bestimmten papsttreuen Theologen anregte. Die Disputationen dienten, weit davon entfernt, ihren Zweck zu erfüllen, lediglich dazu, dass Luther seine Gedanken über das Thema der Autorität klärte, sodass er sich von der Autorität des Papstes zur Autorität der Konzile und schließlich zur Autorität der Heiligen Schrift hinbewegte. Die Tragweite dieser Verschiebung in der bewussten Gefolgschaftstreue kann kaum überbewertet werden. Sie bedeutete, dass die Kirche im Grunde genommen nicht mehr ihre eigene Anklägerin und Richterin war, sondern unter der objektiven Anklage und dem Gericht Gottes in der Heiligen Schrift stand.

Dies war theoretisch immer so gewesen. Nunmehr war es im Denken Luthers ganz praktisch und unmittelbar der Fall. Die angesichts der Verhältnisse unvermeidliche Konsequenz war, dass der Papst Luther exkommunizierte. Doch die Exkommunikation kann einen Menschen zu zwei Handlungsweisen veranlassen. Entweder der Ausgeschlossene tut Buße und wird wieder in die Kirche aufgenommen. Oder er kann auf seinen Meinungen beharren und außerhalb der Kirche weiterleben. Der letztere Verlauf wurde normalerweise durch das Eingreifen der weltlichen Gewalt verhindert; das heißt, er wurde durch Gefangennahme oder Todesstrafe aus der Gesellschaft entfernt. Mehrere zusammentreffende politische Ursachen retteten Luther vor einem solchen Schicksal und sicherten seine Rede- und Handlungsfreiheit für den Rest seines Lebens ab. Und die Tatsache, dass die meisten seiner Anhänger bereit waren, seine Exkommunikation mit ihm zu teilen, brachte mit sich, dass locker miteinander verbundene Christengemeinden außerhalb der römischen Kirche entstanden, die den evangelischen Gottesdienst feierten und zu gegebener Zeit zu protestantischen Kirchen umgestaltet wurden.

In der Schweiz schritt eine Bewegung, die, vielleicht von Luther unabhängig, vielleicht von ihm inspiriert, aber auf jeden Fall ganz ähnlich in ihren Zielen und Methoden war, unter der Führung von Huldreich Zwingli voran und erlangte die religiöse Vorherrschaft in einigen Städten, insbesondere in Zürich, Basel und Bern. Diese radikalere Ausprägung der Reformation breitete sich dann in Teilen von Süddeutschland und im Rheinland sowie über das Meer nach England aus.

In Calvins Heimatland Frankreich waren, nicht weniger als in den Niederlanden, Deutschland und England, die christlichen Humanisten und die Reformer schon vor dem Auftreten Luthers sichtbar. Im zweiten Jahrzehnt des 16. Jahrhunderts gab es eine starke erasmianische Bewegung in Paris, und Rufe nach einer Reform waren schon lange von guten Geistlichen zu vernehmen. Die theologische Fakultät in Paris übte ihre traditionelle Rolle als Verteidigerin und Sprachrohr des katholischen Glaubens in Frankreich aus und begab sich in die Opposition sowohl gegen die neue Bildung als auch gegen eine Reform. Ihre Führungspersönlichkeiten waren Jacques Barthélémi, Duchesne und, zuvorderst, Noël Bédier (Beda).

Letzterer war Syndikus der theologischen Fakultät gewesen und hatte immer noch den Vorsitz am Collège de Montaigu inne. Pierre Bayle nannte ihn »den größten Schreihals und den aufmüpfigsten und aufwieglerischsten Menschen seiner Zeit«.[1] Brutal, voreingenommen und störrisch, schrieb er kaum ein Buch, das nicht schon in seinem Titel angab, dass es *contra* oder *adversus* einen anderen Theologen oder eine andere Gruppe war – »Über die eine und einzige Magdalena *contra* Faber und Clichtoveus«; »*Contra* Fabers Kommentare über die

---

1    P. Bayle, *Dictionary*, Bd. 1, S. 714.

Evangelien und Episteln, und *contra* die Paraphrasen des Erasmus«; »Apologie *adversus* verborgene Lutheraner«.

Als Luther erstmals hervortrat, genossen Bédiers Schriften in Paris eine große Popularität. Sogar unter den Angehörigen der theologischen Fakultät hatten einige der Anprangerung der Missbräuche, welche die Franzosen nicht weniger als die Deutschen verletzt hatten, ein williges Ohr geliehen. Doch nachdem Luther 1520 vom Papst verurteilt worden war, führte Bédier einen Kreuzzug zur Ausrottung des Luthertums in Frankreich an. Am 15. April 1521 billigte die Fakultät Luthers Verurteilung durch Papst Leo X. in einem Dokument, das weniger Argumente zur theologischen Widerlegung vorbrachte, als Luther gottlos, einen Schismatiker und Lästerer wider den Heiligen Geist, einen Häresiarchen, den Erben der Ebioniter, Manichäer, Arianer, Katharer, Wycliffiten und Hussiten, einen bösartigen Feind der Kirche zu nennen; die *Babylonische Gefangenschaft* sei nur mit dem Koran vergleichbar und solle öffentlich verbrannt werden. Diese Verurteilung wurde durch das *Parlement* von Paris ausgeführt, welches die Herausgabe aller Schriften Luthers anordnete.

Sogar schon vor Luther hatte die Fakultät jedoch ihre Loyalität zum überlieferten Glauben durch ihre Verurteilung des griechischen Neuen Testaments des Erasmus und mit ihr des Studiums der griechischen Sprache an sich bewiesen. Nachdem man sich mit Luther auseinandergesetzt hatte, wandte Bédier seine Aufmerksamkeit den Reformisten und insbesondere Lefèvre und Erasmus zu. Indem er Erasmus versicherte, dass ihm nur seine Errettung am Herzen liege, teilte er ihm und Lefèvre mit, dass sie Arianer, Sabellianer, Donatisten, Wycliffiten und Hussiten seien. Sie hätten Luther erst ermöglicht. In Lefèvres Kommentar zu den Paulusbriefen habe er 143 lutherische Häresien gefunden. Erasmus, dessen *Paraphrasen des Neuen Testaments* angegriffen worden waren, wusste sich leicht weiterzuhelfen und revanchierte sich für die 181 Lügen, 310 Verleumdungen und 47 Lästerungen in Bédiers Buch, welche er bei oberflächlicher Lektüre bemerkt habe, obgleich darin zweifellos noch viele mehr enthalten seien. Für ihn war Bédier eher ein Holzklotz als ein Mensch.

Es war der Bibelgelehrte Jacques Lefèvre d'Etaples (auf lateinisch *Faber Stapulensis* genannt), der für die Reformtheologen den wichtigsten einheimischen intellektuellen und spirituellen Impuls für die Reformtheologen lieferte.[2] Lefèvre war weniger der Vorläufer der Reformation als ein Renaissance-Erbe der mittelalterlichen Mystik. Die Mystik war der Glaube, nach dem Lefèvre lebte, der Schlüssel, mit welchem er sich die Heilige Schrift erschloss. Seine Kommentare über das Neue Testament (Paulusbriefe, 1512; die Evangelien, 1522) sind von mystischer Hingabe an die Person Jesu Christi geprägt. Auf den ersten Blick scheint er auf dem Wege zum Christozentrismus der Reformation zu sein, und es waren nicht nur die Konservativen, die ihn mit Luther in Verbindung brachten.

Allerdings vertrat Lefèvre nicht die paulinische und lutherische Lehre von der Rechtfertigung allein durch den Glauben, und er bewegte sich noch nicht einmal in ihre Richtung. Für ihn kommt Erlösung durch das Beschreiten des mystischen Pfades der Reinigung und Erleuchtung zustande. Nicht einfach nur von der Sünde muss der Mensch gereinigt werden, sondern auch von der Herrschaft des Sinnes, des niedrigen Ichs, damit er durch die Betrachtung in der Erkenntnis Gottes erleuchtet werde. So wird er die Glückseligkeit der Vollkommenheit im Reiche Gottes erlangen. Die Reinigung ist die Vorbereitung für die Erleuchtung und Rechtfertigung. Wenn ein Mensch die Stadien der Reinigung durchlaufen hat, wird er anfangen, Christus zu erkennen, nicht bloß »dem Fleische nach«, sondern auf geistliche Weise. Mit alledem ging, wie wir beachten sollten, eine unerschütterliche, wenngleich kritische, Loyalität der Kirche gegenüber einher.

Welches Potenzial an geistlicher Reformenergie hatte Lefèvre zu bieten? Die Zeit sollte zeigen, dass es nur bemerkenswert gering war. Doch für eine Generation von Franzosen, die gesehen hatten, wie ihre religiösen Freiheiten zerstört worden waren und die sich nach der

---

2   Zu Lefèvre s. Imbart de la Tour, Les Origines, S. 3, L'Évangélisme, Kapitel 3; Dagens, Humanisme et Evangélisme chez Lefèvre; Renaudet, Un problème historique; Dörries, Calvin und Lefèvre; Carrière, La Sorbonne et L'Evangélisme.

Reinigung einer Kirche sehnten, die allzu offensichtlich einer Reform bedurfte, erschienen Lefèvres Aufrufe, zum reinen Evangelium und zu Christus allein zurückzukehren, als eine willkommene Alternative zu Luther und Zwingli. Lefèvre war ein Franzose. Seine Theologie war offenbar undogmatisch und vernünftig. Aber er wirkte auch standhaft, mit unverkennbaren Prinzipien.

Der aktive Anführer der Reformbewegung in Frankreich war jedoch nicht Lefèvre, sondern sein Schüler Guillaume Briçonnet.[3] Er war der Sohn eines früheren Finanzministers der Krone, der nach dem Tode seiner Ehefrau die Gelübde abgelegt und Kardinalerzbischof geworden war. Diesem Kardinal und seinen beiden Söhnen unterstanden drei Abteien, fünf Bistümer und zwei Erzbistümer. Guillaume Briçonnet war also keine unbedeutende Person, die durch Umstände und Überzeugungen ans Licht getreten wäre, sondern von Geburt, seinen Verbindungen und seinem Reichtum her ein Mann, der von Rechts wegen Autorität für sich in Anspruch nehmen konnte. Bereits in jungen Jahren Bischof von Lodève, wurde er (in der Nachfolge seines Vaters) zum Abt von Saint-Germain-des-Prés gewählt, gerade um die Reform jenes alten Hauses in Paris durchzuführen. Einer der Bewohner war Lefèvre selbst. Nachdem Briçonnet von seiner Tätigkeit als königlicher Gesandter bei den Päpsten Julius II. und Leo X. zurückgekehrt war, nahm er seinen Wohnsitz in der Diözese Meaux, zu deren Bischof er 1516, zwei Jahre zuvor, ernannt worden war. Jetzt begab er sich an die praktische Umsetzung der Ideen, die er von Lefèvre gelernt hatte: Die Bibel sollte seinem Kirchenvolk geöffnet werden, sodass Jesus Christus, der Mittelpunkt des Glaubens, sein rettendes Werk in den Gläubigen vollbringen könne. Der fragliche Jesus Christus war der Christus der mittelalterlichen Frömmigkeit. Sein rettendes Werk bestand in der mystischen Reinigung der Seele. Es sei der Bischof, »ein von Christus gesandter Engel«, der »das Engelsamt der Reinigung, Erleuchtung und Vervollkommnung von Seelen ausführt«. Der Bischof von Meaux machte sich bei der Reform seiner Diözese nach

---

3    Siehe für Briçonnet Imbart de la Tour, a.a.O.; Mousseaux, *Briçonnet et le mouvement de Meaux*.

diesen Vorgaben einer biblizistischen, mystischen und konservativen innerkirchlichen Richtung sein beträchtliches Organisationstalent zunutze.

Er begann mit der Einteilung der Diözese in 26 Distrikte; in jeden von ihnen wurde ein Prediger entsandt, der Fasten- und Adventspredigten halten sollte. Von 1521 an brachte er einige Gelehrte und Prediger in sein Hoheitsgebiet, die für ihren Reformeifer bekannt waren und ihn bei seinen Reformen unterstützen sollten. Unter ihnen waren Lefèvre, François Vatable, der ebenfalls aus Saint-Germain-des-Prés stammte und später Königlicher Universitätsdozent für Hebräisch in Paris werden sollte, Gérard Roussel, der Bischof von Oléron werden sollte, Pierre Caroli und Lefèvres Schüler Guillaume Farel, der in unserem Buch noch häufiger vorkommen wird. Die Haupttätigkeit der Gruppe in den frühen 1520er Jahren bestand darin, dass sie die Bibel durch mehrere französische Übersetzungen und durch Predigten und Vorträge dem Volk verfügbar und verständlich machten. Bald waren Bibeldozenten in vier der größten Städte in der Diözese anzutreffen. Die bereits feindselig eingestellten Ordensbrüder griffen diese Konzentration auf die Bibel als lutherisch an.

Die praktische Kirchenreform stellte sich als eher geringfügig dar. Die üblichen Missbräuche und Auswüchse wurden angeprangert, so der Verkauf von Messen, der unkritische Heiligenkult, die Reliquienverehrung und dergleichen. Wenngleich das irdische Leben Christi darstellende Bilder beibehalten wurden, wurden Darstellungen der Dreieinigkeit verworfen. Eine zaghafte Revision der Liturgie wurde versucht. Einige Teile der Messe wurden in französischer Sprache gesungen, und das *Salve Regina* wurde weggelassen. Einer oder zwei der Prediger gingen noch weiter, als es ihrem Bischof lieb war. Mazurier beispielsweise ließ einige der Gebete im Begräbnisritus weg, und Caroli erhob Kritik am Messkanon. Auch Farel handelte gegen den Geist der Bewegung, als er in seiner streitlustigen Art die Abhaltung öffentlicher Disputationen mit den theologischen Gegnern befürwortete.

Lefèvre und Briçonnet hatten das Ergebnis ihres Reformeifers sicherlich nicht vorausgesehen. Ihr Reformprogramm hatte auf die

Reinigung der Kirche durch die Erneuerung ihrer einzelnen Glieder abgezielt. Im Jahre 1523 war die Diözese im Aufruhr. Nicht nur, dass sich die Franziskaner im offenen Aufstand gegen Briçonnet befanden, sondern die Predigten und Vorträge waren von manchen Menschen aus den unteren Klassen angenommen und geglaubt worden, die dann ihre Glaubensüberzeugungen auf gewaltsame und unliturgische Weise zum Ausdruck brachten. Es traten die üblichen Phänomene auf: Abspaltung einiger Gruppen von der Kirche, ikonoklastische Ausbrüche, Zwischenrufe in Predigten. Die Reformen in Meaux waren außer Bahn geraten.

Briçonnet versuchte, die Kontrolle über die Ereignisse zurückzuerlangen, die er unabsichtlich in Gang gesetzt hatte. Im April 1523 entzog er einigen der extremeren Prediger die Predigterlaubnis, unter ihnen Farel; im darauffolgenden Oktober verurteilte eine Diözesansynode Luthers Schriftauslegung und seine Auffassungen zur Ehe und untersagte zugleich den Besitz oder das Lesen von Büchern von Luther. Dann sandte Briçonnet einen Hirtenbrief an die Geistlichen, in welchem er auf seinen evangelischen Absichten bestand und diejenigen verurteilte, welche die Existenz des Fegefeuers, die Wirksamkeit der Gebete für die Verstorbenen und die Berechtigung der Anrufung der Seligen Jungfrau und der Heiligen leugneten. Im März 1524 wiederholte er die Verurteilung des Luthertums. Inzwischen jedoch war er den Obskuranten so sehr suspekt, dass keine Widerrufe ihn wieder als rechtgläubig hinstellen konnten.

Meaux war ein kleines Betätigungsfeld für einen aktiven und mächtigen Mann. Briçonnet hegte über seine Diözese hinausgehende Reformbestrebungen; er wollte nicht nur, dass andere Bischöfe seinem Beispiel folgten, sondern auch, dass die ganze französische Kirche durch ein autoritatives Konzil reformiert würde. Bei den Konzilien von Konstanz und Basel und in der Pragmatischen Sanktion von Bourges im Jahre 1438 war die Autorität der Konzilien für über derjenigen des Papstes stehend erklärt worden. Manchen Forderungen der Franzosen hatte man entsprochen – beispielsweise wurde den Pfarrern ein Stimmrecht bei der Bischofswahl eingeräumt, und an Rom zu entrichtende Steuern wurden beschränkt. Doch die Sanktion war von der königlichen Billigung abhängig und wurde schließlich häufiger ignoriert als beachtet, bis das Konkordat zwischen Franz I. und dem Papst sie im Jahre 1516 endgültig unwirksam machte. Nun wurden Wahlen (Briçonnets Hauptanliegen in diesem breiteren Kontext) abgeschafft; der König ernannte Bischöfe, der Papst bestätigte deren Ernennung. Die königliche Kontrolle über den Episkopat führte im 16. Jahrhundert unweigerlich und auf Kosten der Kirche zur Ernennung von Ministern der Krone zu Bischöfen.

In Frankreich, dem Frankreich, das sich nach dem Sieg über das oppositionelle Burgund konsolidiert hatte, war es der König, der herrschte. Er herrschte über das Land, er herrschte über die Universität von Paris, er beherrschte die Kirche; und diese Herrschaft vom Landeszentrum aus war in der Regel wirksam und wirkungsvoll. Könige können aber umworben und gewonnen werden. Die Partei, die Franz für sich gewinnen konnte, sollte, zumindest während seiner Lebenszeit, die Kirche für sich gewinnen. Die Reformtheologen konnten anfänglich einige Vorteile für sich verbuchen. Die Königinmutter, Louise de Valois, mochte sich ihrer Sache widersetzen, aber der König selbst war nicht ablehnend, und in seiner Schwester fanden sie ihre mächtigste Freundin. Sie, Margarete von Angoulême, die spätere Herzogin von Alençon, die schließlich Königin von Navarra wurde, offenbarte ihre Überzeugungen und religiösen Wünsche in der Christus-Mystik, die ihren Ausdruck in ihrer echten und technisch versierten Dichtkunst, in ihren Novellen über Männer und Frauen, die ihre Tugend unter den widrigsten Umständen wahrten, und in dem Bestreben nach einer Reform fand, welche sie zur Schirmherrin und Beschützerin vieler Reformtheologen und für die Theologische Fakultät in Paris zum Gegenstand des Hasses und der Verachtung machte.

Eine Zeit lang, während der König und der Papst miteinander uneins waren, schien die Sonne. Es fand »Evangeliumsverkündigung« am Hofe statt; die Theologie kam als Gesprächsthema in Mode; Franz selbst las gerne Lefèvre und hatte keine Schwierigkeiten damit, die Veröffentlichung seines französischen Neuen Testaments zu genehmigen. Doch als Margarete im Jahre 1522 versuchte, Gespräche zwischen ihrem Bruder und Briçonnet, der nunmehr ihr geistlicher Berater geworden war, anzuberaumen waren die Ergebnisse mager. Eine Konferenz wurde einberufen. Doch sie vermochte nicht mehr zu erreichen, als lutherische Bücher zu verurteilen und ein paar Dekrete zur Hebung der öffentlichen Moral zu erlassen. Lefèvre schrieb deprimiert an Farel: »Eines Tages wird Gott uns gewähren, das klare Licht zu sehen. Doch jetzt, im Augenblick, sehen wir nichts als Finsternis.«[4]

Im Jahre 1525 wurde Franz in der Schlacht bei Pavia besiegt und in ein spanisches Gefängnis verschleppt, und es wurde eine Regentschaft unter seiner Mutter und Schwester errichtet. Im kirchlichen Bereich konnte sich Louises reformfeindliche Politik durchsetzen, und aus ihr resultierte eine scharfe Verfolgung. Lefèvres französisches Neues Testament wurde zum Scheiterhaufen verurteilt, und sein Übersetzer selbst wurde – ebenso wie andere aus seiner Gruppe – nur durch die Flucht vor der Verfolgung gerettet. Ein junger Mann, Joubert, wurde wegen seines Luthertums verbrannt; Jean Leclerc, ein Leinweber aus der Diözese Meaux, wurde in Metz verbrannt; Jacques Pouent musste ein Jahr später in Paris das gleiche Los erleiden. Die Reformtheologen hatten das Glück, dass König Franz I. nur für wenig länger als ein Jahr handlungsunfähig war und nach seiner Rückkehr einige der Flüchtlinge zurückberief und ihnen ihre Ehre wieder zurückgab. Doch dieser glückliche Zustand währte nicht lange. Könige können überredet werden, aber sie können noch effektiver gekauft werden. Geld wurde benötigt, denn Könige und ihre Söhne lassen sich nicht billig erpressen. Die Kirche war, ebenso wie der Adel, gerne bereit, großzügige Beiträge zu leisten – im Austausch für die Unterdrückung des Luthertums. Nichtsdestoweniger setzte sich die Reformtätigkeit in Paris, in Lyon und in einigen anderen Großstädten fort. Von ihrem Zentrum Meaux aus verbreitete sich die Reform auch in ein paar andere Diözesen, insbesondere Chalons. Spätestens um die Mitte der 1520er-Jahre gab es »Lutheraner« in der Stadt Noyon in der Picardie, der Stadt, der wir uns nunmehr zuwenden müssen.

---

4    Herminjard, Bd. 1, S. 227.

# 1. Kindheit und Jugend

## Kind der Kirche

Calvin sprach manchmal von sich selbst als von »nur einem Mann aus dem gemeinen Volk«. Die plebejische Ebene lag zwei Generationen zurück, bei seinem Großvater, dem ersten aus der Familie, dem wir begegnen. In jenen Tagen hießen sie Cauvin und lebten in Pont-l'Evêque, einem Dorf, dessen Steinbrücke, ein paar Kilometer von Noyon entfernt, dem es als Hafen diente, die Oise überspannte. Dieser Großvater aus der Mitte des 15. Jahrhunderts könnte durchaus, wie eine Quelle es darstellt, ein Bootsmann (eine sehr vage Bezeichnung) oder, wie eine andere nahelegt, ein Böttcher oder beides gewesen sein; denn nicht nur bot die Oise, die in die Seine mündet, eine Handelsroute zur Nordküste und nach Paris, sondern es wurde gerade in Pont-l'Evêque der Wein verschifft.

Von den Cauvins heißt es, dass sie in Pont-l'Evêque alteingesessen gewesen seien, doch erlebte das letzte Viertel des 15. Jahrhunderts das Auseinanderbrechen der Familie, als zwei oder drei der Söhne des Bootsmannes bzw. Böttchers wegzogen, um ihr Glück anderswo zu versuchen. Richard und Jacques (sofern diese tatsächlich Brüder waren und nicht, wie es wahrscheinlicher ist, Vater und Sohn) ließen sich beide als Schlosser oder Hufschmied in Paris nieder, der eine nahe Saint-Germain-Auxerrois, der andere in der Rue de Renard, nahe Saint-Merry.

Der verbleibende Sohn, Gérard, muss eine Schulbildung genossen haben, die gut genug war, um ihn zu einem beruflichen Werdegang zu befähigen. Vor 1480 war er nach Noyon, einer kleinen, von der Kirche dominierten Stadt mit einer Kathedrale, zwei Abteien und vier Stadtpfarreien, gezogen. Hier stieg er beruflich immer weiter auf. Das Kathedralkapitel machte ihn zu seinem Notar und Generalprokurator; er wurde Standesbeamter am kirchlichen Gerichtshof; und zu diesen Ämtern kamen mit der Zeit jene des apostolischen Notars und Vermögensverwalters des Bischofs, der auch Graf war, hinzu. Offensichtlich war er nicht nur ein wenig über die Boote und Fässer emporgestiegen. Weil sein Ansehen durch den Bischof und das Kathedralkapitel bestätigt worden war und weil er zweifelsohne in dem Rufe stand, ein kluger Geschäftsmann zu sein, wurde er nun mal von dieser, mal von jener großen ortsansässigen Familie beschäftigt. Im Jahre 1497 konnte er sich erfolgreich um die Ernennung zum *bourgeois* bewerben. Um diese Zeit, als er 40 Jahre alt oder älter gewesen sein muss, heiratete er Jeanne Le Franc, die Tochter eines Gastwirts aus Cambrai, der sich nunmehr in Noyon niedergelassen hatte. Er war nicht nur ein Jahr nach Gérard *bourgeois* geworden, sondern hatte auch einen Sitz im Stadtrat erlangt. Aus der Tatsache, dass Jean Le Franc auf vier *Livres* (zweimal so viel wie der Durchschnittsbetrag) und Gérard Cauvin auf nur vierzehn *Sous* taxiert wurde, können wir ableiten, dass die Ehe für ihn einen finanziellen Vorteil und für seine Braut eine Art sozialen Aufstieg mit sich brachte.

Ihr Haus, das den großen Brand von 1552 überstand, war bis 1614 verschwunden. Es stand am Kornmarkt, zwischen La ruelle des Porcelets und der damaligen Rue Fromentière, die heute Rue Calvin heißt. Kirchlich gesprochen, wie man es in Noyon eigentlich tun sollte, stand auf der einen Seite die Kathedrale von Nôtre-Dame, auf der anderen die Pfarreikirche von Sainte-Godeberte. In dieser Kirche wurde ihr zweiter Sohn, Jean, getauft, zweifellos bald nach seiner Geburt am 10. Juli 1509. Sein Pate war einer der Kathedralkanoniker, Jean des Vatines. Das Ehepaar hatte drei oder vier weitere Kinder, allesamt Jungen; Charles, den ältesten, Antoine und François, der jung starb, und vielleicht einen früheren Antoine, der ebenfalls in der frühesten Kindheit starb und seinen Namen an seinen zukünftigen Bruder weitergab. Etwa um 1515, oder vielleicht ein oder zwei Jahre zuvor, starb Jeanne Cauvin. Der Witwer heiratete bald wieder und scheint mit seiner zweiten Ehefrau zwei Töchter gehabt zu haben, Marie und eine, deren Name unbekannt ist.

Die Knaben verloren also in frühem Lebensalter ihre Mutter. Ihre Erziehung erfolgte zweifellos konventionell nach der spätmittelalterlichen Weise. Häufig wird ihnen eine Tracht Prügel verpasst worden sein. Sie dürften als kleine Erwachsene behandelt worden sein, von denen schon früh Verantwortlichkeit erwartet wurde. Sie waren der Bedrohung nicht nur durch gefährliche Kinderkrankheiten, sondern auch Seuchen ausgesetzt, die häufig während des Sommers Noyon heimsuchten. Sie mussten sich mit den körperlichen Beschwerden eines Zeitalters abfinden, in dem man es noch nicht gelernt hatte, sich richtig in Acht zu nehmen. Doch trotz alledem bestand die Sicherheit einer stabilen Gesellschaft, da ein Jahr in voraussehbarem Ablauf auf das andere folgte.

Das Haus dieser Kinder, die ihr Leben mit dem 16. Jahrhundert begannen, wurde von der Kathedrale zu ihrer Rechten und von Sainte-Godeberte zu ihrer Linken bewacht, zwei steinernen Symbolen der Beständigkeit der Kirche Gottes, zwei lebendigen Zentren der alles durchdringenden Wirksamkeit der Kirche Gottes in seiner Welt. Bei den einzigen flüchtigen Einblicken, die Calvin über seine Kindheit gibt, geht es um aufregende kleine religiöse Feierlichkeiten und Feste. Mit seiner Mutter unternahm er eine Pilgerreise ins nahe gelegene Kloster Ourscamp, wo es ihm gestattet wurde, die heilige Reliquie – einen Körperteil der heiligen Anna, der Mutter Unserer Lieben Frau – zu küssen. Und da waren die Feierlichkeiten an Weihnachten und am Michaelistag in Sainte-Godeberte:

»Ich erinnere mich, wie ich als ein kleiner Junge sah, was mit den Bildern in unserer Pfarreikirche geschah. Als das Fest des heiligen Stephanus kam [am 26. Dezember], schmückte man auch die Bilder der Tyrannen, die ihn steinigten (denn so nennt man sie in der Gemeinsprache) mit Hüten und Bändeln, ebenso wie Bilder von ihm. Die armen Frauen, welche die Tyrannen so ordentlich gekleidet sahen, fassten sie als Gefährten des Heiligen auf, und für jeden von ihnen wurde eine Kerze aufgestellt. Darüber hinaus geschah dies sogar für den Teufel beim heiligen Erzengel Michael.«[5]

Was lag dann näher, als dass Gérard den drei Jungen das Priestertum zudachte? Sein Einfluss beim Bischof und Kathedralkapitel sollte immerhin Charles und Antoine für ihr Leben absichern und vielleicht Jean eine erfolgreiche Laufbahn beginnen lassen. Um finanzielle Beihilfen für ihre Ausbildung zu beschaffen, besorgte er

---

5   OC, Bd. 6, Sp. 452.

Zuschüsse vom Bischof in Form von Kaplanspfründen und Bene-fizien. Ein Teil der Kaplanspfründe des Domaltars von La Gésine (er ist der Geburt Christi geweiht und wurde allgemein »nostre Dame accouchée« – »Unsere Liebe Frau als Wöchnerin« – genannt) wurde von Charles an Jean und Antoine wie ein Mantel, aus dem man herausgewachsen ist, weitergegeben. Die beiden älteren Jungen gingen am Collège des Capettes zur Schule, an der Straße nach Pont-l'Evêque. Dies hinderte Charles daran, im Domchor zu singen, doch das Kapitel entschädigte ihn für eingebüßte Einkünfte. Er war im Oktober 1522 immer noch in der Schule, ein Junge von wenigstens 14 Jahren, für den das Universitätsstudium offenbar nicht in Betracht gezogen wurde. Wir dürfen daraus schließen, dass er nicht besonders intelligent war. Über Jeans großes Talent in der Schule dagegen gibt Desmay eine lokale Überlieferung wieder: »Dort bewies er eine ausgezeichnete Intelligenz, eine natürliche Auffassungsgabe für die Geisteswissenschaften.«[6] Papire Masson stimmt dem zu:

»Seine Kindheit verbrachte er in seinem Bezirk unter Jungen in seinem Alter unter einem Pädagogen und Schulmeister; aber er übertraf die anderen dank seines scharfen Verstandes und seines ausgezeichneten Gedächtnisses.«[7]

Die Zeit rückte heran, dass Jean der Anteil eines Drittels an der Kaplanspfründe von La Gésine zugeeignet wurde. Die Eintragung in das Register des Kapitels ist erhalten geblieben:

»19. Mai 1521. M. Jaques Regnard, Sekretär des hochwürdigen Vaters in Gott, Monseigneur Charles de Hangest, Bischof von Noyon, berichtete dem Kapitel, dass die Generalvikare des besagten Monseigneurs Jean Cauvin, dem zwölfjährigen Sohn von Gérard, einen Teil der Kapelle von La Gésine gegeben hatten, die durch die vollständige Amtsniederlegung von Meister Michel Courtin (der sie innegehabt hatte, nachdem Charles sie im Jahre 1520 durch La Madeleine ausgetauscht hatte) vakant geworden war.«[8]

Jean wurde also im Alter von zwölf Jahren Kirchenbediensteter und empfing die Tonsur.

---

6    *Remarques*, S. 388.
7    *Elogia* 2, S. 409.
8    Lefranc, *La Jeunesse*, S. 195.

Eine Anstellung beim Bischof brachte Beziehungen mit einer mächtigen Familie mit sich. »Seit dem Beginn des 16. Jahrhunderts war es die Familie de Hangest, eine der angesehensten Familien im Bezirk, die in kirchlichen Angelegenheiten am meisten zu sagen hatte. Sie verfügte über die besten Pfründe und hatte gleichsam eine Monopolstellung für den Bischofsthron, den sie ein Dreivierteljahrhundert lang besetzte, inne.«[9] Darüber hinaus hatte sie ihren eigenen Platz im öffentlichen Leben Frankreichs und am Königshof. Die Mutter des Bischofs und seiner beiden Brüder war eine Schwester von Georges d'Amboise, dem mächtigen Kardinal und ersten Minister Ludwigs XII. Einer dieser Brüder war das Familienoberhaupt in Noyon, Louis, Lehnsherr von Montmor und Chaleranges, und Oberstallmeister von Anne de Bretagne. Der andere Bruder war Adrien, Lehnsherr von Genlis und Großmundschenk von Frankreich.

Gérard Cauvin gewann nicht nur die Schirmherrschaft des Bischofs für seinen Sohn, sondern führte ihn auch in die Familie der Montmors ein. Was dies genau mit sich brachte, ist schwer zu sagen. Es erscheint äußerst wahrscheinlich, dass er in Noyon bei ihnen wohnte und einen Hauslehrer mit ihnen teilte, wenn auch auf Kosten Gérards. Mit seiner für ihn üblichen Kürze in der Autobiografie sagt Calvin lediglich im Widmungsbrief zu seinem ersten Buch: »Ich verdanke dir alles, was ich bin und habe ... Als Knabe wurde ich in deinem Hause großgezogen und wurde bei dir in meine Studien eingeführt. Daher verdanke ich deiner vornehmen Familie meine erste Ausbildung im Leben und in der Literatur.«[10] Die Söhne der Montmors waren Joachim, Lehnsherr von Moyencourt, und Yves, Lehnsherr von Ivry (beide im Jahre 1537 in einer Schlacht gefallen), und ein dritter, dessen Name uns nicht überliefert ist, der aber 1547 Zuflucht in Genf suchte. Auch mit ihren Vettern, den Söhnen von Adrien de Hangest, sollte Jean in Beziehung stehen. Sie waren Claude, der Abt von Saint-Eloi, einer der beiden Abteien in Noyon,

---

9   Lefranc, *La Jeunesse*, S. 34. Siehe für die de Hangests auch M. Reulos, *Les attaches de Calvin.*

10   OC, Bd. 5, Sp. 8; Battles und Hugo, *Commentary on De Clementia*, S. 12-13.

und Jean, Kanoniker von Evreux, der 1532 Bischof und Graf von Noyon wurde.

Wir sollten die Stellung oder den Einfluss der Familie nicht überschätzen. Selbst wenn sich für Jean einige Umstände anders ergeben hätten, ist es fragwürdig, ob sie seine Karriere in der Kirche in starkem Maße hätten fördern können. Dem französischen Hof scheint er durch sie nicht vorgestellt worden zu sein; und Bischof Jean de Hangest, der am besten in der Lage gewesen wäre, ihm zu helfen, hätte sich als ein schwankendes Rohr erwiesen, da er in einen fortwährenden, unwürdigen Krieg mit dem Kathedralkapitel verwickelt war. Unter den gegebenen Umständen ließen die de Hangests Jean Cauvin den Segen der gehobenen Gesellschaft zuteilwerden. Der einfache Angehörige des gemeinen Volkes, der Enkel eines Bootsmannes bzw. Böttchers und eines Gastwirts, wurde zu einem gebildeten, selbstbewussten, unabhängigen Menschen, der an den Tafeln der Großen nicht fehl am Platze war.

## Student an der Artistenfakultät

Vielleicht im Jahre 1520 oder 1521 (siehe den Anhang I für meine vorgeschlagene Neudatierung) ging Jean Cauvin mit den Montmors nach Paris, wo sie entweder Mitglieder an demselben Collège waren oder unter der Aufsicht eines gemeinsamen Privatlehrers zusammen lebten. Diese frühe Phase, in der er das Collège de la Marche besuchte, ist in der Regel nicht hinlänglich verstanden worden. Streng genommen studierte er noch nicht für das Abschlussexamen der Artistenfakultät, sondern bereitete sich lediglich darauf vor. Bevor der Student nämlich mit der Theologie, der Medizin oder der Rechtswissenschaft anfangen konnte (die drei »oberen« Fakultäten), musste er die Artistenfakultät durchlaufen. Bevor er aber die Kurse in den Geisteswissenschaften belegen konnte (in denen es ausschließlich um Natur- und Moralphilosophie ging), war es erforderlich, dass er die Fähigkeit erwarb, Latein mit solcher Leichtigkeit zu lesen und zu sprechen, dass er einer Lehrveranstaltung folgen konnte, die vollständig in jener Sprache abgehalten wurde. Diese Vorstufe war als Grammatikkurs bekannt. Die dafür eingesetzte Zeit zählte für den Abschluss an der Artistenfakultät nicht. Daher musste Calvin, obgleich es richtig ist, wenn man sagt, dass er nun an die Universität von Paris ging und Mitglied eines ihres Collèges wurde, zunächst den Grundkurs in der Grammatik absolvieren. Dies ist die einfachste Erklärung unserer Quellen. Entsprechend schreibt Beza in seiner zweiten Calvin-Biografie: »Seine Leistungen waren so gut, dass er seine Mitschüler im Grammatikkurs hinter sich ließ und zur Dialektik und dem Studium der anderen sogenannten Künste promoviert wurde«.[11] (Von nun an werde ich Bezas erste Lebensbeschreibung Calvins als Beza 1 abkürzen und seine zweite als Beza 2.)

Wir können also annehmen, dass Jean Cauvin am Collège de la Marche, im Alter von etwa elf Jahren, studierte, um an den Kursen in den Geisteswissenschaften und anschließend in der Theologie teilnehmen zu können. »Grammatik« bedeutete aber erheblich mehr als das Auswendiglernen lateinischer Deklinationen. Thurot zufolge[12] verlief der Kurs in drei Phasen. In der ersten (von der wir annehmen dürfen, dass Jean sie bereits hinter sich hatte, bevor er nach Paris kam) lernte das Kind Lesen, Schreiben und die Grundelemente der lateinischen Grammatik – Letztere wahrscheinlich aus Donatus' Lehrbuch *de octo partibus*. In der zweiten Phase musste das Kind sich mit den Tücken der grammatikalischen Unregelmäßigkeiten und Ausnahmen sowie der Syntax und Prosodie vertraut machen. Das Lehrbuch war nunmehr das anspruchsvolle *Doctrinale* von Alexander de Villa-Dei, welches seit seinem Erscheinen um das Jahr 1200 vorherrschend gewesen war. Seit einiger Zeit hatten jedoch Männer der neuen Gelehrsamkeit gemeint, dass ein Wechsel vonnöten sei. »Verschwendet eure Zeit nicht mit Alexander«, flehte Sulpicius Verulanus, der italienische Grammatiker, »er ist zu kurz; er ist zu schwer verständlich; er lässt vieles weg, er besteht auf vielen falschen

---

11  OC, Bd. 21, Sp. 121. Vgl. Colladon, OC, Bd. 21, Sp. 54; und Masson, *Elogia* 2, S. 411.
12  Thurot, De l'Organisation 2, S. 94; siehe auch Thorndike, University Records; Rashdall, Universities of Europe 1; Renaudet, Préréforme et Humanisme; und Ders., L'Humanisme et L'Enseignement.

Regeln.«[13] Manch ein mittelalterlicher Knabe mag sich gewundert haben, was Sulpicius denn wohl als lang betrachtet haben mag, wenn er Alexander für kurz hielt. Diese 2650 Verszeilen mussten, wenn möglich, auswendig gelernt werden, ob sie nun verstanden wurden oder nicht. Und es handelte sich bei ihnen auch nicht um einen Stoff, der Kinder von ihrem Spiel abgehalten und alte Männer aus der Kaminecke hervorgelockt hätte:

»Rectis *as, es, a* dat declinatio prima,
atque per *am* propria quaedam Hebraea,
dans *ae* diphthongon genetivis atque dativis.
*Am* servat quartus; tamen *en* aut *an* reperimus,
cum rectus fit in *es* vel in *as*, vel cum dat *a* Graecus« (29-33).

Die Lehrer an La Marche könnten sehr wohl in einen anderen Ausbruch von Sulpicius mit eingestimmt haben: »Zu lange haben die Lehrer alle ihre Zeit mit Alexander verschwendet … ihn allein kennen sie unter den Grammatikern … ihn erklären sie den Knaben, mit ihm vergeuden sie all ihre Tage. O unglückliche Knaben! Ich könnte weinen. Ich könnte schreien. Alexander sollte verachtet werden! Er sollte verworfen werden!«[14] Es ist aber auch denkbar, dass sie es mit Erasmus gehalten haben: »Ich meine, dass Alexander erträglich ist.«[15] Gewiss zeigt die Tatsache, dass mehr als 100 Auflagen bis 1500 gedruckt worden waren und dass das Buch immer noch von Pariser Druckern verlegt wurde, dass man noch bis in die 20er-Jahre des 16. Jahrhunderts von dem *Doctrinale* ausgiebig Gebrauch machte. Mittelst des Werkes von Alexander oder eines vergleichbaren Lehrbuchs erlernte Jean Cauvin sehr gewissenhaft die »Grammatik«, »die Pförtnerin zu allen anderen Wissenschaften, die am besten geeignete Reinigerin der stammelnden Zunge, die Dienerin der Logik, die Meisterin der Rhetorik, die Auslegerin der Theologie, die Erquickung der Medizin und das preiswürdige Fundament aller vier höheren Fächer.«[16]

---

13  Siehe Reichling, *Das Doctrinale*, S. LXXXVI.
14  Siehe Reichling, *Das Doctrinale*, S. LXXXVI.
15  *Opera omnia*, Bd. 1, S. 514.
16  *Glosa notabilis* zum *Doctrinale*, Reichling, S. III.

Der Lateinunterricht an La Marche ließ viel zu wünschen übrig, und zu der Zeit, als Jean in das Collège eintrat, hatten sich die Zustände zu einer Krise verdichtet. Das Problem scheint darin bestanden zu haben, dass die Unterlehrer die kontinuierliche Arbeit an der Grammatik und an der Sprachstruktur vernachlässigten und bemüht waren, ihre Schüler zu schnell voranzubringen. Der für die oberste Klasse verantwortliche Präzeptor übernahm daher für ein Jahr die vierte Klasse. So geschah es, dass Jean, der damals in jener Klasse war, den unschätzbaren Vorteil genoss, von einem der größten Lateinlehrer unterrichtet zu werden, Mathurin Cordier, einem Mann, dessen lateinische Grammatik noch zu Beginn des 19. Jahrhunderts benutzt wurde. Fast vierzig Jahre später, in der Widmung eines Buches an Cordier, erinnerte er ihn an ihre erste Bekanntschaft:

»Als ich ein Kind war und lediglich die Grundlagen der lateinischen Sprache kennen gelernt hatte, schickte mein Vater mich nach Paris. Dort gab mir die Güte Gottes dich für eine kleine Weile als Präzeptor, der mir die rechte Weise des Lernens beibrachte, damit ich hernach um so besser vorankommen konnte. Denn als du die Aufsicht über die oberste Klasse führtest (und welch hervorragenden Erfolg hattest du dabei!), standest du vor einem schwierigen Problem. Du sahst, dass es den Knaben, die von anderen Lehrern voller Ehrgeiz unterrichtet worden waren, nichtsdestoweniger an einem soliden Fundament fehlte und sie nichts weiter als Schein hatten, sodass du mit ihnen bei null anfangen musstest. Du wurdest dessen müde, und begabst dich für jenes Jahr in die vierte Klasse herab. Das war nun dein Beschluss, doch für mich erfolgte dieser glückliche Anfang im Studium der lateinischen Sprache durch einen einzigartigen Segen Gottes. Ich genoss deine Lehre nur für einen kurzen Zeitraum, da wir bald von jenem dummen Menschen, der unsere Studien nach seinem Willen, oder vielmehr nach seiner Laune leitete, versetzt wurden. Allerdings erfuhr ich durch deinen Unterricht so große Hilfe, dass ich jeden Fortschritt, den ich seither gemacht habe, deinem Verdienst zuschreibe.«[17]

Das dritte Stadium im Kurs bestand aus elementarer Logik, die mittels der *summulae*, einer gekürzten Ausgabe des *Organon* von Aristoteles, studiert wurde. Falls die Regeln von Johannes Gerson, die

---

17  *Kommentar zum 1. Thessalonicherbrief*, LCC, Bd. 13, S. 525-526; CTS, S. 234; OC, Bd. 13, Sp. 525-526.

er als Universitätskanzler erlassen hatte, immer noch in Kraft waren, mussten die Knaben die *summulae* auswendig lernen, »wenngleich sie diese nicht sofort verstehen«.[18] Zusätzlich hierzu, zur Vermittlung von Kenntnissen der lateinischen Grammatik und der lateinischen Dichtkunst (in der Hauptsache klassischer, vielleicht aber auch einiger mittelalterlicher Gedichte), bot der Vorbereitungskurs eine Art Sekretariatsausbildung im Briefeschreiben an Personen von unterschiedlichem Rang. Auch ein gewisses Maß an Arithmetik wurde in den Unterricht einbezogen.

Bald, vielleicht innerhalb eines Jahres, wurde Jean Cauvin für fähig erklärt, mit dem geisteswissenschaftlichen Kurs, der *philosophia*, anzufangen. Hierzu wurde er von La Marche nach Montaigu versetzt, einem Collège mit einer ganz anderen Prägung, die gut zu einem zukünftigen Theologiestudenten passen würde.[19] Vierzig Jahre zuvor war Montaigu von seinem Direktor, Jean Standonck, reformiert worden. Er selbst war in der evangelischen Mystik der Brüder vom Gemeinsamen Leben erzogen worden und war von dem Geist und den Idealen ihres Begründers, Geert Groote, durchdrungen.

Auch durch die Vorbilder der älteren religiösen Orden beeinflusst, nahm er sich vor, Montaigu zu einem Bildungskloster zu machen, einem religiösen Collège, »einer Gemeinschaft armer Kleriker, die, unter den strengsten Regeln, sich darauf vorbereiteten, Priester und ›reformierte‹ Mönche zu werden«[20]. Das Stundengebet wurde rezitiert, und nicht nur die Hochfeste der Kirche wurden begangen, sondern auch die Feste der Seligen Jungfrau, der Evangelisten und Apostel, der heiligen Katharina, des heiligen Nikolaus und des heiligen Speratus, des Patrons. Es herrschte eine strenge Kontrolle des moralischen Lebens; die Schüler wurden gelehrt, ihre Gewissen zur Vorbereitung auf das regelmäßige öffentliche Sündenbekenntnis zu erforschen; die gegenseitige Denunzierung wurde verlangt, und eine wöchentliche Untersuchung des Betragens wurde durchgeführt. Ist dies vielleicht die Grundlage für die häufig zitierte Aussage, dass

---

18  *Opera* 1, 21; siehe Thurot, *De l'Organisation* 2, S. 94.
19  Siehe für die Collèges Renaudet, Préréforme; M. Godet, Le Collège de Montaigu; Ders., La Congrégation de Montaigu; Quicherat, Histoire de Sainte-Barbe.
20  Renaudet, Paris de 1494 à 1517, S. 7.

Calvin von seinen Mitstudenten den Spitznamen *accusativus* (»der Akkusativ«) bekommen habe?[21] Es wurde ein ständiges Fasten eingehalten, in dem Sinne, dass die Nahrung knapp und roh war. Für die Hauptmahlzeit wurde den Knaben so viel Brot, wie sie wollten, gereicht, mit einem Dreißigstel Pfund Butter oder etwas gekochtem Obst. Der Fleischgang scheint immer aus einem Teil Hering oder einem Ei und etwas Gemüse bestanden zu haben. Die Theologiestudenten waren in der beneidenswerten Position, dass sie einen ganzen Hering oder zwei Eier sowie Käse oder Obst bekamen. Ihnen wurde auch, anders als den anderen, ein wenig Wein erlaubt, ein Viertel vom billigsten Wein, das mit Wasser aufgefüllt wurde.

Die Studenten zerfielen in drei Gruppen: Die reichen *pensionnaires* oder *portionnistes*, die an einem gemeinsamen Tisch aßen; die ebenfalls reichen *caméristes*, die in Räumen in benachbarten Häusern lebten und auf eigene Kosten ernährt wurden; und *les pauvres*, die im Collège selbst lebten und eine Position innezuhaben schienen, die in etwa mit derjenigen der Stipendiaten in Oxford und Cambridge vergleichbar war. Sie mussten Hausarbeit verrichten; sie feierten in einer eigenen Kapelle den Gottesdienst; die Studenten der Artistenfakultät unter ihnen mussten vor *les riches* den Hörsaal betreten und von ihnen getrennt sitzen. Und während von den *pensionnaires* und *caméristes* erwartet wurde, selbst mit ihren Flöhen und Läusen fertig zu werden, mussten *les pauvres* sich einer regelmäßigen Untersuchung unterziehen.

Die beiden Direktoren von Montaigu in der Zeit Jean Cauvins waren eigentlich Bédier und, nominell, Tempête, der eine der reaktionärste, der andere der jähzornigste unter den Menschen. Bédier war, und blieb einige Jahre lang, der Anführer der konservativen Pariser Theologen, der Wachhund, der warnend bellte, wenn er einen Fremden witterte, der zuerst biss und sich hinterher nicht dafür entschuldigte. Indem er sich von dem Kriterium nicht der Glaubensbekenntnisse der Christenheit, noch nicht einmal der Lehraussagen der mittelalterlichen Konzilien, sondern der

---

21  Vgl. Beza 2: »Selbst in jenem jungen Alter war er wunderbar fromm und ein scharfer Kritiker aller Fehler bei seinen Mitstudenten« – OC, Bd. 21, Sp. 121.

engstirnigen, parochialen und somit tief eingewurzelten Theologie des spätmittelalterlichen Paris selbst leiten ließ, bildete er sich ein, dass er selbst der Verfechter des Glaubens sei, der auf allen Lehren herumhackte, die ihm neu waren und eine endgültige Entscheidung über deren Inhalte fällte, indem er sie »lutherisch« nannte. Tempête, der die ganze Zeit über, während der Calvin am Collège studierte, dort Direktor war, trug einen Namen, der sich so gut für Wortspiele eignete, dass selbst der beschränkteste Student solche ersinnen konnte, selbst wenn sie sich nicht so gut anhörten wie bei Rabelais: *»Horrida tempestas montem turbavit acutum*. Tempête war ein großer Auspeitscher der Schuljungen am Collège de Montaigu.«[22]

Rabelais nannte es außerdem »jenes widerliche Collège«, an dem »ungeheuerliche Grausamkeiten und Niederträchtigkeiten« verübt wurden. In der Tat trug sich um die Zeit des Eintritts Calvins eine höchst unerquickliche Episode zu, die ganz Rabelais' Wortspiel entsprach. Montaigu und das Collège de Sainte-Barbe auf der anderen Seite der Rue Saint-Symphorien hatten eine ihrer häufigen Streitigkeiten. Diese Straße, auch bekannt als Rue des Chiens (Straße der Hunde), war nicht nur ein stadtbekannter Treffpunkt von Dieben und Halsabschneidern, sondern war in einem sogar für das Mittelalter extremen Ausmaße schmutzig und stinkend, denn die Kloaken von Montaigu ergossen sich in sie. Schließlich ordnete der Stadtrat an, dass sie gepflastert werden solle, wobei Montaigu und Sainte-Barbe gemeinsam die Kosten tragen sollten. Daher wurde sie gepflastert. Das Ergebnis war nun aber, dass das Abwasser nicht durchsickern konnte. Die Neigung der Pflaster trug es nach Sainte-Barbe. Sainte-Barbe war, nach vergeblichem, heftigem Protest, zum Handeln entschlossen. Die Studenten wurden offenbar mit Werkzeugen versorgt und gingen eines Nachts an die Neuverlegung des Pflasters heran, um die Neigung zu korrigieren. Leider jedoch war die Arbeit am Morgen immer noch unvollendet, und Montaigu war – soeben erwacht – beim Anblick der erneut halb ungepflasterten Rue Saint-Symphorien verärgert. Den Pförtnern wurde befohlen, einen Steinvorrat im Obergeschoss anzulegen; und

---

22  Gargantua und Pantagruel, Bd. 4, S. 21.

als in der nächsten Nacht die Studenten von Sainte-Barbe ihre durch die Morgendämmerung unterbrochene Arbeit wieder aufnahmen, gingen ganze Schauer von Wurfgeschossen auf sie nieder. Eine wütend geführte Wurfschlacht folgte. Manchen wurden Löcher in den Schädel geschlagen, Fenster wurden eingeschlagen, das Kruzifix in der Kapelle wurde beschädigt. Am nächsten Tag wurde nach einer Beratung der Direktoren beschlossen, eine Abwasserleitung zu bauen. Dies war das Paris des frühen 16. Jahrhunderts.

In Montaigu – so ist man sich einig – war Jean Cauvin einer der privilegierten *riches*. Eine Formulierung bei Colladon deutet darauf hin, dass er ein *camériste* war: »Dann lebte auch Calvin im Collège de Montaigu unter einem Präzeptor beim Unterricht, der spanischer Nationalität war; und auch in Zimmern unter einem spanischen Präzeptor, der hinterher Doktor der Medizin wurde.«[23] Es ist allerdings unwahrscheinlich, dass das Leben außerhalb ihn von der rigorosen Disziplin befreite, und sein tägliches Leben wird in etwa diesem Muster entsprochen haben:

Aufstehen um vier Uhr für den Frühgottesdienst, an den sich eine Vorlesung bis sechs Uhr anschloss; hernach wurde die Messe gelesen. Nach der Messe kam das Frühstück, und dann, von acht bis zehn, fand die *grande classe* mit einer Diskussion während der folgenden Stunde statt. Um elf Uhr gab es das Mittagessen, welches von Lesungen aus der Bibel oder aus dem Leben eines Heiligen begleitet war und woran sich Gebete und das Collège betreffende Ankündigungen anschlossen. Um zwölf Uhr wurden die Studenten über ihre Arbeiten am Vormittag befragt; von ein bis zwei Uhr war eine Ruhephase mit einer öffentlichen Lesung angesetzt. Hier überspringen unsere Quellen eine Stunde, und es könnte sein, dass die Studenten bis zum Nachmittagsunterricht frei hatten, der sie von fünfzehn bis siebzehn Uhr in Anspruch nahm. Jetzt wurde die Vesper gelesen, und nach der Vesper fand eine Diskussion über den Nachmittagsunterricht statt. Der Zeitraum zwischen dem Abendessen mit seinen damit verbundenen Lesungen und der Bettgehzeit um 20 Uhr im Winter oder 21 Uhr im Sommer war

---

23   OC, Bd. 21, Sp. 54.

einer weiteren Abfrage des Unterrichtsstoffes und der Andacht vorbehalten. An zwei Tagen in der Woche war Gelegenheit zur Erholung gegeben. Den Studenten wurde gestattet, Spiele zu spielen oder einen Spaziergang im Pré-aux-clercs, dem Freizeitgelände der Universität, zu unternehmen. Montaigu selbst hatte einen Garten auf der anderen Seite der Rue Saint-Symphorien, der aber mit seinen eigenen Gebäuden durch einen Übergang verbunden war; er scheint jedoch allein den Theologen vorbehalten gewesen zu sein.

Dies war also das Leben Jean Cauvins am Collège Montaigu für den Großteil des Studienjahres, das um den 1. Oktober, dem Festtag des heiligen Remigius, begann und vielleicht im Juli endete, wo er zweifelsohne für die Ferien nach Noyon heimfuhr. Zu Weihnachten und Ostern wurden ein paar Tage Urlaub gewährt, und es gab an den zahlreichen Heiligentagen Lockerungen des normalen Tagesablaufes – oder es waren an diesen Tagen verschiedene Betätigungen vorgeschrieben.

## Ausbildung in der Philosophie

Wir müssen jedoch bedenken, dass Calvin nicht nur ein Mitglied von Montaigu, sondern auch der Universität von Paris war und dass er in erster Linie studierte, um den Grad des *baccalaureus artium* zu erwerben. Es wäre töricht, wollten wir vorgeben, Sicherheit über den geisteswissenschaftlichen Lehrplan in Paris in jener Zeit zu besitzen. Man braucht nur die klassischen Werke über das Thema zu lesen, um herauszufinden, wie verwirrend das Quellenmaterial und wie widersprüchlich die Schlussfolgerungen sind, die daraus gezogen wurden. Sicherlich haben wir die Statuten und Regeln, die anscheinend harte Fakten sind. Doch die vielen Ermahnungen an Lehrer, die getan hatten, was sie wollten, die zahlreichen Zugeständnisse, mit denen die ungewöhnlichen Fälle abgedeckt werden sollten, und das Stopfen von Schlupflöchern warnen uns vor jeglichem Dogmatismus.

Sicher ist jedoch, dass die Lehre für Jean Cauvin dieselbe wie für jeden anderen Studenten gewesen sein muss. Die Vorlesungen waren ausnahmslos Kommentare zu festgelegten Büchern. Ihre Form kann entweder die einer direkten Auslegung des Textes *(expositio)* gewesen sein, oder es wurde die Methode der *quaestio* angewandt, bei der Fragen gestellt und beantwortet wurden, die der Textabschnitt nahelegte. Beide Formen waren genauestens geregelt. Der Wesensgehalt der *expositio* lag im Treffen von Differenzierungen. Das Buch wurde zunächst thematisch in seine Hauptabschnitte gegliedert. Der erste Abschnitt wurde weiter nach – so möchte man sagen – verschiedenen Aspekten seines Themas untergliedert. Der Dozent kam schließlich zu einem Satz, zu einem Satzglied, zu einer Formulierung. Diese Grundeinheiten behandelte er dann der Reihe nach, wobei es ihm nach den Regeln verboten war, vor der Darlegung jedes einzelnen Punktes fortzufahren. Die Methode der *quaestio* bestand darin, dass aus den Teilen des Dokuments die wichtigsten Probleme extrahiert wurden und dann für und gegen sie argumentiert wurde.

Die *quaestio* war eine Art Ein-Mann-Disputation. Disputationen im eigentlichen Sinne waren der andere Bestandteil der mittelalterlichen Lehrmethode. Der moderne »Aufsatz« und schriftliche Prüfungen waren natürlich unbekannt. In der *disputatio* wurde dem Studenten eine These oder eine Thesensammlung gegeben, die er öffentlich gegen einen Lehrer verteidigen sollte. Dies wurde mittels der *quaestio*, oder der syllogistischen Methode, ausgeführt. Jeder, der wissen möchte, wie eine *disputatio* ausgesehen haben mag, kann beispielsweise die Disputation zwischen Nicholas Ridley und anderen in Oxford lesen.[24] Die Männer der neuen Gelehrsamkeit mochten die syllogistische Argumentation als zu formelhaft verachten; allerdings fanden sie es sehr schwer, sich von dieser geistigen Angewohnheit zu befreien. Die Syllogismen, die in Calvins eigenen Schriften zahlreich anzutreffen sind, bezeugen die Gründlichkeit seiner Ausbildung in Paris. Für den intelligenten Studenten bedeutete die *disputatio* eine fortwährende kreative Beschäftigung mit dem Thema, welches er studierte, ein klares Verständnis und vor allem die Schnelligkeit in der Debatte – »die Konferenz macht einen Menschen kundig«.

Diese regelmäßigen Disputationen waren eine in diese integrierte

---

24 Works of Ridley, Parker Society, S. 189ff.

Vorbereitung für die »Determinationen«, die mündlichen Prüfungen zur Erlangung akademischer Grade, welche in den Collèges und *pensions* zwischen dem Martinstag (11. November) und Weihnachten und dann wieder Ende Januar und bis in den Februar stattfanden. Dem »Determinanten« wurden von ihm zu verteidigende Thesensammlungen über die Bücher und Themen, die er studiert hatte, vorgelegt. Dies klingt, ebenso wie bei den meisten Prüfungen im Vorfeld, nach einer schwierigen Aufgabe, doch war der Standard selbst für den Magistergrad nicht hoch. Wir finden beispielsweise im Jahre 1503, dass der Rektor sich darüber beklagte, dass »Stallknechte, Pferdejungen und Viehzüchter diese Würde des Magister Artium erlangen; sie sind nicht nur unkundig über Aristoteles, sie haben noch nicht einmal eine Kenntnis von Cato und den Anfangsgründen«. Die Disputationen waren auch ein notwendiger Bestandteil des Lehramtes. Es war nur ein Schritt zwischen dem Disputieren mit einem Lehrer und dem Rollentausch, bei dem man mit einem Schüler disputierte. Doch schon lange zuvor, seit seiner ersten Graduierung zum *baccalaurius*, engagierte sich der Student wahrscheinlich, als Bestandteil seiner Ausbildung, in der Lehre. Die von den *baccalaurii* gehaltenen Vorlesungen behandelten Metaphysik, Ethik, Rhetorik und Naturwissenschaften, nicht aber Logik.

Wir müssen es uns so vorstellen, dass Jean Cauvin im Alter von etwa zwölf oder dreizehn Jahren seinen geisteswissenschaftlichen Kurs antrat, die Latein-Vorlesungen besuchte und zu disputieren lernte; ein paar Jahre später für sein Bakkalaureat »determiniert« wurde und danach seine Studien mit einer gewissen Lehrtätigkeit verband. Nach einem weiteren Jahr wird er für sein Lizenziat »determiniert« und mit 16 oder 17 Magister Artium geworden sein (wofür er wahrscheinlich eine Ausnahmegenehmigung benötigte, die ihn von der Regel befreite, dass Magister mindestens 21 sein mussten).

Welche Bücher wird er wahrscheinlich gelesen haben? Wir können zwar keine Titel mit Sicherheit angeben, aber wir können auf Autoren hinweisen. In dem Kurs ging es um das Verständnis bestimmter Bücher. Diese Bücher waren repräsentativ für die mittelalterliche Weltanschauung und waren, jeweils in ihren eigenen Bereichen, Autoritäten und nicht bloß »Pflichtlektüren«. Sie waren als Autoritäten anerkannt, und wo sie von den höheren Autoritäten (beispielsweise der Bibel) oder untereinander differierten, mussten sie manipuliert werden, sodass die Diskrepanz erklärt werden konnte. Die Bücher, von denen wir in Sonderheit sprechen, waren einige der Werke des Aristoteles. Es ist wahr, dass bestimmte mittelalterliche Schriften ebenfalls studiert wurden, aber sie wurden im Lichte von Aristoteles betrachtet.

Aristoteles wurde natürlich in lateinischen Übersetzungen gelesen, und zumeist handelte es sich dabei um Aristoteles in seiner Übermittlung durch seine arabischen oder mittelalterlichen Kommentatoren; aber nichtsdestoweniger neigte sich die Vorherrschaft des Aristoteles, »die längste Tyrannenherrschaft, die jemals geführt worden ist«, erst jetzt allmählich ihrem Ende zu.[25] Die Reform des Lehrplans der Künste im Jahre 1452 hatte den Gebrauch bestimmter Werke festgelegt, allerdings stimmen die Listen, die wir von ihnen haben, nicht überein. Wir sind daher zu der Aussage gezwungen, dass zweifellos die Forderung immer noch in Kraft war, dass der Text des Aristoteles Punkt für Punkt ausgelegt wurde, Stelle für Stelle, und zusammen mit den Meinungen seiner Kommentatoren dargelegt wurde. Und vermutlich deckten die ausgewählten Werke des Aristoteles die gesamte natürliche – d.h. nicht aus Offenbarung zu gewinnende – Erkenntnis ab, welche der Mensch erlangen kann. Die Naturwissenschaften wurden in der *Physica* behandelt, vielleicht ergänzt durch die *Arithmetica* des Böthius' und solche Werke wie Pierre d'Aillys *de Sphaera*, John Pechams *Perspectiva communis* (über die Optik), die ersten sechs Bücher Euklids und den *Almagest* des Ptolemäus. Für die Psychologie gab es *de Anima* von Aristoteles, für die Ethik seine *Nikomachische Ethik*, für die natürliche Theologie seine *Metaphysica*, und für die Logik einen Teil seines *Organon*.

---

25 Wir brauchen jedoch nicht anzunehmen, dass er nichts als seine Lehrbücher las. Die Bibliothek eines anderen Studenten der Geisteswissenschaften (Jean Bouchard, der im Jahre 1522 starb) ist überraschend umfangreich; sie enthielt unter anderem eine Bibel, die Werke Virgils, mehrere Bände von Cicero, a Valla, und die Briefe von Ovid (siehe Villoslada, *La Universidad de París*, S. 445-446).

Die Logik stellte das Rückgrat des philosophischen Kurses dar, und es kann kaum einem Zweifel unterliegen, dass die Logik, die Jean Cauvin beigebracht wurde, nominalistisch und terministisch war. Es gab aber unterschiedliche Formen des Terminismus, und wir könnten nur auf eine spezielle Form verweisen, wenn wir wüssten, wer seine Lehrer waren. Beza berichtet uns, dass er von einem Spanier unterrichtet wurde; aus ihm werden in Colladons Darstellung zwei Spanier, von denen einer später Doktor der Medizin wurde. Man hat vermutet, dass der Spanier, oder einer der Spanier, der terministische Philosoph Antonio Coronel gewesen sei, von dem bekannt ist, dass er in dieser Zeit am Collège de Montaigu gelehrt hat. Zudem hat man gemutmaßt, dass der schottische Theologe John Major, der zwischen 1525 und 1531 Mitglied des Verwaltungsrats (d.h. Professor) in Montaigu war, den jungen Calvin unterrichtete.[26] Manche Autoren gehen sogar so weit, zu behaupten, dass Major Calvin Theologie gelehrt habe. Die einzige Grundlage für diese Ansicht ist, dass Major und Calvin zeitgleich in Montaigu waren – obgleich, wenn unsere Datierung korrekt ist und Calvin Paris im Jahre 1525 oder 1526 verließ, sie dort nicht lange gleichzeitig gewesen sein können. Sicher scheint, dass Calvin in Paris nicht mehr als das Studienprogramm an der Artistenfakultät absolvierte und daher keine theologischen Vorlesungen besucht haben wird, die Major gehalten haben könnte. Es ist nicht unmöglich, dass Calvin zu Majors Philosophie-Vorlesungen ging.

Es wird, anstatt nicht nachprüfbare Spekulationen über die Identität seiner Lehrer und somit über die genaue Art der Logik, in der er unterrichtet wurde, anzustellen, gewiss besser sein, wenn wir mit an Sicherheit grenzender Wahrscheinlichkeit feststellen, dass die Philosophie, die er lernte, nominalistisch und terministisch war. Zu Beginn des 16. Jahrhunderts hatte die sogenannte *via moderna* immer mehr ein merklich altmodisches Antlitz bekommen. Dennoch war sie nach wie vor – ihren Rivalen zum Trotz – im Philosophieunterricht in Paris fest etabliert. Terministische Logik beschäftigte sich, wie der Name andeutet, mit der Sprachanalyse

---

26   Eine von K. Reuter *(Das Grundverständnis der Theologie Calvins)* vorgebrachte Hypothese.

oder vielmehr mit der Analyse der Beziehung zwischen Sprache über Objekte, der mentalen Vorstellung vom Objekt, und dem Objekt selbst. Sie beinhaltete eine linguistische Übung, die zunächst sehr einfach erschien, dann aber hochkompliziert war und in der Hauptsache aus Differenzierungen zwischen mehreren Arten von Begriffen bestand. Dementsprechend hatte sie ihre eigene, ziemlich ungeschliffene Fachsprache – kategorematisch, synkategorematisch, absolut kategorematisch und implizierend kategorematisch, *terminus prolatus*, *terminus scriptus*, *terminus conceptus*, erste und zweite Intention und dergleichen.

Die terministische Logik war aber eigentlich ein Versuch, das Verhältnis zwischen dem Erkennenden und dem Erkannten zu verstehen, und dies wurde zergliedert in die Beziehung zwischen dem Begriff, welcher entweder das Objekt bedeutet oder an seiner Stelle steht, der mentalen Vorstellung von dem Objekt, die durch den Begriff vermittelt wird, und dem Objekt selbst. In einer solchen Formulierung der Frage sind zwei schwache Glieder in der Erkenntniskette offenbar. Das erste ist die Gültigkeit der Übereinstimmung zwischen dem Begriff und dem, was er bedeutet oder wofür er steht. Wir müssen nicht nur fragen, ob der Begriff wirklich das bedeutet, was er bedeuten soll, sondern auch, wieweit und sogar ob der Begriff für sein Objekt stehen kann. Das zweite ist die Gültigkeit der Entsprechung zwischen der mentalen Vorstellung vom Begriff und dem Begriff selbst. Das große Problem, das allen Formen des Nominalismus anhaftete, war also, welche Garantie es dafür gab, dass die mentale Vorstellung tatsächlich dem Objekt selbst entsprach. Zur Lösung des Problems wurde die Aufmerksamkeit auf den Erkenntnisakt gelenkt, auf die Weisen des Erkennens, die mit den verschiedenen Begriffen im Zusammenhang stehen.

Die Auswirkung des Terminismus war also in erster Linie, dass er die Erkenntnis subjektiv machte, sich auf das Erkennen und die mentale Vorstellung auf Kosten des Objekts konzentrierte. Diese subjektive Philosophie war mit der subjektiven Religion des Spätmittelalters verwandt und nährte sie sowie sie auch von ihr genährt wurde. Doch in zweiter Linie gehen Subjektivismus und

Skeptizismus miteinander einher. Erkenne ich das Objekt selbst? Das heißt, stehe ich in einer echten Beziehung mit dem Objekt? Oder, falls es nur möglich ist, den Begriff zu erkennen, stellt der Begriff getreu das Objekt dar? Oder erkenne ich in diesem geheimnisvollen Denkvorgang nur die Vorstellung, die ich mir von dem Begriff gemacht habe, die möglicherweise das Objekt selbst nicht getreu repräsentiert?

Wenn man ein solches Denken auf die Religion überträgt, dann wird Theologie im eigentlichen Sinne unmöglich. Man kann dann lediglich eine Reihe dogmatischer Behauptungen aufstellen. Es verwundert kaum, dass Wilhelm von Ockham bereits im 14. Jahrhundert Dogmen wie die Existenz Gottes und die Transsubstantiation aus dem Zuständigkeitsbereich der philosophischen Theologie herausgenommen und sie zu Gegenständen des impliziten Glaubens, d. h. zu Lehren, die auf das Wort der Kirche hin angenommen werden müssten, gemacht hatte.

Wenn der junge Jean Cauvin also, wie es wohl am wahrscheinlichsten ist, in der terministischen Philosophie ausgebildet wurde, wird eine vollständige intellektuelle Wende notwendig gewesen sein, bevor er zuversichtlich und freudig verstehen konnte, dass Erkenntnis die Beziehung zwischen Subjekt und Objekt ist, dass der Begriff nach seinem ihm innewohnenden Charakter zurecht für das Objekt steht und dass der Verstand, weit davon entfernt, das Objekt zu formen, durch das Objekt selbst zur Fähigkeit zur Erkenntnis des Objekts geformt wird.

# 2. Orléans und Bourges

## Das Studium des Zivilrechts

Im Jahre 1525 oder 1526 erfuhr das Leben Jeans eine plötzliche Veränderung. Gérard hatte ihn seit der Kindheit für die Theologie, d. h. für den theologischen Studiengang an der Universität mit dem Priesteramt als Ziel, vorgesehen. Das Studium an der Artistenfakultät stellte, wie wir gesehen haben, eine Vorbereitung für den Eintritt in eine der drei »höheren« Fakultäten dar. Als er nun sein Lizenziat in den *artes* und seinen Magister Artium erreicht hatte, änderte sein Vater seine Absicht, zog ihn von Paris ab und schickte ihn an die Universität von Orléans, wo er Zivilrecht studieren sollte.

Das Motiv, das von Calvin selbst und von Beza 2 und Colladon angeführt wird, ist das einfache, aber kaum erhaben zu nennende, dass Gérard erkannte, dass mit einer juristischen Laufbahn mehr Geld zu verdienen sei. Wenige Geistliche würden die Wahrheit dieser Einsicht leugnen wollen. Allerdings ergibt sich hier eine Schwierigkeit: Gérard war selbst Anwalt, im Rahmen seiner Möglichkeiten erfolgreich und daher in materiellen Angelegenheiten, die mit den beiden Welten, die er am besten kannte, zusammenhängen, dem Recht und der Kirche, schlau genug. Ist es glaubwürdig, dass er erst jetzt, zu diesem späten Zeitpunkt, sich der Tatsache bewusst wurde, dass die Jurisprudenz sich besser bezahlt macht als die Kirche? Vielleicht war es jedoch nicht so sehr Gérard, der sich änderte, als vielmehr die Umstände. Jean war schon »als sehr kleiner Knabe« für die »Theologie« bestimmt. Welches Alter ist das? Sicher das Alter von nicht mehr als höchstens zehn, wahrscheinlich eher sieben oder acht Jahren – mit anderen Worten, irgendwann zwischen 1516 und 1519. Und diese Zeit liegt, tatsächlich oder eigentlich, vor der Einflussnahme Martin Luthers auf die Kirche. Im Jahre 1525, als ein Teil Deutschlands sich im erfolgreichen Aufstand gegen Rom befand und die Reformation und Reformbewegung in der Schweiz und in Frankreich aktiv war, mochte die Kirche einem scharfsichtigen Vater in der Tat weniger glänzende Zukunftsaussichten für seinen

Sohn geboten haben. Was würde, wenn die Reform sich durchsetzen könnte, aus dem gut bezahlten Posten werden? Und wie groß wäre, wenn man weiterdächte, die Chance, dass die Einkommensquelle beständig bliebe und nicht versiegte?

Indem er nach Orléans abwanderte, zog er nicht bloß von einer Stadt oder Universität zu einer anderen, sondern in eine neue Welt.[27] Vorbei waren nun die strengen Einschränkungen für Körper, Geist und Seele, die in Montaigu noch galten. Orléans hatte kein System von Collèges, und obgleich der Magister oder Doktor, der ein Studentenwohnheim leitete, für die Disziplin verantwortlich war, war die Intention dahinter die Wahrung der sozialen Ordnung und nicht die unbarmherzige Rettung möglicherweise widerspenstiger Seelen. Es gab dort nur eine Fakultät, die juristische, an welcher die Professoren für Zivilrecht mit fünf gegenüber den drei Professoren für kanonisches Recht in der Überzahl waren. Dass sie sich aber dem Recht widmete, bedeutet nicht, dass sie säkular gewesen wäre. Ebenso wie jede andere mittelalterliche Universität war sie ein integraler Bestandteil der christlichen Gesellschaft. Viele der Magister waren Kleriker, einige der Studenten waren für die Priesterweihe bestimmt. Wir müssen vermuten, dass Jean selbst immer noch die Tonsur trug und auf dem Wege war, ein ordinierter Rechtsanwalt zu werden und so einer Gattung von Akademikern anzugehören, die im 16. Jahrhundert häufig in Erscheinung trat.

Als Pantagruel auf seiner Reiseroute über die Universitäten von Frankreich Orléans besuchte, erlebte er die dortigen Studenten als eine Mannschaft von Sportlern, die mehr an Tennis als an Recht interessiert war.[28] Der sechzehn- oder siebzehnjährige Jean war, soweit wir wissen, kein Tennisspieler. Nachdem er als ein *béjaune* (Deutsch: Gelbschnabel; Schottisch: bejant) willkommen geheißen worden war, machte er sich als pflichtbewusster Sohn an die mit harter Arbeit verbundene neue Aufgabe, die sein Vater ihm zugewiesen

---

27  Siehe für die Universität von Orléans Fournier, *Histoire de la science du droit*, Bd. 3; Bimbenet, *Histoire de l'Université de Lois d'Orléans*; Rashdall, *Universities of Europe*, Bd. 2; Doinel, *Calvin à Orléans*; Boussard, *L'université d'Orléans*; Mesnard, *Calvin, étudiant en droit, à Orléans*.

28  *Gargantua und Pantagruel*, Buch 2, Kapitel 5.

hatte. Beza teilt uns mit, dass die schlechte Gesundheit, an welcher er später litt, auf seine Überarbeitung hier zurückzuführen sei:

»Manche, die noch leben und als innige Freunde mit ihm vertraut waren, bezeugen, dass es seine Gewohnheit war, ein leichtes Abendessen einzunehmen und bis Mitternacht zu arbeiten; als er am nächsten Morgen erwachte, lag er für eine lange Zeit im Bett, sann über das nach, was er am vorherigen Abend gelesen hatte und verdaute es gleichsam – er ließ auch nicht leicht zu, dass sein Nachsinnen unterbrochen wurde. Durch diese ständigen Nachtwachen erlangte er seine umfassende Gelehrsamkeit und sein hervorragendes Gedächtnis, es ist aber auch wahrscheinlich, dass er sich dadurch die Magenschwäche zuzog, welche die Ursache für seine verschiedenen Krankheiten und langfristig auch für seinen frühen Tod darstellte.«[29]

Da seine juristische Ausbildung in der Entwicklung Calvins von großer Bedeutung war, wird es nicht unangemessen sein, wenn wir uns ziemlich ausführlich darüber äußern.[30] Der *Corpus Iuris Civilis* wurde während der Herrschaftzeit von Kaiser Justinian, zwischen den Jahren 529 und 534, erstellt. Er bestand in einer sorgfältigen Anordnung, Modernisierung und Verkündung bisherigen römischen Rechts und rechtsverbindlicher Schriften und bestand aus drei Werken – in der Reihenfolge ihrer Veröffentlichung dem *Codex*, den *Digesta* und den *Institutiones*. Der *Codex* oder Kodex darf insofern als das Herz des *Corpus* betrachtet werden, als er die maßgebliche Darlegung des römischen Rechts war. Bei den *Digesta*, die auch als die *Pandecta* bekannt waren, handelte es sich um eine umfangreiche thematische Zusammenstellung der wichtigeren Schriften früher römischer Juristen, einen historischen Kommentar über den *Codex*, ohne dass sie seiner Anordnung gefolgt wären. Die *Institutiones* stellten das einführende (aber immer noch maßgebliche) Lehrbuch für Jurastudenten dar. Zu diesen drei müssen die *Novellae* hinzugefügt werden, Gesetze, die Probleme behandeln, die bei der Zusammenstellung der *Digesta* ans Licht gebracht oder erst nach der Veröffentlichung des *Corpus* erlassen wurden.

---

29  OC, Bd. 21, Sp. 122.
30  Siehe für das juristische Studium die in Anm. 27 genannten Werke, außerdem Jolowicz, *Historical Introduction to the Study of Roman Law*; Hunter, *Introduction to Roman Law*; Savigny, *Histoire du droit romain*; Bohatec, *Calvin und das Recht*.

Im Mittelalter hatte dieses Material eine gewisse Umordnung erlebt. Die *Digesta* wurden in das *Digestum vetus*, das *Infortiatum* und das *Digestum novum* eingeteilt. Der Mittelteil erfuhr eine weitere Einteilung, sodass Buch 35,2-38 als die *Tres Partes* bekannt war. Wenn wir dann hören, dass für das Bakkalaureat in Orléans der *Codex* und das *Digestum vetus* in »gewöhnlichen« Vorlesungen, und das *Infortiatum*, das *Digestum novum*, die *Institutiones*, die *Tres partes* und das *Authenticum* (d.h. eine Fassung der *Novellae*) in »außergewöhnlichen« abgehandelt wurden, so wissen wir, dass in der Theorie der *Corpus Iuris Civilis* mit den Studenten durchgenommen wurde.

In der Praxis geschah ihr Umgang mit dem *Corpus* wahrscheinlich aus zweiter Hand, oder vielmehr dritter Hand, über die Auslegungen mittelalterlicher Glossen über das Werk durch ihre Dozenten. Der Prozess der Kommentierung hatte sich während des ganzen Mittelalters fortgesetzt und zugenommen. Die früheren Glossen waren in dem *Apparatus* von Accursius zusammengefasst worden, der immer noch studiert wurde. Die einflussreichste spätere Schule jedoch ging unter dem Namen des Bartholus, eines Juristen aus dem 14. Jahrhundert, in die Geschichte ein. Sie war durch die Anwendung der in der Theologie gebräuchlichen dialektischen Methode auf die Rechtswissenschaft entstanden.[31] In dieser Schule wurde der *Corpus* als die Grundlage für das Verständnis und die Revision des zeitgenössischen Rechts benutzt. So gab man ihm eine praktische Ausrichtung. Bartholus dominierte das juristische Studium bis zum 16. Jahrhundert, und zweifellos gingen die »Zivilrechtler« in Orléans, unter ihnen Jean Cauvin, durch seine riesigen Kommentare zu den *Digesta* und *Infortiatum* an das römische Recht heran.

Vor dieser Zeit war jedoch eine andere Veränderung eingetreten. Schon in der ersten Hälfte des vorherigen Jahrhunderts waren gewisse Humanisten direkt auf den *Corpus* zurückgekommen und hatten die mittelalterlichen Zusätze übergangen. Eine Auswirkung ihrer Methode war gewesen, dass sie die Relevanz des *Corpus* auf das zeitgenössische Recht verminderten und ihn zu einem literarischen und historischen Quellenbuch machten; denn sie lasen

---

31   Viard, *André Alciat* 116, Nr. 3.

ihn teils als eine linguistische Studie, teils um des Lichtes willen, das er auf die Geschichte und die gesellschaftlichen Bräuche des antiken Roms werfen konnte. Somit gab es zu der Zeit, als Calvin Jura studierte, nicht nur zwei einander widersprechende Methoden in der Rechtswissenschaft; die moderne Schule hatte zudem durch Valla, Politien und Budé eine imposante Sammlung von textlichen, linguistischen und historischen Studien über die »Bibel« des Zivilrechts aufgebaut.

Wir können sehen, woran Calvin während dieser Jahre arbeitete. Die *Institutiones* beginnen mit einer Definition der Grundbegriffe *iustitia, iurisprudentia, ius naturale, ius civile* und *ius gentium* und *lex*. Jeder dieser Begriffe hat nicht nur eine rechtliche, sondern auch eine moralische oder ethische und sogar eine theologische Bedeutung. *Iustitia*, beispielsweise, »ist der beständige und ewige Wille, der jedem Menschen sein Recht erweist«.[32] Jurisprudenz »ist die Erkenntnis göttlicher und menschlicher Dinge, die Wissenschaft vom Gerechten und dem Ungerechten«.[33] Im Grunde genommen beschäftigte sich der Jurist daher mit der Beziehung eines Menschen zu seinen Mitmenschen, und das nicht nur in praktischer Weise, sondern auch in Bezug auf die Kräfte, die zur Eintracht oder Zwietracht in der Gesellschaft beitragen.

Außerdem sollte die Tatsache, dass es Zivilrecht war, uns nicht zu der Annahme verleiten, dass es sich dabei um säkulares, nicht-religiöses Recht gehandelt habe. Sogar schon bevor das Römische Reich christlich geworden war, hatte eine innige Verbindung zwischen der Religion und dem Recht bestanden. Das *ius civile* war selbstverständlich die Kodifizierung des Rechts in einem christlichen Staat. Auch ließ die mittelalterliche Sicht der Gesellschaft keine klare Unterscheidung zwischen dem Säkularen und dem Religiösen zu. Daher wurde das Zivilrecht zwar auf der Erde studiert, aber ganz eindeutig unter dem Himmel. Zudem dürfen wir anmerken, dass das *ius civile* einen Bezug sowohl zur natürlichen als auch, in begrenztem Ausmaß, zur geoffenbarten Theologie hatte. Nicht

---

32  Corpus Iuris Civilis I, 3a.
33  Ebd.

nur behandelte der erste Teil des *Codex* das Kirchenrecht in Rom –
mit Kapiteln über Kirchengebäude, Bischöfe, Taufe, Häretiker,
Bilder und dergleichen –, sondern das erste Kapitel bot sogar eine
Darlegung der Trinitätslehre des Nicaeno-Constantinopolitanums.
Vom Studenten wurde daher erwartet, sich eine Kenntnis des
Dogmas der Alten Kirche und insbesondere ihrer Christologie
anzueignen, ebenso wie eine gewisse Vertrautheit mit der frühen
Dogmengeschichte. Es scheint also, dass die ersten theologischen
Studien Calvins nicht in Paris, sondern in Orléans stattfanden.

Die Rechtsphilosophie und die Theologie nahmen vom Umfang
her nur einen kleinen Teil des *Corpus* ein. Während des Großteils
der Zeit, die er in Orléans verbrachte, wird sich Calvin mit den
unzähligen materialen Ursachen für die Meinungsverschiedenheiten
des Menschen mit seinen Nächsten beschäftigt haben – dem
Verfügungsrecht über Regenwasser, Wegerechten, Vermietungen,
Erwerb und Besitz, Ehe und Ehescheidung, Erbrecht – und mit
den Entscheidungen, welche Generationen von römischen und
mittelalterlichen Juristen in solchen Streitigkeiten gefällt hatten.
Dies alles sollte sich in seinem späteren Leben als nützlich erweisen.
Und tatsächlich offenbart die Weise, wie şeine Freunde ihn in ihre
Anliegen im persönlichen oder familiären Bereich einbezogen, eine
kluge, praktische Seite in seiner Natur, die sich bei ihm schon als
sehr jungem Mann zeigte.

Nachdem Calvin in etwa drei Jahren den Grad des Baccalaureus
erworben hatte, nahm er das Lizenziat in der Jurisprudenz in Angriff,
das Ziel des Kurses. Außerdem hatte er nun das Recht und die
Pflicht, Vorlesungen *extraordinarie* zu halten (dies waren die weniger
wichtigen Vorträge, die von den Baccalaurii gehalten wurden). Dass
er in Paris Vorlesungen in den *artes* hielt, müssen wir vermuten;
dass er in Orléans Rechtswissenschaften dozierte, dürfen wir als
sicher annehmen. Tatsächlich scheint er sogar mehr als *extraordinarie*
Vorlesungen gehalten zu haben. Den Worten Bezas und Colladons,
die uns mitteilen, dass er dozierte, hat man kaum einmal genügend
Bedeutung beigemessen. Beza 1 und Colladon sagen: »Nach kurzer
Zeit betrachtete man ihn nicht als einen Schüler, sondern als

einen der *docteurs ordinaires*, wie er auch häufiger Lehrer als Hörer war.«[34] Und bei Beza 2 heißt es: »Sehr oft sprang er für die Lehrer selbst ein und wurde als ein Lehrer (*doctor*) und nicht als ein Hörer betrachtet.«[35] Aufgrund dieser Angaben scheint es so, dass Calvin *ordinarie* Vorlesungen hielt. Die Biografen brauchten dies jedoch nicht als ein solch großes Wunder zu behandeln, denn obgleich nach der einen Universitätsordnung niemand außer den *doctores actu ordinarie regentes* diese Vorlesungen halten konnten, wurde an einer anderen Universität dieses Vorrecht auch Lizenziaten eingeräumt, die im Begriff standen, ihren Doktor zu machen.[36] Nichtsdestoweniger bedeutet es, dass Jean einer der herausragenden Studenten war, da er für eine beträchtliche Zeit sowohl *ordinarie* doziert zu haben, als auch für Professoren, die einen vorübergehenden Ersatz für sich suchten, eine natürliche Wahl gewesen zu sein scheint – dies hatte das Gesetz von 1512 geregelt. Die Tatsache, dass im Jahre 1531 weiter angeordnet wurde[37], dass nur *licenciés* Professoren ersetzen konnten, deutet darauf hin, dass zuvor Baccalaurii, oder zumindest ein Baccalaureus, oft genug gehandelt hatten bzw. hatte, sodass diese Regel erforderlich wurde.

Der Kurs für das Lizenziat dauerte drei Jahre an und markierte das Ende der Laufbahn des Studenten, denn das Doktorat war, streng genommen, kein Grad, der von den Bedingungen der Zeit und des Studiums abhängig war, sondern ein Titel, der bald nach dem Lizenziat verliehen wurde.[38] Dass Jean sein Lizenziat machte, wissen wir, denn in offiziellen Dokumenten von 1532 und 1536 wird er als Lizenziat der Rechte (*licencié-ès-loix*) bezeichnet. Er scheint aber nicht zum Doktor promoviert worden zu sein. Beza 1 und Colladon berichten, dass ihm mehr als einmal gratis ein Doktorat angeboten wurde[39] (was zu dem System in Orléans passte), was er aber ablehnte. Beza 2 lässt weg, dass er diese Ehre ausschlug.

34  OC, Bd. 21, Sp. 29 und 54.
35  OC, Bd. 21, Sp. 122.
36  Fournier, *Histoire* , Bd. 3, S. 106-107; Bimbenet, *Histoire*, S. 213.
37  Bimbenet, *Histoire*, S. 237.
38  Fournier, *Histoire*, S. 118.
39  OC, Bd. 21, Sp. 29 und 54.

# Freunde und Verwandte

In Orléans taucht Cauvin (wir möchten nun aber, ebenso wie er es allmählich selbst tut, die frühere Version seines Namens fallen lassen) oder Calvin aus dem tiefen Schatten seines Lebens in Paris auf; aus einem Studenten, der nur dem Namen nach bekannt ist, wird eine unverwechselbare und erkennbare Persönlichkeit. Dies war trotz seiner eigenartigen Gewohnheit, Pseudonyme zu gebrauchen, der Fall. Manchmal begegnet er uns als Charles d'Espeville; Espeville oder Eppeville war ein Dorf, aus welchem die Kaplanspfründe von La Gésine einige Pachtgelder bezog und das den de Hangests gehörte. Sie besaßen auch Passel, ein Dorf, das Pont-l'Evêque benachbart war und für seinen Namen Passelius herhielt. Diese beiden Namen werden sein ganzes Leben hindurch in Briefen an ihn und von ihm benutzt. Manchmal wird er nun Martinus Lucanius, und später wird er sogar einige seiner Bücher unter einem weiteren Anagramm seines Namens, Alcuinus, veröffentlichen. Doch unter allen Pseudonymen bleibt Calvin erkennbar.

Erkennbar sind auch viele seiner Freunde. Jean und Claude de Hangest, Vettern der Montmors, waren Studienkollegen und, insbesondere Claude, Mitglieder seiner speziellen Studiengruppe. Die frühesten erhaltenen Briefe Calvins datieren erst von 1530, doch ihre Empfänger und die meisten der in ihnen erwähnten Personen waren aus Orléans. Da war Nicolas du Chemin, ein Lizenziat der Rechte, in dessen Pension in der Rue du Pommier er logierte und den er als »Freund, der mir lieber ist als das Leben selbst«, anreden sollte. François de Connan war der Sohn eines Regierungsbeamten in Paris und erlangte selbst einen hohen Platz im öffentlichen Dienst – seine *Commentarii Iuris Civis* sollten ihm einen glänzenden, aber vergänglichen Ruhm verschaffen. Philip Loré, ein Buchhändler aus der Stadt, war für einen angehenden Schriftsteller ein guter Freund, der ihn über das, was in anderen Zentren veröffentlicht wurde, auf dem Laufenden halten konnte. Doch die meisten der frühen Briefe wurden an François Daniel, einen Jurastudenten in seiner Heimatstadt Orléans, geschrieben. Seine Familie hieß

Calvin als ein neues Familienmitglied willkommen, und er wurde in Familiengeheimnisse und -angelegenheiten eingeweiht.

Die Freunde waren, ob Reformisten oder nicht, als Studenten liberal eingestellt. Sie waren befreundet mit Sucquet, einem der Schützlinge des Erasmus', mit Melchior Wolmar, mit Nicolas Cop aus Paris. Manche von ihnen wanderten bereitwillig nach Bourges, um einen humanistischen Rechtsgelehrten zu hören. Einige von ihnen konnten oder lernten Griechisch. Möglicherweise hegten sie insgeheim eine Sympathie für die Reformkräfte. Möglicherweise fühlten sie sich aber auch nur zur neuen Gelehrsamkeit hingezogen. Doch was auch immer sie waren: Sie waren sicherlich keine Obskurantisten, Gegner aller Reformvorschläge oder aller neuen Ideen. Wenn Calvin also solche Freundschaften in Orléans schloss und pflegte, dürfen wir sicher sein, dass er, wenn er je ein typischer Sohn von Montaigu gewesen wäre, ein Obskurantist hinsichtlich Religion und Bildung, es nach zwei oder drei Jahren an seiner neuen Universität nicht mehr gewesen wäre.

Es gab noch zwei weitere Freunde, die bereits den entscheidenden Schritt in die Reihen der Reformation gewagt hatten. Der erste war Pierre Robert, ein Verwandter Calvins, Sohn von Jehan Robert, einem Kirchenvogt am kirchlichen Hof in Noyon. Nur wenig ist über diesen brillanten jungen Mann, den Henry Martyn der französischen Reformation, bekannt. Aus einer Vorliebe, die er mit seinem Vetter gemeinsam hatte – dem nächtlichen Arbeiten, wofür seine Freunde ihm den Spitznamen Olivetanus (oder»Mitternachtsöl«) gaben, was zunächst ein Scherz war –, wurde im Laufe der Zeit sein Nachname. Er war wahrscheinlich mit Calvin in Paris. Im Jahre 1528 hielt er sich, aus Furcht vor der Verfolgung, in Orléans auf, um hernach Zuflucht in der reformierten Stadt Straßburg zu suchen. Beza 1 und Colladon machen ihn für die Bekehrung Calvins verantwortlich: »Als er durch einen gewissen Verwandten, Pierre Robert Olivetan, etwas von der wahren Religion erkannt hatte, fing er an, sich der Bibellese zu widmen, sich vom päpstlichen Aberglauben zu distanzieren und sich von jenen Riten abzusondern.«[40] Sie scheinen sich mit der Aussage

---

40   OC, Bd. 21, Sp. 29, 54 und 121 (Zitat ebd.).

zu irren, dass dies vor der Zeit in Orléans geschehen sei, aber es ist keineswegs unmöglich, dass Pierre Robert ein Einfluss, vielleicht sogar der ausschlaggebende Einfluss, bei Calvins Bekehrung gewesen sein könnte.

Der andere Freund war Melchior Wolmar. Obwohl 13 Jahre älter als Calvin, war er sein Zeitgenosse an der Artistenfakultät in Paris. Dort ragte er in den Prüfungen für das Lizenziat als erster unter einhundert Kandidaten hervor, und zwar trotz der Tatsache, dass er fast seine ganze Zeit dem Griechischen gewidmet und eine annotierte Ausgabe von zwei Büchern der *Ilias* publiziert hatte. Wahrscheinlich begann er gegen Ende ihrer gemeinsamen Zeit in Orléans Calvin Griechisch beizubringen, doch war schon vorher die lebenslange Freundschaft entstanden, von der wir im handschriftlichen Gruß auf der Titelseite von Calvins Kommentar zum Johannesevangelium in der British Library lesen können: »Für Melchior Wolmar, meinen besonderen Freund, von Jean Calvin.« Wolmar hatte bereits in Orléans über den Reformismus seines Lehrers Jacques Lefèvre zu einer Bindung an die Reformation gefunden. Manchen Calvin-Forschern zufolge war er es, der Calvin für den evangelischen Glauben gewann. Auch dies ist nicht auszuschließen.

Wir sollten auch nicht die Möglichkeit außer Acht lassen, dass familiäre Schwierigkeiten mit den kirchlichen Behörden in Noyon zur Lösung der Bande beitrugen. Denn während Jean alle Freuden verachtete und mühevolle Tage in Orléans verlebte, hatte sich eine unglückselige Meinungsverschiedenheit zwischen seinem Vater und dem Kathedralkapitel entwickelt. Manche Calvin-Kenner haben darin eine verdeckte Verfolgung eines der zahlreichen »Lutheraner« von Noyon gesehen. Andere haben – mit besserer Begründung – vermutet, dass Gérard, der Mann des Bischofs, ins Kreuzfeuer der ständigen Gefechte zwischen dem Bischof und dem Kapitel geraten war. Und wieder andere betrachten dies ganz freimütig als einen klaren Fall beruflicher Nachlässigkeit auf Seiten Gérards, wenn nicht gar als etwas Schlimmeres. Als Vermögensverwalter zunächst eines Kaplans und dann auch eines weiteren, war er vom Kapitel gebeten worden, zum Sankt-Remigius-Tag des Jahres 1526 einen

Rechenschaftsbericht vorzulegen. Als es ihm nicht gelang, dieser Bitte zu entsprechen, wurde er scharf gerügt. Ein Jahr verging, und er war immer noch im Verzug. Ein weiteres Jahr der Forderungen und ein weiterer letzter Termin am Sankt-Remigius-Tag kamen und vergingen. Einen Monat später, am 2. November 1528, wurde Gérard exkommuniziert, und es wurde ein Buchprüfer ernannt.

Nicht allein der Vater war in Schwierigkeiten geraten. Am 16. April 1526 wurden sowohl Jean als auch Charles für »widerspenstig« erklärt, weil sie, als Kapläne, den Vollversammlungen des Kapitels nicht beigewohnt hatten. Warum Charles, der diese ganze Zeit über in Noyon gelebt zu haben scheint, nicht anwesend war, können wir unmöglich sagen. Jeans Schuld lag vermutlich darin, dass er nicht in Vertretung eine Bescheinigung vom Universitätsrektor vorlegen ließ, dass er am Amtsort ansässig sei. Im nächsten Januar wurden sie wiederum für widerspenstig erklärt, nun zusammen mit anderen; wiederum wird aber der Tatbestand ihres Vergehens nicht erwähnt. Die Schelte wird im Mai wiederholt. Desmay zufolge[41] existierten in den Registern früher drei Einträge, die berichten, dass man an Jean im Kapitel (dessen beide letzte Versammlungen am 24. Juli und 7. August 1527 – also während seiner langen Ferien – abgehalten wurden)»herangetreten«war, bevor er das Benifizium von Marteville erhielt. Es wurde zwar kein Grund für diese Handlung angegeben, doch gewisse alte Kanoniker,»die ältesten«, erzählten Desmay, dass sie eine leere Seite in den Registern gesehen hätten, auf der nur die furchtbaren Worte *Condemnatio Joannis Calvini* gestanden hätten; ein Nichteintrag, der ihnen und ihm, nach alter Redensart, viel zu denken gab.

Dass Jean und Antoine Benefizien und Kaplanspfründen erhielten, stellt keine Ungereimtheit dar. Die Pfründe von Saint-Martin de Marteville, einem etwa 32 Kilometer von Noyon entfernten Dorf, zu welcher Jean im September 1527 berechtigt wurde, war nicht in der Gabe des Kapitels enthalten. Von La Gésine, das nunmehr Beiträge zu Antoines Unterhalt leistete, war der Bischof der Schirmherr. Und Pont-l'Evêque wurde Jean von seinem Kommilitonen Claude

41  *Remarques*, S. 390.

de Hangest in seiner Eigenschaft als Abt von Saint-Eloi gegeben. Bei all seiner Feindseligkeit gegen die Cauvin-Brüder vermochte das Kapitel nicht einmal zu verhindern, dass sie Kaplanspfründen in der Kathedrale behielten; gleichwohl konnte es ihnen gewiss das Leben unbehaglich machen.

## Bourges und ein Neuanfang

Durch das Stipendium von Saint-Martin de Marteville finanziert (abzüglich des Stipendiums für den Kuraten, der alle Verpflichtungen für ihn wahrnahm), »determinierte« Calvin im Alter von etwa 18 oder 19 Jahren erfolgreich für seinen Abschluss als Baccalaureus und nahm den zum Lizenziat führenden Kurs auf, indem er den *Corpus Iuri Civilis* studierte und darüber dozierte. Doch im Frühjahr 1529 hören er und seine Freunde, dass ein interessanter neuer Professor gerade für Bourges verpflichtet worden sei und beschließen, dorthin umzuziehen; diese Entscheidung wurde von Studenten in vielen anderen Städten mitvollzogen.

Der Universität Bourges mangelte es gänzlich an dem alten Prestige von Orléans.[42] Sie war gegen den Widerstand von Paris und Orléans erst in den 60er-Jahren des 15. Jahrhunderts gegründet worden und hatte auch ein halbes Jahrhundert danach die Hoffnungen ihrer Förderer noch nicht erfüllt. Doch im Jahre 1517 übergab der König das Herzogtum Berry Margarete von Angoulême, und binnen Kurzem hatte Bourges, seine Hauptstadt, ihren reformierenden Einfluss verspürt. Erst 1527 wurden jedoch ähnliche Reformen wie jene, die Orléans 1512 auferlegt wurden, an der Universität in Kraft gesetzt. Eine Nebenwirkung war der Versuch, die Lehre durch den Import bekannter Professoren, wenn möglich »der anerkanntesten Professoren in Frankreich«, zu beleben. Einer der frühesten Empfänger eines Lehrstuhls und sicherlich der berühmteste war der italienische Jurist Andreas Alciati.[43] Von Avignon durch das Versprechen eines

---

42 Siehe für Bourges Raynal, *Histoire du Berry*, Bd. 3; Rashdall, *Universities of Europe*, Bd. 2.
43 Für Alciati siehe Viard, André Alciat; *Biografie universelle*, Bd. 1.

großzügigen Stipendiums mit einer hundertprozentigen Erhöhung nach einem Jahr nach Bourges gelockt, wurde er mit außergewöhnlichen Szenarien studentischer und bürgerlicher Begeisterung willkommen geheißen. Seine Antrittsvorlesung über einen Abschnitt aus dem Codex, *de verborum obligationibus,* wurde zum Anlass für die Eröffnung der *Grandes-Ecoles* am Montag, dem 19. April, gemacht. Dass dieses Gebäude bis vor Kurzem das Stadtkrankenhaus gewesen war, das nunmehr in ein besseres neues Quartier verlegt wurde, sollte der beabsichtigten Ehererbietung keinen Abbruch tun.[44]

Alciati war, wenn wir seiner eigenen Darstellung glauben können, schon fast von seiner Kindheit an ein Jurist; sein erstes Buch über griechische Worte in den *Digesta* schrieb er im Alter von 15 Jahren. Ganz gleich, ob dies zutrifft oder nicht, war er eine Persönlichkeit von erstrangiger Bedeutung in der Entwicklungsgeschichte der Rechtswissenschaft im 16. Jahrhundert. Er war nicht nur einer der großen humanistischen Rechtsgelehrten, aufgeschlossen für Textkritik, für eine linguistische und historische Interpretation der Dokumente, sondern auch ein praktischer Jurist, und er suchte – wie die Bartholisten vor ihm – im *Corpus* Hilfe bei aktuellen Problemen. Daher kann er als ein Vermittler zwischen den alten und den neuen Methoden bezeichnet werden. Dies führte ihn dazu (vielleicht ohne dass er selbst oder seine Studenten den Grund dafür verstanden), einige der alten Methoden in seiner Lehre anzuwenden. Und genau dies könnte die Ursache für die Studentenunruhen gewesen sein, die er in Bourges provozierte. Eine Erklärung dafür finden wir in seiner eigenen, überladenen Darstellung:

»Entweder wegen der Berühmtheit unseres Namens oder wegen der Neuheit, die immer eine Verlockung für die Neugierigen darstellt, kamen große Edelleute und Gelehrte aus ganz Frankreich und Deutschland. Doch als sie ein paar Monate lang meine Vorlesungen besucht und gesehen hatten, dass ich auf derselben alten Spur wie ihre einheimischen Lehrer wandelte, wurden sie nach und nach immer weniger, wobei sie von einigen mit größerer Autorität angeführt wurden. Und sie nannten mir ihren Grund dafür.«[45]

---

44  »Sie waren rühmenswert offen«, ruft Raynal, der sich noch 1844 vom Widerhall des Jubels im Jahre 1529 mitreißen ließ.

45  Vorwort für *Ad rescripta principium, Opera omnia,* Bd. 3, S. 178.

Kurz gesagt war ihr Grund, dass sie Großartiges über seine herausragende Gelehrsamkeit und seine modernen Methoden gehört hatten, sich aber nichts davon in seinen Vorlesungen gezeigt hatte. Stattdessen händigte er lediglich das traditionelle Material aus, an das sie gewohnt waren, Bartholus und dergleichen. »Als ich sah, dass sie alle miteinander übereinstimmten und Lehre den Phantasien, Klarheit der Unsicherheit, Eleganz der Unverständlichkeit, Latein dem Barbarismus vorzogen, entsprach ich ihren Wünschen.«[46]

Das Ergebnis war natürlich überaus wünschenswert. Nichtsdestoweniger könnte Henri Lecoultre mit der Vermutung recht gehabt haben, dass Alciatis Darstellung einen ziemlich ernsthaften Studentenprotest bagatellisiert.[47] Unter den mit dem Lehrer Unzufriedenen waren, wie wir annehmen dürfen, Calvin und seine Gruppe. Und ganz gleich, wie hocherfreut sie gewesen sein mögen – als Alciati endlich höchstpersönlich zu ihnen sprach, kam bald eine weiterreichende Unzufriedenheit auf. Pierre de l'Estoile, der führende Professor in Orléans, hatte Alciati in seinem Buch *Repetitiones* kritisiert.[48] Der Italiener hatte unter einem Pseudonym geantwortet und dabei l'Estoile und zwei Pariser Juristen angegriffen. Er hatte auch ein Buch geschrieben, in welchem er eine deutliche Meinungsverschiedenheit mit Budés *De Asse* zum Ausdruck gebracht hatte. Dies alles war ein wenig früher. Nach Bourges eingeladen, befand er sich in der schwierigen Position, es wahrscheinlich mit Personen zu tun zu haben, zu denen er unfreundlich gewesen war. Es gelang ihm, das Buch gegen Budé noch in der Drucklegung aufzuhalten, doch bei dem anderen kam er zu spät. Alciati mochte ein brillanterer Jurist sein als l'Estoile, doch die Loyalität der Orleaner wurde neu belebt, und bis Mitte 1529 hatte Nicolas du Chemin mit einem Gegenangriff reagiert. Sein Pamphlet wurde einige Jahre nicht veröffentlicht, und dann ließ Calvin es verlegen und fügte ihm ein Geleitwort als Widmung hinzu. Er selbst stellte sich auf die Seite von l'Estoile und stand, trotz gewissen wohlüberlegten Lobes an Stellen, wo er

---

46 Ebd.
47 *Une grève d'étudiants au XVIe siècle.*
48 Zu l'Estoile siehe *Biografie universelle*, Bd. 7.

sich des Lobes nicht enthalten konnte, Alciati kritisch gegenüber. Seine Kritik wurde auch nicht abgeschwächt, als er Alciati in seinem eigenen ersten Buch erwähnte. Es gibt keinen Grund, Alciati einen starken Einfluss auf ihn zuzubilligen, und solch ein Wortschwall wie: »Es muss für Calvin Nektar gewesen sein, der so eine neue Welt entdeckte, eine Welt, die schön war«[49] wäre besser unausgesprochen geblieben.

Ob Calvin nun mit seinem italienischen Professor zufrieden war oder nicht, war doch sein Aufenthalt von etwa 18 Monaten in Bourges von großer Bedeutung und in einer Hinsicht tatsächlich entscheidend in seiner Entwicklung. Denn neben seinem Jurastudium lernte er durch Wolmar Griechisch; der Griechischunterricht wurde ebenfalls von Margarete an ihrer Universität eingerichtet. Und ebenso, wie Calvin später einen Kommentar seinem großen Lateinlehrer widmete, tat er dies auch für seinen Griechischlehrer. In seinem Widmungsbrief erinnert er sich an Wolmar und berichtet:

»Eines der wichtigsten Dinge, die mir widerfuhren, geschah in jenen ersten Tagen, als ich von meinem Vater gesandt wurde, um das Zivilrecht zu lernen, aber unter deiner Anregung und Unterweisung mit dem Studium der Rechte das der griechischen Literatur verband [*Graecas literas*], wofür du damals Professor *summa cum laude* warst. Auch war es nicht deine Schuld, dass ich keine größeren Fortschritte machte, denn du warst so gütig, dass du mir bis zum Ende des Kurses keine helfende Hand verweigert hättest; der Tod meines Vaters aber rief mich zu einem frühen Zeitpunkt ab. Nicht zuletzt dir verdanke ich jedoch, dass mir zumindest die Grundlagen beigebracht wurden; und diese waren später für mich eine große Hilfe.«[50]

Dies war ein Schritt, der in einer Zeit, in der das Griechische immer noch mit Häresie in Verbindung gebracht wurde, nicht ohne Bedeutung war. »Wir entdecken nun eine neue Sprache namens *grège*. Wir müssen sie um jeden Preis meiden, denn diese Sprache ruft Häresien hervor. Hüte dich besonders vor dem Neuen Testament in griechischer Sprache; es ist ein Buch voller Dornen und Stacheln.«[51]

---

49  Breen, *John Calvin*, S. 46.
50  OC, Bd. 12, Sp. 364-365; CTS, S. 100-101.
51  Cuissard, *L'Etude du Grec à Orléans*, S. 93.

Sicherlich war dies einige Jahre zuvor gesagt worden, doch bildete das Griechische noch im Jahre 1530 die Grenzlinie zwischen zwei Welten. Jemand, der Griechisch gelernt hatte, war weiter von der alten Welt weggesegelt als Columbus aus der alten Welt seiner Herkunft, und hatte ein neueres Land entdeckt. Calvin war nun Teil der von du Bellay sogenannten »ruhmreichen Nation der Gallogriechen« geworden.

Jura und Griechisch nahmen nicht alle seine Tage in Anspruch. Er hielt auch einige Vorlesungen über Rhetorik (vermutlich für den Vorbereitungskurs zu den *artes*) am Augustinerkonvent, wo der zukünftige Reformator Augustin Marlorat bereits Prior war oder es in Kürze werden sollte. Mehr noch, es heißt, dass »er oft auf der steinernen Kanzel predigte, welche immer noch in ihrer alten Kirche steht«,[52] und dass er gelegentlich auch in Dörfern Predigten hielt – in Asnières, »wo sein Wort Samen säte, welche nie erstickt worden sind«,[53] und in Linières, aus irgendeinem unerklärlichen Grunde »in einer Scheune in der Nähe des Flusses«, wo er nichtsdestoweniger unter seinen Zuhörern den örtlichen Gutsherrn, Philbert de Beaujeu, hatte. Der Gutsherr war von seiner Verkündigung eingenommen (»auf jeden Fall erzählt er uns etwas Neues«), blieb aber ein »guter Katholik«.[54] Hinter dieser Überlieferung scheint mehr als nur ein Gerücht zu stehen, denn Philbert de Beaujeu war auch der Lehnsherr von Meillan, und Calvin hielt sich in Meillan auf, als er die ersten Briefe schrieb, die uns überliefert sind. Vielleicht logierte er, wie Doumergue annimmt,[55] im unlängst wiederaufgebauten Schloss.

Wenn die Geschichten von seinen Predigten wahr sind, begegnen wir nunmehr einem neuen Aspekt bei Calvin. Zweifellos hätte er auch predigen können, wenn er immer noch römischer Katholik oder aber Humanist gewesen wäre. Allerdings muss man sich fragen, ob er dafür ein dringliches Motiv gehabt hätte. Wenn jedoch eines der Kennzeichen eines evangelikalen Christen der Drang ist, für seinen Glauben Zeugnis abzulegen, andere zu der gleichen

---

52  Raynal, *Histoire*, Bd. 3, S. 308.
53  Ebd.
54  Raynal, *Histoire*, Bd. 3, S. 309.
55  *Jean Calvin*, Bd. 1, S. 611.

Erkenntnis des Erlösers zu führen, und wenn wir die Bekehrung Calvins korrekt 1529 oder im Frühjahr 1530 ansetzen, dann ist die Nachricht von seinen Predigten während seines Studiums in Bourges in vollkommenem Einklang damit. Tatsächlich dürfen wir die Behauptung wagen, dass wenn es sichere Beweise dafür gäbe, dass er in jener Zeit nicht gepredigt hätte, dies einen Hinweis dafür darstellte, dass er noch nicht evangelisch war.

Irgendwann im Jahre 1529 oder im Frühjahr 1530 wurde Calvin bekehrt (siehe Anhang 2). Die Umstände kennen wir nicht näher. Dass die Identität des dafür Verantwortlichen, wenn jemand dafür verantwortlich war, nicht zu ermitteln ist, hat allgemeine Zustimmung gefunden. Calvin selbst blieb darüber etwas wortkarg – außer bei einer Gelegenheit im Vorwort zu seinem *Psalmenkommentar.*[56]

Calvin legt seine Referenzen als Ausleger der Psalmen dar. Nachdem er als Bande des Mitgefühls mit den Psalmisten die großen Nöte und Konflikte für den Glauben, die er durchgemacht hat, erwähnt, greift er speziell die ihm so vorkommende Ähnlichkeit zwischen seinem eigenen Lebensverlauf und demjenigen von David als dem Hirtenjungen auf, der ganz unerwartet König werden sollte – oder vielmehr, denn dies ist der springende Punkt im Vergleich, David, demjenigen, den Gott auserwählt und daher aus der Schafhürde herausgenommen und auf den Thron erhoben hatte. Auch Calvins Leben war in ähnlicher Weise durch die verborgene Vorsehung Gottes verwandelt und geordnet worden. Er war aus seiner verborgenen Herkunft herausgerufen und zu einem Diener des Evangeliums gemacht worden. Und so trat die entscheidende Veränderung ein. Die Pläne, nach welchen er für das Priestertum bestimmt war, wurden plötzlich geändert, und er nahm das Jurastudium auf. Dies ist die erste Störung in seiner Laufbahn, ein ganz normaler, menschlicher Planwechsel. Nun geschah eine zweite Störung, und sie war ein göttlicher Eingriff in sein Leben, der auch den zweiten Plan umstürzte. Er war wie ein Pferd, das von seinem Vater in eine bestimmte Richtung geführt wurde, sich dessen nicht bewusst, dass er einen Reiter auf seinem Rücken und

---

56  OC, Bd. 31, Sp. 19-34; CTS, Bd. 1, S. xl-xlviii.

eine Kandarenstange in seinem Maul hatte, bis er bemerkte, dass er angehalten und auf einen neuen Kurs gebracht worden war. Dies ist die Bekehrung Calvins.

Er ist weit davon entfernt, sie in Superlativen zu beschreiben. Die unerwartete Bekehrung ist nur ein Anfang, »ein bloßer Vorgeschmack der wahren Gottseligkeit«. Er gelangte nicht unmittelbar zu der vollständigen Theologie, die er später in der *Institutio* zum Ausdruck brachte; er verstand nicht unmittelbar die ganzen kirchlichen Konsequenzen seines neuen Glaubens; er brach nicht unverzüglich alle Verbindungen mit der Kirche seiner Jugend ab. Was geschah, war lediglich, dass sein Geist, bereitwillig in seiner Unterordnung unter andere Autoritäten, nunmehr die alleinige Autorität Gottes anerkannte. Der gezähmte Wildochse kannte nun seinen Herrn; das zurückgebrachte Schaf hörte seine Stimme. Calvin wurde belehrbar gemacht.

Wie der Psalmist war er aus den Tiefen, aus der Grube des Verderbens, aus Schlick und Schlamm, heraufgeführt worden. Glaubensüberzeugungen und Gottesdienstformen, welche ihm seit dem Säuglingsalter eigen waren, erschienen ihm nunmehr als abergläubisch, als nicht gottgegeben, sondern willkürlich von Menschen ersonnen. Er hatte die wahre Gottseligkeit, die *pietas*, geschmeckt, welche »die ehrfurchtsvolle Liebe zu Gott ist, zu welcher wir durch eine Erkenntnis seiner Segnungen hingezogen werden«[57]. Viele Autoren bestehen darauf, dass die Bekehrung Calvins keine »pietistische« Bekehrung gewesen sei. Wenn man wüsste, was sie mit »pietistisch« meinen, so wäre man leichter imstande, ihnen beizupflichten oder anderer Ansicht zu sein. Wie auch immer, war die Bekehrung, die Calvin beschreibt, ob »pietistisch« oder nicht, sicherlich »pietastisch«: Er empfing den ersten Vorgeschmack der *pietas*; er begann, Gott als seinen Vater zu lieben und zu verehren; er wurde von einem Verlangen beseelt, in der Erkenntnis Gottes und in der Liebe zu ihm zu wachsen.

Ein besonderes Gebiet, das er nun studierte, war der Abendmahlsstreit zwischen den Reformatoren. Neun oder zehn Jahre waren

---

57  *Institutio* I. ii. 1.

vergangen, seit Luther in seiner *Babylonischen Gefangenschaft der Kirche* (1520) die Lehre vom Messopfer verworfen und die Eucharistie als das Sakrament der Verheißung Gottes, als die Gabe Christi, die durch den Glauben empfangen werden muss, gedeutet hatte. Erst unlängst, im Oktober 1529, hatte das Religionsgespräch zwischen Luther und Zwingli in Marburg stattgefunden. Calvin las nun, wie angenommen wird, die *Babylonische Gefangenschaft* und zwei Predigten Luthers über die Eucharistie, die aus dem Deutschen ins Lateinische übersetzt und in den Jahren 1524 und 1527 veröffentlicht worden waren. Dreißig Jahre später schrieb er einem Gegner, dass, als er begann, »aus der Finsternis des Papsttums herauszukommen und einen schwachen Vorgeschmack der gesunden Lehre wahrgenommen hatte«, er bei Luther las, dass die Zwinglianer die Sakramente zu bloßen und leeren Bildern reduzierten. Dies erfüllte ihn mit einer solchen Feindseligkeit gegen sie, dass er für eine lange Zeit nicht einmal ihre Bücher lesen wollte. Doch von einem Buch dürfen wir uns sicher sein, dass er es las, und zwar mit neu geöffneten Augen, erstaunt darüber, dass es, wie gut er es auch gekannt haben mochte, ihm so vorkam, als habe er es nie zuvor gelesen. Vielleicht bediente er sich seines verbesserten Griechisch, um das Neue Testament in einer der Ausgaben von Erasmus zu lesen – diejenige von 1527 war damals die neueste, mit dem Griechischen und der lateinischen Übersetzung des Erasmus in zweispaltigem Druck. Und zweifelsohne war er enttäuscht, dass seine mangelnde Kenntnis des Hebräischen ihn nötigte, für das Alte Testament die Vulgata zu gebrauchen.

### Das erste Buch

Wir haben also Calvin in Bourges, der immer noch ein Jurastudent ist, in dem aber die explosive Kraft einer neuen Leidenschaft zu wirken beginnt. Er könnte dort bis zum Frühling des Jahres 1531 geblieben sein. Eher wahrscheinlich ist, dass er für das akademische Jahr, das im Oktober 1530 begann, nach Orléans zurückkehrte und diesmal sein Lizenziat erlangte. Von Bourges aus, oder vielmehr von dem Dorf Meillan etwa 48 km südlich aus, schrieb er gegen Ende der langen Sommerferien von 1530 an François Daniel.[58] Der Brief ist (oder war in jener Zeit) in seiner akademischen Witzelei amüsant. Er sendet einen für Reisen bestimmten Regenmantel, den er ausgeliehen hatte, zurück und nimmt dabei auf gelehrte Weise ein wenig auf Lampridius und auf das Griechische Bezug. Er bittet darum, verschiedene Freunde zu grüßen, darunter Sucquet, dem er seine *Odyssee* ausgeliehen hatte. Ob Daniel ihm bitte eine Notlüge erzählen und sagen möge, dass Calvin sie zurück benötige, um sie dann zu behalten? Und er schließt:»Lebewohl, mein unvergleichlicher Freund.«

Entweder von Bourges oder Orléans kommend, war Calvin im frühen März 1531 in Paris, vielleicht um einen Verleger für sein eigenes Buch zu finden, vielleicht um die Möglichkeiten für ein weiteres Studium an jener Universität zu sondieren. Während er sich dort aufhielt, schrieb er ein Vorwort zu du Chemins *Antapologia* gegen Alciati und begleitete deren Druck. Seine Absicht, nach Orléans zurückzukehren, wurde durch die Kunde, dass sein Vater schwer erkrankt sei, zunichte gemacht, und er ging nach Noyon zurück. Gérard, der inzwischen sein siebzigstes Lebensjahr überschritten haben muss, lebte mit seiner zweiten Ehefrau und vielleicht einer Tochter oder beiden Töchtern zusammen. Auch Charles lebte noch in Noyon und war in weitere Schwierigkeiten mit dem Kathedralkapitel verwickelt. Im Februar 1531 hatte er den Träger des Amtsstabes des Kapitels tätlich angegriffen, als dieser ihm einen Befehl überbrachte, und setzte dies zwei Tage später durch Gewalt gegen einen Geistlichen namens Maximilian fort. Das Kapitel kam überein, dass er sich von der Exkommunikation entbinden müsse; dies versprach er zwar, tat er aber nicht. Daher kam Jean in seine Heimat zurück, wo sein Vater und sein älterer Bruder beide exkommuniziert gewesen zu sein scheinen.

Sein Herz war nicht mehr in Noyon; er wollte zu seinen Freunden nach Orléans zurückkehren, doch die Krankheit seines Vater hielt ihn dort auf, wie er an du Chemin schrieb:

---

58    OC, Bd. 10b, Sp. 3-6; Herminjard, Bd. 2, S. 278-282; ET, Bd. 1, S. 5-6.

»Als ich dich verließ, versprach ich, bald zurückzukehren, und ich war besorgt, dass dies mir nicht so gelingen könnte, wie ich wollte. Als ich an die Rückkehr dachte, hielt die Krankheit meines Vaters mich davon ab. Die Ärzte gaben uns die Hoffnung auf seine vollständige Genesung; und dies allein ließ meine Sehnsucht, dich wiederzusehen, nach ein paar Tagen stärker werden. Doch nachdem Tag für Tag vergangen ist, haben wir nunmehr den Punkt erreicht, an dem uns keine Hoffnung mehr bleibt; er ist in sicherer Todesgefahr [*certum mortem periculum*]. Doch ganz gleich, wie es ausgehen wird, werde ich kommen und dich wiedersehen.«[59]

Dies war am 14. Mai. Gérard schwebte noch weitere zwölf Tage zwischen Leben und Tod. Als er, immer noch exkommuniziert, starb, musste Charles ein besonderes Gesuch um sein Begräbnis auf geweihtem Boden stellen. Jean konnte nunmehr frei nach Orléans zurückkehren. Wir können sehr wohl an dem Ton des gerade zitierten Briefes Anstoß nehmen, wo er so gefühllos und selbstsüchtig über den Tod seines Vaters sprechen, aber du Chemin »meinen Freund, der mir teurer ist als das Leben« nennen kann.

Er blieb jedoch nicht lange in Orléans, denn am 27. Juni schrieb er an Daniel von Paris aus, wohin er gegangen war, um seine Griechisch-Studien fortzusetzen und vielleicht mit dem Hebräischen zu beginnen. Er beabsichtigte, einige Zeit in Paris zu verweilen, denn er sah sich nach Unterkunftsmöglichkeiten in der Nähe des Hörsaals von Pierre Danès um. Danès war einer der königlichen Dozenten in der neuen Stiftung des Königs für den Unterricht in den klassischen Sprachen. Als Schüler von Budé wurde er schon in seiner Zeit von vielen über seinen Lehrmeister gestellt. Mehrere Freunde hatten Calvin ihre Gastfreundschaft angeboten; ganz besonders drängte der Vater eines Coiffart, welcher mit der Gruppe in Orléans vertraut war, darauf. Seine Einladung wäre angenommen worden, wäre sein Haus nicht zu weit von den Vorlesungen entfernt gewesen. Plötzlich sehen wir, dass Calvin einen großen Freundeskreis in Paris hatte und dass dessen Mitglieder auch seinen anderen Freunden in Orléans bekannt waren.

---

59    OC, Bd. 10b, Sp. 7-9; Herminjard, Bd. 2, S. 331-333; ET, Bd. 1, S. 1-2.

Der Hauptzweck des Briefes vom 27. Juni[60] war, über das zu berichten, was aus etwas, worum die Daniels ihn gebeten hatten, geworden war. Ihre Tochter stand vor dem Eintritt in ein Ordenshaus in Paris, und Calvin war die Aufgabe anvertraut, die notwendigen Vorkehrungen mit der Äbtissin zu klären. Entsprechend ging er gemeinsam mit seinem Freund Cop, wahrscheinlich Nicolas, am Sonntag, dem 24. Juni, dorthin. Während die Äbtissin anderweitig beschäftigt war, hatte Calvin die Gelegenheit, das Mädchen auszuhorchen und zu erfahren, ob sie die Konsequenzen ihres Handelns verstand. Wieder und wieder sprach sie ganz begeistert über das Ablegen ihrer Gelübde; jener Tag konnte für sie gar nicht schnell genug kommen. Calvin hegte nicht die Absicht, sie davon abzubringen. Daher betonte er ihr gegenüber, dass sie sich nicht auf ihre eigene Stärke, sondern nur auf die Kraft Gottes verlassen dürfe. Nachdem die Äbtissin dann frei war, kam sie mit ihm überein, dass er einen Tag für den Eintritt festlegen solle; allerdings müsse dies ein Tag sein, an dem eine »treue Gefährtin« anwesend sein könne.

Die Griechisch-Studien unter Danès wurden sehr bald durch eine Heimsuchung der Pest abgebrochen, und die Pariser flohen auf der Suche nach Sicherheit ins Umland. Wohin Calvin ging, wissen wir nicht, und wir hören bis Mitte Januar 1532 nichts mehr über ihn – falls der Brief tatsächlich in dieses Jahr zu datieren ist.[61] Einmal mehr war er damals in Familienangelegenheiten der Daniels einbezogen. Calvin versuchte, den Bruder zu überreden, »bei uns« zu bleiben, sei es buchstäblich oder metaphorisch. Als er erkannte, dass er mit diesem Überredungsversuch gescheitert war, drängte er ihn, zumindest heim nach Orléans zu gehen, ein Vorschlag, welcher den Bruder zu einer heftigen Reaktion reizte. Calvin wartete eines Tages nichtsahnend mit dem Abendessen auf ihn und einen Freund und wandte sich schließlich, darüber besorgt, dass sie nicht kamen, an die Herberge. Man informierte ihn, dass der Bruder der Daniels auf dem Weg nach Italien war. Die Daniels dürften Calvin dafür nicht tadeln; er habe, wie er sagte, sein Bestes

---

60 OC, Bd. 10b, Sp. 9-11; Herminjard, Bd. 2, S. 346-348; ET, Bd. 1, S. 3-4.
61 OC, Bd. 10b, Sp. 15-16; Herminjard, Bd. 2, S. 397-398; ET, Bd. 1, S. 6-7.

getan, um den Bruder daran zu hindern, sich von der Familie zu entfremden.

Dass er am 14. Februar 1532 in Paris war, ist sicher. Er und sein Bruder Antoine gaben eine eidliche Erklärung vor Notaren ab, die Charles dazu ermächtigte, beim Verkauf von Landstücken, die ihnen von ihren Eltern hinterlassen wurden, in ihrem Namen zu handeln:

»Wir tun kund, dass vor Simon le Gendre und Pierre le Roy, Notaren unseres Herrn, des Königs, in Chastellet in Paris [d.h. vor den Gerichtshöfen], höchstpersönlich erschienen sind Magister Johannes Calvin, Lizenziat der Rechte, und Antoine Cauvin, sein Bruder, Kleriker, beide wohnhaft in Paris, Söhne des verstorbenen Gérard Cauvin, während seines Lebens *greffier* [d.h. Registrator] Seiner Eminenz, des Bischofs von Noyon, und von Jeanne le Franc, seiner Ehefrau …«[62]

Im April erschien sein erstes Buch; es wurde in Paris auf seine eigenen Kosten veröffentlicht, und daher vielleicht mit einem Teil seines Anteils am väterlichen Erbe. Es ist sehr wahrscheinlich, dass er mit der Arbeit daran als Student in Bourges begann, sogar noch vor 1530, dem von den Herausgebern der englischen Ausgabe vermuteten Datum. Calvin selbst sagt, er habe zunächst ohne jede Publikationsabsicht damit begonnen, doch als er Abschnitte daraus seinen Freunden vorgelesen habe, hätten sie (und insbesondere Connan) ihn zur Veröffentlichung gedrängt.

Unter den vielen von Erasmus edierten Werken war der Appell des jüngeren Seneca an Nero, die Milde walten zu lassen, »welche alle Menschen in ihm bewunderten«. Dieses Buch *de clementia* war in der Ausgabe der sämtlichen Werke Senecas, die Erasmus im Jahre 1515 vorlegte, enthalten. Wie bei vielen der umfangreichen editorischen Bemühungen des großen Humanisten, war die Arbeit nur sehr unvollkommen ausgeführt und infolgedessen von den Kritikern scharf gerügt worden. Im Januar 1529 brachte er eine überarbeitete Fassung heraus. Man nimmt allgemein an, dass eine Stelle in seinem neuen Vorwort Calvin dazu inspirierte, einen Kommentar zu *de clementia* abzufassen:

---

62   Lefranc, *La Jeunesse*, S. 201-202.

»Ich meine jedoch, dass ich das Werk jetzt so weit gebracht habe, dass jemand, der noch gelehrter ist, mit noch treffenderer Formulierungsgabe und mit mehr Zeit zur Verfügung die vorliegende Ausgabe wird verbessern können … Seneca wird, wie ich alle Hoffnung habe, mit einem Minimum an Schwierigkeiten und einem Maximum an Freude gelesen werden … Ich möchte gerne sehen, dass dieser Autor mit Fußnoten, als kleinen Sternen, erklärt wird, damit die Frechheit jener ausgeschlossen wird, die den Text verderben möchten.«[63]

Dass Calvin speziell dieses Werk als Grundlage für sein Buch wählte, hat zu einigen Kontroversen Anlass gegeben. Die älteren Forscher verstanden es als einen indirekten Appell an den König von Frankreich, seinen evangelischen Untertanen Milde zu erweisen. Die meisten modernen Autoren behandeln es als ein rein »humanistisches« Buch, ohne politische oder religiöse Zielsetzungen, das folglich einen weiteren Beweis dafür darstelle, dass er noch nicht bekehrt habe sein können. Diese beiden Auffassungen kommen mir zu starr und dogmatisch vor, da sie die Realitäten der Position Calvins verkennen. Jede birgt auch einen Funken Wahrheit in sich. Als er sein Buch schrieb und veröffentlichte, konnte Calvin wohl kaum keinerlei Bewusstsein für dessen Relevanz für die zeitgenössische Lage in Frankreich haben. Und andererseits lässt sich nicht leugnen, dass das Werk einer der Bedeutungen des Wortes »humanistisch« entspricht – das heißt in diesem Falle, dass es sich der klassischen Literatur widmete. Doch um den Kommentar zu *de clementia* richtig zu interpretieren, müssen wir versuchen, uns in die Lage hineinzuversetzen, in welcher Calvin sich zu jener Zeit befand, und unser Wissen darüber, was sich für ihn im weiteren Verlauf ergab, vergessen.

Er steht ganz am Anfang seines zweiten Lebensjahrzehnts. Er ist im Zivilrecht ausgebildet. Er hat vor nicht allzu langer Zeit begonnen, sich von der römischen Kirche wegzubewegen. Was soll er mit seinem Leben anstellen? Was kann er anderes tun, als die Laufbahn zu verfolgen, zu welcher er ausgebildet worden ist? Diese war früher als Zivilrecht in einem gewissen kirchlichen Kontext gesehen worden. Jene Tür ist ihm jedoch durch seine

---

[63]  *Opus Epistolarum Erasmi* (Allen), Bd. 8, Nr. 2091.

Bekehrung verschlossen. Er muss also das Zivilrecht im Rahmen einer Anstellung außerhalb der Kirche betreiben. Grob gesagt, sind die Alternativen die juristische Praxis oder der akademische Lehrbetrieb. In Orléans ist er eher wie ein Professor behandelt worden als wie ein Baccalaureus, der ersatzweise für Professoren lehrt. Er ist sich ganz sicher seiner Fähigkeiten als Wissenschaftler bewusst gewesen. Desmay zufolge hat er jetzt angefangen, zu *régenter*, zu schulmeistern, d. h. ein offizieller Dozent am Collège Fortet zu sein – er sagt nicht, an welcher Fakultät.[64] Ist es daher nicht hochwahrscheinlich, dass Calvin eine Laufbahn als akademischer Jurist plante? Und in jenen Tagen musste, ebenso wie in unserer Zeit, der Anwärter seine Qualität durch wissenschaftliche Werke über sein Thema beweisen. Falls dies der Fall ist, so ist die Frage, weshalb er sich entschied, über einen klassischen und nicht über einen christlichen Schriftsteller zu schreiben, bereits beantwortet. Ein Zivilrechtler wird wohl kaum seine akademische Laufbahn durch einen Kommentar über den Brief an die Hebräer fördern wollen. Doch abgesehen davon verdient auch noch ein anderer Aspekt Erwähnung. Seneca war für das 16. Jahrhundert keineswegs der säkulare Schriftsteller, der er für uns heute ist. Gab es nicht einen Briefwechsel zwischen ihm und dem hl. Paulus, sodass Hieronymus ihn offen einen Christen nennen konnte? Diese Briefe waren selbstverständlich in der Edition der Werke Senecas von Erasmus enthalten. Also war es kein heidnischer Autor, sondern ein Schriftsteller, der zumindest christliche Sympathien hegte, den Calvin zu interpretieren beschloss.

Seine Methode, die Budés Werk über die *Pandekten* viel zu verdanken hat, ist teils literarisch, teils philosophisch ausgerichtet. Er erweist sich dabei als ein echtes Kind der neuen Gelehrsamkeit; dies zeigt sich an seiner Verwendung des Griechischen, seiner linguistischen Herangehensweise, seiner Beachtung des Kontextes, seinem zu vorsichtigen, etwas spröden Stil, seiner Anhäufung von Autoritäten. Das folgende Beispiel ist ganz typisch für das Gesamtwerk:

---

64  *Remarques*, S. 393.

Der Text Senecas liest sich wie folgt: »Das Antlitz eines friedvollen und geordneten Reiches ist wie ein klarer und heller Himmel.«
Calvins Kommentar:

»*Das Gesicht … ist wie.* Warum lächelt nicht das ganze Reich, wenn die Sonne, das Auge der Welt, hell scheint? Das Glück des Fürsten ist kein Privatvergnügen; alle erfreuen sich an seiner Glückseligkeit. Daher ist der Vergleich angemessen, dass ein klarer Himmel den Geist der Menschen erhellt und seine Seele erheitert. *Gesicht.* Im Griechischen entweder *schema* oder *prosopon.* Synesius: *healokuias poleos schema.* Cicero (*Epistola*, 15): Obgleich sie das *prosopon poleos* verloren haben. ›Gesicht‹ bezieht sich nämlich nicht nur auf menschliche Leiber, sondern im Sinne von ›Aussehen‹ auf alles Mögliche. Ovid (*Tristia* 1): Dies war das ›Gesicht‹ des eroberten Troja. Vergil (*Georgica* 1): Die vielen ›Gesichter‹ der Verbrechen. Siehe auch Gellius und Nonius Marcellus.«[65]

Diese Bildung trägt auf den ersten Blick ein beeindruckendes »Gesicht«. Nicht weniger als 74 lateinische und 22 griechische Autoren werden angeführt oder zitiert. Er begründet seinen lateinischen Text und scheut sich nicht, nötigenfalls von Erasmus abzuweichen. Unser Respekt schwindet ein wenig, wenn wir erfahren, dass er nicht aus erster Hand mit allen Autoren, auf die er Bezug nahm, vertraut war, sondern freimütig in Textsammlungen Anleihen machte – hauptsächlich unter den antiken Schriftstellern selbst (Aulus Gellius' *Noctes Atticae*, beispielsweise), aber auch bei den zeitgenössischen, so bei Budés *Commentarii Linguae Graecae* und seinen *Annotationes* zu den *Pandecta* und Beroaldus' *Commentarii* zu Sueton, Apuleius und Cicero. Ein großer Teil seiner Gelehrsamkeit ist daher abgeleitet; gleichwohl ist er dennoch in den Klassikern wohlbelesen und weiß – was noch wichtiger ist –, seine ausgeliehenen Werkzeuge mit Leichtigkeit anzuwenden.

Die linguistischen und literarischen Fußnoten dienen jedoch nur dazu, den Sinn des Dokuments zu erhellen. Hinsichtlich der Substanz seiner philosophischen Kommentare besteht wiederum

---

65  *De clementia* I, vii., in: OC, Bd. 5, Sp. 62; Battles und Hugo, *Commentary on De Clementia*, S. 134 und 135. Die Einleitungen bei Battles und Hugo sind, obgleich in ihren Inferenzen und Schlussfolgerungen nicht immer zufriedenstellend, nichtsdestoweniger voller interessanter Informationen und Vermutungen.

Uneinigkeit zwischen den Kritikern. Seneca war ein Stoiker. Ist Calvin in dieser Periode ebenfalls ein Stoiker? Für Doumergue ist er hier »nicht nur liberal, er ist in philosophischer und moralischer Hinsicht antistoisch … Von Anfang an lehnt Calvin die stoische Auffassung von der Vorsehung ab und stellt ihr ›jenes Bekenntnis unserer Religion‹ gegenüber«.[66] Für Wendel hingegen »bemüht er sich …, die Ähnlichkeiten zwischen dem Stoizismus und dem Christentum herauszustellen. Er ist sich sicher, dass Stoiker und Christen einhellig die Existenz einer übernatürlichen Vorsehung bekräftigen, welche den Zufall ausschließt und die Oberhand über Fürsten gewinnt«[67]. Und zumindest hier ist Wendel eher im Recht, wie die spezielle, betrachtete Textstelle zeigt. Wiederum basiert das Argument jedoch auf demselben Missverständnis, das wir zuvor festgestellt hatten. In den Augen des 16. Jahrhunderts war Seneca ein Stoiker mit christlichen Sympathien. Daher ist zu erwarten, dass einige seiner Ideen eine starke Ähnlichkeit mit entsprechenden christlichen Lehren aufweisen werden. Calvin weist manchmal selbst dann auf die Ähnlichkeit hin, wenn die beiden Vorstellungen auch einen gravierenden Unterschied aufweisen.

Er widmete das Buch Claude de Hangest, der bereits die Widmung in du Chemins *Antapologia* erhalten hatte. Calvins kleiner Brief ist ein Aufsatz, der typisch für die neue Gelehrsamkeit war. Er dient sowohl als Empfehlung als auch zur Einführung. Er entschuldigt sich dafür, dass er bislang noch nichts veröffentlicht hat. Er ist sich des Wertes seines Werkes bewusst, insofern als er Verbesserungen am Text des Erasmus anbringen konnte. Mittels seiner Arbeit ist er bestrebt, einem ausgezeichneten Schriftsteller, der nur von Cicero übertroffen wird und der dennoch nicht hinlänglich gelobt worden war, die ihm gebührende Ehre zu erweisen. Und er erinnert den Abt von Saint-Eloi daran, wie er in seiner Familie aufgezogen und ausgebildet worden war.

Und jetzt folgte eine ganze Flut von Briefen, die als Verkaufs-werbung dienen sollten. An François Daniel sandte er ein halbes

---

66   *Jean Calvin,* Bd. 1, S. 216.
67   *Calvin* (ET), S. 29.

Dutzend Exemplare, eines für ihn und die anderen fünf zur Weitergabe an Freunde in Bourges. Vielleicht möchte Agnetus es dort in seinen Vorlesungen erwähnen? Und würde Daniel Landrin bitten, in Orléans Vorträge darüber zu halten?[68] An Philip Loré, den Buchhändler in Orléans, schrieb er mit der dringenden Bitte, nicht weniger als einhundert Exemplare abzunehmen. Er hatte auch, wie er sagte, einigen Professoren in Paris nahegelegt, Vorlesungen darüber zu halten.[69]

Allen Bemühungen Calvins zum Trotz wurde seinen Hoffnungen nicht durch eine würdige Aufnahme des Werkes entsprochen. Selbst wenn man in den Schulen von Paris, Bourges und Orléans dafür warb, wurde es von der akademischen Welt nicht als ein Meisterstück gefeiert, und heute muss man darüber sagen, dass es nur als das Ersterzeugnis eines Mannes überlebt hat, der um anderer Dinge willen berühmt geworden ist.

## Flucht vor der Ungerechtigkeit

Calvin wusste noch nicht um das unglückliche künftige Los seines Buches. Und wenngleich die Welt sich nicht viel mit den Verdiensten des Werkes selbst beschäftigte, musste sie den Verfasser nicht bloß als einen verheißungsvollen jungen Mann respektieren, sondern als jemanden, der bereits dabei war, eine Verheißung zu erfüllen, einen Mann, der es wert war, ein Auge auf ihn zu richten. Mit diesem Ruf bereitete er sich jetzt auf die Rückkehr nach Orléans vor und schrieb humorvoll an Daniel, dass, wenn du Chemin ihn nicht bei sich aufnähme, er unter freiem Himmel erfrieren müsse. Der Grund für seinen Weggang nach Orléans, wo er allem Anschein nach über ein Jahr blieb, ist nicht bekannt. Doch da er zweifellos mit der

---

68  OC, Bd. 10b, Sp. 20-21; Herminjard, Bd. 2, S. 418-419; ET, Bd. 1, S. 8-9.
69  OC, Bd. 10b, Sp. 19-20; Herminjard, Bd. 2, S. 417-418; ET, Bd. 1, S. 7-8. Siehe dafür, dass dieser Brief an Loré und nicht (wie Herminjard, mit Bedenken, und OC behaupten) an Daniel geschrieben wurde, Battles und Hugo, *Commentary on De Clementia*, S. 387-391. Eine Bestätigung dafür liefert das Exemplar des Kommentars in der Bibliothèque Mazarine in Paris, welches Lorés Namen anstelle des Namens des Druckers trägt. (Siehe R. Peters Rezension von Battles und Hugo, in: *Revue d'histoire et de philosophie religieuses*, 1971, S. 79-81.)

Universität verbunden war und bereits die juristische Ausbildung abgeschlossen und sein Lizenziat gemacht hatte, sehen wir uns zu der Schlussfolgerung veranlasst, dass er dort lehrte. Und hier müssen wir einen weiteren Aspekt des mittelalterlichen universitären Lebens erwähnen, nämlich das System, nach welchem Studenten gemäß ihrer Nationalität oder Provinz gruppiert wurden. Diese »Nationen« waren ein integraler Bestandteil der Universität, allerdings unabhängige Korporationen mit ihren eigenen Statuten, Siegeln, Rechten und Pflichten.[70] In Paris hatte es vier Nationen gegeben (die ausschließlich aus Studenten der *artes* bestanden) – die französische, normannische, pikardische und englische. Jean Cauvin hatte natürlich der pikardischen angehört, ebenso wie auch in Orléans, wo es zehn Nationen gegeben hatte. Die Amtsträger, und zwar inbesondere der *procureur* (Proktor oder Aufsichtbeamte), hatten in universitären Angelegenheiten ein gewichtiges Wort mitzureden. Von der Nation gewählt, hatte er den Vorsitz bei ihren Zusammenkünften inne, und in Orléans repräsentierte er die Nation im *collegium doctorum*, dem für den gewöhnlichen Universitätsbetrieb verantwortlichen Gremium.

Im Mai und Juni 1533 hatte Calvin in seiner Eigenschaft als »jährlicher Stellvertreter des Proktors« den Vorsitz bei zwei Versammlungen der pikardischen Nation in Orléans inne.[71] Unsere Quellen scheinen ein solches Amt nicht zu erwähnen, es scheint aber regulär gewesen und nicht eigens zu diesem Zweck geschaffen worden zu sein. Möglicherweise war es das, was wir das Amt eines stellvertretenden Vorsitzenden nennen würden, der nur als solcher fungierte, wenn der Vorsitzende nicht zugegen sein konnte. Das Wort »jährlich« legt nahe, dass er für das akademische Jahr in Orléans war. Wir können auch folgern, dass er den Studenten, die ihn wählten, wohlbekannt gewesen sein musste und dass seine Bande mit Orléans schon vor seiner Wahl eng gewesen sein müssen. Nichtsdestoweniger behielt Orléans ihn nicht länger als dieses eine

---

70  Siehe für die Nationen Bimbenet, Histoire; Rashdall, *Universities of Europe*, Bd.; Kibre, *Nations in the Medieval Universities*.

71  Doinel, *Calvin à Orléans*, S. 174-185. Die beiden Dokumente sind auf S. 179-180 abgedruckt.

Jahr. Nach den langen Sommerferien von 1533, während derer wir ihn in Noyon finden, wo er als Kaplan von La Gésine, in einer Versammlung des Kathedralkapitels mit dem Zweck, öffentliche Gebete gegen die Pest zu organisieren, assistierte, war er wieder in Paris und schrieb am Vorabend von Sankt Simon (d.h. am 27. Oktober) an den »Monsieur, Bruder und guten Freund, Monsieur Daniel, Rechtsanwalt in Orléans«. In diesem und in seinem nächsten Brief hat er aufwühlende Neuigkeiten über Religionsstreitigkeiten in der Hauptstadt mitzuteilen.[72]

In der letzten Zeit hatten sich die Umstände für die Reformpartei günstig entwickelt. Die Angriffe gegen die Lutheraner und die Verfolgungen der Jahre nach 1520 waren abgeflaut. Die internationale Politik hatte Franz zur Annäherung an England gezwungen, das sich kürzlich von Rom befreit hatte, und an die deutschen protestantischen Herrscher. Infolgedessen wurden die Reformisten toleriert, und sie wagten sich unter dem Schutz Margaretes in die Öffentlichkeit. Die Sorbonne reagierte darauf scharf und riskierte es sogar, einen Angriff gegen den König und die Königin von Navarra als Häretiker zu lancieren. Dies war Franz zu viel, der prompt Noël Bédier und einen oder zwei seiner Kollegen verbannte. Die Konservativen übten durch ein Theaterstück Vergeltung, das von den Studenten des Collège de Navarre am 1. Oktober aufgeführt wurde und in dem Margarete und ihr Almosenier, Gérard Roussel, satirisch dargestellt wurden. Die Polizei umzingelte Navarra, legte Hand an verschiedene Übeltäter und stellte sie unter Hausarrest.

Inzwischen hatten die Theologen an einer anderen Front angegriffen, indem sie Exemplare von Margaretes Buch *Le miroir de l'âme pecheresse* (1531) beschlagnahmten, in dem Bestreben, es zu verbieten. Margarete appellierte an ihren Bruder, der daraufhin der Universität befahl, eine Untersuchungskommission einzurichten. Der Rektor für dieses akademische Jahr war der Doktor der Medizin, Nicolas Cop, dem wir bereits begegnet sind, als er wahrscheinlich mit Calvin zum Konvent ging. Er war sicherlich ein überzeugter Reformanhänger, vielleicht sogar ein »Lutheraner«, und er war

---

72    OC, Bd. 10b, Sp. 25-30; Herminjard, Bd. 3, S. 103-111; ET, Bd. 1, S. 11-16.

Margarete persönlich bekannt, die ihm vor dessen Veröffentlichung ein Exemplar von *Le miroir* gesandt hatte (sein Vater war in Hofkreisen als einer der königlichen Ärzte bekannt). Er war es also, der den Vorsitz in dieser Kommission innehatte, die aus den Fakultäten und den Nationen zusammengesetzt war. Von Calvins ausführlichem Bericht darf vermutet werden, dass er von Cop selbst kam. Am Ende ergab es sich so, dass die Zensurmaßnahmen der Theologen außer Kraft gesetzt wurden und die Universität einen taktvollen Brief an Seine Majestät abfasste, in dem sie ihm für seine väterliche Güte dankte.

Aber es gibt etwas, was noch schlimmer ist als eine Niederlage, und das ist ein zu erfolgreicher oder ein vorzeitiger Sieg. Nur sechs Tage, nachdem Calvin so zuversichtlich an Daniel geschrieben hatte, musste Cop seine Rektoratsrede halten – ein Anlass, der sich in jener Zeit nicht auf Bezugnahmen auf die universitären Finanzen und die geschätzten Studentenzahlen in zehn Jahren beschränkte. Von den Seligpreisungen als Text ausgehend (Mt 5,2ff.), hielt Cop im Grunde eine Predigt, welche der *Paraclesis* des Erasmus' (einem der Vorworte zu seinem Neuen Testament) und Luthers ins Lateinische übersetzter *Kirchenpostille* (1530) viel zu verdanken hatte. Ein römischer Katholik aus unserer heutigen Zeit fände in der Rede nur wenig, was ihm Unbehagen bereitet hätte. Es ist ein Kennzeichen für die außerordentlich provinzielle und unkatholische Qualität der Pariser Theologie, dass die Rede als häretisch aufgefasst wurde. Dieses Mal schritt der König nicht ein. Doch als sie kamen, um Cop gefangen zu nehmen, war dieser bereits nach Basel geflohen.

Calvin war in Cops Vergehen mit verwickelt. Beza sagt, dass er der eigentliche Schreiber der Rede gewesen sei, eine Behauptung, die von den meisten modernen Gelehrten abgelehnt worden ist, bis M. Jean Rott überzeugend für sie argumentieren konnte. Calvin geriet unter Verdacht. Sein Zimmer im Collège Fortet wurde durchsucht und seine Unterlagen konfisziert. Er selbst war Cops Beispiel gefolgt und hatte die Hauptstadt verlassen. Während des folgenden Jahres war er auf Wanderschaft, in Gefahr, sei es in tatsächlicher oder, was nicht weniger störend war, eingebildeter. Er war ein bekannter, sachkundiger und lautstarker »Lutheraner«. Er war nämlich nie einer jener Nikodemiten, der Menschen, die wie Nikodemus, den er in späteren Jahren tadelte, insgeheim bei Nacht aus Furcht vor den Juden zu Jesus kamen. Nichtsdestoweniger bekannte er selbst in einer Predigt in Genf, dass es eine Zeit gegeben habe, in der er sich aus Menschenfurcht nicht so deutlich ausgesprochen habe, wie er es hätte tun sollen. »Ich kann sagen, dass ich vor zwanzig, fast dreißig Jahren in jenen Nöten [in Frankreich] war, und ich hätte mir wünschen können, tot zu sein, damit ich nichts mehr von jenen schrecklichen Anblicken sehen mochte; oder zumindest hätte ich wünschen können, dass meine Zunge mir herausgeschnitten würde, damit ich das Wort nicht mehr reden könnte (*pour ne point dire le mot*).«[73] Er glaubte, dass es Bedrohungen in der Hauptstadt gab, denn er erzählt, dass er sein Leben dabei riskierte, als er dort insgeheim hinging, um sich mit Michael Servet zu treffen, der die Verabredung nicht einhielt.

Nach dem ersten Alarm im November, als er sich wahrscheinlich nach Noyon zurückzog, kehrte er bald nach Paris zurück; Beza zufolge trat Margarete beim König für die Reformisten ein. Doch obgleich ihm eine freundliche Audienz bei der Königin von Navarra gewährt wurde, erfuhr er, dass er anderswo sicherer sein würde. Daher nahm er die Einladung eines reichen jungen Mannes an, der, obgleich er erst jetzt zum ersten Mal auftritt, wahrscheinlich seit seiner frühen Studentenzeit in Paris sein enger Freund gewesen ist. Louis du Tillet war der jüngste von vier Brüdern, von denen einer Oberbeamter des *Parlement* von Paris war, ein anderer ein königlicher Sekretär, der dritte Bischof von Brieuc und spätere Bischof von Meaux. Louis selbst hatte es bislang nur erreicht, Pfarrer des Dorfes Claix und Kanoniker in der örtlichen Kathedrale von Angoulême zu werden. Diese sollte nun Calvins Zufluchtsstätte vor den Verfolgungsmaßnahmen seiner schrecklichen Gegner werden.

Auf das Wort von Florimond de Raemond hin hat man beinahe allgemein angenommen, dass Calvin während seines Aufenthalts

---

73   Predigt 14 über 2Sam 5,13. *Supplementa Calviniana*, S. 122.

hier begann, die *Institutio* zu schreiben. Colladon und Beza 2 teilen uns auch mit, dass er bei Messen in verschiedenen Nachbardörfern einige Predigten und »christliche Proteste« hielt, »um dem Volk einen gewissen Geschmack der wahren und reinen Erkenntnis seines Heils durch Jesus Christus zu geben«[74]. Und gewiss finden wir eindeutige Beweise für evangelisches Wirken hier in einem Brief von 1550 an Calvin von Pierre de la Place, einem Höfling aus jenem Bezirk.[75] Allerdings hat man wahrscheinlich zu viel aus diesem vorübergehenden Aufenthalt in Claix oder Angoulême gemacht, wenn man darüber sagte, dass er in du Tillets »ausgezeichneter Bibliothek eine umfassendere und genauere Kenntnis der Väter erworben« habe. Er kann kaum mehr als vier oder fünf Monate dort verbracht haben.

Im Mai 1534 war er wieder zurück in Noyon, diesmal, um den endgültigen Schritt zu tun, der seine Laufbahn als Kleriker beenden würde. In einem Eintrag im Register des Kapitels ist aufgezeichnet, dass er am 4. Mai die Pfründe von La Gésine aufgab. Es ist zu vermuten, dass er etwa um die gleiche Zeit auch auf das Benefizium von Pont-l'Evêque verzichtete; hierfür haben wir jedoch keinen Beweis. Die älteren und überraschenderweise sogar einige moderne Autoren meinen, dass dies für Calvin ein ereignisreicher Monat war. Sie nehmen Lefrancs Missdeutung des Registereintrags für den 26. Mai an, demzufolge »M. Iean Cauvin [es folgen zwei unleserliche Worte] beim Tor Corbaut ins Gefängnis geworfen wurde, wegen eines Aufruhrs, der in der Kirche am Vorabend des Dreifaltigkeitssonntags entstand.«[76] Er wurde im Juni freigelassen, aber am 5. Juni wieder eingekerkert. Die korrekte Lesart (die Doumergue uns bereits 1927 gab)[77] lautet aber: »Ein Iean Cauvin, dict Mudit, wurde ins Gefängnis gesteckt ...« – »Ein Jean Cauvin, genannt Mudit ...« Dieser Namensvetter war vermutlich derselbe, der in den Jahren 1551–1552 (als unser Jean Cauvin ein wasserdichtes Alibi hatte, da er zu jener Zeit in Genf war) aus seinem Kanonikat

74    OC, Bd. 21, Sp. 56f. und Sp. 123.
75    OC, Bd. 13, Sp. 681.
76    Lefranc, *La Jeunesse*, S. 201.
77    *Jean Calvin*, Bd. 7, S. 575.

zwangsweise ausquartiert wurde, weil er in seinem Haus »eine Frau mit schlechten Sitten« gehalten hatte.[78]

Nach diesem Mai ist es unmöglich, ihm folgen zu können. Mal ist er in Noyon; dann wieder in Orléans; dann in Poitiers; jetzt vielleicht in Claix. Dass er für längere Zeit in Paris bleibt, ist zu bezweifeln. Er schreibt eine Abhandlung (das Vorwort ist auf 1534 in Orléans datiert), die mehrere Jahre nicht veröffentlicht wird. In jener Zeit waren Gruppen von Wiedertäufern in Frankreich sehr aktiv und schienen an Popularität zu gewinnen. Calvin kannte ihre Auffassungen sehr genau und stand in Kontakt mit einigen ihrer Anführer. Eine ihrer Lehren war, dass die Seele nach dem Tode schlafe, bis sie am Ende bei der Auferstehung der Toten wieder geweckt würde. Zur Widerlegung dieser Auffassung schrieb er das Traktat, das später *Psychopannychia* genannt wurde, jetzt aber folgenden Titel trug: »Die Seelen der Heiligen, die im Glauben an Christus sterben, schlafen nicht, sondern leben in Christus. Behauptung.«

Die Phase des unentschlossenen Versteckens hier und da in Frankreich wurde auf dramatische Weise beendet, als es Mitte Oktober zur *Affaire des Placards* kam. In vielen größeren Städten Frankreichs – darunter in Paris – wurden vehemente Angriffe gegen die Messe als einen großen, schrecklichen und unerträglichen Missbrauch im direkten Widerspruch gegen das heilige Abendmahl unseres Herrn, alleinigen Mittlers und einzigen Retters Jesus Christus, auf Plakaten aufgehängt. Die Regierung handelte sofort. Für Informationen wurde eine Belohnung ausgesetzt. Bis Mitte November fanden zweihundert Verhaftungen statt. Hinrichtungen, insgesamt etwa zwanzig, folgten im Laufe der nächsten drei Monate. Im Februar wurde Calvins Freund, Etienne de la Forge, verbrannt, ein Kaufmann, bei dem er in Paris gewohnt hatte. Ende Januar wurde ein königliches Edikt gegen die »Lutheraner« erlassen.

Da verwundert es kaum, dass Calvin sich zur Flucht entschloss und dass Louis du Tillet, der zumindest hinlänglich gefährdet war, ihn begleitete. Ihre Flucht scheiterte beinahe, als einer ihrer Knechte sich mit ihrem ganzen Geld und einem der Pferde aus dem Staub

---

78  Desmay, *Remarques*, S. 390; Le Vasseur, *Annales*, S. 1170.

machte. Glücklicherweise hatte ihr zweiter Knecht genug eigenes Geld dabei, um ihnen beistehen zu können. Sie trafen im Januar 1535 in Basel ein, einer freien und freundlichen Stadt, die durch Johannes Oekolampad, einen Freund Zwinglis und Mitarbeiter des Erasmus', für die Reformation gewonnen worden war. Hier lebten Erasmus selbst, alt und ans Haus gefesselt, Wolfgang Capito, Sebastian Münster (bei dem er wahrscheinlich seine Hebräisch-Studien fortführte), Heinrich Bullinger, Guillaume Farel und Pierre Robert. Auch Cop war nach seiner unseligen Rektoratsrede dorthin geflohen. Trotz seines Exils, worüber er sich unaufhörlich als über eine demütigende Beleidigung ärgerte, stand Calvin also nicht ohne Freunde da; und obgleich ihm in einer deutschsprachigen Stadt Deutschkenntnisse fehlten, waren die Franzosen zahlreich genug, um für sich eine eigene Kolonie zu bilden.

Als er sich in Basel niederließ, war er in der Hauptsache mit zwei Schriftstücken beschäftigt. Bei dem ersten fungierte er als Mitarbeiter von Pierre Robert Olivétan bei einer neuen französischen Bibelübersetzung. Robert hatte diese Arbeit im September 1532 für die waldensischen Christen angefangen, und sie wurde am 4. Juni 1535 von Pierre de Wingle in Serrières bei Neuchâtel veröffentlicht – daher rührt ihr Name »Serrières-Bibel«. Ob Calvin bei der Übersetzung seine Hand mit im Spiel hatte, ist sehr zweifelhaft; allerdings schrieb er zwei Vorworte zu ihr. Das erste in lateinischer Sprache trägt den Titel: »Jean Calvin an alle Kaiser, Könige, Fürsten und Völker, die der Herrschaft Christi unterstehen.« Das zweite ist in französischer Sprache gehalten: »An alle Liebhaber Jesu Christi und seines Evangeliums.« Nach der Veröffentlichung plante Robert unverzüglich eine Revision. Er selbst verließ Basel, bat Calvin aber, das Neue Testament zu lesen und zu korrigieren, das weniger zufriedenstellend gelungen war als das Alte Testament, weil Robert, ein guter Hebraist, das Letztere direkt aus dem Urtext übersetzt, im Neuen Testament aber lediglich die Übersetzung von Lefèvre revidiert hatte, manchmal anhand des Griechischen, manchmal anhand der lateinischen Übersetzung von Erasmus. Im September schrieb Calvin an ihren gemeinsamen Freund Christopher Libertet (oder Fabri), der sich nunmehr in Thonon aufhielt, und berichtete über die Fortschritte bei der Arbeit:

»Unser Olivetan schrieb mir, kurz nachdem er weggegangen war, und sagte, dass er beschlossen habe, die Veröffentlichung seines Neuen Testaments hinauszuzögern. Ich hatte versprochen, es durchzusehen. Mir schien, dass ich diesen Auftrag verschieben und irgendwann mit Muße ausführen könnte. Inzwischen widmete ich mich anderen Studien und vergaß die Durchsicht – oder vielmehr vernachlässigte ich sie bei meiner üblichen Trägheit. Auf jeden Fall habe ich noch nicht damit angefangen ... Von jetzt an werde ich aber dafür sorgen, jeden Tag eine Stunde diesem Werk zu widmen. Meine kritischen Anmerkungen – falls solche sich ergeben – werde ich dir allein anvertrauen, es sei denn, dass Olivetan zurückkehren sollte, bevor ich fertig werde.«[79]

Doch zweifelsohne war die Hauptarbeit, mit welcher er nun beschäftigt war, das Glaubensbekenntnis, welches er für die französischen Herrscher und für diejenigen unter seinen Landsleuten, die nach Christus hungerten und dürsteten, abgeben wollte. Der *Unterricht in der christlichen Religion* wurde von den Basler Druckern Thomas Platter und Balthasar Lasius im März 1536 veröffentlicht, war aber wahrscheinlich schon vor dem 23. August 1535, dem Datum der Widmung, fertiggestellt. Dies deutet darauf hin, dass ein großer Teil des Buches geschrieben worden sein könnte, bevor er nach Basel kam. Es könnte sein, dass die ersten drei Kapitel, falls sie nicht zuvor geschrieben worden waren, zumindest als Material existierten, das in Predigten Verwendung fand – die Auslegungen des Vaterunsers und der Zehn Gebote kommen uns dabei sogleich in den Sinn. Wir sollten auch nicht die Möglichkeit ausschließen, dass die ersten Kapitel, oder ein Erstentwurf von ihnen, für die Verbreitung in Manuskriptform schon etwa ein Jahr früher geschrieben worden sein könnten. Dies ist eine Mutmaßung. Sicherlich implizieren die einleitenden Sätze des *Briefes an König Franz*, dass Calvin das Werk plante, bevor er überhaupt daran dachte, es als eine Apologie vorzulegen.

---

79  OC, Bd. 10b, Sp. 51f.; Herminjard, Bd. 3, S. 348-349; ET, Bd. 1, S. 18-19.

# 3. »Christianae Religionis Institutio«

## Ihr Charakter und Zweck

Der *Unterricht in der christlichen Religion* (*Christianae Religionis Institutio*) ist nur die erste Zeile des Titels. Vollständig liest er sich wie folgt:

»Die Grundlehre der christlichen Religion, die fast die gesamte Summe der Gottseligkeit und alles enthält, was über die Lehre des Heils zu wissen notwendig ist. Ein neu veröffentlichtes Werk, das der Lektüre durch alle, die nach der Gottseligkeit eifern, sehr wert ist. Mit einem Vorwort an den allerchristlichsten König von Frankreich, mit dem ihm dieses Buch als Glaubensbekenntnis vom Verfassers, Jean Calvin aus Noyon, überreicht wird.«

Hier sehen wir die zweifache Abzweckung dieses Werkes. Einerseits sollte es als eine Apologie für seinen Glauben dienen, eine maßgebliche Darstellung der dogmatischen Position der Evangelischen. Die damalige Verwirrung ließ die Notwendigkeit einer solchen Apologie überaus deutlich werden, und die Reformatoren selbst waren sich ihrer Pflicht bewusst, ihren Standpunkt zu erklären. Mindestens zwei ihrer Anführer hatten dies erfolgreich versucht. Bereits im Jahre 1521 hatte Philipp Melanchthon seine *Loci communes* veröffentlicht, eine Reihe von Abhandlungen über Hauptlehren, die durch das gemeinsame Thema der Errettung durch den Glauben an Christus allein zusammengehalten wurden. Huldreich Zwingli versuchte in seinem *Commentarius de vera et falsa religione* von 1525 für die nicht-lutherischen Evangelischen in einem deutlich weniger anspruchsvollen Maßstab etwas Ähnliches. Guillaume Farel hatte ein wesentlich kürzeres Werk für die französischsprachigen Evangelischen in seinem »*Sommaire*, das ist, eine kurze Erklärung einiger für einen Christen sehr notwendiger Dinge ..., um sein Vertrauen auf Gott zu setzen und seinem Nächsten zu helfen« (1534) vorgelegt. Es bestand also durchaus noch Bedarf an einer umfangreicheren und klareren Apologie für die französischen Protestanten.

Calvin war auch durch die Deutung, die der König seinen Verfolgungen in den Jahren 1534-1535 gab, zu einer Reaktion gezwungen. In einer Mitteilung vom 1. Februar 1535 an die deutschen protestantischen Fürsten sagte der König, dass es ganz offensichtlich sei, dass die *Placards* gegen die Regierung gerichtet gewesen seien und eine anarchistische Absicht verfolgt hätten. Dass die anschließende Unterdrückung weitreichend gewesen sei, sei durch den Charakter der Reformbewegung in Frankreich zu erklären, die, ganz anders als das deutsche Luthertum, mit dem Wiedertäufertum durchsetzt sei. Sei es da nicht die Pflicht eines christlichen Fürsten, solche Sekten zu zerschlagen?

Calvins Antwort geht der *Institutio* als *Brief an Franz I.* voraus. Das nur an sehr wenigen Stellen durch die polemischen Beschimpfungen, welche die damalige Zeit als Beweis für den Eifer und die Aufrichtigkeit des Schreibers forderte, beeinträchtigte Werk legt ein glänzendes und kraftvolles Beispiel für die Kunst des Juristen ab. Nicht umsonst hatte Calvin die Schulen von Orléans und Bourges durchlaufen und über das römische Recht doziert. Er plädiert nicht für Gnade oder Toleranz, sondern für Gerechtigkeit: »Daher, o unbezwingbarer König, fordere ich gerechterweise, dass du vollständig Kenntnis von dieser Sache nimmst, die bislang nur verwirrt und ohne gesetzliche Ordnung, mit unbeherrschter Leidenschaft anstatt mit richterlicher Würde behandelt worden ist.«[80] Die Grundvoraussetzung für Calvins Argumentation ist, dass die Staatsreligion der christliche Glaube ist und dass der christliche Glaube im Festhalten am Nicäno-Konstantinopolitanischen Glaubensbekenntnis besteht. Wenn die Protestanten als außerhalb des christlichen Glaubens stehend erwiesen werden können, ist ihre Unterdrückung gerechtfertigt. Alles ist von diesem Punkt abhängig. Calvins These war keinesfalls, dass die Evangelischen toleriert werden sollten. Ebenso wenig behauptete er, dass es in einem Staat mehr als eine Kirche geben könne. Er behauptete nichts Geringeres, als dass die Evangelischen die legitimen Erben der Christen der

---

80  Op. sel., Bd. 1, S. 22. In diesem Kapitel beziehen sich alle Fundstellenangaben auf die Op. sel. Daher werde ich nur den Band und die Seitenzahlen angeben. Siehe für allgemeine Darstellungen der Theologie Calvins Wilhelm Niesel, *Die Theologie Calvins*; Wendel, *Calvin*; Parker, *Calvin*.

ersten Jahrhunderte und somit die eine, heilige, katholische und apostolische Kirche seien, die in Frankreich die gesetzlich etablierte Staatskirche war.

Diese Grundannahme ist also die Quelle seiner Erwiderungen gegen die Einwände gegen die evangelische Lehre – ihre Neuheit, ihr Mangel an gesichertem Dogma, ihr Mangel an Wundern, welche die Doktrin bestätigen, ihre Unvereinbarkeit mit der Lehre der Väter und der Gewohnheit der Kirche, ihre Position außerhalb der Kirche, ihr Hervorbringen von Sekten. Die Schärfe des Verstandes in seiner ersten Erwiderung (»Ich zweifle nicht daran, dass unsere Lehre ihnen neu ist. Ebenso ist dies mit der Lehre der Bibel und der Kirchenväter der Fall«) lenkt uns zu leicht von ihrer historischen Relevanz ab. Der evangelische Glaube war im 16. Jahrhundert in dem Sinne neu, dass er einer Theologie, die mehr und mehr ihre Ursprünge in der Alten Kirche verlassen hatte, als etwas Fremdes und nicht Wiederzuerkennendes vorkommen musste. Calvin stellte damit im Grunde fest, dass nicht nur die moderne Theologie des 15. und frühen 16. Jahrhunderts in Wirklichkeit eine *via moderna* war, sondern auch, dass die ganze Kirche des Mittelalters trotz ihrer ganzen vermeintlichen Rechtgläubigkeit ein drastisches Abweichen von dem Geist darstellte, der die biblische Theologie und einen Großteil der patristischen Theologie in den ersten fünf Jahrhunderten beseelt hatte.

Der Kernpunkt war der Anspruch, die Kirche zu sein. Das bloße Wort der Evangelischen war dazu unzureichend, selbst mit dem Schriftbeleg und der teilweisen Unterstützung durch die Kirchenväter. Die Gegner vertraten die Auffassung, dass die Kirche eine sichtbare Gestalt haben müsse und dass diese sichtbare Gestalt in der Hierarchie in Gemeinschaft mit dem Papst bestehe. Demgegenüber bestand Calvin, der vom aktuellen Zustand auf die grundsätzliche Möglichkeit schloss, darauf, dass es der Kirche an einer sichtbaren Gestalt mangeln könne. Es fehlte ihr in den Tagen Elias an Gestalt, der, da er keine Gleichgesinnten in Israel sah, glaubte, dass er allein übriggeblieben sei, wohingegen der Herr die unsichtbaren Siebentausend kannte, die ihre Knie nicht dem Baal gebeugt hatten. Außerdem ist die Kirche nicht durch die Existenz einer Hierarchie beziehungsweise einer Institution sichtbar, sondern durch ihre Wirksamkeit, die ihrem Wesen entspricht – das heißt, durch ihre Verkündigung des Evangeliums und durch ihre Verwaltung der Sakramente in einer Weise, die mit ihrem Charakter und Zweck im Einklang ist.

Das Buch war daher einerseits ein Glaubensbekenntnis. Andererseits war es auch eine *institutio christianae religionis*, eine Unterweisung in der christlichen Religion, und zwar nicht als ein Lehrbuch über ein abstraktes System von Wahrheiten, sondern als die Lehre der »Gottseligkeit«, des Glaubens, der mit Verstand und Herz geglaubt wird, auf den ein Mensch voller Zuversicht seine Lebensführung gründet und dem er sich im Leben und im Tode zu verschreiben wagt. Calvin sah es als elementar an. »Als ich dieses Buch schrieb«, so teilte er dem König im einleitenden Absatz mit,

»schwebte mir vor, einige der Elemente darzulegen, anhand derer jeder, der ein gewisses Interesse an der Religion hat, zur wahren Gottseligkeit heranreifen kann. Ich habe mich insbesondere für unsere französischen Landsleute mit dieser Aufgabe bemüht, denn ich sah, dass viele nach Christus hungerten und dürsteten und dass dennoch nur sehr wenige auch nur die geringste Kenntnis über ihn hatten. Das Buch selbst verrät durch die einfache und ursprüngliche Form seiner Lehre, dass dies meine Absicht war.«[81]

Er schrieb also für die Getauften, für solche, die ihren Glauben ernst nahmen, die gute Christen zu sein wünschten, aber über ihren mangelnden Erfolg beunruhigt waren, die vor allem darüber bekümmert waren, dass ihre Religion ihnen keinen Frieden des Gewissens brachte. Durch ihre Taufe war die Schuld ihrer Erbsünde vergeben worden. Aber sie hatten seit ihrer Taufe gesündigt, hatten am Glauben und somit in ihrer Stellung vor Gott Schiffbruch erlitten. Jetzt hielten sie sich verzweifelt an dem fest, was der alte hl. Hieronymus die zweite Planke nannte, am Sakrament der Buße. Sie bereuten ihre Sünden, oder vielmehr erkannten sie, je ernster sie es meinten, umso mehr, dass sie ihre Sünden bereuen sollten und

---

81  Bd. 1, S. 21.

wünschten, dass sie diese noch mehr bereuten. Sie kannten Gott als einen gestrengen Richter, der an ihnen Rache für ihre Sünden nehmen würde. Sie beichteten und waren sich der Verheißung bewusst: »Wenn ihr etwas auf der Erde löst, wird es im Himmel gelöst sein.« Doch wo war der Friede, der die Folge sein sollte? Hatten sie *alle* ihre Sünden bekannt? Hatten sie irgendwelche vergessen? Nur bekannte Sünden werden vergeben. Sie leisteten die auferlegten Genugtuungen für ihre Sünden.

Sie taten noch mehr; sie gingen auf Pilgerfahrten, nicht für einen fröhlichen Urlaubstag im Sinne der *Canterbury Tales* von Chaucer, sondern immer auf der Suche, sich allezeit nach dem ausstreckend, was schlichtweg außerhalb ihrer Reichweite lag; sie gaben Almosen, so weit sie es sich leisten konnten; sie praktizierten Selbstverleugnung und Selbstkasteiung. Inzwischen versuchten sie, nach bestem Vermögen ihrem Gewissen und dem Gesetz Gottes zu folgen, indem sie der Gnade Gottes vertrauten, dass er sie, aus seiner freien Barmherzigkeit, für ihre Anstrengungen mit einer solchen Einflößung der Gnade belohnen würde, die ihren Willen von der Sünde abkehrte, sodass sie Gott mit ihrem ganzen Dasein lieben könnten. Und wiederum fanden sie anstelle des ersehnten Friedens nur Besorgnis vor: Hatten sie sich wirklich bis zum Äußersten bemüht? Sie konnten sich nicht sicher sein; es war unmöglich, das zu wissen. Wenn sie aber nicht alles getan hatten, was sie konnten, hätte Gott sie nicht belohnt. Die *Institutio* war an Menschen gerichtet, die unter der pastoralen Grausamkeit der mittelalterlichen Kirche litten.

Die Form des Buches entsprach seinem Zweck. Indem er den Rahmen des Katechismusses wählte, bediente sich Calvin der alten Lehrmethode für die Darlegung der Hauptbestandteile des Glaubens durch eine Auslegung der drei grundlegenden Autoritäten für das Leben eines Christen – der Zehn Gebote, des Apostolischen Glaubensbekenntnisses und des Vaterunsers. Diesen sind die ersten drei Kapitel gewidmet: *Vom Gesetz, Vom Glauben, Vom Gebet.* Kapitel vier: *Von den Sakramenten,* führt den Leser zu den Mitteln hin, durch die Gott seine Gnade darreicht, und legt auch das anschließende

Kapitel nahe, in denen die fünf weiteren sogenannten Sakramente entweder relativiert oder verworfen werden. Das sechste Kapitel erklärt die christliche Freiheit, die Kirchenverfassung und die staatliche Obrigkeit.

## Gesetz, Glaube und Gebet

Das Buch beginnt mit einem auffälligen Satz, in dem Calvin seine gesamte Herangehensweise an die Theologie konzentriert darlegt: »Die Summe der heilsamen Lehre ist fast vollständig in diesen beiden Teilen enthalten: der Erkenntnis Gottes und unserer selbst.«[82] Die Aufgabe der Theologie ist es nicht, sich mit Gott außerhalb von seiner Beziehung zum Menschen zu befassen, auch nicht mit dem Menschen außerhalb von seiner Beziehung zu Gott. Unter dem Einfluss Luthers hatte Calvin sich von dem gängigen Subjektivismus in der Theologie abgewandt und seine Theologie auf die Anschauung gegründet, dass die Beschlüsse und Urteile Gottes die letztgültige und reale Wahrheit über den Menschen sind. Dies wird darin offenbar, dass er sogleich in seiner Behandlung der Natur des Menschen diesen in seiner Stellung vor Gott betrachtet. Dort begegnen uns auf Schritt und Tritt die Ausdrücke *coram Deo, apud Deum* (»vor Gott«, »bei Gott«). Er beschreibt die Herkunft und Bestimmung des Menschen im Sinne der rechtgläubigen Lehre. Adam, der im Bilde Gottes geschaffene Mensch, der mit Weisheit, Gerechtigkeit und Heiligkeit begabt war, fiel in Sünde. Dadurch gingen die göttlichen Gaben verloren, das Bild Gottes wurde ausgelöscht (in diesem Punkt gingen die Reformatoren weiter als die traditionelle Theologie), und der Mensch wurde von Gott entfremdet, unwissend, ungerecht und sittlich ohnmächtig, mit dem Tode und Gericht konfrontiert. Diesen Zustand der Sündhaftigkeit gab Adam an alle seine Nachkommen weiter.

Niemand kann sich zur Selbstentschuldigung darauf berufen, dass er hinsichtlich der Maßstäbe Gottes unkundig sei, denn das

---

82  Bd. 1, S. 37.

von Gott gegebene Gewissen erinnert jeden Menschen an seine Pflicht Gott gegenüber, lehrt ihn, was richtig und falsch ist und klagt ihn seiner Sünde wegen an. Wir brauchen nur »in uns selbst hinabzusteigen«, um zu wissen, was Gott von uns verlangt. Doch in unserem Hochmut lehnen wir die demütigende Erfahrung ab, uns einer inneren Anklage auszusetzen. Deshalb hat Gott dasselbe Gesetz in Form des mosaischen Gesetzes niedergeschrieben, der Lehre der vollkommenen Gerechtigkeit. Wenn jemand alles Gebotene vollständig und genau erfüllt, wird er mit dem ewigen Leben belohnt werden. Wenn jemand nicht jede Einzelheit des Gesetzes befolgt, wird er den Tod und die ewige Verdammnis erleiden.

Genau an diesem Punkt der völligen Hoffnungslosigkeit erweist sich das Gesetz in seiner Rolle im Heilswerk Gottes. Es macht seine Forderungen und Drohungen derart extrem deutlich, dass der wehrlose Mensch nur noch eingestehen kann, dass Gott gerecht und wahrhaftig ist und er selbst völlig im Unrecht ist und falsch liegt. In dieser Tiefe der Demütigung und der Verzweiflung, wenn er weiß, wie er in Wirklichkeit ist, in den Augen Gottes, bleibt dem Menschen nichts anderes übrig, als sich Gott zu übergeben und um Barmherzigkeit zu ihm zu flehen. Dann offenbart der Richter sich als der Vater, »gutmütig, barmherzig, gütig und nachsichtig«.[83]

Doch der Gesetzgeber hat nicht unmoralischerweise sein Gesetz aufgehoben und so stillschweigend über die Ungerechtigkeit hinweggesehen. Das Gesetz ist auf der Erde durch einen Menschen erfüllt worden – durch den Menschen, in dem der Gesetzgeber selbst in einen Bund mit allen Menschen eingetreten ist; positiv erfüllt insofern, als er ihm vollkommen gehorcht hat, negativ insofern, als er die Strafe für den Bruch des Gesetzes, die alle Menschen getroffen hatte, auf sich nahm. Der Gesetzgeber wird nicht dieselben Sünden zweimal bestrafen oder die Gültigkeit des Bundes, den er gestiftet hat, verleugnen. Daher ist jeder Zweifel darüber, ob wir unser Äußerstes getan haben, um das Gesetz zu halten und daher den Lohn der Gnade verdienen, vergeblich. Christus hat das Gesetz für uns, mit denen er sich in seiner Menschwerdung vereinigt hat,

---

83    Bd. 1, S. 40.

erfüllt; er hat den Lohn verdient, und diesen teilt er mit uns. Kann aber nicht trotzdem eine Besorgnis bezüglich der Echtheit und des Maßes unserer Demütigung und Buße, der Größe und Qualität unseres Glaubens bestehen bleiben? Die Heilsgewissheit wird von der Würdigkeit des Subjekts und seiner Taten hin auf die Würdigkeit des Objekts und seines Werkes verlagert. Buße und Glauben können, da sie immer unvollkommen sind, nicht der Vollkommenheit der Forderungen Gottes entsprechen. Die Kraft des Glaubens beruht in der Befähigung seines Gegenstandes, Jesus Christus, der vollkommen in seinem Gehorsam ist und eine vollkommene Genugtuung für die Sünde geleistet hat. Auch das schwächste Vertrauen wird durch seinen machtvollen Gegenstand vollkommen gerechtfertigt.

In seiner Auslegung der Zehn Gebote beschränkt Calvin sich fast völlig auf ihre Relevanz für den Gläubigen. Das Gesetz wird so zum positiven Ausdruck unserer Gottesfurcht und Gottesliebe und der Liebe, die wir unseren Nächsten um Gottes willen schuldig sind. Die ganze Absicht des Gesetzes ist es, »die Liebe zu lehren«.[84] Jedes der Gebote (außer dem Zweiten, bei dem er vielleicht vergaß, diesen Gedanken einzufügen) wird als eine Weise, wie wir Gott fürchten und lieben sollen, zusammengefasst. Sicherlich ist es schwer, die Gebote zu halten; dies ist jedoch kein Grund zur Trägheit. Vielmehr sollte der Gläubige mit Augustinus beten: »Gib, was du gebietest, und dann gebiete, was du willst.«

Auch leben Gläubige nicht, nachdem die Sünden der Vergangenheit vergeben sind, nach der Gerechtigkeit des Gesetzes, von Gott angenommen wegen ihres religiösen und moralischen Gehorsams. Immer bedürfen wir der Vergebung für unsere ständigen Übertretungen. Wenn der Gläubige nach dem Gesetz lebte, würde er wieder in Ungewissheit geraten. Er könnte sich weder sicher sein, dass er das ganze Gesetz vollständig gehalten hat, noch gewährleisten, dass er nie wieder in irgendwelcher Hinsicht übertreten würde. Wo wäre dann aber die christliche Zuversicht? Wo der Glaube selbst? »Denn Wanken, Veränderlichkeit, Hochgefühl und Niedergeschlagenheit, Zaudern, das Leben im Ungewissen und das Verlieren aller Hoffnung,

---

84  Bd. 1, S. 53.

diese sind nicht der Glaube. Der Glaube ist eine unerschütterliche, sichere und völlig gewisse Entschlossenheit des Geistes; er bedeutet, dass man einen Ruheort kennt und Farbe bekennt.«[85]

Wenn Calvin das zweite Kapitel *De Fide* nennt, ist es nicht eindeutig, ob wir es mit *Vom Glauben* oder *Von dem Glauben* übersetzen sollten. Denn einerseits ist der Glaube die Summe der christlichen Lehre, also dessen, was über Gott in Christus bekannt ist. Daher folgt er der Gewohnheit und verwendet das Apostolische Glaubensbekenntnis als das wesentliche Glaubensbekenntnis der Kirche. Andererseits jedoch ist der Glaube die Anerkennung und Ratifizierung der Beziehung, welche Gott in Jesus Christus mit dem Menschen gestiftet hat. Er ist nicht nur das Verständnis der Lehren des Glaubensbekenntnisses, nicht nur die Annahme der allgemeinen Wahrheit jener Dogmen, sondern die bereitwillige Zustimmung zu ihnen. Man glaubt damit nicht nur, dass es einen Gott gibt, sondern dass er unser Gott ist; nicht nur, dass der neutestamentliche Bericht über Christus wahr ist, sondern dass »Christus für uns Jesus ist, das heißt der Erretter«.[86]

Wir kennen die Wahrheiten der »Lehre des Heils«, weil wir in der Heiligen Schrift von ihnen erfahren; wir glauben, dass sie für uns gelten, weil Gott dies in der Heiligen Schrift verheißen hat. Der unmittelbare Gegenstand des Glaubens ist daher das Wort oder die Verheißung Gottes. Diese erste Ausgabe enthält keine Darstellung der Lehre von der Heiligen Schrift; Calvin beharrt lediglich darauf, dass wir an Gottes Verheißung oder Wort glauben, ihr bzw. ihm vertrauen und gläubig annehmen, dass die Bibel dieses »Wort« Gottes ist. Daher ist der Glaube die feste Überzeugung von der gewissen Wahrheit Gottes in seinem Wort und davon, dass das allgemein Verheißene auch uns insonderheit verheißen worden ist. Außerdem ist der Glaube der sichere und gewisse Besitz des Verheißenen, wie Hebr 11,1 sagt. Der Besitz der Verheißung führt hier das Konzept der Hoffnung ein, denn wir hoffen auf das, was wir noch nicht besitzen (Röm 8,24-25). Der Glaube ist der gegenwärtige

---

85    Bd. 1, S. 59.
86    Bd. 1, S. 69.

Besitz dessen, worauf wir immer noch hoffen und somit ein Haben und ein Nichthaben,»ein Sehen des Unsichtbaren, eine Klarheit des Dunklen, eine Gegenwart des Abwesenden, ein Zeigen des Verborgenen«.[87]

Im Einklang mit seiner Erklärung des Glaubens legt Calvin den ersten Artikel des Apostolischen Glaubensbekenntnisses in Bezug auf das Vertrauen aus:»Hier bekennen wir, dass wir volles Vertrauen haben, das sich auf Gott den Vater richtet …«[88] Der Schöpfer von uns Menschen und des ganzen Weltalls erhält alle Dinge und kümmert sich in seiner Vorsehung um sie. Alles, was geschieht (einzig die Sünde ausgenommen), sei es natürlich oder geistlich, erfreulich oder traurig, kommt von ihm, von seiner väterlichen Güte.»Solch einen Vater lasst uns mit dankbarer Hingabe und brennender Liebe anbeten, indem wir uns völlig seinem Gehorsam weihen und ihn in allem ehren.«[89]

Der zweite Teil bekennt, dass Jesus Christus von Natur der einzige Sohn Gottes ist, von aller Ewigkeit her vom Vater gezeugt. Wir glauben, dass er der wahre Gott, der Schöpfer des Himmels und der Erde ist, auf welchen wir, mit dem Vater, unser ganzes Vertrauen setzen. Er ist durch seine Menschwerdung der Erlöser von der Tyrannei des Teufels; indem er Mensch wurde, stieg die erhabene Majestät Gottes zu uns herab, vereinte sich die Gottheit mit der Menschheit, wurde er unser Immanuel, nahm wahrhaft die menschliche Natur an und kam uns dadurch nahe, ja, berührte uns sogar, denn er ist aus unserem Fleisch.

Der zentrale Gedanke in Calvins Inkarnationslehre ist die Einung Christi mit den Menschen:

»Er bildete sich selbst einen Leib aus unserem Leib, Fleisch aus unserem Fleisch, Gebein von unseren Gebeinen, damit er derselbe wie wir sein mochte. Von dem, was uns eigen war, wollte er, dass es ihm gehören sollte, sodass das, was ihm eigen war, uns gehören möge, und damit er gemeinsam mit uns sowohl der Sohn Gottes als auch der Sohn des Menschen würde.«[90]

---

87  Bd. 1, S. 70.
88  Bd. 1, S. 75.
89  Bd. 1, S. 76.
90  Bd. 1, S. 78.

Es kann nicht deutlich genug betont werden, dass das Konzept der Einheit sein Denken dominiert – die Dreieinheit der Gottheit, die Einheit von Gott und Mensch in Jesus Christus, die Einheit von Christus und der Menschheit, die Einheit des Hauptes mit dem Leib, die Einheit der Menschheit. Da die Einheit von Christus mit der Menschheit von der Einheit Gottes mit dem Menschen in Christus abhängig ist, ist Calvin ganz besonders bestrebt, diese zentrale Glaubenslehre hier zu erläutern.

Von der Einheit von Gott und Mensch in Christus ist unser Heil abhängig. Wäre Christus nicht Gott und Mensch in einem, so könnte er uns nicht erretten. Nun glauben wir aber, dass er Jesus, der Heiland, und dass er der Christus ist, der zum König und Priester in einem zweifachen Amt Gesalbte, der König, der über alles im Himmel und auf der Erde herrscht; er ist Priester, um uns durch das Opfer seiner selbst am Kreuz mit dem Vater zu versöhnen. Nun ist der Glaube das subjektive Bekräftigen oder das Annehmen der Vereinigung mit Christus, die bereits objektiv in der Inkarnation begründet wurde. Der Glaube ist daher die Vereinigung mit Christus. Da wir durch den Glauben mit ihm eins sind und an dem teilhaben, was ihm eigen ist, sind wir in ihm auch Könige und haben Gewalt über den Teufel, die Sünde, den Tod und die Hölle; auch sind wir in ihm Priester, die dem Vater Gebete, Danksagungen, uns selbst und alles, was wir haben, aufopfern. Weil der Eine, der vom Tode zum unsterblichen Leben auferstanden ist, der mit Gott und mit der ganzen Menschheit vereinte Mensch war, ist seine Auferstehung die sicherste Garantie für die Auferstehung anderer Menschen.

Weil er in menschlichem Fleisch in den Himmel auffuhr und dort in souveräner Autorität thront, wird er sein Volk bis zum Jüngsten Tag, an dem er wiederkehren wird, um allen Menschen ihren Lohn zu geben, heiligen, regieren und leiten. Mit derselben Wärme und Relevanz, aber kürzer, legt Calvin das Bekenntnis des Glaubens an den Heiligen Geist aus. Nicht nur ist er mit dem Vater und dem Sohn ein Gott, sondern unser Gott, den wir anbeten und auf den wir unser ganzes Vertrauen setzen. Er ist der Eine, der uns zum Vater führt und leitet. Weil er in uns wohnt, macht er uns des immensen Reichtums der Segnungen bewusst, die wir in Christus besitzen. Er entfacht in unseren Herzen eine brennende Liebe zu Gott und zum Nächsten, brennt die Laster unserer Begehrlichkeit ab (die Wiederholung des Bildes geschieht bewusst) und belebt uns, damit wir die Frucht guter Werke tragen.

Die katholische Kirche ist »die universale Schar der Erwählten, sie seien Engel oder Menschen«.[91] Katholizität ist aber nicht nur ein Konzept der Weite (die universale Schar), sondern auch der Einheit. Die Kirche ist *»eine* Kirche und Gesellschaft, *ein* Volk Gottes«.[92] Die Einheit besteht in der Beziehung der weltweiten Schar zu Christus, dem Gott diejenigen gegeben hat, welche er vor Grundlegung der Welt auserwählt hatte. Daher ist die Kirche nicht von einer menschlichen Intention oder einem sozialen Bündnis, sondern von dem ewigen und unveränderlichen Willen Gottes abhängig, der in Jesus Christus verwirklicht wurde. Die Katholizität der Kirche und die Auserwählung des Volkes Gottes durch Gott sind untrennbar.

Als er die Auserwählung behandelt, lenkt Calvin unsere Aufmerksamkeit auf Christus und auf den Glauben an ihn. Allein in Christus erfahren wir Gottes Willen in Bezug auf uns. Er sollte daher für uns genugsam sein. Wenn wir uns dagegen nicht mit Christus begnügen, sondern tiefer in den Willen Gottes eindringen möchten, fallen wir in den Abgrund seiner Majestät und sind von seiner Herrlichkeit überwältigt. Wir wissen, dass wir auserwählt und daher echte Mitglieder der Kirche sind, wenn wir im Glauben mit Christus vereinigt sind. Hinsichtlich der Auserwählung anderer dürfen wir keine Fragen stellen, denn diese Kenntnis kommt Gott allein zu. Anderen gegenüber müssen wir ein Urteil der Liebe walten lassen und alle als Auserwählte und Mitglieder der Kirche betrachten, die denselben Gott und Christus mit der Zunge, mit einer guten Lebensführung und durch die Teilnahme an den Sakramenten bekennen. Alle anderen sollten wir »noch nicht« als Mitglieder der Kirche betrachten, allerdings eindeutig mit der Hoffnung, dass sie zu ihrer Zeit zu uns stoßen werden.[93]

---

91    Bd. 1, S. 86.
92    Bd. 1, S. 86.
93    Bd. 1, S. 87, 89, 90, 107.

Die Auswirkung der Einheit der Kirche zeigt sich in der Gemeinschaft der Heiligen, welche in »einer wechselseitigen Mitteilung und
Teilhabe aller Güter [oder »aller guten Dinge«] besteht«.[94] Diese
verbietet keinen Privatbesitz, eine politische Gegebenheit, die beim
derzeitigen Stand der Dinge notwendig ist. Sie bedeutet, dass alle
Güter, seien es geistliche oder materielle, soweit es gerecht ist und
in dem erforderlichen Ausmaß, unter den Christen in der Liebe, die
sie einander schuldig sind, mitgeteilt werden sollten. Gott teilt jedem
Menschen einzeln so viel mit, wie er will, gewiss, doch insofern als
sein Volk in einem Leib versammelt und zusammengefügt ist, sollte
jedes Glied seine Besitztümer mit den anderen teilen. »Dies ist die
katholische Kirche, der mystische Leib Christi.«[95]

Wir möchten uns Calvins Zielsetzung ins Gedächtnis rufen: Er
schrieb ein Kompendium des christlichen Glaubens, um denjenigen,
die nach Christus hungerten und dürsteten, den Weg des Heils zu
lehren. Die Summe dessen, was er bislang gesagt hat, ist, dass Gott
uns, die wir in uns selbst leer und arm sind, in Christus die Schätze
seiner Gnade vorgestellt hat. Wir müssen uns zu ihm wenden, ihn
bitten, unsere Bedürfnisse zu stillen. Der Argumentationsgang
erfordert also das Kapitel über das Gebet.

Das erste »Gesetz« des Gebets besteht in der Demut, der
Anerkenntnis und dem Eingeständnis unserer Armut und folglich
unserer Bedürftigkeit. Diese ist die subjektive Motivationskraft
im Gebet. Ihr haben unsere »besten Väter« zwei objektive trei-
bende Kräfte beigesellt, nämlich Gottes Gebot zu beten und
seine Verheißung, das Erbetene zu gewähren. Doch wie kann der
durch die Sünde befleckte Mensch in die reine Gegenwart Gottes
eintreten? »Gott hat uns seinen Sohn, Jesus Christus, gegeben,
damit er unser Sachwalter und Mittler bei ihm sei.«[96] Von diesem
einzigartigen Sachwalter und Schutzherrn angeführt, entdecken wir,
dass der Thron Gottes nicht nur ein Thron der Majestät, sondern
auch der Gnade ist. Das Gebet selbst wird durch die Einteilungen

---

94   Bd. 1, S. 91.
95   Bd. 1, S. 92.
96   Bd. 1, S. 98.

und Untergliederungen, die die Interpreten der »Kunst des Gebets«
so sehr lieben, ins Bitten und Danken eingeteilt:

»Im Bitten legen wir Gott die Wünsche unseres Herzens vor und erflehen
von seiner Gütigkeit zuerst das, was allein seiner Ehre dient, sodann das, was
auch unserem Nutzen dienlich ist. Wenn wir danksagen, erkennen wir seine
Wohltaten uns gegenüber an und nehmen sie mit Lobpreis entgegen, indem
wir seiner Güte alle guten Dinge überall zuschreiben.«[97]

Diese Lehre entspricht dem Muster des Gebets des Herrn, welches
Calvin im weiteren Verlauf auslegt.

Eine oder zwei praktische Aussagen müssen noch getroffen
werden. Wir sind nicht an diese besondere Form gebunden, welche
uns nur ein allgemeines Muster bietet. Wiederum gibt es, obgleich
wir unsere Sinne stets zu Gott erheben sollten, gewisse Stunden,
welche wir nie ohne Gebet vorübergehen lassen sollten: wenn wir
am Morgen aufstehen, zu Beginn und am Ende einer jeden Mahlzeit
und bevor wir zu Bett gehen. Aber auch wenn wir oder andere von
Schwierigkeiten und Nöten bedroht sind, müssen wir uns zu Gott
wenden und ihn um Hilfe bitten; wenn Gutes über uns kommt,
sind wir ihm Danksagung schuldig. Allerdings müssen wir Gott
immer seine Freiheit lassen und ihm nicht vorschreiben wollen, was
er tun solle. Wir stellen unseren Willen ihm zur Verfügung, nicht
umgekehrt. Wenn wir eine solche Herzenshaltung und Gesinnung
des Gehorsams und der Geduld einnehmen, werden wir des Betens
nicht müde werden.

## Die Sakramente

Im nächsten Kapitel ändert sich der Tonfall. Nicht nur muss den
Gläubigen der Wert und Nutzen der Sakramente gelehrt werden,
sondern es müssen auch alteingesessene, weitverbreitete Irrtümer
bloßgestellt und korrigiert werden. Bezüglich der Lehre von der
Eucharistie wurden die tiefgreifendsten dogmatischen Unterschiede

---

97  Bd. 1, S. 101.

offenbar. Diese entstanden jedoch nicht mit den Reformatoren, denn es hatte bereits unter den römischen Theologen eine gewisse Lehrvielfalt gegeben, doch zweifellos akzentuierte die Reformation die Meinungsverschiedenheiten noch einmal.

Ein Sakrament ist »ein äußerliches Zeichen, durch welches der Herr seinen guten Willen uns gegenüber abbildet und bezeugt«;[98] »es ist ein Zeichen der Gnade Gottes, die uns durch ein äußerliches Symbol verkündigt wird«.[99] Wir sind Tiere, die auf dem Boden kriechen und am Fleische haften; unser Denken ist nicht geistlich, und wir nehmen nichts Geistliches wahr. Doch in den Sakramenten passt Gott sich unserem Fassungsvermögen an, »führt uns in denselben fleischlichen Elementen zu sich selbst! Und er lässt uns gerade in dem Fleisch das Geistliche sehen und erkennen!«[100] Die einzige Aufgabe der Sakramente ist es, unsere Augen zum Sehen der Verheißungen Gottes zu bringen; das heißt, sie machen das Wort auch für andere Sinne als die Ohren wahrnehmbar.

Die Theologie Calvins ist, von ihrer ersten Darlegung an und sein ganzes Leben hindurch, eine Theologie des Sakraments. Gott will dem Menschen nicht direkt begegnen, sondern mittels dessen, was bereits ein menschlicher Bezugspunkt ist: mittels menschlicher Kommunikationsmittel und sichtbarer Symbole. Die Kommunikation und die Symbole werden beide zur Begegnung mit Gott selbst und auch zur echten Begegnung des Menschen in seinem vollständigen Selbst mit Gott. Indem er nur zwei Sakramente zulässt, erhöht Calvin – weit davon entfernt, das sakramentale System zu entwerten – sie so sehr, dass sie allein der Begegnungspunkt zwischen Gott und dem Menschen sind, das Mittel, wodurch der Gläubige in das Bild Gottes verwandelt werden kann. Als er den Einwand widerlegt, dass die Sakramente den Heiligen Geist ersetzen würden, dessen Werk es ist, »den Glauben zu wecken, zu schützen und zu vollenden«,[101] legt Calvin die Heilsökonomie dar:

---

98   Bd. 1, S. 118.
99   Bd. 1, S. 118.
100  Bd. 1, S. 118.
101  Bd. 1, S. 120-121.

»Anstelle der *einen* Segnung Gottes, welche sie predigen, betonen wir *drei*. Erstens belehrt der Herr uns in seinem Wort. Dann bestätigt er es in den Sakramenten. Und schließlich erleuchtet er unseren Sinn durch das Licht seines Heiligen Geistes und öffnet für sein Wort und die Sakramente einen Weg in unsere Herzen. Ansonsten würden sie nur für unsere Ohren schlagen und uns ins Auge springen, ohne uns überhaupt innerlich zu rühren.«[102]

Die Taufe ist zuallererst ein Symbol der Reinigung, das heißt, der Vergebung. In der Taufe vergibt Gott ein für allemal und daher dauerhaft. Die Taufgnade kann nicht durch nachfolgende Sünde ausgelöscht werden, auch bedarf sie nicht der Ergänzung durch eine zweite Wohltat. In der Taufe wird uns nämlich die Reinheit Christi übermittelt, die, weit davon entfernt, durch unsere Unreinigkeit überwältigt zu werden, selbst die Überbleibsel der Sünde überwältigt und uns reinigt. Und zweitens macht uns Christus in der Taufe zu Teilhabern seines Todes und seiner Auferstehung. Indem wir mit ihm einsgemacht werden, werden wir mit demjenigen einsgemacht, der der Sünde starb und für Gott lebt. Somit verkündigt dieses sichtbare Wort, dass auch wir der Sünde gestorben sind und für Gott leben. »Wir werden getauft zur Abtötung unseres Fleisches. In der Taufe beginnt diese in uns. Tag für Tag führen wir sie aus, und sie wird vollendet sein, wenn wir aus diesem Leben abscheiden und beim Herrn sein werden.«[103]

Säuglinge sollten getauft werden. Wir sollten uns nicht so sicher sein, dass sie keinen Glauben haben. Aus Mk 10,13ff. wird deutlich, dass der Herr einige von ihnen zu Erben des Himmelreiches beruft. Warum kann er ihnen dann nicht einen gewissen Vorgeschmack seines Segens geben? Warum können sie ihn nicht dunkel, wie in einem Spiegel, sehen? Es ist anmaßend, wenn man behauptet, sie könnten keinen Glauben haben. Sie haben ein Recht zur Taufe, denn sie teilen mit den Erwachsenen einen gemeinsamen Glauben.

Die beiden Namen, die Calvin für das andere Sakrament gebraucht, bringen seine Vorstellung davon zum Ausdruck: *Coena Domini*, das Abendmahl, bei dem der Herr sein Volk speist;

---

102 Bd. 1, S. 121.
103 Bd. 1, S. 132.

*Eucharistia*, die Eucharistie, das griechische Wort für Danksagung. Die Speise, welche der Herr gibt, ist er selbst. Das Abendmahl ist das Geben und das Empfangen des Christus, der sich selbst am Kreuz gab. Die Eucharistie ist die Danksagung der Gemeinde für die Güte Gottes in der Dahingabe Christi, ein Opfer dankbarer Anbetung, welche der Ausdruck der Selbsthingabe der Gemeinde an Gott und aneinander ist. Christus und seine Segnungen werden unser Teil, nicht dadurch, dass sie von ihm genommen und uns übermittelt werden, sondern durch unsere Vereinigung mit ihm. Das Abendmahl muss also im Sinne der Vereinigung mit Christus verstanden werden. Die Einsetzungsworte von Jesus (Lk 22,19-20; 1. Kor 11,23-25) verkünden diese Vereinigung mit ihm, denn er sagt nicht nur:»Dies ist mein Leib ... dies ist mein Blut«, sondern auch:»Nehmt hin ... esst ... trinkt.« Tatsächlich liegt»die ganze Kraft des Sakraments in dem Folgenden: ›das für euch gegeben wird‹, ›das für euch vergossen wird‹«.[104]

Hier haben wir das Herz und das Wesen der Eucharistielehre Calvins. Doch in der Hitze der Debatte musste noch mehr gesagt werden; und insbesondere musste die schicksalhafte Frage»*quomodo?*«,»wie?«,»auf welche Weise?«, angesprochen werden. *Wie* werden Brot und Wein zum Leib und Blut Christi? Dies war eine Frage, welche von den Kirchenvätern nur ungenau und sogar inkonsequent beantwortet worden war. Es war die Frage, die die mittelalterlichen Scholastiker definitiv beantwortet hatten, indem sie die aristotelische Unterscheidung zwischen *substantia* und *accidentia* annahmen. Der Gebrauch unserer Worte»Substanz«und»Akzidenz«ist irreführend. Für»Substanz«ist es besser, so etwas wie»Wesensnatur«zu sagen, für »Akzidenz«so etwas wie»wahrnehmbares Erscheinungsbild«. Unter Anwendung dieser Unterscheidung beantwortete das Mittelalter die Frage:»Wie werden das Brot und der Wein zum Leib und Blut des Herrn?«auf zweierlei Weise. Die eine, die zur rechtgläubigen Lehre der römischen Kirche wurde, behauptete, dass ein Wunder stattfinde, bei dem die Wesensnatur der Gestalten durch die Wesensnatur des Leibes und Blutes Christi ersetzt würde. Die andere sagte, dass

---

104  Bd. 1, S. 137f.

die *substantiae* des Leibes und Blutes Christi zu den *substantiae* des Brotes und Weines hinzugefügt würden und mit ihnen zusammen bestünden. Die erstere Lehre wurde als Transsubstantiation, die letztere als Konsubstantiation bezeichnet.

Die früheren Reformatoren konnten, ganz gleich, wie unwohl ihnen bei jener Lehre war, nicht über diese Frage hinweggehen: *Wie* werden das Brot und der Wein zum Leib und Blut des Herrn? Und der schädliche Streit zwischen ihnen brach in erster Linie aus, weil sie dies nicht konnten. Luther beantwortete die Frage positiv durch einen Rückgriff auf eine modifizierte Form der Konsubstantiation. Die Zwinglianer beantworteten sie negativ durch eine symbolische Auslegung der Einsetzungsworte. Doch im Jahre 1536 erklärte Calvin mit einem Streich nicht bloß die zeitgenössische Kontroverse, sondern die gesamte mühevolle scholastische Untersuchung seit etwa dem 12. Jahrhundert für irrelevant. Die Textstelle, in der er dies tut, ist es wert, vollständig zitiert zu werden:

»Wissbegierige Männer wollten definieren, wie der Leib Christi im Brot gegenwärtig ist. Manche fügten, um ihre Scharfsinnigkeit zur Schau zu stellen, zur einfachen Ausdrucksweise der Schrift hinzu, dass er wahrhaft und wesenhaft gegenwärtig sei. Andere wollten noch weiter gehen und sagten, dass er in denselben Dimensionen gegenwärtig sei, wie er am Kreuz gehangen habe. Andere erfanden das widernatürliche Ungeheuer der Transsubstantiation. Manche sagten, das Brot *sei* der Leib; andere, dass der Leib in oder unter dem Brot sei; manche, dass das Brot nur ein Zeichen und ein Bild des Leibes sei. Eine Thematik, die all diese Worte und Streitigkeiten sehr wohl wert sei! – oder so denkt man zumindest gemeinhin. Doch solche, die so denken, erkennen nicht, dass die vorrangige Frage eigentlich lautet: Wie wird der Leib Christi, so wie er für uns gegeben wurde, unser Teil? Wie wird das Blut, so wie es für uns vergossen wurde, unser Teil? Mit anderen Worten: Wie besitzen wir den ganzen gekreuzigten Christus und werden zu Teilhabern aller seiner Segnungen? Weil diese vorrangige Frage als unwichtig ausgelassen, eigentlich vernachlässigt und beinahe vergessen worden ist, hat der Konflikt sich über die eine dunkle und schwierige Frage zugetragen: Wie wird der Leib Christi von uns gegessen?«[105]

Calvin tut hier nichts Geringeres, als die Kirche einzuladen, etwa fünf oder gar sieben Jahrhunderte zurückzugehen, noch bevor die

---

105  Bd. 1, S. 139.

Doktrin festgelegt worden war, und die Diskussion von dort aus aufzugreifen, nicht mehr aufgrund einer rein pseudobiblischen Frage, sondern aufgrund einer Frage, die, weil sie von der Bibel selbst gefordert wird, unbedingt gestellt werden müsste und worauf eine Antwort gegeben werden könnte und sollte. Die vorrangige Frage: »Wie ist der Leib Christi im Brot gegenwärtig?« wird so wenig durch die Schrift bestimmt wie die vorrangigen Fragen: »Wie empfing die Jungfrau den Gottmenschen?« oder: »Wie erschuf das Wort Gottes das Licht?« oder: »Wie ist Jesus Christus von den Toten auferstanden?«. Solche Fragen müssen zwangsläufig zu unbiblischen Antworten und damit auch zu entzweienden Antworten führen, welche die Einheit des Leibes Christi zerbrechen. Andererseits ist die Frage: »Wie besitzen wir den ganzen gekreuzigten Christus und werden aller seiner Segnungen teilhaftig?« das Thema des Neuen Testaments und die Voraussetzung für die Glaubensbekenntnisse. Der Theologe kann sie daher mit der Zuversicht stellen und untersuchen, dass es sich dabei um eine Frage handelt, die ihn nicht von der Wahrheit wegführen, sondern zu ihr hinführen wird.

Wir wollen nun sehen, wohin sie Calvin führte – wobei wir bemerken sollten, dass er nie versuchte, die andere Frage zu beantworten, sondern diesbezüglich nur gewisse Verneinungen aussprach. Erstens stellt er die Frage: »Wie wird Christus unser Teil?« Zweitens gibt er der Frage eine überraschende Wendung und lässt *quomodo* bedeuten: »In welcher Weise ist, soweit es seine Wirkung auf uns betrifft, der Leib Christi im Sakrament gegenwärtig?« Er gibt die Antwort: *vere et efficaciter*, wahrhaft und wirksam. Darüber hinaus wollte er nicht gehen.

Wir beginnen mit der menschlichen Natur Christi. Der Sohn Gottes nahm unser Fleisch aus der Jungfrau als sein eigenes an; er litt in unserem Fleisch und leistete mit ihm Sühnung für unsere Sünden; bei der Auferstehung empfing er unser Fleisch wieder und behält es ewiglich im Himmel. Die menschliche Natur des auferstandenen und aufgefahrenen Christus ist, wenngleich verherrlicht, immer noch eine menschliche Natur; und die Eigenschaft eines menschlichen

Körpers ist, dass er »an einem Ort enthalten ist, seine eigenen Dimensionen und sein eigenes Erscheinungsbild hat.«[106]

Die Himmelfahrt Christi und sein Sitzen zur Rechten des Vaters ist ein Bild seiner allmächtigen Herrschaft. Doch zunächst ist seine Regentschaft allumfassend, sie erstreckt sich sowohl auf die Erde als auch auf den Himmel; und zweitens ist sie wirksam – das heißt, er handelt in jedem Teil seiner Herrschaft mit souveräner Macht, indem er die Erlösung zur Verwirklichung bringt, die er in seiner Menschwerdung zustande brachte. »Christus übt seine Macht im Himmel und auf der Erde aus, überall, wo es ihm wohlgefällig ist; er zeigt sich gegenwärtig in Autorität und Macht; er ist immer bei den Seinigen gegenwärtig, wohnt in ihnen, erhält sie, stärkt sie, belebt und bewahrt sie so, als wäre er leiblich unter ihnen gegenwärtig«.[107] Durch die Kraft des Geistes wird das, was in der Gegenwart Gottes wahr und wirksam ist, den Menschen gebracht und in ihnen wahr und wirksam gemacht. Wenn man sagt, dass der Geist den Menschen Christus und seine Segnungen bringt, sagt man, dass Christus sich selbst ihnen gibt. Es ist eine echte und wirksame Gegenwart und Selbsthingabe Christi, nicht obwohl, sondern gerade weil es das Werk des Geistes ist; nicht obwohl, sondern weil der natürliche Leib Christi zur Rechten des Vaters ist.

Das Sakrament ist auch *eucharistia*. Christus hat befohlen, dass es zum Gedächtnis seines Todes gehalten werde. Dies ist nicht als bloße Erinnerung an ein Ereignis in der Vergangenheit aufzufassen, sondern als ein rückwärtsgerichteter Glaubensakt, ein Glaube an den gekreuzigten Christus. Daher ist es auch ein Glaubensbekenntnis, sowohl vor der Welt, dass wir Christen sind, als auch in der Kirche und vor Gott, dass Christus für uns gestorben ist. Somit ist dieses Glaubensbekenntnis, seiner Natur nach, eine Danksagung an Gott für die Erlösung durch das Kreuz, eine *eucharistia*.

Das Sakrament ist drittens eine Kommunion, ein Entflammen der Christen zur Liebe, zum Frieden und zur Eintracht. Christus kommuniziert uns seinen Leib, damit wir mit ihm, der sich in

---

106  Bd. 1, S. 140.
107  Bd. 1, S. 142.

seiner Menschwerdung mit uns einsgemacht hat, einswerden. Es ist aber die Vielzahl der Gläubigen, die mit Christus ein Leib werden. Die Vielen vereinigen sich daher zu einem Leib. Zwietracht und Differenzen stellen eine Verleugnung der Einheit dar. Die objektive Realität, die durch die Inkarnation begründet und durch die heilige Kommunion bezeugt wird, muss eine subjektive Realität in der Gemeinde werden. »Wir können nicht einen unserer Brüder verletzen, verleumden, verspotten, verachten oder in irgendeiner Weise beleidigen, ohne zugleich auch Christus in ihm zu verletzen, zu verleumden, zu verspotten und zu verachten. Wir können nicht im Zwiste mit unseren Brüdern liegen, ohne zugleich auch im Zwist mit Christus zu liegen. Wir können Christus nicht lieben, ohne ihn in unseren Brüdern zu lieben.«[108]

Soweit Calvins Lehre über das Abendmahl. Die Hauptpolemik in diesem Kapitel richtet sich gegen das Messopfer. Indem er sich auf eine strenge buchstäbliche Auslegung der relevanten Stellen im Hebräerbrief beruft, wirft er der Lehre vom Messopfer vor, dass sie das Heil, das Sühneopfer und die Sakramente zerstört; sie ist Lästerung gegen Christus, der ewiger Hohenpriester ist, eine Funktion, die er ohne Helfer ausführt. Wenn er darauf besteht, dass das Opfer seiner selbst, das Christus darbringt, ein für alle Mal geschah, dann geht es ihm dabei in erster Linie um die ewige Wirksamkeit und Genugsamkeit dieses Werkes. Das, was ewig ist, bedarf nicht der Erneuerung. Von der Messe behauptet man, dass sie die Erneuerung des ein für alle Mal geschehenen Opfers sei. Das Abendmahl ist die Gabe und der Empfang des ewiglich wirksamen Opfers Christi. Es findet beim Abendmahl tatsächlich ein Opfer statt, aber es ist ein *sacrificium eucharistikon*, ein Opfer des Lobes und der Danksagung, ein Opfer der Selbsthingabe der Gemeinde. Und dieses erfolgt wiederum nicht, um Gottes Zorn zu beschwichtigen, sondern um Gott zu erheben und zu erhöhen. Dies ist der Weihrauch, den die Kirche verbrennen muss, dies ist die Anbetung, die sie jetzt und ewiglich darbringen muss. Die Eucharistie ist daher eine Darbringung des Lobopfers; bei ihr ist Christus selbst der Priester, ist Christus der Altar.

---

108 Bd. 1, S. 146.

Dann wendet er sich der praktischen Feier des Sakraments zu. Und dabei zunächst der durch die Gefahr der Lage erforderten Selbstprüfung; das Sakrament ist nämlich nie neutral, es wird entweder das Leben oder den Tod nach sich ziehen. Wir müssen uns, seinem Wesen entsprechend, drei Fragen stellen: Erstens, ob ich ein innerliches Vertrauen zu meinem Heiland habe, der sich mir hier selbst opfert? Zweitens, ob ich meinen Glauben an Christus bekenne? Drittens, ob ich bereit bin, mich meinen Brüdern zu geben und eins mit ihnen zu sein? Die mittelalterliche Lehre von der Beichte erforderte einen puritanischen Maßstab, dem man unmöglich entsprechen konnte, bei dem der würdige Empfang der heiligen Kommunion von der sittlichen Reinheit, einer hinlänglichen Zerknirschung und einem vollständigen Sündenbekenntnis abhängig war. Wir kommen aber würdig zum Abendmahl, wenn wir Gott unsere Unwürdigkeit opfern, damit er uns vergeben und uns so durch seine Barmherzigkeit würdig machen möge. Wir sollten noch nicht einmal nach der Qualität unserer Buße, unseres Glaubens und unserer Liebe fragen. Nur ihr Vorhandensein ist wichtig.

Das Gedächtnis des gekreuzigten Christus sollte häufig stattfinden. Keine Versammlung der Kirche sollte ohne die Predigt des Wortes, Gebete, das Abendmahl und das Almosengeben stattfinden. Mindestens einmal in der Woche sollte die Eucharistie gefeiert werden. Ganz sicher sollte sie öffentlich zelebriert werden. Privatmessen zerstören die Gemeinde. Und selbstverständlich soll die Kommunion unter beiderlei Gestalt ausgeteilt werden.

Indem er die sakramentale Begegnung Christi mit seinem Volk auf die Taufe und das Abendmahl konzentrierte, bestritt Calvin, dass die anderen fünf Riten (Firmung, Beichte, Letzte Ölung, Priesterweihe und Ehe) richtige Sakramente waren. Seine Gründe dafür legte er in Kapitel fünf detailliert und ausführlich dar. Niemand anders als Gott allein hat die Autorität, ein Sakrament einzusetzen, welches einem Siegel gleichkommt, mit dem er die Erklärung seines Willens kundtut. Allein Gott kann seine Intention bekunden. Die von Christus eingesetzten Sakramente sind irdische Dinge, die genau für diesen Zweck ausgewählt und angepasst worden sind. Die anderen fünf Riten sind nicht so begründet.

Wir brauchen Calvins Erörterung nicht im Einzelnen zu verfolgen. Es genügt, hier anzumerken, dass er nicht notwendigerweise all diese Riten verurteilt oder sie in der Praxis der Kirche abschaffen will, sondern dass er sie aus einer Kategorie herausnimmt, in welche sie nicht hineingehören. Dass das Heil allein das Werk Gottes ist, bedeutet auch, dass Gott und nicht der Mensch das Heilsmittel auswählt. Die Kirche besitzt nicht das Recht, auszuwählen, denn »die erste Regel für den Diener des Wortes ist, dass er nichts ohne ausdrücklichen Befehl tun soll«[109].

Mit der Firmung, der letzten Ölung und der Ehe verbringt er nur wenig Zeit. Der größere Teil dieses langen Kapitels ist der Buße und der Priesterweihe gewidmet. In jedem Falle greift er nicht nur das römische Dogma an, sondern setzt an seine Stelle auch eine entsprechende evangelische Lehre. Das Sakrament der Buße ersetzt er durch die evangelische Buße und das evangelische Sündenbekenntnis. Buße ist Abtötung, das Abtöten unseres Fleisches und des alten Menschen, das heißt: unserer Sündhaftigkeit. Wieder kommen wir zur Vereinigung mit Christus. Wenn wir im Glauben mit Christus vereinigt sind, dann sind wir mit demjenigen vereinigt, welcher der Sünde gestorben ist. In ihm sind also auch wir der Sünde gestorben. Das, was auf uns in Christus zutrifft, muss auch in unserer Erfahrung wahr werden. Die Sünde muss in unserem Willen und in unseren Taten in den Tod gegeben werden: »Menschen können wiedergeboren werden, indem sie an Christus teilhaben, in dessen Tod ihre verkehrten Begierden gestorben sind, an dessen Kreuz ihr alter Mensch gekreuzigt wurde, in dessen Grab der Leib der Sünde begraben wurde ... Das Leben eines Christenmenschen ist daher ein beständiges Studium und eine fortwährende Übung der Abtötung des Fleisches.«[110]

An dieser Stelle wendet sich Calvin dem Sakrament der Buße oder Beichte zu mit seiner Zerknirschung des Herzens, seinem

---

109  Bd. 1, S. 163.
110  Bd. 1, S. 172.

Bekenntnis des Mundes und seinem Akt der Genugtuung. Sein zentraler Einwand ist, dass die mittelalterliche Lehre durch und durch subjektivistisch ist. Der Sünder wird ermahnt, dafür Sorge zu tragen, dass er wahrhaft zerknirscht ist; aber er erfährt nicht, wie er gewiss sein kann. Trotz gegenteiliger Bekundungen und Bedingungen wird die Zerknirschung zur Ursache der Vergebung gemacht; dem Sünder wird um der Qualität seiner Zerknirschung willen vergeben. »Wir lehren den Sünder, seinen Blick – beide Augen! – nicht auf seine Schuldgefühle, auch nicht auf seine Tränen zu richten, sondern einzig auf die Gnade und Barmherzigkeit des Herrn.«[111] Die Beichte war zu einer moralistischen Übung in Kasuistik geworden. Sünden wurden unterschieden: ihre Eigenschaften, ihre Mengen, die Umstände, unter welchen sie begangen wurden. Und waren am Ende der Beichte wirklich alle Sünden bekannt worden?

»Ich will kurz sagen, worauf es alles hinausläuft. Zunächst einmal ist sie [sc. die Beichte] schlechterdings eine Unmöglichkeit; und daher kann sie nur zerstören, verurteilen, verwirren, ins Verderben werfen und zur Verzweiflung treiben. Zweitens wird sie Sünder von einer echten Erkenntnis ihrer Sünde ablenken und sie zu Heuchlern machen, die unkundig über Gott und über sich selbst sind. Sie werden so sehr mit der detaillierten Aufzählung ihrer Sünden beschäftigt sein, dass sie den verborgenen, bodenlosen Sumpf ihrer Laster, ihrer verborgenen Ungerechtigkeiten und ihrer inwendigen Unreinheit vergessen.«[112]

Gewiss besteht die Notwendigkeit zum Bekenntnis einzelner Sünden, welche unser Gewissen belasten. Aber nicht mehr die der Kategorisierung mancher Taten als tugendhaft, anderer als Sünden, und des Bestrebens, sich aller Sünden zu erinnern. Und am Ende der Beichte muss die Erkenntnis stehen, dass niemand die Tiefen seines eigenen Herzens ergründen kann.

Mit einem Wort, das mittelalterliche Bußsystem, das von ausgezeichneten pastoralen Motiven ausgegangen war, erreichte das Gegenteil seiner Zielsetzungen. Weit davon entfernt, Sünder von ihrem schuldbeladenen Gewissen zu entlasten und sie der Vergebung

---

111  Bd. 1, S. 175.
112  Bd. 1, S. 183.

zu vergewissern, vermehrte es tatsächlich ihre Schuldgefühle und ihr Empfinden der Unzulänglichkeit, machte sie unsicher und trieb sie zur Verzweiflung. Und dies war nicht beim lauen Bevölkerungsteil der Fall, sondern gerade bei den ernsthaft religiösen Menschen. In der Tat vermehrte das Sakrament der Buße den Zweifel und die Schuld je nach der Ernsthaftigkeit des Einzelnen. Luthers Erfahrungen als Mönch mögen extrem gewesen sein, aber sie unterschieden sich nicht grundsätzlich von dem, was jeder ernsthaft religiöse Mensch kennen musste.

Das wahre Sakrament der Buße ist das Sakrament der Taufe:

»Sie schmücken dieses erfundene Sakrament mit dem Titel ›Die zweite Planke nach dem Schiffbruch‹, weil jemand, der durch das Sündigen das Gewand der Unschuld, das er in der Taufe empfing, befleckte, es durch die Buße wieder herstellen kann … Als ob die Taufe durch die Sünde ausgelöscht würde und nicht vielmehr dem Sünder wieder ins Gedächtnis gerufen werden sollte, wann immer er an die Vergebung der Sünden denkt, sodass er sich durch sie tröstet und aufgrund von ihr Mut fasst und seinen Glauben bestätigt, dass die in der Taufe verheißene Vergebung der Sünden verwirklicht werden wird. Und folglich kann man es am passendsten so formulieren, dass man die Taufe das Sakrament der Buße nennt.«[113]

# Freiheit

Das letzte Kapitel deckt drei Themen ab: die christliche Freiheit, die Gemeindeverfassung und die staatliche Obrigkeit. Die letzten beiden, deren nähere Betrachtung wir uns für einen späteren Kontext aufheben werden, ergeben sich aus dem ersten und werden in Beziehung zu ihm behandelt.

Wir rufen uns Calvins zweifache Zielsetzung ins Gedächtnis. Freiheit ist ein gefährliches Konzept in einem totalitären Staat; sie ist doppelt gefährlich in einer Zeit, in welcher Gruppen im Namen des Evangeliums für sich die Freiheit von staatlichen Beschränkungen und sogar von der anerkannten Moral in Anspruch nehmen.

---

113 Bd. 1, S. 202.

Er muss daher die evangelische Freiheit von jedem Anflug des Wiedertäufertums distanzieren. Es ist ihm auch ein Anliegen, jenen, die nach Christus hungern und dürsten, zu lehren, wie sie ihn finden können und wie sie, nachdem sie ihn gefunden haben, in ihm leben mögen. Wieder einmal hören wir jetzt das ständige *coram Deo, apud Deum.* Mit Gott haben wir es sowohl in unserem geistlichen als auch in unserem natürlichen Leben zu tun. Einmal mehr beharrt er darauf, dass der Christ Zuversicht und Freude kennen sollte, dass Zweifel und Hoffnungslosigkeit ihm gänzlich fern liegen sollten. Christliche Freiheit sollte als ein notwendiger Bestandteil des Glaubens gelehrt werden, und zwar aus zwei Gründen. Erstens, damit wir ein gutes und reines Gewissen haben mögen. Und zweitens, damit wir freimütig und zuversichtlich handeln mögen, ohne unnötige Hemmungen. Denn was hindert die Tat mehr als der Zweifel? Wir sollten uns auch nicht durch Missverständnisse der christlichen Freiheit davon abbringen lassen, sie zu lehren – die Missverständnisse der Libertiner, welche die Freiheit als einen Vorwand dafür gebrauchen, tun zu können, was sie wollen, und die Missverständnisse der Reaktionäre, die meinen, dass sie die etablierte Ordnung umstürzen würde.

Christliche Freiheit hat drei Aspekte:

Erstens ist der Christ frei vom alttestamentlichen Gesetz im Hinblick auf seine Stellung vor Gott. Wenn wir ein beladenes Gewissen haben, weil wir das Gesetz gebrochen haben, vermag das Gesetz nichts zu tun, um uns zu helfen; es kann nur immerfort seine Anklagen und unsere Schuld wiederholt vortragen. In einer solchen Lage kann allein Jesus Christus, der für uns hingegeben worden ist, uns helfen. Im Gericht vor Gott sind wir frei vom Gesetz.

Zweitens erstreckt sich die Freiheit vom Gesetz auch, in gewissem Sinne, auf den christlichen Gehorsam. Das Gesetz gebietet uns, Gott von ganzem Herzen, ganzer Seele, ganzem Gemüt und aus ganzer Kraft zu lieben. Doch wir sind weit davon entfernt, diesem Gebot zu gehorchen. Neben einer aufrichtigen Liebe zu Gott sind in uns immer noch die sündhaften Begierden vorhanden, die uns an der vollkommenen Liebe hindern. Wiederum kann das Gesetz nicht helfen. Es gebietet, es droht, es behandelt uns wie Sklaven. Und gerade aus diesem Grunde stellt es eine psychologische Unmöglichkeit dar, das Gesetz zu halten. Liebe ist eine freie Willensbewegung. Liebe zu gebieten, ist absurd. Der Gläubige ist aber nicht mehr ein Sklave, dem der Gehorsam bei Strafe geboten ist. Die Lehre der ersten drei Kapitel – dass der Sohn Gottes unser Bruder geworden ist, sodass wir mit ihm Gott zu unserem Vater haben mögen – bricht hier wie eine herrliche Befreiung hervor. Der Vater befiehlt uns nicht mit fürchterlichen Drohungen, sondern »ruft uns mit väterlicher Güte auf«, ihm nachzufolgen, und wir dürfen deshalb »freudig und sehr bereitwillig auf seinen Ruf reagieren und ihm überall nachfolgen, wohin er uns führt«[114]. Gott wird uns als »liebe Kindlein« behandeln und die Unvollkommenheit des Dienstes, den wir ihm leisten, übersehen, indem er uns jede Sündhaftigkeit darin vergibt.

Drittens betrifft dieser Aspekt der christlichen Freiheit praktische Fragen und die *adiaphora*, Mitteldinge, die in sich selbst weder gut noch schlecht sind. Fängt man einmal an, bezüglich solcher Dinge zu gewissenhaft zu sein, so verläuft man sich schnell in einem endlosen Labyrinth:

»Sobald jemand anfängt, daran zu zweifeln, ob es ihm erlaubt ist, Leinen für seine Laken oder Hemden oder Taschentücher oder Servietten zu gebrauchen, wird er sich anschließend in Bezug auf Sackleinen ungewiss sein und hernach sogar im Zweifel darüber sein, ob er Segeltuch gebrauchen kann. Denn er wird sich denken: ›Könnte ich meine Mahlzeiten nicht auch ohne eine Serviette einnehmen? Muss ich wirklich ein Taschentuch bei mir tragen?‹ Wenn es jemandem einfallen sollte, dass irgendeine ziemlich wohlschmeckende Speise unerlaubt sei, wird er am Ende so weit sein, dass er kein Schwarzbrot oder einfache Gerichte mehr essen kann, ohne ein schlechtes Gewissen vor Gott zu haben, denn es wird ihm in den Sinn kommen, dass er ja seinen Leib auch mit noch bescheideneren Speisen ernähren könnte. Wenn er im Zweifel über einen recht guten Wein ist, dann wird er auch nicht imstande sein, irgendwelchen Fusel mit gutem Gewissen zu trinken, und am Ende wird er es nicht wagen, Wasser anzurühren, das süßer und reiner als gewöhnlich ist. Und zum Schluss wird ein solcher Mensch es für eine Sünde halten, über einen Strohhalm auf dem Weg zu schreiten, wie sie sagen.«[115]

---

114 Bd. 1, S. 225.
115 Bd. 1, S. 226-227.

Diese Form des Puritanismus wird entweder Feigheit vor dem Leben oder Sorglosigkeit zur Folge haben. Christliche Freiheit dagegen wird die Gaben Gottes mit Freude und Danksagung gebrauchen. Diese Freiheit ist jedoch nicht natürlicher, sondern geistlicher Art. Sie ist eine Freiheit vor Gott. Es ist nicht notwendig, von der Freiheit Gebrauch zu machen, die wir genießen. Wir sind befreit, sobald wir verstehen, dass wir frei sind, etwas zu gebrauchen oder auch nicht zu gebrauchen. Es besteht beispielsweise keine Notwendigkeit, die neugewonnene Freiheit vom Fasten an Freitagen dadurch zu zeigen, dass man gerade an jenem Tag Fleisch isst; es genügt zu verstehen, dass wir frei sind, um das zu tun. Solchen, die diese Freiheit noch nicht verstehen, kann durch unsere Tat Schaden erwachsen, und die Regel der Freiheit ist nicht ihr selbstsüchtiger Gebrauch, sondern die Bruderliebe. Wir dürfen nicht, aus Mangel an Liebe, dem Bruder einen Anstoß geben, für den Christus gestorben ist.

Anstöße, Ärgernisse können ganz einfach in gegebene Anstöße und genommene Ärgernisse unterschieden werden. Gegen letztere kann man kaum etwas machen; der übertrieben kritische Mensch kann jede Tat nachteilig auslegen. Wir sollten aber darauf achten, den Brüdern, die noch nicht zu einer Gewissheit bezüglich des umstrittenen Punktes gelangt sind, keinen Anstoß zu geben. »Wir sollten unsere Freiheit gebrauchen, wenn sie unseren Nächsten im Glauben auferbaut. Wenn sie unserem Nächsten nicht helfen wird, sollten wir uns zurückhalten.«[116] Dies gilt jedoch nur für Mitteldinge. Das, was von Gott geboten ist, sollte getan werden, ganz gleich, welche Konsequenzen dies mit sich bringen mag. Wiederum sollte jedoch die Sorge für den Bruder an erster Stelle stehen; dies ist keine Erlaubnis zum Aufruhr und Bildersturm und dergleichen; sie besagt einfach, dass wir nicht aus Furcht, das Gewissen schwächerer Brüder zu verletzen, in das Verkehrte einwilligen sollen.

Und so trat im Jahre 1536 das ins Dasein, was wir heute als »die Theologie Calvins« bezeichnen. Sein Format als einer der größten Theologen in der Kirchengeschichte wurde nicht sofort erkannt, und

---

116 Bd. 1, S. 231.

tatsächlich lieferte die Erstausgabe der *Institutio* noch nicht den vollen Beweis dafür. Calvin selbst sollte nach drei Jahren die mangelnde inhaltliche Tiefe des Buches missbilligen und bedauern, dass die verschiedenen Themen darin nicht genügend entwickelt wurden. Doch die Urteilsfähigen unter seinen Zeitgenossen wussten schnell die Vorteile der *Institutio* wertzuschätzen. Hier lag eine Theologie vor, die selbstbewusst auftrat, aber nie dreist; eine Theologie, in welcher nichts gering oder gemein war, deren Erhabenheit aber im engen Zusammenhang mit den Bedürfnissen der gewöhnlichen Christen stand; eine Theologie, deren Horizonte so breit waren wie Niederungen, deren festen Erdboden von hohen Himmeln überspannt wird; eine Theologie, die in die ersten Jahrhunderte der Kirchengeschichte zurückreichte und eine gewisse Aura der Beständigkeit an sich hatte. Calvin hatte das getan, was, wie heute deutlich ist, kein anderer Theologe (nicht einmal Melanchthon) zu jener Zeit zu tun fähig war. Er hatte nicht nur den zentralen Lehren der Reformation eine dogmatische Form verliehen; er hatte jene Lehren auch in die Form einer der klassischen Darbietungen des christlichen Glaubens gegossen.

# 4. Erprobungen in Genf

## Aus der Heimat vertrieben

Nach nur wenig mehr als einem Jahr in Basel begab sich Calvin gemeinsam mit du Tillet nach Italien. Der Grund dafür könnte lediglich gewesen sein, dass er, ein aus der Heimat Vertriebener, sich nirgendwo anders niederlassen konnte. Vielleicht war es aber auch so, dass er, auf der Suche nach glücklicheren Tagen, in denen er wieder in Frankreich leben könnte, in der Zwischenzeit an einem französischen Hof verweilen wollte, wo er einen guten, einflussreichen Posten, der eine Empfehlung für eine zukünftige Laufbahn in seinem eigenen Lande darstellte, besetzen konnte?

Am herzoglichen Hof in Ferrara wurden einige Leute beherbergt, die an sich nicht zusammenpassten. Ercole II., der Sohn der berüchtigten Lucrezia Borgia, war sowohl ein Romanist als auch ein Parteigänger des Kaisers. Seine Herzogin, die Prinzessin Renée de France, war die Tochter König Ludwigs XII.; ihre Schwester Claude war mit Franz I. verheiratet. Sie war als Cousine zweiten Grades auch mit Franz und Margarete von Navarra verwandt und trat schon um ihrer Herkunft willen für die französische Sache gegen den Kaiser ein. Zum Herzog, einem großen Mäzen der Renaissance, kamen einige der großen Kulturschaffenden, wie Benvenuto Cellini (der jedoch dem Herzog seine Gastfreundschaft durch das Erschießen einiger seiner Pfauen vergalt – »sie waren das einzig Gute, das ich dort gesehen hatte«[117]). Zu ihr strömten aus Frankreich Reformtheologen und Reformatoren, die nach der *Affäre des Placards* geflohen waren – unter ihnen der Dichter Clément Marot. Zu ihr kam jetzt Jean Calvin, wahrscheinlich unter einem Pseudonym. Ist es möglich, dass sie ihm nicht nur Asyl gewährte (welches er bereits in Basel genossen hatte), sondern ihn auch beschäftigte, vielleicht als einen ihrer Sekretäre? Wir dürfen nicht versuchen, diese Geschehnisse mit unserer Kenntnis dessen, was später kam, zu beurteilen. Calvin hatte nicht die Absicht, Pastor zu werden oder ein öffentliches Amt zu

---

117 *Life* (Everyman Edition), S. 214.

bekleiden. Ein Leben im Dienste der Wissenschaft scheint nun sein Ziel gewesen zu sein. Doch auch ein Gelehrter muss einer regulären Beschäftigung nachgehen, und die Tätigkeit als Sekretär einer französischen Prinzessin wird ihm sowohl den Lebensunterhalt als auch genügend Muße fürs Studium geboten haben.

Falls er jedoch lange in Ferrara zu bleiben beabsichtigte, wurde er enttäuscht. Am Karfreitag, dem 14. April 1536, weigerte sich einer der französischen Schutzbefohlenen der Herzogin demonstrativ, zur Messe zu gehen. Er wurde gefangen genommen und verhört. Es kam heraus, dass auch andere in der Gefolgschaft Renées infiziert waren. Es wurden weitere Gefangennahmen durchgeführt. Die Herzogin trat für ihre Freunde ein und flehte um ihre Begnadigung, sodass der arme Papst Paul mit einem Ohr auf ihren Ehemann hören musste, der Gerechtigkeit forderte, und mit dem anderen auf die Ehefrau, die durch Margarete und den Apostolischen Nuntius in Frankreich agierte und ihre Freilassung erbat. Am Ende konnte Renée ihren Willen durchsetzen. Doch schon zuvor hatte Calvin zum ersten und letzten Mal von Italien Abschied genommen und war nach Basel und von dort aus nach Frankreich zurückgegangen. Das Edikt von Lyon vom 31. Mai erlaubte nämlich Häretikern unter der Bedingung, dass sie innerhalb von sechs Monaten mit Rom versöhnt würden, im Königreich zu leben. Schon ein paar Tage später war er am Justizpalast in Paris, wo er als »Magister Iehan Cauvin, Lizenziat der Rechte, wohnhaft in Paris«[118] eine »Vollmacht«, unterzeichnet von zwei Notaren, ausstellte, mit der er Antoine, seinem Bevollmächtigten, der in Paris wohnhaft war, sich aber gegenwärtig in Noyon aufhielt, erlaubte, in der Regelung der elterlichen Angelegenheiten für ihn zu handeln. Es ist unmöglich, dass er in Basel die Kunde von dem Edikt erfuhr und dann bis zum 2. Juni nach Paris kam. Daher muss er schon vor der Verabschiedung des Edikts nach Frankreich zurückgekehrt sein, in dem Wissen (oder in der Hoffnung), dass man nichts gegen ihn unternehmen würde. Er muss also entweder einen persönlichen Geleitbrief gehabt oder zuvor von dem Edikt

---

118 Lefranc, *La Jeunesse*, S. 205.

Kenntnis erlangt haben. Auf jeden Fall wurde dies vermutlich von Renée arrangiert.

Antoine brachte das Geschäft zum Abschluss, und so wurde das Landstück zum Preis von acht *septiers* verkauft, abgetreten, übertragen und den Messeigneurs, dem Prior und dem Konvent von Mont Saint-Lois, allgemein Regnault-by-Noyon genannt, für den Preis und die Summe von *»sept vingtz quatres livres Tournois«* (144 Pfund Tours) versprochen. Charles wird nur recht wenig Zeit gehabt haben, um seinen Anteil zu genießen. Bis Ende Oktober jenes Jahres hatten auch seine Streitigkeiten mit dem Kathedralkapitel ein Ende gefunden. Er starb auf deren Höhepunkt, denn der Eintrag in den *Registres* weist ziemlich eindeutig auf eine Ketzereianklage gegen ihn hin. Falls er sich dem evangelischen Glauben zuwandte, warum begleitete er dann nicht Jean, Antoine und Marie? Als er starb, wurde er bei Nacht unterhalb des öffentlichen Galgens begraben.[119]

Calvin, der folgerte, dass ihm Frankreich für die vorhersehbare Zukunft verschlossen bleiben würde, benötigte weniger als die Hälfte seiner sechsmonatigen Gnadenfrist. Als er das Land verließ, nahm er Antoine, ihre Halbschwester Marie und – wenn man dem parteiischen Lefranc Glauben schenken kann – den Kanoniker de Collemont sowie gewisse andere Einwohner von Noyon mit. Diese kleine Truppe setzte sich dann etwa Anfang August nach Straßburg in Bewegung, wo sie »vor den Stürmen und der Wut der Prälaten sicher« sein würde. Leider hatten Truppenbewegungen die direkte Route für sie zu riskant gemacht, und sie waren gezwungen, einen Umweg in den Süden zu machen. Dies brachte sie durch die Stadt Genf, wo sie für eine Nacht in einer Herberge Unterschlupf fanden.

Genf war Calvin vom Hörensagen her nicht unbekannt. Pierre Robert hatte dort gewirkt; Louis du Tillet hielt sich wahrscheinlich jetzt dort auf. Er oder ein anderer Freund informierte Guillaume Farel über Calvins Anwesenheit, und Farel suchte ihn geradewegs auf. Farel handelte, während Engel debattierten, und er war durchaus fähig, einen völlig Fremden anzusprechen, um ihm seine

---

119 Ebd., S. 210.

Pflicht darzulegen. Doch die Szene, die dann stattfand, wird noch glaubhafter, wenn wir annehmen, dass sie damals zumindest schon Bekannte waren. Calvin selbst erzählt die Geschichte in einem autobiografischen Fragment im Vorwort zum Psalmenkommentar:

»Überall, wohin ich sonst gegangen war, hatte ich Sorge getragen, um zu verbergen, dass ich der Verfasser [der *Institutio*] war; und ich hatte beschlossen, darin auch fernerhin zu verharren, bis mich schließlich Guillaume Farel in Genf aufhielt, nicht so sehr durch Rat und Ermahnung, als durch eine schreckliche Beschwörung, die ich so empfand, als ob Gott vom Himmel seine mächtige Hand nach mir ausstreckte, um mich anzuhalten. Da der direkteste Weg nach Straßburg, wohin ich mich damals zurückziehen wollte, durch die Kriege verschlossen war, hatte ich beschlossen, kurz über Genf zu fahren, ohne mich länger als eine Nacht in jener Stadt aufhalten zu wollen. Kurz zuvor war das Papsttum durch diese vortreffliche Person, die ich genannt habe, und durch Meister Pierre Viret aus der Stadt hinausgejagt worden; allerdings hatte sich der Zustand noch nicht gefestigt, und unter den Stadtbewohnern gab es schlechte und gefährliche Gruppen. Dann entdeckte mich eine Person, die jetzt auf schändliche Weise aufbegehrt hat und zu den Papisten zurückgekehrt ist, und machte mich mit den anderen bekannt. Hierauf stellte Farel, der mit einem außergewöhnlichen Eifer zur Förderung des Evangeliums brannte, alle Bemühungen an, um mich zurückzuhalten. Und nachdem er gehört hatte, dass ich einige besondere Studien hatte, für welche ich mich freihalten wollte, und als er sah, dass er durch seine Bitten bei mir nichts erreichen konnte, ließ er sich zu der Verwünschung hinreißen, dass es Gott wohlgefallen werde, meine Ruhe und die Stille der Studien, welche ich suchte, zu verfluchen, wenn ich mich angesichts einer solch großen Notlage zurückzöge und mich weigerte, zu helfen und meine Unterstützung zu gewähren. Dieses Wort ließ mich so sehr erschrecken, dass ich die Reise aufgab, die ich unternommen hatte; da ich aber zugleich meine Gehemmtheit und Schüchternheit empfand, wollte ich mich nicht an irgendein bestimmtes Amt binden.«[120]

Auf diese Weise wurde Calvin für den Dienst der Reformation in Genf gewonnen.

---

120  OC, Bd. 31, Sp. 23-26; CTS, Bd. 1, S. xlii–xliii.

# Genf im 16. Jahrhundert

Wir, die wir das moderne Genf kennen, dürfen es nicht mit der Stadt im 16. Jahrhundert verwechseln. Niemand von uns macht sich eines solchen Anachronismus schuldig, wenn wir durch den *Jardin anglais* schlendern, neidisch in die Schaufenster der schicken Ladengeschäfte blicken oder in einem Café sitzen, während das Glockenspiel von Saint Pierre auf reizende Weise die Stunden anzeigt. Wie schwer ist es dagegen, sich in der Altstadt nicht täuschen zu lassen, in Straßen, die in alten Dokumenten und sogar in den Predigten Calvins erwähnte Namen tragen: dem Bourg du Four, dem Molard, der Place Saint Pierre. Die Namen stehen auf den Straßenschildern, aber keine der Straßen weist noch das gleiche Erscheinungsbild auf, das sie vor 440 Jahren hatte. Man sagt, dass kein einziges Privathaus im alten Viertel vor dem 17. Jahrhundert erbaut wurde. Selbstverständlich beherrschte Saint Pierre das Stadtbild damals wie heute – obgleich, als Calvin es erstmals sah, eine lange Mauer so vor ihm lag, wie sie im Jahre 1441 zusammengefallen war. Dieselbe Glocke mit tiefem Klang, La Clémence, die wir auf unseren Liedpostkarten hören können, erweckte jene umtriebigen Bürger zu einem neuen Tag. Auch in den anderen Kirchen, wie la Madeleine und Saint Gervais, befinden wir uns, abgesehen von der Einrichtung, wieder im Genf Calvins. Das Rathaus, das bald seine kuriose gepflasterte Rampe bekommen sollte, stand dort an der Ecke; doch wenn man die Straße daneben entlang ging und über die Porte Neuve durch die Stadtmauern schritt, kam man nicht über die Promenade des Bastions, das Grand-Théâtre und die Universität, sondern durch Felder zur Brücke über die Arve.[121]

Stellen wir uns also eine Stadt vor, die in befestigte neue Verteidigungsmauern eingezwängt ist, deren größerer Teil auf der Südseite des Sees liegt, während der kleinere Bereich am Nordufer gelegen ist. Sie ist für jene Zeit eine echte Großstadt, so groß wie Basel oder Zürich, mit zehntausend Einwohnern im Jahre

---

121 Siehe für Genf Monter, *Calvin's Geneva*; Naef, *Les Origines*; und die Bibliografien in W. Niesel, *Calvin-Bibliografie*, S. 48ff. und im *Calvin Theological Journal* (6/2), S. 172f.

1537. Die Bedrohung durch feindliche Angriffe zwingt dazu, dass Baumaßnahmen, die mit einer wachsenden Bevölkerung Schritt zu halten versuchen, auf den Raum innerhalb der Befestigungsmauern beschränkt bleiben. Die Stadt hat keine Vororte; die Stadtmauern erheben sich aus Wiesen, Ackerland und unerschlossenem Land scheinbar wie Klippen, die aus dem Meer ragen. Genf ist eine Festungsstadt.

Es war nicht so, dass die Stadt ganz aus Gebäuden bestanden hätte. Die Stadtbewohner Genfs liebten ihre Gärten. Die schönen großen Häuser in der Rue des Chanoines und an der Place Saint Pierre und unten an les Allemandes und la Rivière erfreuten sich eines dahinterliegenden Gartens. Selbst die ärmeren Häuser im Wirrwarr der Straßen und Gassen in der Unterstadt oder jenseits des Wassers in Saint Gervais, die zusammengedrückt nebeneinander standen wie Bücher auf einem Regalbrett, reichten nicht so weit nach hinten, dass kein Platz für ein Gemüsebeet mehr vorhanden gewesen wäre. Nichtsdestoweniger bestand ein Wohnungsmangel, und Bauland war sehr gesucht.

Auch in sozialer Hinsicht unterschied sich das Genf des frühen 16. Jahrhundert sehr stark von der heutigen Stadt. Damals gab es dort keine Millionäre und keinen Adel. In jener mittelständischen Stadtgemeinde, wo die gesellschaftliche Oberschicht von den Kathedralkanonikern und den wenigen Angehörigen der höheren Berufsstände, die in der Oberstadt nahe der Kathedrale lebten, gebildet wurde, gab es einige reiche Kaufleute, aber keine Handelsfürsten. Das einzige Bankhaus am Ort war eine Filiale der Medici aus Florenz. Die Wohlfahrt einer mittelständischen Stadtgemeinde basiert auf dem Kommerz im buchstäblichen Wortsinne, auf dem wechselseitigen Handel mit anderen Stadtkommunen. Die Genfer Wirtschaft, die bis ins dritte Viertel des 15. Jahrhunderts aktiv war und florierte, hatte danach einen ganz allmählichen Niedergang erlebt. Es wurde viel produziert, aber nur wenig für den Export. Wenn wir die Menge der Handwerker untersuchen, die zwischen 1501 und 1536 das Bürgerrecht erhielten – die vielen Flickschuster, Schneider, Konditoren, Metzger, Zimmermänner, Steinmetze,

Herrenfriseure und Apotheker, und die wenigen Goldschmiede und Drucker –, können wir sehen, dass die Stadt den Großteil ihrer industriellen Lebenskraft für die Bekleidung, Unterbringung, Ernährung und Heilung ihrer eigenen Einwohner ausgab. Es gab durchaus Verlagsarbeit, aber keineswegs in dem Ausmaß späterer Jahre, und sie trug in jener Zeit nur wenig zur Zahlungsbilanz bei. Wir dürfen dem Niedergang in der Genfer Wirtschaft, der in erster Linie auf politische und nicht auf geografische Ursachen zurückzuführen war, jedoch auch nicht zu viel Bedeutung beimessen. Keine Veränderungen in den Verkehrsmitteln und Reisemöglichkeiten, so wie sie sich auf die Bedingungen in vielen Städten im Goldenen Zeitalter der Eisenbahn auswirkten, hatten ihr Potenzial in ihrer Lage an einer der wichtigsten Handelsrouten in Europa beeinträchtigt.

Andererseits stellte ihre geografische Lage die Ursache für ihre prekäre politische Position während des ganzen Jahrhunderts dar. Wieder einmal müssen wir das moderne Genf, eine der Großstädte der Schweiz, aus unserem Bewusstsein streichen. Im Jahre 1536 war Genf, diese von einer Mauer umgebene Festung, eine Republik, eingequetscht zwischen den Schweizer Kantonen, dem Herzogtum Savoyen und dem Königreich Frankreich. Da ihr Vororte fehlten und sie nur etwa vier oder fünf winzige und verstreute Felder in der umgegebenen Landschaft ihr eigen nennen konnte, war sie eine Insel, zuerst im Territorium von Savoyen und später ihres Verbündeten Bern. Betrachtet man die Situation von einem anderen Standpunkt aus, lag sie an der Grenze zwischen den Schweizer Kantonen, Savoyen und Frankreich.

Eine Grenzstadt ist immer ein begehrenswerter Besitz, sei es in kommerzieller oder in politischer Hinsicht, und Genf hatte schon lange zu Rivalitäten Anlass gegeben. Im Mittelalter war der Kampf um die Herrschaft über die Stadt zwischen den Fürstbischöfen von Genf und den Herzögen von Savoyen ausgefochten worden, ein Kampf, der abgeschlossen war, als das Bischofsamt in die Hand des Herzogtums fiel. Das Haus Savoyen hatte danach während des größten Teils des 15. Jahrhunderts Bischöfe gestellt. Im nächsten Jahrhundert ergaben sich interne Auseinandersetzungen, die einen

Versuch einiger Kräfte innerhalb Genfs darstellten, die Kontrolle über die Stadt zu erlangen. Das Stadtoberhaupt war der Fürstbischof; die beiden Verfassungsorgane waren das Kathedralkapitel mit 32 Kanonikern und die *bourgeoisie*. Die letztere, unter der die Kaufleute die stärkste Stimme hatten, traten für freundschaftliche Beziehungen zu den Kantonen ein. Die Kapitulare waren inkonsequent. Manchmal stellten sie sich gegen den Bischof auf die Seite der Bürger, aber im Ganzen ließen ihre familiären und sich aus der Schutzherrschaft ergebenden Bande sie zum Bischof und zu Savoyen geneigt sein. Es entstanden zwei Parteien, die sogenannten *Eyguenots* und *Mamellus* – das heißt, die Eidguenots, die Schweizer Fraktion, die möglicherweise die Quelle für das Wort Huguenot ist, und die Mameluken, die Sklaven des Papstes, die Savoyarden.

Das war der Stand der Dinge, als Pierre de la Baume im Jahre 1522 zum Bischof gemacht wurde. Obgleich er von Geburt nicht dem Hause Savoyen angehörte, wurde er für den Herzog als ein sicherer Mann betrachtet – eine Einschätzung, die sich nicht immer als gerechtfertigt erweisen sollte. Es ist schwer, die politische Logik dieses Bischofs zu verstehen, der, nachdem er in Genf so schmachvoll versagt hatte, nicht lange danach mit einem Kardinalshut und einem Erzbischofsamt belohnt werden sollte. Er verfolgte keine konsequente Zielsetzung, sondern unterstützte mal die Schweizer Partei oder ließ sie fallen, mal die Savoyische Partei, je nachdem, wie es ihm opportun erschien. Die Bürger nahmen die Angelegenheit in ihre Hand und bildeten, da sie urteilten, dass ihre beste Chance auf Unabhängigkeit in dieser Richtung liege, ein Dreierbündnis, eine *combourgeoisie*, mit Bern und Fribourg. Ihre Aktion mochte durchaus illegal gewesen sein, aber es wohnte ihr die unwiderlegbare Kraft einer vollendeten Tatsache inne; und nach diesem Streich begann die Macht von Savoyen in der Stadt zu verfallen, und die innerschweizerischen Beziehungen wurden gestärkt. Wie die Auseinandersetzung sich als ein direkter Streit zwischen den Sympathisanten beider politischer Richtungen herauskristallisierte, so stellten sich auch die Fraktionen selbst deutlicher als die Bürger heraus, die von einigen der Kaufleute angeführt wurden und das Schweizer Bündnis unterstützten, und die Kanoniker und savoyischen Beamten, die für die Sache Savoys eintraten. Die Bürger erwiesen sich als stärker, und schließlich erlangten sie durch ihre Verordnung, dass nur Einheimische aus einer der Städte der *combourgeoisie* das Kanonikeramt innehaben könnten, sogar die Kontrolle über das inzwischen dezimierte Kathedralkapitel. Obgleich das Herzogtum nach außen hin immer noch ein Mitspracherecht in den Genfer Angelegenheiten hatte, war die Herrschaft von Savoyen gebrochen. Herzog Charles behielt sporadische militärische Störmanöver bei, doch die Schweizer traten ihm mit einem Heer entgegen, um der Republik beizustehen.

An dieser Stelle können wir einiges über die Regierung, die *Seigneurie*, dieser neuen Republik erklären. Der Posten des Regierungschefs wurde von einem Viererrat eingenommen, bestehend aus den vier Syndici, die im Januar jeden Jahres von der *commune*, der Generalversammlung der männlichen Bürger, gewählt wurden. Die Syndici waren die effektiven und nicht bloß die nominellen Führer im *Petit Conseil*, ansonsten *les Messieurs de Genève* genannt, das aus 25 Mitgliedern bestand. Es war die zentrale Verwaltungsbehörde, und es hatte insbesondere mit allen auswärtigen Angelegenheiten zu tun, prüfte Todesstrafen und kontrollierte die Münzanstalt. Es versammelte sich mindestens dreimal in der Woche im Rathaus. Die *Deux Cents*, das Konzil der Zweihundert, war eine untere Verwaltungsbehörde mit monatlichen Versammlungen, die wichtige Gesetze erörterte. Es war auch ein Wahlgremium, denn es versammelte sich jährlich im Februar zur Wahl des *Petit Conseil*. Ihre Auswahl wurde durch das Gesetz von 1526 eingeschränkt, welches bestimmte, dass *les Messieurs* in Genf geboren sein müssen. Dies sollte im Laufe der nächsten dreißig Jahre gewichtige Auswirkungen haben. In der Praxis neigte der *Petit Conseil* überdies zu einer ausgeprägten Selbsterhaltung; die meisten seiner Mitglieder saßen Jahr für Jahr darin, und manche wurden nur durch die radikale Auswahl des Todes daraus entfernt. Die *commune* versammelte sich gewöhnlich zweimal im Jahr: im November, um den Weinpreis festzulegen und den Präsidenten des Zivilgerichts zu wählen, und im Januar, wie bereits erwähnt, um die vier Syndici zu wählen. Die

*Soixante*, oder das Konzil der Sechzig, spielt in unserer Geschichte kaum eine Rolle und kann vernachlässigt werden.

Bislang haben wir die Genfer Unabhängigkeitsbestrebungen nur aus politischem Blickwinkel betrachtet. Die politische Lage war aber zunächst kompliziert und wurde dann durch die religiösen Kontroversen sogar geklärt. Es hatte in den 1520er-Jahren ein paar Evangelische in der Stadt gegeben, doch erst in den frühen 1530er-Jahren meldeten die Reformatoren ernsthaft ihren Anspruch auf die Kontrolle der dortigen Kirche an. Antoine Froment, Farel, Pierre de Wingle, Pierre Viret und Pierre Robert waren alle zu der einen oder anderen Zeit an der Verbreitung des Evangeliums dort aktiv beteiligt. Sie genossen die Unterstützung von Bern, welches sich im Januar 1528 für die Reformation ausgesprochen hatte. Fribourg jedoch, eine altgläubig römisch-katholische Stadt, protestierte gegen die Unterstützung Berns, und so war das Dreierbündnis gefährdet. Einer der Kanoniker, Werly, ein Mann aus Fribourg, war im Widerstand aktiv. Eine Abendmahlfeier in einem Garten am Karfreitag 1533 zog Unruhen nach sich, in deren Verlauf Werly getötet wurde. Fribourg setzte jetzt Bischof de la Baume wieder ein, der im Exil gewesen war. Es war jedoch klar, dass er keine Autorität hatte; es gelang ihm nicht, die evangelischen Anführer für die Ermordung von Werly zur Rechenschaft zu ziehen; Mitte Juli verließ er endgültig die Stadt. Im Mai 1534 brach Genf das Bündnis mit Fribourg, nachdem man erfahren hatte, dass die Fribourger mit dem Bischof den Plan schmiedeten, einen Militärgouverneur aus ihrer eigenen Stadt für Genf einzusetzen. Aus dem Dreierbündnis war ein einfaches Bündnis mit Bern geworden.

Die *Seigneurie* war nicht für die evangelische Reform; doch angesichts des äußeren Drucks von Bern und des inneren Drucks von zweien der führenden Reformatoren, dem feurigen Guillaume Farel und dem sanfteren, aber überzeugenden Pierre Viret, die in ihrer Mitte das Evangelium verkündigten, war es fraglich, wie lange sie ihre Neutralität wahren konnten. Die Turbulenzen nahmen zu. Im März 1535 wurde Viret vergiftet, erholte sich aber. Der Knecht, der das Gift verabreichte, behauptete, für einen der Kanoniker gehandelt zu haben. Im Juni wurde eine öffentliche Disputation zwischen den beiden Religionsparteien veranstaltet, die einen Monat lang währte. Die *Seigneurie* zögerte immer noch. Nach gewaltsamen Unruhen des Pöbels und einem Bildersturm schaffte sie schließlich die Messe ab. Die Kanoniker von Saint Pierre und viele der Nonnen des Konvents von Sainte Claire verließen nun die Stadt. Die Dominikaner und Franziskaner wurden vor die Wahl gestellt, entweder ins Exil zu gehen oder an den evangelischen Gottesdiensten teilzunehmen. Die meisten von ihnen zogen es vor, sich anzupassen.

Savoyen hatte die Hoffnung noch nicht aufgegeben, und im Jahre 1535 belagerte Charles Genf. Sowohl Bern als auch Frankreich (das nunmehr ein Interesse an dieser freien Stadt an seiner Grenze fasste) entsandten eine Armee zur Unterstützung, und so wurde die Republik gerettet. Der Siegespreis war die Forderung nach der Unabhängigkeit von Bern, das dieses Gesuch der freiheitsliebenden Genfer in einem freundlichen Gnadenerweis annahm. Am 25. Mai 1536 wählte eine Generalversammlung der Bürger,»nach dem Evangelium leben«zu wollen. Genf war seiner Verfassung nach eine evangelische Stadt geworden.

## Die Autorität der Kirche

Dies war also der Stand der Dinge, als etwa drei Monate später Calvin, sein Bruder und seine Schwester mit ihren Freunden für eine Übernachtung in Genf abstiegen und Farel ihn auf solch eine dramatische Weise in den Dienst drängte. Es ist möglich, dass er in seinem Brief an François Daniel vom 13. Oktober eine geringfügig unterschiedliche Auffassung davon wiedergibt, indem er das über ein paar Tage ausdehnt, was er im Vorwort zum Psalmenkommentar in einen einzigen Abend hineingedrängt hatte:»Die Brüder hielten mich für einige Tage in Genf auf, bis sie mein Versprechen, wiederzukommen, bekommen hatten. Dann nahm ich meinen Verwandten Artois nach Basel mit, wobei ich unterwegs mehrere Kirchen enttäuschen musste, die mich gebeten hatten, bei ihnen zu bleiben.«[122] Wieder in Genf angekommen, holte er sich eine sehr schwere Erkältung, die den Herbst über andauerte. Er wurde nicht anderweitig beschäftigt und hatte Zeit, an »der französischen Ausgabe meines Büchleins« zu arbeiten (wahrscheinlich der *Institutio*), von der er ein Exemplar mit dem Brief mitzuschicken gehofft hatte.

Es ist nicht eindeutig, welches Amt zu übernehmen Calvin eingewilligt hatte. Beza und Colladon zufolge war er zunächst nicht Pastor, sondern Dozent der Theologie. Dies könnte bedeuten, dass er predigte, ohne irgendwelchen anderen pastoralen Verpflichtungen nachzukommen, oder dass er Vorträge über die Auslegung der Bibel hielt. Im Jahre 1537 bezeichnete der Rat von Bern ihn als »Dozent der Heiligen Schrift«, und der Basler Drucker Oporinus schrieb ihm im März jenes Jahres: »Ich höre, dass du unter großem Beifall und mit großer Nützlichkeit über die Paulusbriefe dozierst.«[123] Binnen Kurzem wurde er jedoch zum Pastor gewählt. Williston Walker meint, dass dies »nahezu oder gerade ein Jahr später« geschehen sei, und zwar, weil »der Rat der Stadt Bern noch am 13. August 1537 zwischen Farel, dem ›Prediger‹, und Calvin, dem ›Dozenten der Heiligen Schrift‹ unterschied«.[124] Hiergegen finden wir jedoch in den Genfer Registern vom 3. Juli 1537 einen Verweis auf »Farel und Calvin, Prediger«; und tatsächlich deutet Colladon darauf hin, dass er schon vor dem 10. November 1536 zum Pastor gewählt worden war, als das Glaubensbekenntnis dem Rat vorgelegt wurde: »Nachdem er so zum Hirten und Lehrer in der Kirche erklärt worden war ... fertigte er ein kurzes Formular der Beichte und Kirchenzucht an.«[125]

Der Jurist und Theologe musste sich nunmehr an eine völlig neue Lebensweise gewöhnen; er musste Säuglinge taufen, Trauungen vornehmen, Gottesdienste leiten und predigen sowie eine führende Rolle in der Kirchenverwaltung einnehmen. Es ist zu betonen, dass Calvin ein Vollzeit-Pastor war, dem die Verantwortung für eine der Stadtkirchen oblag. Allzu oft wird er als ein distanzierter Planer

122  OC, Bd. 10b, Sp. 63; ET, Bd. 1, S. 121.
123  OC, Bd. 10b, Sp. 91.
124  John Calvin, S. 182.
125  OC, Bd. 21, Sp. 58f.

dargestellt, der das kirchliche Leben der Stadt nach einer strengen Kirchenverfassung organisierte, mit Genf als einem Gebiet, das er für ein reformiertes Experiment ausersehen hatte. Eine solch doktrinäre Persönlichkeit war Calvin aber nicht. Er vertrat eine Kirchenverfassung und strebte danach, sie in Genf umzusetzen; doch in dieser Verfassung ging es ihm um die Ausübung seines Hirtendienstes zur Ehre Gottes und zur Auferbauung der Kirche.

Wie wir bereits erwähnt haben, behandelt Kapitel Sechs der *Institutio* die christliche Freiheit, mit Abschnitten über die Gewalt (oder Autorität) der Kirche und des Staates. Somit ergibt sich die positive Lehre Calvins von der Autorität aus seiner Lehre von der Freiheit und wird von ihr bestimmt. Nicht nur ist es ein Prinzip, dass die kirchliche Gewalt die christliche Freiheit nicht missachten darf,[126] sondern die Autorität und die Freiheit haben ihre gemeinsame Motivationskraft im Evangelium. Gleichwie Jesus Christus sowohl der Erretter ist, der von der Sünde befreit, als auch der Herr, der über sein Volk herrscht, so befreit das Evangelium, dessen Substanz oder Wesen er ist, sowohl die Gefangenen (»die Wahrheit wird euch frei machen«, Joh 8,32), als es auch die Autorität bietet, nach welcher und unter welcher sie ihr Leben der Freiheit führen. Dies ist eine einzige Motivationskraft, dasselbe Evangelium, noch nicht einmal zwei Aspekte des einen Evangeliums. Folglich erkennen die Gläubigen nur einen König an, »ihren Befreier Christus«; sie müssen sich von »dem einen Gesetz der Freiheit, dem heiligen Wort des Evangeliums« beherrschen lassen.[127]

Weil die Reformatoren das juridische System Roms, das sogenannte Kirchenrecht oder kanonische Recht, ablehnen, darf man nicht meinen, dass sie der Kirche ihre Autorität absprächen. Die recht definierte Gewalt der Kirche ist der Dienst an Gottes Wort. Dies bedeutet, dass die Gewalt nicht in den Dienern selbst, sondern in ihrem Amt liegt: tatsächlich sogar weniger in ihrem Amt als in dem Wort, welches sie verkündigen. Ihre einzige Macht zu gebieten, ihre einzige Autorität zu lehren, liegt in dem Wort, oder, um es anders

---

126  Op. sel., Bd. 1, S. 233.
127  Ebd.

auszudrücken, sie liegt in ihrem Handeln im Namen Christi. Calvin begründet die Vollmacht des Dienstes hier nämlich nicht mit der Inspiration der Heiligen Schrift – das heißt, dass die Bibel als von Gott gesprochen das wahrhaftige Wort Gottes ist, das die Autorität Gottes trägt. Seine Argumentation ist eher christologisch.[128] Christus ist die Weisheit und Offenbarung Gottes, die allein in die Geheimnisse des Vaters eingedrungen ist. Er ist die Quelle, aus welcher die Schreiber des Alten Testaments ihre Gotteserkenntnis bezogen, und als er Mensch wurde, war er der letzte Zeuge für den Vater. Daher ist seine Lehre die Vollendung der Lehre. Es wäre unmöglich, sie zu übertreffen, und geradezu kriminell, eine neue zu erfinden. Christus möge sprechen, und alle anderen mögen schweigen! Die Apostel dürfen allein und genau das lehren, was sie von Christus empfangen haben; jede nachfolgende Generation muss es annehmen, es treu bewahren und es unversehrt weitergeben. Daher trägt die Kirche eine geistliche Waffe, das Wort Gottes, die Lehre Christi. Der Dienst und die Verwaltung dieser Lehre, dieses Wortes Gottes, ist die wahre Gewalt und Macht der Kirche:

»Dadurch wagen sie zuversichtlich alles, nötigen sie die ganze Kraft, Herrlichkeit und Erhabenheit der Welt, sich seiner Majestät zu unterwerfen und ihm zu gehorchen, herrschen sie über alle Dinge vom höchsten bis zum geringsten, erbauen sie das Haus Christi auf, stürzen sie das Königreich des Satans, weiden sie die Schafe, vernichten sie die Wölfe, ermahnen und unterweisen sie die Belehrbaren, tadeln, schelten und widerlegen sie die Widerspenstigen und Hartnäckigen, lösen und binden sie und stoßen schließlich Blitzschläge aus – all diese Dinge aber tun sie im Worte Gottes.«[129]

Die Kirche hat auch nicht die Macht zur Gesetzgebung für sich selbst – außer in Mitteldingen –, denn Gott allein ist König, Richter, Gesetzgeber und Erretter. Die Dinge, die Calvin als Mitteldinge im Sinne hat, sind die Ermahnungen des Apostels Paulus, dass Frauen nicht predigen sollten und ihr Haupt bedecken sollten, oder die Gewohnheit, zum Gebet niederzuknien oder Tote für das

---

128 Op. sel., Bd. 1, S. 235ff.
129 Op. sel., Bd. 1, S. 237.

Begräbnis in Leichentücher einzuhüllen. Andererseits muss, wie er sagt, eine Ortskirche ihre Gottesdienstzeiten und die Weise, wie sie die Exkommunikation durchführt, festlegen, außerdem bestimmen, welche Lieder und Gesänge sie singt. In allen derartigen Dingen sollte die Kirche zuallererst die Regel der gegenseitigen Liebe berücksichtigen; zweitens sollte sie ihren Beschlüssen keinerlei ewige Bedeutung beimessen, aber ihre Praxis von jeglichem Aberglauben freihalten und vor allem die Kritik an anderen Kirchen mit unterschiedlichen Gebräuchen vermeiden; und drittens sollte sie alles mit der Zielsetzung der Auferbauung der Gemeinde tun. Abgesehen von solchen Angelegenheiten hat die Kirche keine eigene gesetzgeberische Gewalt; sie kann nur das akzeptieren und verwirklichen, was von Christus in seinem Wort geboten worden ist.

Es ist wahr, dass Gott die Kirche durch seinen Geist leitet, welcher der Geist der Offenbarung, der Wahrheit, der Weisheit und des Lichts ist. Der Geist handelt aber nicht unabhängig vom Wort. Als der Geist Christi ist er der Geist des Wortes Christi; so heißt es auch in der Verheißung: »Er wird euch in die ganze Wahrheit leiten«, weiter: »Er wird mich verherrlichen, denn von dem meinen wird er nehmen und euch verkündigen« (Joh 16,13-14). Folglich leitet der Geist die Kirche in die Erkenntnis des Willens Christi, indem er sie in die Erkenntnis des Wortes, des ausdrücklichen Willens Christi, einführt. Und der ausdrückliche Wille Christi, welcher mit dem Willen des Vaters eins ist, ist, wie wir gesehen haben, die Autorität, nach welcher und unter welcher die Kirche lebt. Hieraus folgt, dass man der Stimme der Kirche Gehorsam leisten muss. Die Kirche ist Kirche, wenn und weil sie nichts anderes als das Wort Christi verkündigt. Somit hat die Kirche als Mund Christi eine höchste Autorität im geistlichen Bereich. Die beiden Aspekte müssen zusammengehalten werden. Nur als Mund Christi, als Dienerin des Wortes Gottes hat die Kirche höchste Autorität. Diese Autorität ruht in dem Wort, in der dem Botschafter anvertrauten Kunde, und selbst in dem Wort nur, weil sein Sprecher, Christus, alle Gewalt im Himmel und auf Erden hat. Andererseits muss man dem Wort Christi, welches die Kirche verkündigt, Gehorsam leisten. Die Tatsache, dass das Wort von Menschenlippen verkündigt worden ist, schmälert in keiner Weise seine Geltung und seinen Charakter; es ist immer noch das Wort Christi, das Wort Gottes.

Es muss auch geltend gemacht werden, dass die Kirche in heilsnotwendigen Dingen nicht irren kann. Die Irrtumslosigkeit liegt natürlich nicht in der Kirche als einer menschlichen Einrichtung, sondern nur in der Kirche, insofern als sie mit dem irrtumslosen Wort Christi durch die Erleuchtung des Heiligen Geistes belehrt wird. Sobald die Kirche das Wort verlässt, hat sie keine Wahrheit in sich. Wenn sie das Wort verkündigt, so ist ihre Verkündigung die Wahrheit – das heißt, die Wahrheit über Gott, die Wahrheit über den Menschen, die Wahrheit über das Gericht Gottes und das Heil in Jesus Christus, die Wahrheit über den ewigen Ratschluss Gottes.

Das Amt der Kirche ist der Dienst des Wortes Gottes. Die Aufgabe der Kirche ist die Verkündigung des Wortes Gottes. Die Macht der Kirche liegt in dem allmächtigen Wort, das sie verkündigt. Die Autorität der Kirche liegt in der vollständigen Autorität des Wortes, das sie verkündigt. All diese Feststellungen verkörpern Calvins Verständnis des Amtes und des Auftrags der Kirche. Doch so, wie sie dastehen, verzerren sie diese auch ziemlich. Ein weiterer Faktor muss dabei berücksichtigt werden. Dieser Faktor sind die Menschen – in diesem Falle die Genfer –, für die Christus starb und auferstand. Der Auftrag der Kirche in Genf ist die Verkündigung von Gottes Wort des Gerichts und der Vergebung an das Volk. Die Macht der Kirche liegt nicht in der Zerstörung, sondern in der Errettung, denn die Kraft des Wortes ist die Kraft Gottes zum Heil. Die Autorität der Kirche liegt darin, dass sie Sündern die Erlassung ihrer Schuld zusichern und die sichere Wahrheit Gottes in Bezug auf das Dogma und auf die persönliche Ethik und Sozialethik lehren darf. Oder anders ausgedrückt: Der Faktor, der das Ganze durchdringt, ist, dass die Kirche als die Dienerin des Wortes die Dienerin derjenigen ist, an die das Wort gerichtet ist. Die Kirche ist die Hirtin, nicht um die Herde zu tyrannisieren, sondern um ihr zu dienen.

Was ist aber mit denjenigen, die das Evangelium verwerfen, mit solchen, die sich hartnäckig weigern, auf den Wegen Gottes zu wandeln, die in Christus durch die Heilige Schrift geoffenbart sind? Was ist außerdem mit jenen wahren Gläubigen, die in Sünde fallen? Das Christenleben ist das genaue Gegenteil der Heuchelei, der Schauspielerei. Es ist ein Leben der Offenheit und Freimütigkeit, in dem man Sünden bekennt und sie nicht verheimlicht. Welche Hilfe kann man den Ablehnenden und Sich-Weigernden anbieten, den Strauchelnden und jenen, die vom Fall bedroht sind? Die Predigt vor der Gemeinde stellt die erstrangige Notwendigkeit dar. Das, was im Allgemeinen gepredigt wird, muss aber auch im Besonderen angewandt werden. Einzelpersonen müssen ihre Fehler aufgezeigt werden; sie müssen zur Buße und zum neuen oder erneuerten Glauben gedrängt werden. Dieser Dienst an den Einzelnen stellt auch eine Reinigung der Kirche dar, deren Mitglieder sie sind. Wir werden hier zur Frage der Gemeindezucht hingeführt. Das geläufige römische System war aus den Gründen, die Calvin in der *Institutio* angegeben hatte, unzulässig. Daher war es notwendig, eine evangelische Lehre und ein evangelisches System der Gemeindezucht einzuführen.

Das mittelalterliche Bußsakrament gründete sich auf die Schlüssel-gewalt der Apostel. Jesus verhieß Petrus: »Ich werde dir die Schlüssel des Reiches der Himmel geben; und was immer du auf der Erde binden wirst, wird in den Himmeln gebunden sein, und was immer du auf der Erde lösen wirst, wird in den Himmeln gelöst sein« (Mt 16,19). Und den Jüngern verhieß er nach seiner Auferstehung: »Empfangt Heiligen Geist! Wenn ihr jemandem die Sünden vergebt, dem sind sie vergeben, wenn ihr sie jemandem behaltet, sind sie *ihm* behalten« (Joh 20,22-23). Von diesen Verheißungen wurde die Vollmacht des Priesters, die Beichte zu hören, die Bußfertigkeit des Sünders einzuschätzen und die Absolution auszusprechen, abhängig gemacht.

Calvin interpretiert, wie die anderen Reformatoren, diese Verhei-ßungen als die Verkündigung des Evangeliums. Das Evangelium ist die Botschaft über Jesus Christus: dass Gott Mensch wurde, für die Sünde der Menschen starb, als Gottes neue Schöpfung auferstand, wirksam über Himmel und Erde regiert und sich in

Gericht und Erlösung am Ende der Zeit offenbaren wird; dass durch den Glauben an ihn die Sünden der Menschen vergeben werden und ihnen ein neues und ewiges Leben als Kinder Gottes geschenkt wird. Diese Verkündigung ist sowohl indikativ, imperativ als auch konditionell. Sie verkündet die vollendete und bestätigte Tatsache. Sie ermahnt ihre Hörer zur Buße und zum Glauben. Sie warnt, dass ihre Verheißungen null und nichtig sind, wenn sie nicht angenommen werden. Sie enthält sowohl Verheißung als auch Warnung, Vergebung als auch Gericht. Der Prediger wird durch die beiden Verheißungen Jesu ermächtigt, seinen Hörern mitzuteilen, dass, wenn sie an das Evangelium glauben, ihre Sünden vergeben sind und ihnen das Reich der Himmel geschenkt wird, dass sie aber, wenn sie das Evangelium ablehnen, von diesem Königreich ausgeschlossen sind und sie mit ihren Sünden behaftet bleiben. Dies ist eine Verkündigung des wahren Willens Gottes, denn das Evangelium ist nicht nur das Zeugnis des Menschen über das Werk Gottes, sondern Gottes eigenes Selbstzeugnis.

Hieraus ergibt sich die Neuausrichtung der Lehre und Praxis der Exkommunikation. Der Vollmacht, Sünden zu erlassen und zu behalten, geht die Gabe des Heiligen Geistes voraus (Joh 20,22-23). Man sollte sich darüber einig sein, dass dieser Wirkungsbereich das Werk des Heiligen Geistes ist. Es zeigt sich jedoch sofort eine Diskrepanz, wenn die Vollmacht, im Namen Gottes Sünden zu erlassen, dem Priester erteilt wird. Der Geist kennt das Herz des Sünders, die Echtheit seiner Zerknirschung, die Vollständigkeit seiner Beichte. Der Priester aber kennt sie nicht. Daher werden zumindest manchmal Irrtümer geschehen; der Heuchler empfängt die Absolution, dem Bußfertigen wird nicht vergeben, ja, er wird sogar exkommuniziert. In solchen Fällen wird das Urteil im Himmel und auf Erden eindeutig nicht zusammenfallen, es sei denn, dass Gott seiner Gerechtigkeit abschwöre. Wenn Christi Verheißung aber im Allgemeinen wahr ist, dann müssen die Romanisten wagen, auch im Besonderen daran festzuhalten. Die Verheißung ist klar und unzweideutig: »Was immer du auf der Erde binden wirst, wird in den Himmeln gebunden sein, und was immer du auf der Erde lösen wirst, wird in den Himmeln gelöst sein.« Wendet man dies auf einen menschlichen Irrtum des Priesters in seinem Urteil an, so muss man entweder darauf bestehen, dass Gott zu einer Ungerechtigkeit verpflichtet ist, oder eingestehen, dass ein Justizirrtum vorgefallen ist. Ersteres ist unmöglich. Daher besteht (es sei denn, dass man die unmögliche Position einnimmt, dass kein Irrtum jemals begangen worden sei) eine Diskrepanz zwischen der Verheißung und der Wirklichkeit. Die Verheißung Christi muss aber allgemein gültig sein. Daher kann sie nicht für das römische Bußsakrament gelten. Wenn sie aber auf die Verkündigung des Evangeliums bezogen wird, bleibt sie allgemein gültig.

Christus selbst erteilte deutlich Anweisungen für die Reinigung seiner Kirche, nicht nur in den Aussprüchen über das Lösen und Binden, welche wir bereits zitiert haben, sondern auch für die ganz spezielle Vorgehensweise bei der Exkommunikation: »Wenn aber dein Bruder sündigt, so geh hin, überführe ihn zwischen dir und ihm allein! Wenn er auf dich hört, so hast du deinen Bruder gewonnen. Wenn er aber nicht hört, so nimm noch einen oder zwei mit dir, damit aus zweier oder dreier Zeugen Mund jede Sache bestätigt werde! Wenn er aber nicht auf sie hören wird, so sage es der Gemeinde; wenn er aber auch auf die Gemeinde nicht hören wird, so sei er dir wie der Heide und der Zöllner!« (Mt 18,15-17).

Gemeindezucht war also für das Leben der Kirche unverzichtbar. Wo es keine Gemeindezucht gab, da konnte keine Kirche bleibend bestehen. Doch deren Erschwernis durch die Vorstellung vom christlichen Staat wurde in den Versuchen offenbar, in den verschiedenen evangelischen Kirchen eine Gemeindezucht zu etablieren. Zwinglis Akzeptanz des christlichen Staats und sein Widerstand gegen eine vom Staat getrennte Kirche führte ihn zu einer Kirchenzucht, die der kirchliche Aspekt des Zivilrechts war und die von der Regierung durchgesetzt wurde. Tatsächlich beschäftigte er sich in seiner Kirchenordnung für Zürich eher mit der öffentlichen Moral als mit dem Lösen und Binden durch die Kirche. In Basel dagegen versuchte Oekolampad beinahe erfolgreich, eine Gemeindezucht aufgrund der Autorität der Kirche – oder vielmehr eine solche, die für ihre Wirksamkeit von jener Autorität abhängig war – einzuführen. Schließlich musste sie ihre Annahme der Regierung überlassen. Das System Oekolampads wurde angenommen und eingeführt. Ein Zwölferkonsistorium wurde eingerichtet, das die Kirchenzucht beaufsichtigen sollte. Es setzte sich aus vier Dienern, vier Magistraten und vier Vertretern der Laien in der Kirche zusammen. Ihre Vorgehensweise bestand einfach darin, dass sie den Befehl Christi befolgten. Zunächst sollte ein Mitglied allein hingehen, um einen Sünder zu ermahnen. Falls er scheiterte, sollten zwei oder drei gehen. Falls er immer noch unbußfertig war, wurde der Sünder vor die Zwölf bestellt. Schließlich sollte er exkommuniziert werden. Er konnte sich nur durch Bußübungen von der Exkommunikation entlasten. Diese Versuche scheiterten an der mangelnden Unterstützung durch andere Kirchen, und ein modifizierter Entwurf, der stärker von der Zusammenarbeit mit der Obrigkeit abhängig war, wurde angenommen.

## Organisation in Theorie und Praxis

Am 16. Januar 1537 legten Farel und Calvin dem Stadtrat ihre *Artikel zur Ordnung der Kirche und des Gottesdienstes in Genf* vor, die wahrscheinlich überwiegend von Calvin verfasst worden waren. Die Empfehlungen, die sie aussprachen, sind auf den ersten Blick zurückhaltend, jedoch in ihren Auswirkungen weitreichend.

Im Anschluss an die *Institutio* wird darauf gedrängt, dass das Abendmahl mindestens jeden Sonntag gefeiert werden soll, eigentlich so oft die Gemeinde sich versammelt.[130] Doch weil das Volk unter dem Papsttum höchstens zwei- oder dreimal im Jahr kommuniziert hatte, könnte eine derart revolutionäre Veränderung unerwünscht sein. Daher soll zunächst eine monatliche Feier stattfinden. Sie könnte im Wechsel in einer der drei Hauptkirchen abgehalten werden, aber von allen Bürgern und nicht nur von denen

---

130 OC, Bd. 10a, Sp. 7; Op. sel., Bd. 1, S. 370; Theological Treatises, LCC, S. 49.

der jeweiligen Pfarrgemeinde besucht werden. Die Diener werden die Spendung des Sakraments organisieren – ein notwendiges Unterfangen, wenn wir bedenken, dass beabsichtigt war, dass bei jeder Gelegenheit ein großer Teil der erwachsenen Bevölkerung kommunizieren würde und dass sie an einen evangelischen Abendmahlsgottesdienst noch nicht gewöhnt waren. Worauf vor allem geachtet werden muss, ist, dass das Abendmahl nicht durch die Teilnahme solcher verunreinigt wird, die zeigen, »dass sie Jesus gar nicht angehören«.[131] Die Zuchtmaßnahme der Exkommunikation wurde vom Heiland selbst mit dem Ziel eingerichtet, die Reinheit seines heiligen Abendmahls zu wahren, die Gefallenen zur Buße zu führen und anderen zur Abschreckung zu dienen. Als solche war sie »eines der nützlichsten und heilsamsten Dinge«, die er seiner Kirche gab, sodass »eine Kirche ihren richtigen Zustand nicht wahren kann, ohne diese Verordnung zu befolgen«.[132]

Die Exkommunikation muss aber auf notwendige Ursachen »reduziert« werden und darf nicht mehr als eine wirtschaftliche, politische oder gesellschaftliche Strafmaßnahme angewandt werden. Exkommunikationen lassen sich am besten und wirkungsvollsten über die Ernennung von Aufsehern in den verschiedenen Stadtvierteln realisieren, die den Dienern schwerwiegende Vergehen melden werden, sodass der Sünder zur Buße und Besserung ermahnt werden kann. Sollte er sich als halsstarrig erweisen, muss er der ganzen Gemeinde angezeigt werden. Falls er in seiner Herzenshärtigkeit verharrt, ist er zu exkommunizieren; das heißt, er ist von der Gemeinschaft der Christen und von der Eucharistie auszuschließen und der Gewalt des Teufels zu überliefern. Calvin erklärt diesen Ausdruck, der in 1Kor 5,5 und 1Tim 1,20 verwendet wird, als Exkommunikation: »Gleichwie wir also in die Gemeinschaft der Kirche aufgenommen werden und unter der Bedingung, dass wir unter dem Schutz und der Obhut Christi stehen, in ihr bleiben, so wird jeder, der aus der Kirche hinausgetan wird, in gewisser Weise der Gewalt des Satans überliefert, denn er wird zum Fremdling

---

131 OC, Bd. 10a, Sp. 8; Op. sel., Bd. 1, S. 371; Theological Treatises, LCC, S. 50.
132 OC, Bd. 10a, Sp. 9; Op. sel., Bd. 1, S. 372; Theological Treatises, LCC, S. 51.

und wird aus dem Königreich Christi hinausgestoßen.«[133] Er darf jedoch weiterhin den Predigten zuhören, sodass es dem Wort Gottes ermöglicht wird, sein Herz zu erreichen. Wenn er klare Anzeichen dafür zu erkennen gibt, dass er bußfertig ist, soll er wiederaufgenommen werden.

Da der evangelische Glaube erst vor Kurzem in der Stadt gepredigt worden war und dort immer noch viele Anhänger Roms wohnten, drängten die Diener auch auf Exkommunikation aufgrund der Unwilligkeit, den evangelischen Glauben zu bekennen. Das »*Bekenntnis des Glaubens, welches alle Bürger und Einwohner von Genf ... zu bewahren und festzuhalten versprechen müssen*«, war dem Rat am 10. November 1536 vorgelegt worden. Zunächst sollen die Ratsmitglieder als erste es unterschreiben und dann die Bürger, »um diejenigen zu erkennen, die dem Evangelium entsprechen, und diejenigen, die lieber dem Reich des Papstes angehören als dem Reich Jesu Christi«.[134] Diejenigen, die nicht unterschreiben wollten, sollten exkommuniziert werden.

Zweitens sollte der Gottesdienst den Psalmengesang der Gemeinde einbeziehen, damit den Gebeten, die ansonsten dazu neigen, tot und kalt zu sein, Inbrunst und Leidenschaft verliehen werde. Da der Gemeinde, die wahrscheinlich viele Analphabeten als Mitglieder hat, jedoch weder die Melodien noch die Texte bekannt sind, soll es einen Kinderchor geben, der deutlich singen wird. Die Leute sollen ihrerseits »mit aller Aufmerksamkeit« zuhören und allmählich die Texte und Melodien lernen.

Die *Artikel* nehmen ausdrücklich Bezug auf die Katechese als eine alte Form der Glaubensvermittlung, die keine Neuerung darstellt. Das *Bekenntnis des Glaubens* wurde ein für alle Mal in Genf angefertigt. Hernach würde der Glaube in ununterbrochener Abfolge von einer Generation an die nächste weitergegeben. Das, was für jedes Zeitalter nötig ist, ist jedoch in der Gegenwart doppelt notwendig, da das Wort Gottes so lange vernachlässigt worden ist und die Eltern ihre Kinder nicht richtig belehrt haben. Daher soll eine »kurze und einfache Zusammenfassung des christlichen Glaubens« angefertigt

---

133  Über 1Kor 5,5. OC, Bd. 49, Sp. 380-381; CTS, Bd. 1, S. 185.
134  OC, Bd. 10a, Sp. 11; Op. sel., Bd. 1, S. 374; Theological Treatises, LCC, S. 53.

werden. Sie wird den Kindern gelehrt werden, und sie werden regelmäßig von den Dienern geprüft werden.

Schließlich besteht die Notwendigkeit einer Überarbeitung der Ehegesetze. Dies ist eine solch komplizierte und heikle Angelegenheit, dass es besser wäre, anhand der Praxis und der Präzedenzfälle vorzugehen. Es möge eine Kommission aus Ratsherren und Dienern ernannt werden, die sowohl Fälle nach materiellem Recht beurteilen als auch Verordnungen über die am häufigsten vorkommenden Problemfälle abfassen wird. Diese Verordnungen würden dann dem Rat vorgelegt und würden, sofern sie gebilligt werden, ins Recht übergehen.

Der *Kleine Rat* studierte die *Artikel* am 16. Januar 1537. Die Ratsmitglieder erstellten gewisse Regelungen für die Ehe, die von den *Zweihundert* debattiert werden sollten, und genehmigten die übrigen Artikel mit einer Ausnahme. Hierbei handelte es sich um den Antrag auf häufige Feiern der Eucharistie. Der zurückhaltende Kompromiss, sie einmal im Monat zu feiern, wurde auf einmal im Vierteljahr herabgestutzt. Die Kirchenzucht jedoch war angenommen worden und wäre daher zweifellos in Kraft gesetzt worden. An einer Stelle sehen wir jedoch, dass Calvin nicht vor der Krankheit der Mehrdeutigkeit immun war, von der alle Juristen angegriffen werden, die versuchen, Gesetzestexte zu entwerfen. Der Sünder, der getadelt worden war, so sagten die *Artikel*, könnte die Exkommunikation immer noch leichtfertig behandeln, ohne dass es ihm etwas ausmachte, als eine verworfene Person zu leben und zu sterben. In jenem Falle hieß es an die Adresse des Rates: »Es wird eure Pflicht sein, zu erwägen, ob ihr auf lange Sicht eine solche Verachtung und Verspottung Gottes und seines Evangeliums dulden und unbestraft bleiben lassen wollt.«[135] Also wurde nicht ausdrücklich gesagt, von wem der Sünder exkommuniziert werden sollte. Die bürgerliche Obrigkeit war sicherlich daran insofern beteiligt, als ihr die Pflicht zukam, den Sünder zu bestrafen, und zwar nicht für ein im strikten Sinne bürgerliches Vergehen, sondern für die Verachtung Gottes und des Evangeliums. Was auch immer in

---

135  OC, Bd. 10a, Sp. 11; Op. sel., Bd. 1, S. 374; Theological Treatises, LCC, S. 52-53.

der Diskussion vor sich gegangen sein mag, das Dokument enthielt in der Form, wie es angenommen wurde, diese Mehrdeutigkeit.

Als die *Zweihundert* sich am selben Tag versammelten, billigten sie die Beschlüsse des *Kleinen Rates* und zeigten zudem ihren Eifer für das Haus Gottes, indem sie verfügten, dass an Sonntagen während der Predigt keine Läden, »weder Metzger, noch Ramschverkäufer, noch andere, noch Gebrauchtwarenhändler länger als bis zum letzten Schlag der großen Glocke geöffnet haben sollen; dass solche, die zu Hause Götzen und Götzenbilder haben, sie hinfort zerbrechen; dass kein Singen törichter Lieder und kein Glücksspiel stattfindet; ebenso wenig sollen die Konditoren während der Predigt ihre Waren anpreisen dürfen.«[136]

Der Eifer für die Unterschrift unter das *Bekenntnis des Glaubens* war jedoch weniger offenkundig. Die Räte mussten im März daran erinnert werden, dass sie die *Artikel* angenommen hatten, und erst am 17. April wurde das Verfahren für die Unterschriften der Bürger in Gang gesetzt. Die Diener mussten die *Zweihundert* am 29. Juli nochmals daran erinnern. Sie beschlossen dann, dass die Bürger bezirksweise in Saint Pierre unterschreiben sollten. Die Angelegenheit zog sich bis in den November hin. Einige unterschrieben; andere weigerten sich oder schoben die Unterschrift hinaus. Niemand kam aus der Rue des Allemands nach vorne, jener Straße, die von einigen der stärksten Gegner der neuen Kirchenordnung bewohnt wurde.

Die Versammlung am 26. November wurde stürmisch eröffnet. Entweder Farel oder Calvin – es ist nicht klar, welchem von beiden – wurde vorgeworfen, zu mehreren Ratsherren gesagt zu haben, dass er eher ein Glas ihres Blutes trinken als mit ihnen trinken würde. Der blutdürstige Reformator erklärte, was in Wirklichkeit geschehen war: Zunächst hatte er milde bei ihnen protestiert und dann, als Reaktion auf ihre Worte: »Du willst uns nur übel«, erwidert: »Ich will euch so viel übel, dass ich mein Blut für euch vergießen würde.« Ein Ratsherr berichtete, dass einige von ihnen als meineidig bezeichnet worden seien, weil sie auf ein bloßes schriftliches Bekenntnis schwören sollten. Die Reformatoren erwiderten, dass dies die falsche

---

136  OC, Bd. 21, Sp. 207.

Betrachtungsweise sei. Verlangt worden sei lediglich ein feierlicher Eid, treu zum Glauben an Gott zu stehen und seine Gebote zu befolgen, so wie es in den Zeiten Nehemias und Jeremias geschehen war – mit anderen Worten: eine feierliche Bundeserneuerung. Der Rat sagte, dass die Berner Abgesandten dies als Meineid bezeichnet hätten. Letzten Endes lief es darauf hinaus, dass ein weiteres Komitee ernannt wurde, das die Angelegenheit untersuchen sollte, und Farel und Calvin mit ihren Erklärungen nach Bern gingen. Das *Bekenntnis* wurde jedoch nur von einer begrenzten Anzahl der Bürger unterzeichnet.[137]

Während dieses Jahres schöpften einige der weniger nachdenklichen Genfer den Verdacht (oder ließen sich das einflößen), der im Laufe der nächsten zwanzig Jahre gegen Calvin verbreitet werden sollte. Sicherlich waren Farel und Calvin Diener und sagten, dass ihr Werk die Verkündigung des Wortes und die Verwaltung der Sakramente sei. Aber sie waren beide Franzosen, und Frankreich hatte begonnen, sich für Genf zu interessieren. Wenn John Wesley im 18. Jahrhundert verdächtigt werden konnte, ein Jakobit zu sein, so konnten diese beiden mit größerer Berechtigung für Agenten der französischen Regierung gehalten werden. Als ein französischer Agent im Februar 1538 der Stadt tatsächlich einen Geheimbesuch abstattete und später durch zwei führende Anhänger der Reformatoren Vorschläge für ein Bündnis mit Frankreich unterbreiten ließ, schien der Verdacht bestätigt worden zu sein. Der Pöbel demonstrierte bei Nacht vor ihren Häusern, schoss Gewehrsalven ab und drohte an, sie in den Fluß zu werfen. Sich Calvin zu widersetzen, wurde also zu einem Akt des Patriotismus.

Im Jahre 1537 erlitt Calvins Ruf auch noch in einer anderen Hinsicht Schaden. Pierre Caroli hatte seit den Tagen, in denen er einer der Prediger Briçonnets in Meaux gewesen war, zwischen Rom und den Evangelischen geschwankt. Er tauchte im Jahre 1534 als Romanist in Genf auf und bekannte nach einer Disputation, sich wiederum zum reformierten Glauben bekehrt zu haben. Er wurde zum Diener zunächst in Neuchâtel und dann in Lausanne

---

137  OC, Bd. 21, Sp. 217.

eingesetzt. Nachdem er von Viret dem Konsistorium von Bern angezeigt worden war, weil er Gebete für die Toten befürwortet hatte, konterte er, indem er Farel und Calvin des Arianismus beschuldigte, eine Anklage, deren Erörterung bei einer besonderen Synode sie forderten. Dort forderte er sie auf, die drei altkirchlichen Glaubensbekenntnisse zu unterschreiben. »Hierauf erwiderte Calvin, dass wir uns zu dem Glauben an einen Gott und nicht zu Athanasius bekannt hätten, dessen Glaubensbekenntnis keine wahre Kirche je angenommen hätte.«[138] Er bestritt auch Carolis Recht, eine solche Unterschrift zu verlangen. Aber es war Schaden angerichtet worden, und sogar ihre Freunde befürchteten, dass sie vom rechten Glauben abfallen könnten. Schlussendlich sprach die Berner Synode sie von der Anklage des Arianismus frei und setzte zugleich Caroli ab, der nun in den Schoß Frankreichs und der altgläubigen Kirche zurückkehrte.

Etwa um dieselbe Zeit begann sich eine andere kirchenpolitische Auseinandersetzung zu entfalten. Die Stadt Bern war all diese Jahre über die Verbündete von Genf gewesen. Sie hatte die kämpfende evangelische Kirche unterstützt. Was war dann natürlicher, als dass sie erwarten könnte, ein Mitspracherecht in den Genfer kirchlichen Angelegenheiten zu haben? Als die Syndici den Reformatoren wohlgesonnen waren und der Hauptgeistliche in Bern Calvins Freund Megander gewesen war, konnten alle Differenzen in einem kompromissbereiten Geist auf allen Seiten besprochen werden. Doch nach den Februarwahlen von 1538 wollten die vier neuen Syndici, dass der Einfluss Berns in der Stadt zunahm, und sie waren zugleich gegen die Kirchenpolitik der Genfer Diener eingestellt. Ungefähr um diese Zeit zog auch Megander nach Zürich und wurde durch Peter Kuntz (oder Konzen) ersetzt, der nie eine Gelegenheit ausließ, die Arbeit der Reformatoren in Genf anzugreifen.

Bern hatte eine Synode der Schweizer evangelischen Kirchen einberufen, welche die sogenannten »Berner Zeremonien« diskutieren sollte, in der Hoffnung, eine Einheitlichkeit in ein paar äußerlichen Riten zu erreichen. Hierzu gehörte, dass die Taufe

---

138 OC, Bd. 10b, Sp. 83-84.

im Taufbecken gespendet werden und das Brot im Abendmahl ungesäuert sein sollte, aber auch, dass die vier größten Feste des Kirchenjahres – Weihnachten, Ostern, Himmelfahrt und Pfingsten – begangen werden sollten. Dies sind wohl kaum Themen, um die man viel Wirbel machen sollte. Calvin selbst hatte bereits von gesäuertem oder ungesäuertem Brot, Rotwein oder Weißwein als Mitteldingen gesprochen, und er führte die Feste in Genf zu einer Zeit ein, als man dort noch nichts von diesen Dingen wusste. Doch jetzt waren die Diener nicht bereit, dem Beispiel Berns zu folgen. Wie sie sagten, zogen sie es vor, abzuwarten, bis die bevorstehende Synode in Zürich ein endgültiges Urteil gefällt hatte.

Das Verhältnis zwischen den Dienern und dem Rat war sehr angespannt. Calvin wurde dafür gerügt, dass er die Ratsmitglieder in einer Predigt einen »Rat des Teufels« genannt hatte. Sein Kollege, der blinde Franzose Courauld, zog es vor, sich an die nachprüfbaren Fakten zu halten und wurde ins Gefängnis geworfen, weil er sie als einen »Rat von Säufern« bezeichnet hatte. Als der Rat sie am Karfreitag bat, bei der Osterkommunion ungesäuertes Brot zu verwenden, wichen sie aus, um Zeit zu gewinnen. Am nächsten Tag gaben sie, nachdem man ihnen zur Strafe das Predigtverbot angedroht hatte, immer noch keine Antwort. Am Ostertag predigten sie wie gewöhnlich, feierten die Eucharistie jedoch nicht. Der Pöbel nahm die Gelegenheit wahr, um Ausschweifungen und Drohungen fortsetzen zu können. Am nächsten Tag ordneten die *Zweihundert* an, dass Calvin und Farel Genf verlassen sollten, sobald Ersatz für sie gefunden worden sei, doch am Dienstag sagten sie, dass sie nicht auf die Ersatzprediger warten und innerhalb von drei Tagen gehen sollten.

Von Genf gingen Farel und Calvin geradewegs nach Bern, wo sie die Lage so drastisch schilderten, dass der dortige Rat, in der Befürchtung, dass Genf in den Katholizismus zurückfallen könnte, sich ihrer Sache annahm, allerdings vergeblich. Die beiden ausgestoßenen Diener des Wortes trugen ihr Anliegen als nächstes der Synode vor, die aktuell in Zürich tagte und der Calvin 14 Artikel über die Kirchenverfassung vorlegte. Er akzeptierte die

Berner Zeremonien, mit einigen Vorsichtsmaßnahmen für zartere Gewissen. Bern musste seinerseits aber eingestehen, dass die Genfer Zeremonien, die zuvor Brauch waren, nicht gegen die Schrift verstießen. Im Übrigen wiederholten die Artikel die Genfer *Artikel*. Die Synode bat Bern um Vermittlung, obgleich sie annahm, dass ein Großteil der Verantwortung wegen seines »unangebrachten Eifers« und seiner mangelnden Weitherzigkeit einem »so undisziplinierten Volk« gegenüber bei Calvin lag, und sie ersuchte die Wiedereinsetzung der Diener in ihr Amt. Im Mai wurde eine Delegation nach Genf abgesandt, vermochte ihr Ziel aber nicht zu erreichen; und Anfang Juni beschlossen Calvin und Farel, die jetzt heimatlos geworden waren und den Großteil ihrer Besitztümer und ihre Arbeit verloren hatten, nach Basel zu gehen, welches sie nach einer harten und feuchten Reise erreichten.

# 5. Der französische Prediger in Straßburg

## Häusliche und persönliche Angelegenheiten

Es folgten, wenn auch nicht glückliche Tage nach dem Sturm, so doch zumindest eine Zeit der relativen Ruhe, des Nachdenkens, der konstruktiven pastoralen Arbeit und der Schriftstellerei der höchsten Qualität. Zwar waren da Frustrationen, Leiden und ein knapper Geldbeutel. Doch von den außergewöhnlichen Strapazen der vergangenen 18 Monate wurde er nunmehr durch das angenehme Gefühl erleichtert, wertgeschätzt zu werden und Früchte seiner Arbeit sehen zu dürfen. Was Genf betraf, so war die Auseinandersetzung für ihn zunächst noch zu nahe, als dass er mehr tun konnte, als zu versuchen, sie persönlich zu bewältigen. An Farel schrieb er, dass sie sich demütigen und auf Gott harren müssten, der alles in seinen Händen halte.[139] Er fragte sich, ob er schon einen Fehler gemacht habe, als er anfangs in Genf geblieben sei. Aber nein, das war ganz sicher eine Berufung von Gott. Jetzt dagegen, wo er von einer unerträglichen Last befreit war, würde er Gott versuchen, wenn er sich wiederum in etwas Derartiges verwickeln ließe.[140] »Nach jenem Unglück, als mein Dienst mir unglückselig und erfolglos vorkam, entschloss ich mich, nie wieder irgendein kirchliches Amt anzunehmen, es sei denn, dass der Herr mich durch einen deutlichen und offenkundigen Ruf dazu berufen sollte.«[141]

Er wollte sich fürs Erste in Basel niederlassen, bis er den Willen Gottes für sein Leben erkannte. Andere Schweizer und deutsche Reformatoren meinten, dass er mit den Genfern zu streng umgegangen sei und waren der tiefen Überzeugung, dass Farel und er nicht wieder zusammenarbeiten sollten. Inzwischen war Farel aus Basel abberufen worden, um die Leitung der Kirche in Neuchâtel zu übernehmen. Bucer und Capito wollten Calvin für Straßburg als Prediger der dortigen französischen Gemeinde und als Dozenten

---

139  OC, Bd. 10b, Sp. 229; Herminjard, Bd. 5, S. 71; ET, Bd. 1, S. 51.
140  OC, Bd. 10b, Sp. 221; Herminjard, Bd. 5, S. 44; ET, Bd. 1, S. 48-49.
141  OC, Bd. 11, Sp. 165; Herminjard, Bd. 7, S. 39; ET, Bd. 1, S. 211.

der Theologie gewinnen. Er besuchte sie, zögerte, kehrte nach Basel zurück und schlug die Einladung aus, weil Farel nicht darin einbezogen war. Bucer riss dann ein Blatt aus Farels Buch heraus und beschuldigte ihn, wie ein zweiter Jona Gottes Ruf abzulehnen. Nie würden seine Studien gelingen. Im September hatte Calvin seine neue Stellung in der Stadt angenommen, von der er erwartete, dass sie auf Dauer seine Heimat werden würde, und er beantragte nach ein paar Monaten das Bürgerrecht in der Stadt, das ihm auch gewährt wurde. In Genf hatte er nie einen solchen Antrag gestellt.

Straßburg, das in dieser Zeit nicht zu Frankreich gehörte, aber nahe an seiner Ostgrenze lag, eine Stadt, die sich früh für die Reformation ausgesprochen hatte und dennoch eine bemerkenswerte Toleranz gegenüber der innerevangelischen Meinungsvielfalt und Rom gegenüber bewiesen hatte, war eine der wichtigsten Zufluchtstädte für die Verfolgten in Frankreich geworden. Die französische Gemeinde, deren Prediger Calvin nunmehr geworden war, hatte etwa vier- bis fünfhundert Mitglieder. Für Calvin war dies eine glückliche Lage: ein Franzose unter Franzosen, ein Flüchtling unter Flüchtlingen, ein armer Mann unter gemeinhin armen Menschen. Die Arbeit hatte ihn mitgenommen, aber nicht überstrapaziert:»Da, wo ich bin, habe ich Kämpfe und Ringkämpfe auszufechten, und diese sind äußerst anstrengend. Aber sie überwältigen mich nicht; sie halten mich bloß in der Übung.«[142] Er predigte oder dozierte täglich, mit zwei Predigten am Sonntag, und er übte das aus, was ihm in Genf versagt worden war, nämlich einen Hirtendienst an den einzelnen Gemeindemitgliedern.

Der Wiedertäufer Hermann von Lüttich, der mit den Dienern in Genf disputiert hatte und nun in Straßburg lebte, war jemand, der durch ihn wieder Kirchenmitglied wurde. Wir sehen, wie Calvins Theologie von der Kirche keiner Anpassung bedurfte, um evangelistisch zu werden. Die Grundlage für Calvins Standpunkt war der Ausspruch des hl. Cyprian, *extra ecclesiam nulla salus*, »außerhalb der Kirche ist kein Heil«. Dies vorausgesetzt, fuhr er fort, indem er bewies, dass die evangelische Kirche die wahre Kirche sei. Daraufhin

---

142  OC, Bd. 10b, Sp. 3, 39; Herminjard, Bd. 5, S. 291; ET, Bd. 1, S. 111.

erkannte und bekannte Hermann (zweifellos nach eingehender Überlegung), dass er durch seine Trennung von der Kirche gesündigt habe und bat um Vergebung und Wiederaufnahme. Bezüglich verschiedener Doktrinen, und zwar der zentralen, zeigte er sich für Belehrung offen. Hinsichtlich der Prädestination war er im Zweifel über die Unterscheidung zwischen Vorkenntnis und Vorsehung. Calvin nahm ihn rein aufgrund seines Anschlusses an die Kirche an, mit der Buße und der guten Intention, die diese implizierte. Das Abendmahl wurde monatlich gefeiert, nach sorgfältiger Vorbereitung. Am Sonntag zuvor kündigte Calvin an, dass diejenigen, die zu kommunizieren wünschten, ihn in Kenntnis setzen müssten. Er legte die Gründe dar, weshalb er auf dieser disziplinarischen Maßnahme bestand. Erstens diente dies zur Unterweisung, damit er den Glauben noch sorgfältiger erklären konnte; zweitens half es, solche zu ermahnen, die der Korrektur bedurften; und drittens sollte es jene trösten, deren Gewissen aufgewühlt war. Er empfand es als notwendig, seiner Gemeinde zu erklären, dass er die römische Beichte nicht wieder einführte. Gewiss geht er so weit und sagt, er würde es vorziehen, dass jenes Bußsystem in Kraft bliebe, als überhaupt keine Kirchenzucht zu haben. Allerdings missbilligt er sie und vergewissert seiner Gemeinde, dass er nur das vorschreibe, was Christus selbst angeordnet habe, und dass der Gehorsam Christus gegenüber christliche Freiheit sei.

Der Vorwurf des Papsttums scheint gängig gewesen zu sein. Ein gewisser Gelehrter, der nebenbei eine Spielhölle betrieb und Gerüchten zufolge ein Ehebrecher gewesen sein soll, kündigte an, dass er zu kommunizieren beabsichtige. Calvin verbat es ihm.»Er machte sich darüber lustig, indem er sagte, dass er die Beichte den Papisten überlasse. Ich erwiderte, dass es trotz alledem eine Art christliche Beichte gebe.«[143] Anstatt eine Feier zu haben, auf welche die Gemeinde nicht vorbereitet sei, zöge er es vor, gar keine Feier zu haben.

Der Gemeindegesang, der einer von vier Punkten seiner kirchenreformerischen Politik in Genf gewesen war, wurde auch hier

---

143 Ebd.

eingeführt. Die erste Ausgabe der metrischen Psalmen wurde 1539 in Straßburg für den Gebrauch der französischen Gemeinde in ihrem Gottesdienst veröffentlicht. Ein französischsprachiger Flüchtling aus den Niederlanden beschrieb, welchen Eindruck dies auf ihn machte:

»Jeder singt, Männer und Frauen, und es ist ein himmlischer Anblick. Jeder hat ein Liederbuch in seiner Hand ... Zu Anfang weinte ich fünf oder sechs Tage lang, als ich mir diese kleine Schar von Vertriebenen ansah, nicht vor Traurigkeit, sondern vor Freude, sie alle so von Herzen singen zu hören und beim Singen Gott danksagen zu hören, dass er sie an einen Ort geführt hatte, wo sein Name verherrlicht wird. Niemand könnte sich vorstellen, welch eine Freude es ist, den Herrn zu lobpreisen und seine Wunder in der Muttersprache zu besingen, so wie es hier der Fall ist.«[144]

Die öffentlichen Vorträge, die Calvin nun hielt, bestanden aus Auslegungen des Johannesevangeliums und des 1. Korintherbriefes. Es scheint so, dass er auch privatim lehrte, als Tutor von Studenten, die er in seinem Haus unterbrachte, ein Schritt, den er teilweise zur Verbesserung seiner finanziellen Lage unternahm, über die wir nun einiges hören: »Ich kann keinen einzigen Pfennig mein Eigen nennen. Es ist erstaunlich, wie das Geld durch außerordentliche Ausgaben schwindet.«[145] Er hoffte, eine Pfründe im Münster zu erlangen, doch diese Hoffnung zerschlug sich. Als die Studentenzahlen wuchsen, hatte dies eine gewisse Erleichterung seiner Lage zur Folge.

Eine kuriose Episode zeigt uns nun Calvin in einer ganz anderen Rolle, wenngleich er dafür wohl ausgebildet worden war. In einem Brief vom 20. November 1539 an Farel erzählte er ihm über die Schwierigkeiten eines gewissen Grafen Wilhelm. Dies war Wilhelm von Fürstenberg, ein früherer Befehlshaber in der Armee der deutschen protestantischen Fürsten, der anschließend im Heer von König Franz I. stand. Er war jetzt in einen Streit verwickelt, dessen unmittelbarer Gegenstand ein untergebener Beamter war, der aber Teil einer schwerwiegenderen Auseinandersetzung mit niemand geringerem als dem Konstabler von Frankreich war. Calvin hatte

---

144 Siehe Reyburn, *John Calvin*, S. 85.
145 OC, Bd. 10b, Sp. 332; Herminjard, Bd. 5, S. 270; ET, Bd. 1, S. 107.

in seiner Straßburger Residenz mit ihm diniert. Außerdem war er gezwungen worden, zwei ganze Tage damit zu verbringen, »Briefe für ihn zu schreiben«[146]. Am nächsten 10. Januar hielt der Graf ihn den ganzen Tag lang auf – »obgleich er in einer Stunde alles, was er mit mir wollte, hätte abschließen können, und du kannst dir denken, wie sehr ich mich darüber freute, wenn ich dir erzähle, dass ich unter den Soldaten sitzen musste, mit denen sein Haus gefüllt ist«[147]. Doch Herminjard und Rodolphe Peter zufolge waren all diese Maßnahmen im Zusammenhang damit zu sehen, dass Calvin eine Verteidigungsschrift für ihn abfassen sollte, welche als *Erklärung, die von dem Herrn Wilhelm, dem Grafen von Fürstenberg, über den Streit abgegeben worden ist, den er mit Sebastian Vogelsperger hat,* bekannt wurde. Der Gegner antwortete mit dem, was er für die Wahrheit ausgab, woraufhin Fürstenberg durch seinen Anwalt Calvin schrieb: *Zweite Erklärung, abgegeben von dem Herrn Wilhelm, Graf von Fürstenberg, gegen die Erwiderung, die von einem bösen und würdelosen Mann namens Sebastian Vogelsperger kam.* Calvin war, wie es scheint, immer noch gewillt, sein Gehalt mit anwaltlichen Tätigkeiten aufzubessern. War dies der einzige Fall, oder gab es auch noch andere, von denen wir nichts wissen?

Die Zeit in Straßburg begann traurig. Farels Neffe starb an der Pest, wobei Calvin bei seiner Pflege in seiner Krankheit geholfen hatte. Dann starb im Oktober 1538 Courauld, sein blinder Kollege in Genf, der Pastor in Orbe geworden war. Calvins Kummer kannte keine Grenzen. Er konnte den ganzen Tag an nichts anderes denken, und als er einmal wach lag in seiner üblichen Schlaflosigkeit, sagte er: »Ich bin von diesen melancholischen Gedanken, die mich die ganze Nacht lang plagen, völlig erschöpft.«[148] Auf die Kunde vom Tode Pierre Roberts in Ferrara im Jahre 1538 hin war seine Trauer beherrschter, aber er fand es schwer, Farel einen zusammenhängenden Brief zu schreiben. Olivetan, jener im Schatten stehende Reformator, scheint Calvin nähergestanden zu haben, als das Fehlen eines Briefwechsels

146 OC, Bd. 10b, Sp. 430-431; Herminjard, Bd. 6, S. 127; ET, Bd. 1, S. 141. Siehe auch Herminjard, Bd. 6, S. 163f., Fußnote 26, und R. Peter, *Jean Calvin avocat.*
147 Herminjard, Bd. 6, S. 163-164.
148 OC, Bd. 10b, Sp. 273; Herminjard, Bd. 5, S. 166; ET, Bd. 1, S. 76.

zwischen ihnen vermuten lässt. Er hinterließ ihm eine wunderbare Bibliothek, die er zusammengetragen hatte, während er die Serrières-Bibel übersetzte. Herminjard nennt sie »reicher an theologischen Werken als jede andere in der französischen Schweiz«.[149] Viele der Bücher wurden Calvin überlassen, und bei Herminjard können wir lesen, welche von ihnen Calvin zu behalten beschloss.[150]

Dann entstand eine Trennung, die noch schmerzhafter war als der Tod. Louis du Tillet, der ihn in Claix beschützt hatte, der mit ihm aus Frankreich geflohen war, der das Leben in Genf mit ihm geteilt hatte, kehrte nun plötzlich und ohne Vorwarnung nach Frankreich und in die römische Kirche zurück. Calvin hatte einige Zeit lang nichts von ihm gehört und sich gewundert, was die Ursache dafür sein könne. Hatte er du Tillet vielleicht durch eine zu große Redefreiheit verletzt? Dann suchte ein gewisser Jehan (vielleicht du Tillets Bruder, der Sekretär im *Parlement* von Paris war) Calvin auf, um ihm zu berichten, was geschehen war. Eine Woche später empfing er Briefe von du Tillet selbst. Wieder einmal war es die Frage nach der wahren Kirche. Calvin erwiderte, dass wenn du Tillet anerkannte, dass die Evangelischen die Kirche seien, er sich den Romanisten nicht anschließen könne, ohne sich von der Kirche und somit von Gott zu trennen. Falls er die Evangelischen als Schismatiker beurteile, solle er sich fragen, ob dies auch das Urteil Christi sei.

Im September 1538 schrieb du Tillet noch einmal und meinte, zweifelsohne aufrichtig, dass die Verbannung ein Zeichen des Missfallens Gottes sei. Hierbei handelte es sich um eine subtile Versuchung, die insofern um so heimtückischer gewesen war, als sie auch Calvin selbst bereits in den Sinn gekommen war. Sein Dienst in Genf hatte in einer Katastrophe für die Kirche und in der Schmach für ihn selbst geendet. Was wäre, wenn es sich dabei um ein Zeichen dafür handelte, dass Gottes Segen nicht mit ihm gewesen war? War es eine Warnung und ein Tadel für das Verlassen der Kirche und ein Aufruf zur Rückkehr? Calvin nahm den Tadel an und erklärte

---

149  Herminjard, Bd. 5, S. 14.
150  Herminjard, Bd. 5, S. 13ff.

die Einstellung, die er konsequent beibehalten hatte. Gegenüber der Opposition in Genf und denjenigen, die über ihn zu Gericht saßen, beteuerte er seine Unschuld, wobei er zugleich eingestand, dass das, was geschehen war, eine Züchtigung für seine Irrtümer und Unwissenheit gewesen sei. Er konnte jedoch nicht daran zweifeln, dass es Gott gewesen war, der ihn zur Arbeit in Genf berufen habe. Und so gerne er bereit war, die Schläge seines Freundes zu ertragen, wollte er doch nicht davon absehen, ihn zu bitten, das von ihm Gesagte auf sich selbst anzuwenden. War es wirklich fair, wenn er in seinem sicheren Studienzimmer die Evangelischen verurteilte, die das Evangelium öffentlich predigten, während er *ihnen* nicht das Recht zugestehen wollte, »die offenbaren Feinde Gottes und seiner Majestät zu verurteilen?«[151] Du Tillet hatte, vielleicht aufrichtig, um Erlaubnis gebeten, einen Beitrag zu den Finanzen Calvins leisten zu dürfen. Dies betrachtete Calvin als eine Bestechung. Hier lehnte er höflich ab, an Farel aber schrieb er: »Louis verkaufte seine Großzügigkeit zu einem zu hohen Preis, denn er drängte mich fast zum Widerruf.«[152] Seinen Brief an du Tillet schloss er so:

»Einer meiner Gefährten [Courauld] steht jetzt vor Gott, um Rechenschaft über das abzulegen, was unsere gemeinsame Sache war. Wenn auch wir dorthin kommen, wird offenbar werden, welche Seite sich der Unbedachtheit und der Desertion schuldig gemacht hat. Auf Gott berufe ich mich gegen die Urteile aller weltweisen Menschen, die sich einbilden, ihr Wort habe genügend Gewicht, um uns zu verurteilen. Dort werden die Engel Gottes bezeugen, wer die Schismatiker sind.«[153]

Der unberechenbare Caroli tauchte wieder auf. Nachdem er zwei Jahre zuvor von ihm öffentlich des Arianismus beschuldigt worden war, hieß Farel ihn wieder unter den Evangelischen willkommen, unkundig über Burkes Einsicht, dass es kriminell sei, solchen zu vertrauen, von denen man wisse, dass sie nicht vertrauenswürdig seien. Im Oktober 1539 begab sich Caroli nach Straßburg, um sich mit Bucer und Sturm zu vertragen. Calvin berichtete in einem Brief

---

151  OC, Bd. 10b, Sp. 271; Herminjard, Bd. 5, S. 163; ET, Bd. 1, S. 72-73.
152  OC, Bd. 10b, Sp. 340; Herminjard, Bd. 5, S. 292; ET, Bd. 1, S. 112.
153  OC, Bd. 10b, Sp. 272; Herminjard, Bd. 5, S. 165; ET, Bd. 1, S. 75.

an Farel, den er für alles verantwortlich machte, was geschehen war. Caroli hatte den Dienern erklärt, dass er sich nur getrennt habe und zu Rom übergegangen sei, weil Farel und Calvin sich geweigert hätten, die altkirchlichen Glaubensbekenntnisse zu unterschreiben. Die Brüder nahmen seine Sichtweise an, kritisierten sein Handeln aber scharf. Nun wurde Calvin in den Raum gerufen, wo er seine Darstellung liefern sollte. Sich seiner heiklen Lage wohlbewusst, empfand er es als schwierig, eine befriedigende Verteidigung vorzulegen. Daraufhin teilten die Diener Calvin und durch ihn auch Farel mit, dass sie ihr Verhalten in dieser Angelegenheit missbilligten. Sie forderten Calvin auf, die Fehler Carolis aufzuzählen. Er weigerte sich, da er aus Erfahrung dessen glaubwürdig klingende Zunge kannte. Einige Artikel wurden dann verfasst und Calvin am späten Abend zugesandt, nachdem Caroli sie zunächst, wie es scheint, korrigiert hatte. Calvin traf die Diener am nächsten Tag wieder:

»Dort sündigte ich schwer, indem ich mein Temperament nicht zügelte. Mein Sinn war nämlich so sehr mit Galle erfüllt, dass ich nach allen Seiten hin Bitternis ausstieß … Ich brachte meine Entschlossenheit zum Ausdruck, eher zu sterben, als [diese Artikel] zu unterschreiben. Dann war so viel Bitterkeit auf beiden Seiten vorhanden, dass ich nicht unfreundlicher zu Caroli selbst hätte sein können, wenn er zugegen gewesen wäre. Schließlich zwang ich mich aus dem Speisesaal heraus; Bucer aber folgte mir und beruhigte mich mit schönen Worten und brachte mich wieder zurück. Ich sagte, dass ich ausgiebiger über die Angelegenheit nachdenken wolle, bevor ich eine endgültige Antwort gäbe. Als ich heimkam, bekam ich einen außerordentlichen Wutanfall und konnte nur in Tränen und Seufzern Erleichterung finden. Und was alles noch schlimmer machte, war, dass es deine Schuld war. Wenn ich von Angesicht zu Angesicht mit dir hätte sprechen können, so hätte ich an dir den ganzen Wut ausgelassen, den ich an anderen ausließ.«[154]

Es ist schwer einzusehen, warum die Diener so handelten, wie sie es taten. Meinte Bucer, dass Calvin einen ähnlich unaufrichtigen Charakter wie er selbst habe? Das Ereignis stellt, ganz gleich, nach welcher Darstellung, ein erhellendes Beispiel für das Misstrauen unter den evangelischen Anführern dar.

Nachdem er eine Weile in Straßburg gewesen war, fingen Calvins

---

154  OC, Bd. 10b, Sp. 396ff.; Herminjard, Bd. 6, S. 52ff.; ET, Bd. 1, S. 127ff.

Freunde an, ihn zum Heiraten zu drängen. Seine Gesundheit war schlecht; er kam vielleicht mit seinen Angelegenheiten nicht sonderlich gut zurecht; seine Ungeduld und Reizbarkeit könnten durch eine Ehe abgeschwächt werden. Calvin war dazu bereit und übersandte Farel eine Liste mit den Eigenschaften, die er bei einer Ehefrau suchte. Körperliche Schönheit kümmerte ihn nicht, solange sie keusch, vernünftig, wirtschaftlich, geduldig war und sich um seine Gesundheit kümmern würde. Sie haben ein Mädchen im Sinne. Wenn Farel denke, dass sie die richtige sei, dann »lege gleich los, damit dir nicht jemand anders zuvorkommt«[155]. Diese Möglichkeit scheiterte, und als Nächste wurde »eine gewisse Maid von adligem Rang« vorgeschlagen. Calvin war über sie nicht glücklich, denn sie sprach kein Französisch, und sie könnte vielleicht auch zu vornehm tun. Ihr Bruder und seine Ehefrau waren sehr zuversichtlich, dass die Verbindung zustande kommen würde. Calvin willigte unter der Bedingung ein, dass sie versprechen würde, Französisch zu lernen. Antoine wurde abgesandt, um sie nach Straßburg zu begleiten, und die Hochzeit wurde für nicht später als den 10. März 1540 angesetzt. Doch am 29. März waren sie immer noch nicht verheiratet, und Calvin sagte, dass er nie daran dächte, sie zu heiraten, »es sei denn, dass der Herr mich ganz meines Verstandes berauben würde«[156]. Im Juni fand sich noch eine Junggesellin für ihn, wobei die letzte Kandidatin offenbar keine makellose Vergangenheit zu haben schien. Doch dann wurde er im August mit Idelette de Bure, der Witwe eines einstmaligen Wiedertäufers, mit zwei Kindern, einem Jungen und einem Mädchen, verheiratet. Es gab de Bures in Noyon, und Lefranc vermutete, dass sie und Calvin in der Jugend miteinander bekannt gewesen sein könnten. Doch de Bure als Name kommt auch in anderen Regionen Frankreichs vor.

---

155 OC, Bd. 10b, Sp. 348; Herminjard, Bd. 5, S. 314; ET, Bd. 1, S. 117.
156 OC, Bd. 11, Sp. 30; Herminjard, Bd. 6, S. 199–200; ET, Bd. 1, S. 151.

# Die neue Institutio

Die Erstausgabe der *Institutio* hatte ihren Zweck erfüllt. Die gesamte Auflage wurde innerhalb eines Jahres verkauft. So war entweder ein Nachdruck oder eine Neuausgabe erforderlich. Calvin, der mit der ersten Fassung bereits unzufrieden gewesen war, hatte einen breiter angelegten Entwurf ersonnen, für den die Form eines Katechismus nicht mehr geeignet war. Er hätte die Revision wesentlich früher vorgenommen, wenn seine Arbeit in Genf ihn nicht davon abgehalten hätte. Als er frei war, begann er so richtig damit und vollendete die Abfassung Ende Juli 1539. Die Neuausgabe wurde unter folgendem Titel veröffentlicht: *Unterricht in der christlichen Religion, nunmehr endlich ihrem Titel wahrhaft entsprechend. Verfasser Jean Calvin aus Noyon. Mit vollständigem Register. Hab. 1, »Wie lange, o Herr?« Straßburg, von Wendelin Rihel im Monat August im Jahre 1539.* Einige Exemplare wurden mit der Wiedergabe des Verfassernamens als Alcuin gedruckt, zweifelsohne für die Verbreitung in römisch-katholischen Ländern, wo der Name Calvin inzwischen schon allzu gut bekannt war.

Das wunderliche »nunmehr endlich ihrem Titel wahrhaft entsprechend« deutet an, dass im Jahre 1536 nicht die Gesamtheit der christlichen Religion behandelt worden war. Hier sagt im Vorwort *Jean Calvin an den Leser*: »Ich habe darauf abgezielt, eine Zusammenfassung der Religion in all ihren Bestandteilen zu bieten.«[157] Der Rahmen ist also erheblich erweitert; er stellt aber eine Erweiterung nicht über die Schrift hinaus und jenseits von ihr dar, sondern seines Verständnisses des biblischen Materials selbst. Die *Institutio* ist jetzt formal an der Bibel ausgerichtet: »Mein Ziel bei diesem Werk war es, Theologiestudenten für das Studium des göttlichen Wortes so vorzubereiten und auszubilden, dass sie einen leichten Zugang dazu finden mögen und sich ohne zu straucheln weiter damit beschäftigen können.«[158] Es ist nicht möglich, die *Institutio* an dieser Stelle zu beschreiben, ohne auch die Arbeiten Calvins als Bibelausleger zu berücksichtigen.

---

157 OC, Bd. 1, Sp. 255-256.
158 Ebd.

Die *Institutio* basiert auf der Schriftauslegung; und die Schriftauslegung basiert auf der Exegese, d.h. dem Verständnis des eigentlichen Bibeltexts.[159] Wie wir sehen werden, hatte Calvin bereits beabsichtigt, zumindest zum Neuen Testament Kommentare zu schreiben. Diese Kommentare sollten versuchen, die Intention der Schreiber des Neuen Testaments zu interpretieren. Sie würden es daher nicht bei einer linguistischen, grammatikalischen oder historischen Analyse der Texte bewenden lassen, sondern auf ein fundiertes theologisches Verständnis abzielen. Dies würde jedoch erfordern, dass die Hauptthemen oder Hauptlehren, die in einem neutestamentlichen Buch gelehrt werden, in ihren Beziehungen zueinander betrachtet würden; und damit dies geschehen konnte, mussten sie in einer ordentlichen Weise gegliedert und dargeboten werden.

Diese Sichtweise der Aufgabe des Kommentatoren war nicht nur für Calvin typisch, sondern war aus säkularen Quellen durch Melanchthon in die Bibelauslegung importiert worden und ging eigentlich über Cicero auf Aristoteles zurück. Melanchthon aber beschränkte seine Kommentare nahezu auf eine Aufsatzsammlung über die im Buch enthaltenen Lehren, wobei er die exegetische Basis ausließ. Martin Bucer fiel ins andere Extrem und veröffentlichte Kommentare, die eine Übersetzung der Texte, eine Paraphrase, Exegese und Auslegung derselben und auch die *loci communes*, die systematische Behandlung ihrer Hauptlehren, enthielten. Das Ergebnis waren umfangreiche Bände, die für vielbeschäftigte Männer ungeeignet waren, wie Calvin hervorhob, der meinte, dass »die wichtige Tugend eines Auslegers in seiner prägnanten Kürze liegt«[160]. Er selbst löste das Problem, zwei Bücher in einem zu haben, indem er sie ganz einfach in zwei Bücher trennte. Das eine war der Kommentar selbst, das andere die *Institutio*, natürlich mit dem Unterschied, dass die *Institutio* die *loci communes* nicht irgendeines einzelnen Bibelbuches, sondern der gesamten Heiligen Schrift enthielt.

---

159 Siehe für Calvins Bibelauslegungen T. H. L. Parker, *Calvin's New Testament Commentaries* und *Calvin's Old Testament Commentaries*.
160 OC, Bd. 10b, Sp. 403. Siehe *Calvin's New Testament Commentaries*, Kapitel II.

Die Neuausgabe von 1539 war sowohl eine Erweiterung als auch eine Umgestaltung. Die vorherige Form, mit ihren Kapiteln über das Gesetz, den Glauben, das Gebet, die Sakramente, die fünf sogenannten Sakramente und die christliche Freiheit wurde großteils beibehalten; allerdings wurden neue Kapitel hinzugefügt, sodass das Gesamtwerk etwa dreimal den Umfang der Ausgabe von 1536 hatte. Von den siebzehn Kapiteln sind sechs völlig neu, fünf sind bereits vorhandene Abschnitte, die zu Kapiteln erweitert worden sind, während die verbleibenden sechs in unterschiedlichem Maße verändert übernommen wurden.

Mit einem Anflug von Brillanz schreibt er seinen ersten Satz: »Nahezu die ganze Summe der heiligen Lehre besteht in diesen zwei Teilen: Erkenntnis Gottes und unserer selbst« und macht daraus die ersten beiden Kapitel, *Von der Erkenntnis Gottes* und *Von der Erkenntnis des Menschen*. Die Kapitel über Gesetz und Glauben folgen, stark erweitert, dann wird aber auch aus der Erweiterung des Abschnitts über die Buße ein eigenständiges Kapitel. Als Nächstes kommen drei neue Kapitel: *Von der Rechtfertigung aus Glauben und von der Verdienstlichkeit der Werke*, *Von der Ähnlichkeit und dem Unterschied zwischen dem Alten und Neuen Testament* und *Von der Vorherbestimmung und Vorsehung Gottes*. Kapitel 9, *Vom Gebet*, ist eine Erweiterung des vorherigen Kapitels 3; und das einstmalige Kapitel 4, *Von den Sakramenten*, ist in seine Einzelbestandteile aufgespalten und erweitert worden, sodass daraus die Kapitel 10–12, *Von den Sakramenten*, *Von der Taufe* und *Vom Abendmahl* wurden. Außerdem sind die Kapitel 13–15 die drei Teile des alten Kapitels 6, diesmal mit nur geringem Zuwachs: *Von der christlichen Freiheit*, *Von der Macht der Kirche* und *Von der politischen Verwaltung*. Es folgt ein deplaziertes Kapitel, das später als Kapitel 13 an seinen richtigen Platz zurückkommt. Das Werk endet mit einem neuen Kapitel *Vom Leben des Christenmenschen*.

Es ist ein umfangreicheres Buch, aber es enthält nichts Neues, nichts, was nicht zumindest schon im Keim in der Erstausgabe enthalten gewesen wäre. Calvin hat seinen Sinn nicht geändert, und tatsächlich sollte er nie irgendeine Lehre in der *Institutio* widerrufen. Doch seine Vorlesungstätigkeit über den Römerbrief, das Johannesevangelium und den 1. Korintherbrief und seine Auslegungspredigten, seine enge Verbindung mit Bucer, einem Mann von überragender Gelehrsamkeit und geistiger Durchdringung der Schrift, seine eigene fortgesetzte Lektüre in Sachen Theologie und Kirchengeschichte, all das hat zu einer Klärung und Erweiterung seines Denkens beigetragen. Es muss auch erwähnt werden, dass Calvin jetzt seine eigene Zeit besser verstand, als er es zuvor getan hatte. Die Erstausgabe hätte weitgehend in jede Zeit der kirchlichen Landschaft der vorausgegangenen 150 Jahre gepasst. Die Neuausgabe traf genau ihr eigenes Zeitalter und sprach zu den Menschen ihrer Zeit.

## Der Römerbriefkommentar

»Ich denke, dass ich die Summe der Religion in all ihren Teilen so wiedergegeben und systematisch angeordnet habe, dass, wenn jemand sie richtig begreift, er keine Schwierigkeiten haben wird, wenn er entscheidet, was er in erster Linie in der Schrift suchen und zu welchem Zweck er alles in Bezug setzen sollte. Somit habe ich, gleichsam, den Weg bereitet. Und falls ich hernach weitere Bibelkommentare veröffentlichen sollte, werde ich sie immer komprimieren und sie kurz fassen, denn ich werde keine ausführlichen Diskussionen über Lehrfragen vornehmen oder in Gemeinplätze abschweifen müssen. Aufgrund dieser Methode werden dem frommen Leser große Schwierigkeiten und viel Langeweile erspart bleiben, vorausgesetzt, er geht an sie [die Kommentare] mit einer Kenntnis des vorliegenden Werkes als einer notwendigen Waffe gewappnet heran. Doch weil der Kommentar zum Römerbrief ein Beispiel dieser Intention liefern wird, lasse ich diese lieber in der Praxis deutlich werden, anstatt sie durch viele Worte vorauszusagen.«[161]

Diese Worte wurden am 1. August 1539 geschrieben. Da die Widmung zum *Römerbrief* am 18. Oktober abgefasst wurde, ist es wahrscheinlich, dass Calvin, seit er sich im Juni 1538 in Basel niedergelassen hatte, an beiden Büchern arbeitete. Den *Römerbrief* hatte er schon mindestens zwei Jahre oder länger vorher im Sinn, und die Vorbereitung für den Kommentar stellten zweifelsohne seine

---

161 Op. sel., Bd. 3, S. 6.

Vorträge in Genf in den Jahren 1536 bis 1537 dar. Der Kommentar wurde von seinem Freund Wendelin Rihel in Straßburg im März 1540 verlegt. Die zweite Titelseite einiger Exemplare weist dasselbe Pseudonym wie einige Exemplare der *Institutio* auf: *Die Kommentare von Alcuin über die Epistel des Paulus an die Römer.* Die Basis und Rechtfertigung der Umgestaltung der Theologie, die von den Reformatoren durchgeführt wurde, war ein verändertes Bibelverständnis. Das Mittelalter war – nicht weniger als die Reformation – das Zeitalter der Bibel. Die theologische Ausbildung, die von den Universitäten geboten wurde, drehte sich im Kern um zwei Pflichtlektüren: die Bibel und die *Vier Bücher der Sentenzen* des Petrus Lombardus. Diese Bücher, und zwar allein diese, mussten die Dozenten in der selben Weise auslegen, wie die älteren Rechtsprofessoren den *Corpus Iuris Civilis* ausgelegt hatten. Es mangelte also nicht an Gelegenheiten für den Klerus, sich mit der Bibel vertraut zu machen. Die Reformatoren waren nicht mit der Quantität, sondern mit der Qualität des Bibelstudiums, das stattfand, unzufrieden, und zwar aufgrund der theologischen Prinzipien, von denen die Schriftauslegung bestimmt war. Die souveräne Autorität der Heiligen Schrift über die Kirche war durch ein unklares Konzept von der Autorität der Tradition relativiert worden. Die Folge war, dass die Bibel nicht mehr als sich selbst beglaubigend und somit nicht mehr als selbsterklärend betrachtet wurde. Die souveräne Autorität Gottes kann von niemand anderem als von Gott selbst beglaubigt werden. Das, was auf Gott zutrifft, muss aber, wenn trinitarische Theologie überhaupt eine Bedeutung hat, auch auf Gottes Wort zutreffen.

Zuerst behaupteten die Reformatoren (seit Luther anerkannte, dass die Bibel über der Autorität der Konzilien und Päpste stehe) also die souveräne Autorität der Bibel als das Wort Gottes und begründeten somit auch das Prinzip der Selbstbeglaubigung und Selbsterklärung, aufgrund dessen sie die Bibel auslegen würden. Wenn die Schrift für sich allein genommen wird, wie Luther gegen Erasmus insistierte, dann ist ihre zentrale Botschaft klar und unzweideutig. Ein anderer Gegner, Latomus, wandte ein, dass die Schrift eine »Wachsnase« sei, die in jede Richtung verdreht werden könne. In Wirklichkeit wird die Schrift nur dann unterschiedlichen Lesern unterschiedliche Ergebnisse liefern, wenn ihre Autorität relativiert wird und sie folglich nach etwas anderem als ihren eigenen Kriterien ausgelegt wird. Aus der Schrift, die durch die Schrift selbst ausgelegt wird, kann nur eine klare und unzweideutige zentrale Botschaft hervorgehen. Dies ist der Hauptgedanke von Calvins Widmungsbrief an Eduard VI. in den *Katholischen Briefen* vom Januar 1551. Und er schreibt dort des Weiteren, dass es die Pflicht evangelischer Theologen sei, die Bibel so auszulegen, dass ihr wahrer Sinn geoffenbart werden möge, frei von inkonsequenten Zusätzen. »Ich jedenfalls habe den Rest meines Lebens, wenn die Muße und Freiheit mir gewährt bleiben, hauptsächlich dieser Aufgabe gewidmet.«[162] Seit ungefähr 1536 beabsichtigte er, neben der *Institutio* Kommentare zumindest zu den Briefen des Neuen Testaments vorzulegen.

Die Form des *Römerbriefkommentars* setzte die Maßstäbe für jene Kommentare, die noch folgen sollten. Nach dem anfänglichen *Argumentum* oder Thema, das sich im *Römerbriefkommentar* auf eine dogmatische Analyse beschränkt, aber in späteren Kommentaren, wo dies erforderlich war, auf Fragen nach der Verfasserschaft und Datierung einging, kam der eigentliche Kommentar. Er teilt die Epistel dem Sinn entsprechend in Textparagrafen ein (das Neue Testament verfügte zu jener Zeit zwar über eine Kapitel-, aber noch nicht über eine Verseinteilung), die er jedem Abschnitt des Kommentars in seiner eigenen, wörtlichen lateinischen Übersetzung aus dem Griechischen voranstellt. Für ihn ist das griechische Original der maßgebliche Text und nicht die Vulgata, die lateinische Übersetzung, die im 4. Jahrhundert vom hl. Hieronymus angefertigt wurde und die für das Mittelalter und das Trienter Konzil die autoritative Fassung darstellt. Es lagen bereits mehrere gedruckte Ausgaben des griechischen Neuen Testaments vor, die er benutzen konnte.[163] Die wichtigsten waren die vierte Ausgabe des Erasmus von 1527, die große Complutensische Polyglotte, die 1522 veröffentlicht wurde,

---

162  OC, Bd. 14, Sp. 317.
163  Siehe *Calvin's New Testament Commentaries*, Kapitel VI und VII.

und die von Simon de Colines 1534 in Paris gedruckte Edition. Calvin kannte und benutzte sicherlich die Version des Erasmus in mehr als einer Ausgabe, und später scheint er auch die Complutensische Polyglotte verwendet zu haben. Es ist allerdings wahrscheinlich, dass sein griechischer Grundtext derjenige von de Colines war. Dieser war, wie die Historiker des gedruckten griechischen Neuen Testaments uns mitteilen, ein höchst interessanter Text. Auf Erasmus und der Complutensischen Polyglotte basierend, stammten viele seiner Lesarten dennoch aus anderen Handschriften und kamen in keinem anderen gedruckten griechischen Neuen Testament aus dem 16. Jahrhundert vor. Daher war er in beschränktem Maße unabhängig vom vorherrschenden protestantischen Text, welcher von Erasmus herrührte und von Robert Estienne und dann von Beza überliefert wurde, bis er schließlich der *Textus Receptus* wurde, dessen Autorität bis ins 19. Jahrhundert nahezu unangefochten geblieben war. Viele der Lesarten bei de Colines würden heute fraglos als echt anerkannt werden. Weil er nun diese Textausgabe zugrunde legte, basieren die Kommentare Calvins also auch auf einem besseren Text, als jedes andere zeitgenössische griechische Neue Testament ihn hätte bieten können.

Nachdem er den Text und dessen Übersetzung festgestellt hat, folgen die Exegese und die Auslegung. Ohne an der Spitze der zeitgenössischen Bibelwissenschaft zu stehen, war Calvin ein kompetenter Linguist und Historiker. Er stützt sich für seine Informationen auf die zuverlässigsten Quellen, die ihm verfügbar sind: Budés *Annotationen über die Pandekten*, bis zum Bersten voll mit interessanten linguistischen Informationen, und seinen *Kommentar über die griechische Sprache*; Erasmus' *Annotationen zum Neuen Testament*; die griechischen patristischen Bibelausleger, und insbesondere Johannes Chrysostomos; die frühen Kirchenhistoriker, den jüdischen Historiker Flavius Josephus und klassische Schriftsteller wie Plinius.

Calvins größte Qualität als Bibelkommentator war seine Selbstdisziplin in der Unterordnung unter den Text. Die textanalytischen Studien dienten lediglich als ein Mittel zu diesem Zweck. Allerdings wäre es platt und irreführend, wenn man sagte, dass er den Text zu sich sprechen ließ. Vielmehr führte er fortwährend eine Analyse sowohl der Einzelheiten als auch des größeren Zusammenhangs durch. Die Beachtung des Zusammenhangs bewahrte seine Lexikografie davor, statisch zu werden und den Worten einen unabänderlichen lexikalischen Sinn zu geben. Er hörte aber nicht einfach nur auf die Stimme der Bibel. Während er auf den Kontext hörte, befragte er auch den unmittelbaren Text; während er auf den unmittelbaren Text hörte, befragte er den Zusammenhang. Durch diesen kontinuierlichen Prozess des Hörens und Fragens auf der Grundlage dessen, was er gehört hatte, vermochte Calvin auf eine derart bemerkenswerte Weise zur Absicht und zum »Sinn« des Verfassers vorzudringen.

Calvin schrieb jedoch keine Kommentare, damit er das 16. Jahrhundert über die Religion der alten Semiten oder im 1. Jahrhundert n. Chr. informierte. Die Bibel ist Gottes Wort an den Menschen. Dies bedeutet nicht einfach nur, dass die Schreiber eine Botschaft übermitteln, die sie von Gott empfangen haben, sondern dass in ihr Gott selbst so wirklich spricht, als ob er mit seinem eigenen Munde spräche. Calvins Lehre von der Heiligen Schrift weist einige rätselhafte Elemente auf; jeder Versuch, sie zu harmonisieren, würde eher verzerren. Die Hauptpunkte in ihr sind jedoch die folgenden: Die Bibel ist das Zeugnis der Selbstoffenbarung Gottes an den Menschen; sie ist auch die Auslegung jener Selbstoffenbarung; das Zeugnis selbst wird auf Aufforderung Gottes hin gegeben; die Auslegung ist Gottes eigene Auslegung der berichteten Ereignisse; die Sprache des Zeugnisses ist dem Schreiber von Gott eingegeben worden. In diesem Sinne ist die Bibel Gottes Wort an die Menschen, in welchem er die Beziehung zu ihnen pflegt, die er in Jesus Christus bestimmt und begründet hat, die Beziehung des Schöpfers zum Geschöpf, des Erlösers zu den Erlösten.

Gottes Wort an die Menschen ist die Bibel. Gott redet den Menschen nicht in einer direkten Begegnung der Gottheit mit der Menschheit an, sondern mittels der Geschöpfe, geschöpflicher Ereignisse und geschöpflicher Kommunikation. Die Bibel ist eine Dokumentensammlung, in der über die Geschichte der Beziehung

Gottes mit den Menschen berichtet wird, und daher ist sie eine solche geschöpfliche Kommunikation. Insofern, als es sich bei ihr um Dokumente handelt, sind diese nur mit den Methoden zu studieren und zu verstehen, mit denen alle Dokumente studiert und verstanden werden. Die Geschöpflichkeit der Bibel ist kein Hindernis für das Hören von Gottes Wort, sondern vielmehr die dafür völlig unerlässliche Voraussetzung. Somit sind die Schriften zugleich sowohl Gottes Rede an den Menschen in dem oben angegebenen, radikalen Sinne als auch eine Sammlung menschlicher Schriften, die folglich stilistische Eigentümlichkeiten und sogar einige Unrichtigkeiten und Ungenauigkeiten aufweisen. Calvin sah keinen Widerspruch zwischen der Aussage, dass »die Apostel die Schreiber des Heiligen Geistes waren« und dem Entdecken literarischer Schwächen oder geografischer oder historischer Irrtümer in den Schriften der Apostel. Denn Calvins Konzept der Anpassung zufolge spricht Gott wirklich in einer solchen Weise zum Menschen, die für ihn verständlich ist. Innerhalb der göttlichen Dreifaltigkeit geschieht die Verständigung untereinander in der geistlichen Sprache der Gottheit. Der Mensch versteht jene Sprache nicht, spricht aber Hebräisch, Griechisch und Aramäisch. Und so spricht Gott in seiner Güte, wie Calvin sagt, zum Menschen in der Sprache, die er versteht, wie eine Mutter, die sich ihrem Säugling gegenüber der Babysprache bedient.

Aus diesem Grunde wandte Calvin solche Mühen bezüglich der technischen Verständigungsmittel auf; aus diesem Grunde legte er die Schrift auch nach ihrem sogenannten einfachen, echten, wörtlichen oder ursprünglichen Sinne aus. Die »geistliche« Auslegung hatte den wörtlichen Sinn nur als die Hülle betrachtet, in welcher der wahre, vom Heiligen Geist gemeinte Sinn enthalten sei. Obgleich sich Calvin manchmal so äußert, als ob er sich lediglich einer dem Text aufgezwungenen geistlichen Interpretation widersetzte (einem »wilden Allegorisieren«, wie man sagen würde), war seine eigentliche Auffassung, dass der wörtliche Sinn selbst die Aufzeichnung und Auslegung der Selbstoffenbarung Gottes in Christus sei und dass es daher unnötig sei, eine weitere Bedeutung zu suchen. Die Aufgabe des Auslegers bzw. Kommentatoren sei es, diesen Sinn zu erhellen und so die Erkenntnis, die Gott über sich selbst in der Schrift gibt, und die Erkenntnis, die er über den Menschen und die Welt des Menschen gibt, ans Licht zu bringen.

## Genf überlegt es sich anders

Zur Zeit der Veröffentlichung des *Römerbriefkommentars* wurde eine beunruhigende Möglichkeit in Erwägung gezogen. Genf, jene unstete Stadt, überlegte es sich wieder anders. Einige wollten Calvin nun zurückhaben. Nach der Ausweisung der Pfarrer war die Stadt ein Jahr lang in politischer Hinsicht einigermaßen ruhig geblieben, doch hatte das kirchliche Leben einen dramatischen Niedergang erfahren. Die Genfer hatten *die* Pfarrer bekommen, von denen sie meinten, das sie diese wollten, ohne moralisches oder intellektuelles Gewicht und unfähig, Autorität geltend zu machen. Die Anhänger Calvins und Farels versuchten unsinnigerweise, ihren vertriebenen Anführern treu zu bleiben, und bildeten folglich Parteiungen innerhalb der Kirche. Calvin, der über die Vorgänge unterrichtet war, tat sein Bestes, um das Übel wieder gutzumachen. In einem Hirtenbrief an die Kirche schrieb er: »[Gott] gebietet uns nicht nur, dem Wort einen freiwilligen Gehorsam mit Furcht und Zittern zu leisten, wenn es uns gepredigt wird, sondern er gebietet auch, dass die Diener des Wortes mit Ehre und Ehrfurcht zu behandeln sind, denn sie sind als seine Botschafter mit Autorität bekleidet, und er wünscht, dass sie als seine eigenen Engel und Abgesandten anerkannt werden.«[164]

Saunier, der Direktor des Collège, ging so weit, dass er Zweifel darüber hegte, ob es erlaubt sei, die Sakramente von den neuen Geistlichen zu empfangen. Calvin und Capito, die er befragte, legten daraufhin einige Grundsätze dar: Christen sollten das Schisma hassen und alles tun, was in ihrer Macht steht, um es zu vermeiden. Wenn sie sehen, dass Gottes Wort gepredigt und die Sakramente verwaltet werden, sollten sie das Vorhandensein einer

---

164  OC, Bd. 10b, Sp. 352; Herminjard, Bd. 5, S. 338; ET, Bd. 1, S. 120.

Kirche dort anerkennen, ganz gleich, wie die Pfarrer sein mögen, und selbst wenn die gepredigte Lehre nicht so rein ist, wie sie es sein sollte. Von erstrangiger Bedeutung ist, dass Einheit geschaffen und gewahrt wird: »Ich kann nicht ohne großen und inneren Schrecken hören, dass ein Schisma in der Kirche bestehen bleibe.«[165]

Im März 1539 wollte Bern einen neuen Bündnisvertrag aushandeln, insbesondere in Bezug auf einige Landstücke südlich von Genf, auf die die Berner Anspruch erhoben hatten, über die sie aber, nachdem sie Widerstand erfahren hatten, gewisse Rechte angenommen hatten. Abgeordnete wurden mit strikten Anweisungen für ihre Mission nach Bern entsandt. Diese missachteten sie, und die Berner bekamen alles, was sie wollten. Der Genfer Rat verweigerte die Ratifizierung des Abkommens; es erhob sich ein großer Streit; die Abgeordneten flohen aus der Stadt und wurden in Abwesenheit zum Tode verurteilt. Sie wurden außerdem durch *Guillermins* ersetzt – ein umgangssprachlicher Begriff für die Anhänger von Monsieur Guillaume (Farel). Dies war, wie sich herausstellte, nicht bloß ein Rückschlag, sondern der Anfang vom Ende für die *Artichauds*, die Berner Partei, die bei der Verbannung der Reformatoren eine gewichtige Rolle gespielt hatte. Jetzt wurde die Rückkehr Calvins erstmals zur Diskussion gestellt, er weigerte sich aber, sie in Erwägung zu ziehen. Zum einen wollte er nicht ohne Farel gehen. Zum anderen »ist der Gedanke, der mich in erster Linie erschreckt, das, was ich sehe, wenn ich über die große Welle nachdenke, in die ich mich hineinbegeben müsste und die mich vollständig verschlucken würde.«[166]

Allerdings fühlte er immer noch eine Verantwortung, zu helfen; und dazu wurde ihm bald eine Gelegenheit gegeben. Einige hohe Würdenträger der römischen Kirche urteilten nach der Verstoßung der Geistlichen, dass Genf für eine Rückkehr in ihren Schoß offen sein würde, wenn man es dazu überredete. Sie irrten sich, denn die *Artichauds* waren keineswegs auf die römisch-katholischen Staaten Frankreich und Savoyen ausgerichtet, sondern auf das

---

165  OC, Bd. 10b, Sp. 351; Herminjard, Bd. 5, S. 336; ET, Bd. 1, S. 118f.
166  OC, Bd. 10b, Sp. 339; Herminjard, Bd. 5, S. 290–l; ET, Bd. 1, S. 110.

evangelische Bern. Selbst wenn eine solche Hoffnung bestanden hätte, kam ihr Überredungsversuch zu spät, denn erst im März 1539 richtete Kardinal Jacopo Sadoleto, Erzbischof von Carpentras, einen Brief an den Rat, in dem er Genf zum Glauben seiner Väter zurückrief. Sadoleto war als Sprecher eine gute Wahl; er war ein aufrichtiger Mann, ein Gelehrter und Bibelausleger, ein Kritiker von Missbräuchen in der Kirche. Der Rat war sehr darum bemüht, nach jemandem Ausschau zu halten, der die nötige Autorität hatte, um ihm zu antworten. Nachdem Viret abgelehnt hatte, wurde Calvin gefragt und verfasste im September eine Antwort. »Es wird eine Woche Arbeit sein«, schrieb er zuversichtlich an Farel.[167]

Ganz gleich, ob er für sie nur eine Woche Arbeit oder mehr benötigte, ist dies eine jener brillanten Schriften, die während seines Aufenthalts in Straßburg entstanden und die er, rein aus literarischem Blickwinkel, nie übertreffen konnte – auf Lateinisch die *Institutio* von 1539, der *Römerbriefkommentar* von 1540 und dieser Brief an Sadoleto; im Französischen die *Institution* von 1541, die einen der Haupteinflüsse in der Sprachentwicklung vom mittelalterlichen zum neuzeitlichen Französisch darstellte, und der *Petit traicté de la Cène* von 1541. Die Erwiderung an Sadoleto ist ein Meisterstück der Anwaltskunst, eine Verteidigungsschrift, die eine Anklageschrift gegen die Anklagebehörde darstellt. Mit vollem Ernst und leidenschaftlicher Überzeugungskraft (wie konnte Carew Hunt je seine Sprache »emotionslos und nüchtern« nennen?) spricht er die Evangelischen von den Vorwürfen der Häresie und des Schismas frei und ruft seinerseits den Kardinal-Erzbischof zur Rückkehr zum Glauben der Kirchenväter und Apostel auf.

Nach den Februarwahlen von 1540 waren zwei der Syndici *Artichauds*, zwei *Guillermins*. Die beiden ersteren waren Claude Richardet und Jean Philippe, einer der herausragenden Begründer der politischen Freiheit von Genf. Bei einem Fest im Juni 1540 zettelten diese beiden eine Schlägerei an oder waren in sie verwickelt; hierbei tötete Jean Philippe einen jungen Mann. Er wurde noch am gleichen Tag hingerichtet. Richardet versuchte zu fliehen, kletterte

---

167  OC, Bd. 10b, Sp. 361; Herminjard, Bd. 5, S. 372-373; ET, Bd. 1, S. 127.

aus einem Fenster, rutschte dabei aus und wurde getötet. Die größere Bedeutung dieses aufsehenerregenden Ereignisses lag darin, dass die Syndici, die für die Ausweisung der Geistlichen verantwortlich waren, Jean Philippe, Claude Richardet, Jean Lullin und Ami de Chapeaurouge, inzwischen alle verschwunden waren. Die ersten beiden waren in Ungnade gestorben, die anderen beiden gehörten zu jenen ungehorsamen Abgeordneten, über welche das Todesurteil gefällt worden war. Nicht lange danach konnte es auch Morand, einer der Pfarrer, in Genf nicht länger aushalten, und er verließ die Stadt; schon im September folgte ihm sein Kollege Marcourt.

Genf war nun ziemlich gedemütigt. Es wurde erkannt, dass die Politik von 1538 in politischer wie in kirchlicher Hinsicht in einem Desaster geendet hatte. Man glaubte, dass nur *ein* Mann die Dinge wieder in Ordnung bringen konnte, nämlich Jean Calvin. Das Problem war natürlich, wie man ihn gewinnen konnte. Am 21. September 1540 trug der Rat einem seiner Mitglieder, Ami Perrin, auf, eine Methode zu ersinnen, wie man ihn zurückrufen könne. Zwei Gesandtschaften wurden zu ihm geschickt, um ihm aufzuwarten. In Straßburg merkten sie, dass er zum Religionsgespräch zwischen den Katholiken und Evangelischen in Worms gegangen war, sodass sie ihm dorthin folgen mussten. Sie hatten keinen Erfolg, denn die Straßburger Magistraten hatten ihn gemahnt, nichts Endgültiges zu versprechen. Allerdings ging dies alles Calvin ziemlich nahe: »Tränen flossen schneller als Worte. Zweimal unterbrachen sie das, was ich sagte, so, dass ich mich für eine Zeit zurückziehen musste.«[168] Dennoch scheint es so, dass er, wenn Straßburg ihn entlassen würde, bereit war, zu gehen. In der Theorie war dies immer der Fall gewesen. Im September vorigen Jahres hatte er an Sadoleto geschrieben: »Obgleich ich gegenwärtig von der Verantwortung für die Kirche von Genf entbunden bin, sollte dieser Umstand mich nicht daran hindern, sie mit väterlicher Liebe zu umarmen. Denn als Gott mich mit ihr betraute, verpflichtete er mich ihr gegenüber zu ewiger Treue.«[169]

---

168  OC, Bd. 11, Sp. 114; Herminjard, Bd. 6, S. 366; ET, Bd. 1, S. 195.
169  OC, Bd. 5, Sp. 386; Theological Treatises, LCC, S. 222.

Andererseits konnte er seinen Schrecken über den Gedanken nicht verbergen, sich aufs Neue den Demütigungen, Beleidigungen und sogar Bedrohungen auszusetzen, die dort sein Los gewesen waren: »Ich möchte lieber hundert andere Tode sterben als dieses Kreuz, an dem ich täglich tausendmal untergehen würde.«[170] In einem anderen Brief an Farel schrieb er ausführlicher:

»Wie könnte es, wann immer ich mir das Elend meines Lebens dort ins Gedächtnis rufe, anders sein, als dass meine ganze Seele bei jedem Vorschlag zu meiner Rückkehr erschaudern muss? Jene Besorgnis will ich gar nicht erwähnen, mit welcher wir seit der Zeit, wo ich zu deinem Kollegen ernannt wurde, ständig hin- und hergerissen und hin- und hergetrieben wurden ... Wenn ich mich erinnere, welche Qualen mein Gewissen zu jener Zeit erlitt und mit wie viel Besorgnis es ständig überkochte, so vergib mir, wenn ich den Ort als etwas verabscheue, was in meinem Falle etwas Unheilvolles an sich hat. Du selbst bist, mit Gott, mein bester Zeuge, dass kein geringeres Band mich dort so lange hätte halten können, außer dass ich nicht wagte, das Joch meiner Berufung abzuwerfen, von welchem ich überzeugt war, dass es mir vom Herrn auferlegt worden war. Daher zog ich es, solange ich an Händen und Füßen gebunden war, vor, bis zu jenem Äußersten zu leiden, als auch nur für einen Augenblick auf die Gedanken zu hören, die mir leicht in den Sinn kamen, anderswo hinzuziehen, Gedanken, die sich oft unbewusst bei mir einschlichen. Doch wer wird mich jetzt, wo ich durch die Gunst Gottes befreit bin, nicht entschuldigen, wenn ich nicht bereit bin, wieder in die Welle und den Strudel hineinzuspringen, von denen ich weiß, dass sie für mich so gefährlich und zerstörerisch sind?«[171]

Im Lichte solch starker Empfindungen ist es bemerkenswert, dass er auch schreiben kann: »Ich bin gänzlich unfähig, einen festen Entschluss zu fassen, außer dass ich bereit bin, der Berufung des Herrn zu folgen, sobald er mir diese deutlich gemacht haben wird.«[172] Das Äußerste aber, worin er zunächst einwilligen will, ist ein Besuch zusammen mit Bucer in Genf, nachdem das Religionsgespräch vorbei ist. Möge der Rat, so schlägt er vor, Bern bitten, Monsieur Pierre Viret, der ihm wohlbekannt sei, erlauben, eine Zeit lang die

170  OC, Bd. 11, Sp. 30; Herminjard, Bd. 6, S. 199; ET, Bd. 1, S. 151.
171  OC, Bd. 11, Sp. 91; Herminjard, Bd. 6, S. 325-326; ET, Bd. 1, S. 187.
172  OC, Bd. 11, Sp. 113; Herminjard, Bd. 6, S. 364; ET, Bd. 1, S. 194.

Kirchenleitung in Genf zu übernehmen. Wenn er selbst mit Bucer komme, könne etwas Dauerhafteres vereinbart werden.[173] Dieser Plan wurde gebilligt, und Viret wurde für sechs Monate nach Genf versetzt.

Die Verhandlungen dauerten an, und Genf drängte auf seine baldige Rückkehr. Seine Freunde drängen ihn mit unterschiedlich großem Nachdruck, Straßburg zog ihn in die andere Richtung; Calvin selbst war bereitwillig, dann wieder unsicher, ängstlich, seinem eigenen Urteil misstrauend. In einer Sache war er fest entschlossen: Er wollte keine Missverständnisse mehr. Genf musste ihn wirklich und aufrichtig wollen und dabei verstehen, dass ihn zu haben bedeuten würde, das zu haben, wofür er eintrat, nämlich eine Kirche, die durch das Wort Gottes und das System der Kirchenzucht, das er zuvor einzuführen versucht hatte, bestimmt wurde. Wenn die Genfer das nicht wollten, dann wollte er auch nicht zurückkehren. Nichtsdestoweniger scheute er in einem höflichen und freundlichen Brief an den Rat keine Mühe, um dessen Gesicht zu retten.

Bis zum Sommer 1541 hatte Calvin den Gedanken fallen gelassen, lediglich zusammen mit Bucer der Stadt einen Besuch abzustatten. Stattdessen kam man überein, dass Straßburg Calvin der Genfer Gemeinde für sechs Monate ausleihen sollte. Unter diesen Bedingungen kehrte er zurück. Der Stil seines Einzugs in die Stadt war ganz anders als noch vor fünf Jahren, als er als Flüchtling kam. Jetzt wurde eine Eskorte abgesandt, die ihn begleiten sollte, und ein Wagen für seine Familie wurde nach Straßburg geschickt. Eines der besseren Häuser in der Rue des Chanoines wurde ihm möbliert überlassen, und es sollte ihm ein angemessenes Stipendium in Höhe von 500 Gulden plus zwölf Säcken Getreide und zwei Weinfässern gegeben werden. Am Dienstag, dem 13. September 1541, zog er in Genf ein. Im Registereintrag lesen wir:

»M. Iehan Calvin, Diener des Evangeliums. Derselbe ist aus Straßburg angekommen und hat Briefe aus Straßburg und von den dortigen Predigern, sowie aus Basel, abgegeben, welche verlesen worden sind. Hinterher bot er, mit

---

173  OC, Bd. 11, Sp. 96; Herminjard, Bd. 6, S. 334; ET, Bd. 1, S. 186.

einiger Ausführlichkeit, seine Entschuldigung für sein verzögertes Kommen an. Nachdem dies geschehen war, bat er darum, dass die Kirche in Ordnung gebracht werde, und ein Schriftstück wurde in diesem Sinne aufgesetzt. Und darum, dass Ratsherren gewählt werden sollten, die dies beaufsichtigen sollten. Und was ihn betraf, so bot er sich selbst auf immerdar als Diener von Genf an.«[174]

---

174 OC, Bd. 21, Sp. 282.

# 6. Die Genfer Kirchenverfassung

## Die Ordonnances Ecclesiastiques

In Antwort auf Calvins Feststellung, dass »die Kirche nicht bestehen könne, wenn nicht ein bestimmtes Kirchenregiment eingerichtet werde, so wie es uns im Wort Gottes vorgeschrieben ist und in der Alten Kirche in Gebrauch war«,[175] stimmte der Genfer Rat sogleich zu, dass Satzungen »für die Ordnung der christlichen Religion« entworfen werden sollten. Die Arbeit des Komitees aus Ratsherren und Geistlichen war in etwa zwei Wochen abgeschlossen; doch dann schloss sich der langwierigere Prozess der Überprüfung und Revision an, zunächst durch den *Kleinen Rat*, dann durch die *Zweihundert*, und schließlich durch die *Allgemeine Bürgerversammlung*. Daraufhin wurden am 20. November die *Ordonnances Ecclesiastiques* zum Gesetz. Im Kern war der ursprüngliche Entwurf angenommen worden, doch hatten die vorgenommenen Änderungen eine gewisse Bedeutung für die Zukunft.

Die *Ordonnances*, die als Gesetzgebung für das gesamte kirchliche Leben gedacht waren, waren primär als Richtlinien für die Tätigkeiten der Amtsträger konzipiert. Eine wohlgeordnete Kirche lebt unter der Aufsicht der vier Ämter: Pastoren, Doktoren, Ältesten und Diakone. Die Aufgabe der Kirche ist es, das Evangelium zu verkündigen und die Sakramente zu verwalten, die Gläubigen im Glauben zu unterrichten, sie im Gehorsam zu unterweisen und für die Armen zu sorgen. Allgemein gesprochen, kommt jede dieser Aufgaben einem der Ämter zu, obgleich es auch einige Überschneidungen geben wird. Ein Pastor kann auch zum Lehren geeignet sein; er wird sicherlich an der Ausübung der Kirchenzucht und an der Armenfürsorge beteiligt sein. Sein Hauptauftrag ist es aber, das Wort Gottes zu predigen, die Sakramente zu spenden und bei der Übung der Kirchenzucht zu helfen. Ein Pastor wird durch die Wahl aus dem Kreis der Pastoren und deren Bestätigung durch den Rat in sein Amt eingesetzt. Es ist der Rat, der ihn annimmt und

---

175  OC, Bd. 11, Sp. 281; Herminjard, Bd. 7, S. 249; ET, Bd. 1, S. 260.

ihm sein Zertifikat aushändigt, das er zur Ausübung seines Amtes benötigt. Er schwört einen Eid, dass er Gott treu dienen werde, dass er die *Ordonnances Ecclesiastiques* verteidigen und ihnen treu bleiben werde, dass er die Ehre der *Seigneurie* und der Stadt hochhalten und dass er die ordnungsgemäß erlassenen Gesetze von Genf befolgen werde, mit der Einschränkung:»... so lange ich dadurch in keiner Weise daran gehindert werde, Gott den Dienst zu leisten, welchen ich ihm in meiner Berufung schuldig bin«.[176] Die Pastoren sollen sich wöchentlich zum Bibelstudium treffen und vierteljährlich zur gegenseitigen Kritik an Fehlern. Bei schwerwiegenderen Vergehen (von denen eine repräsentative Liste folgt) ist der Delinquent von seinen Kollegen zu untersuchen, und wenn er für schuldig befunden wird, muss er dem Rat gemeldet werden, der ihn, wenn der Fall bewiesen ist, absetzen soll. Für seine Verabschiedung durch die Räte wurde dieser Teil der *Ordonnances* revidiert, um deutlich zu machen, dass Diener dem Zivilrecht unterstehen und dass »das letzte Urteil über die Strafe immer der *Seigneurie* vorbehalten bleibt«[177].

Die praktischen Einzelheiten der Gottesdienste werden geregelt. An Sonntagen sollen Predigten in jeder der drei Pfarrkirchen, Saint Pierre, la Madeleine und Saint Gervais, gehalten werden – bei Tagesanbruch und um neun Uhr – mit einer weiteren um drei Uhr in Saint Pierre und Saint Gervais. Die Kinderkatechese wird in jeder der drei Kirchen mittags abgehalten. Montags, mittwochs und freitags soll es Predigten in den drei Pfarrkirchen geben – wobei der Rat eine Änderung in dem Sinne vornahm, dass sie fortlaufend sein sollten, zweifellos damit, wenn ein Klerikermangel bestand, derselbe Geistliche mehr als einen Gottesdienst übernehmen konnte. Man meinte, dass für die Arbeit der Kirche in Genf fünf Geistliche mit drei Assistenten erforderlich seien. Soweit möglich, sollten die Pfarreigrenzen respektiert werden, wobei Saint Gervais und la Madeleine ihre vorhandenen Grenzen hatten und Saint Pierre, eine neue Pfarrei, das vorherige Gebiet von Saint Germain, Sainte Croix, Nôtre Dame-la-Neuve und Saint Legier umfassen sollte.

---

176  OC, Bd. 10a, Sp. 31-32; Theological Treatises, LCC, S. 72.
177  OC, Bd. 10a, Sp. 20, Fußnote f; Theological Treatises, LCC, S. 61, Fußnote 20.

Die Aufgabe der Doktoren der Kirche ist es, die Gläubigen in der wahren Lehre zu unterweisen und Irrtümer zu verbannen. Für die eigentliche Theologie soll es zwei Professoren geben, jeweils einen für die Auslegung des Alten und einen für die des Neuen Testaments. Die Theologie ist aber von den Hilfsdisziplinen, »den Sprachen und der allgemeinen Bildung«, abhängig. Für deren Unterricht sollen ein Schulmeister und seine Assistenten in der Knabenschule und der getrennten Mädchenschule eingesetzt werden.

Die Ältesten, die Laien sind, sind für die Ausübung der Kirchenzucht verantwortlich. Sie sollen zwölf an der Zahl sein, alle aus den Räten gewählt, zwei aus dem *Kleinen Rat*, vier aus den *Sechzig* und sechs aus den *Zweihundert*; aus allen Stadtvierteln sollen Älteste kommen. Sie sollen vom *Kleinen Rat* in Abstimmung mit den Pfarrern nominiert und den *Zweihundert* zur Bestätigung vorgeschlagen werden. Wenn sie sich im Amt als ungeeignet erweisen, können sie am Jahresende ausgewechselt werden; ansonsten ist es besser, wenn sie länger im Amt bleiben und sich die Erfahrung zunutze machen, die sie gewonnen haben. Die Ältesten und die Pfarrer bilden das Konsistorium, das für die Kirchenzucht verantwortlich ist. Es wird darauf geachtet, dass die Laien den Geistlichen gegenüber in der Mehrheit sind. Der Vorsitzende war der gewählte Syndikus, der überdies bis 1560 seinen offiziellen Amtsstab trug. Nichtsdestoweniger war das Konsistorium ein Kirchengericht und kein Zivilgericht.

Das Konsistorium soll sich jeden Donnerstag versammeln. Da es keine Autorität hat, Personen vorzuladen, sollen solche Menschen, die die *Seigneurie* ermahnen möchte, durch einen Ratsbeamten vorgeladen werden. Schuldige, die »auf die Vernunft hören«, sollen entlassen werden. Die Hartnäckigen sollen mehrere Male ermahnt werden – das heißt, bei mehreren Gelegenheiten. Wenn sie unbußfertig bleiben, soll ihnen der Zugang zum Abendmahl verwehrt werden, und sie sollen dem Rat gemeldet werden. Der Nichtbesuch der Kirche aus offensichtlich unangemessenen Gründen und die Verachtung der Kirchenordnung verdienen eine Ermahnung. Hartnäckigkeit auch nach drei Ermahnungen soll mit der Exkommunikation und einer Meldung an den Rat geahndet werden. Es wird allerdings betont, dass dies alles mit Mäßigung erfolgen sollte, denn die Zurechtweisungen »sind nur Heilmittel, um Sünder zu unserem Herrn zurückzuführen«[178].

An dieser Stelle fügten die Räte einen Artikel hinzu, der besagte, dass die Diener keine zivile Jurisdiktion hätten und dass das Konsistorium sich nicht die Autorität der *Seigneurie* anmaßen dürfe. Er schloss so: »Selbst wo die Notwendigkeit bestehen wird, Strafen zu verhängen oder die Streitparteien zu inhaftieren, sollen die Diener mit dem Konsistorium, nachdem sie die Parteien angehört und solche Einsprüche eingelegt und Ermahnungen ausgesprochen haben, die gut sind, die ganze Angelegenheit dem Rat berichten, welcher seinerseits ein Urteil entsprechend den Erfordernissen des Falles verordnen und fällen wird.«[179] Falls diese Klausel sich auf die Exkommunikation bezöge, ist kaum einzusehen, warum sie später nicht zur Klärung der Kontroverse herangezogen wurde. Die Urteile vom 18. September 1553 und 22. – 24. Januar 1555 scheinen deutlich zu machen, dass die verhängte Strafe den Bruch des Zivilrechts ahndete und keine Exkommunikation war.

Was das vierte Amt betraf, so verstand Calvin das neutestamentliche Diakonat rein als Dienst in der Fürsorge für die Armen und Bedürftigen. Die *Ordonnances* sehen zwei Klassen von Diakonen vor, eine administrative und eine exekutive. Die ersteren sollen als Kastenpfleger und gleichsam als Wohlfahrtsbeauftragte fungieren, die letzteren tatsächlich Hilfsgüter an die Armen verteilen und als Spitalmeister die Kranken im Hospital pflegen.

Einmal mehr wird der Wunsch nach einer monatlichen Feier des Abendmahls vom Rat zugunsten einer viermaligen Feier im Jahr, an Ostern, Pfingsten, dem ersten Sonntag im September und Weihnachten, zurückgestellt. Die Feier soll am vorherigen Sonntag angekündigt werden, es wird allerdings nicht ausdrücklich angeordnet, dass diejenigen, die zu kommunizieren beabsichtigen, den Diener davon in Kenntnis setzen sollen.

Dies war also die Genfer Kirchenverfassung. Will man die Ge-

---

178 OC, Bd. 10a, Sp. 30; Theological Treatises, LCC, S. 71.
179 OC, Bd. 10a, Sp. 30, Fußnote l; Theological Treatises, LCC, S. 71, Fußnote 84.

schichte des Wirkens Calvins in Genf erzählen, so wird man berichten müssen, wie er seinen Teil darin wahrnahm, unter welchen Bedingungen, gegen welchen Widerstand und, falls dieser gemessen werden kann, mit welchem Erfolg. Wir dürfen jedoch nicht den Fehler begehen, der oft gemacht wurde, nämlich die Ausübung und Einschärfung der Kirchenzucht als sein Hauptwerk oder als seine nahezu einzige Tätigkeit zu behandeln. Die Kirchenzucht war nur ein Bestandteil der Kirchenverfassung. Ebenso wenig hatte sie, streng genommen, ein eigenständiges Daseinsrecht; sie wurde entworfen, um die Verkündigung des Evangeliums und die Verwaltung der Sakramente des Evangeliums praktisch und persönlich wirksam zu machen.

## Die Kirchengemeinde im Gottesdienst

Calvin beschloss nun, über *eine* Person Kontrolle auszuüben, und das war er selbst. Er war gerügt worden, zu streng zu sein, zu unnachgiebig. Er nahm den Tadel an und machte es sich zur Aufgabe, diesen Fehler zu korrigieren. Er meinte dies so gut vollzogen zu haben, dass er seinerseits sogar Farel wegen desselben Fehlers tadeln konnte, der auf die falsche Seite seiner Gemeinde in Neuchâtel geraten war.[180] Oswald Myconius in Basel konnte er berichten, dass seine Sanftmut ihn Freunde gewinnen ließ:

»Sie alle kennen aus Erfahrung den angenehmen und menschlichen Charakter von Viret. Ich bin keineswegs härter, zumindest nicht in dieser Angelegenheit. Vielleicht wirst du dies kaum glauben, aber es ist dennoch wahr. Ich bringe dem öffentlichen Frieden und der herzlichen Eintracht unter uns eine so hohe Wertschätzung entgegen, dass ich mich beherrsche. Selbst unsere Gegner müssen mir dies zubilligen. Und dieses Gefühl ist in einem solchen Maße bestimmend, dass Tag für Tag immer mehr von jenen, die einst offene Feinde waren, Freunde geworden sind. Andere besänftige ich durch Höflichkeit, und ich meine, dass ich in gewissem Maße erfolgreich gewesen bin – wenngleich nicht überall und allezeit.«[181]

---

180  OC, Bd. 11, Sp. 321f.; Herminjard, Bd. 7, S. 333-335; ET, Bd. 1, S. 261.
181  OC, Bd. 11, Sp. 377f.; Herminjard, Bd. 7, S. 439; ET, Bd. 1, S. 291.

Seine Hauptschwierigkeiten brachten ihm nicht die Gegner, sondern die Kollegen ein. Er bat Bern inständig darum, dass es Viret erlaubt werden möge, dauerhaft zu bleiben, konnte für ihn aber nur eine geringfügige, sechsmonatige Verlängerung seiner Dienstfreistellung erreichen. Auch der eingeladene Farel zog in Erwägung, ob er in Neuchâtel bleiben sollte. »Unsere anderen Kollegen«, schrieb Calvin an Myconius, »sind mir eher ein Hindernis als eine Hilfe. Sie sind ungehobelt und eingebildet, ohne Eifer und mit geringer Bildung. Was am schlimmsten ist: Ich kann ihnen nicht vertrauen, so sehr ich dies auch will, denn sie zeigen ihre Entfremdung von uns auf vielerlei Weise und geben kaum irgendwelche Anzeichen für eine aufrichtige und vertrauenswürdige Grundhaltung.«[182] Doch ein wenig später erkannte er an, dass sie passabel seien, obgleich einer von ihnen »eine verwirrende Vortragsweise hat, und selbst wenn er mehr auf eine korrekte und klar verständliche Sprache achtete, seine Absicht dennoch im Dunkeln bleiben würde«.[183] Die Liste unerträglicher und erträglicher Fehler bei einem Pfarrer, die in den *Ordonnances* wiedergegeben ist, zeigt, dass Calvin in seinen Anforderungen alles andere als extrem war. Einige seiner frühen Mitarbeiter waren in ihrer Moral gänzlich ungeeignet; nur wenige von ihnen stellten ihr Amt über sich selbst. Während der schlimmen Pestepidemien von 1542 und 1543 willigte niemand anders als nur Pierre Blanchet ein, im Isolationskrankenhaus zu dienen. Erst allmählich und als die Zahl evangelischer Flüchtlinge aus Frankreich zunahm, gelang es Calvin, ein treues Pastorat aufzubauen.

Es ergaben sich auch Schwierigkeiten mit dem Regens des Collège. Anlässlich von dessen Wiedereröffnung war Mathurin Cordier eingeladen worden, zurückzukehren und den Posten zu übernehmen. Er schob, vielleicht aus Furcht, wiederum die Schmerzen von Genf zu erdulden, denen sich zu unterziehen er Calvin gedrängt hatte, seine Pflicht in Lausanne vor. Daher wurde einer von Calvins *pensionnaires* aus Straßburg eingesetzt, Sebastian Castellio, ein fähiger Gelehrter und ein guter Schulmeister. Da sich hinsichtlich des

---

182  OC, Bd. 11, Sp. 377f.; Herminjard, Bd. 7, S. 438; ET, Bd. 1, S. 290.
183  OC, Bd. 11, Sp. 417; Herminjard, Bd. 8, S. 79; ET, Bd. 1, S. 314.

Gehalts Probleme ergaben, legte er sein Amt nieder, wurde aber bald wieder darin eingesetzt. Er stritt mit Calvin, der bestimmte Wiedergaben kritisiert hatte, über seine französische Übersetzung des Neuen Testaments. Würde Calvin es gemeinsam mit Castellio ausführlich durchgehen? Nein, er war zu beschäftigt, um spezielle Abmachungen zu treffen, aber er wollte es für sich selbst durchsehen, sobald er dafür Zeit hatte. Dies akzeptierte Castellio nicht und fing an, hinter seinem Rücken Groll gegen Calvin zu hegen. Eine Weile danach beantragte er die Zulassung zum Pastorat, wurde aber aus zwei Gründen abgelehnt. Der erste war seine Ablehnung der symbolischen Interpretation des Passus »hinabgestiegen zur Hölle« im Apostolischen Glaubensbekenntnis; der zweite seine Meinung über das Hohelied als ein lüsternes und obszönes Gedicht.[184] Auf diese Zurückweisung hin zog er sich wiederum vom Collège zurück und ging mit einem freundlichen Empfehlungsbrief von Calvin nach Lausanne.[185] Die Berner Obrigkeiten hatten jedoch keine Arbeit für ihn, und so kehrte er nach Genf zurück. Die Kunst der Zurückhaltung beherrschte er nicht gerade. Bei der *Congrégation* am 29. Mai 1544 nahm er an der Diskussion teil, indem er einen unglaublichen Angriff gegen seine früheren Kollegen lancierte. Sie würden nur auf ihre eigenen Interessen schauen, seien ungeduldig, betrunken, Hurer, Verfolger und so weiter. Calvin beschwerte sich bei den Syndici, und Castellio musste Genf verlassen.

Im Jahre 1542 wurden zwei kirchliche Gebetbücher veröffentlicht. Das erste war dasjenige, welches von Calvin in der französischen Kirche in Straßburg verwendet worden war: *La Manyere de faire prieres* – »Die Weise des Gebets in den französischen Kirchen, sowohl vor als auch nach der Predigt, zusammen mit französischen Psalmen und Gesängen, die in den besagten Kirchen gesungen werden; danach folgt die Ordnung und Form der Spendung der Sakramente der Taufe und des heiligen Abendmahles unseres Herrn Jesus Christus, der Verlobung und Bestätigung der Eheschließung vor der Versammlung der Gläubigen, mit dem Predigtgottesdienst bei der

---

184  OC, Bd. 11, Sp. 674; Herminjard, Bd. 9, S. 156-157; ET, Bd. 1, S. 385.
185  OC, Bd. 11, Sp. 673-674; Herminjard, Bd. 9, S. 156; ET, Bd. 1, S. 380.

Taufe und beim Abendmahl. Das Ganze gemäß dem Worte unseres Herrn.« Das zweite war Calvins Anpassung dieses Buches für den Gebrauch in Genf: *La Forme des Prieres et Chantz Ecciesiastiques* – »Die Form der Gebete und kirchlichen Gesänge mit der Weise der Sakramentenspendung und der Segnung der Ehe gemäß dem Gebrauch der Alten Kirche.«

Auf den Titelseiten waren drei Bibeltexte abgedruckt: »In aller Weisheit lehrt und ermahnt euch gegenseitig! Mit Psalmen, Lobliedern und geistlichen Liedern singt Gott in euren Herzen in Gnade!«; »Singet dem Herrn ein neues Lied, und sein Lob werde gehört in der Gemeinde der Gutherzigen«; »Alles, was Odem hat, lobe den Herrn«. Wir geben diese Titelseiten in voller Länge wieder, weil sie den Geist der Liturgie Calvins widerspiegeln – den Wunsch, in der Form des 16. Jahrhunderts den Gottesdienst der Heiligen Schrift und der Alten Kirche zu reproduzieren, wobei der Schwerpunkt auf der Verkündigung und dem Lobpreis, der alles durchdringenden Fröhlichkeit und Zuversicht, lag.

Die einleitende *Epistel an den Leser* bringt die Einheit der Kirche im Gottesdienst und die Teilnahme der ganzen Gemeinde zum Ausdruck. Daher verweilt sie in der Hauptsache bei drei wesentlichen Komponenten des Gottesdienstes: dass der Gottesdienst in der Volkssprache gehalten werde, dass die Sakramente, »die sichtbaren Worte«, der Erklärung bedürften und dass es Gemeindegesang geben solle.

Bevor wir diesen letzten Punkt aufgreifen, sehen wir uns die Ordnung eines gewöhnlichen Gottesdienstes am Sonntagvormittag an. Das Einleitungsvotum wurde ausgesprochen: »Unsere Hilfe ist im Namen des Herrn, der Himmel und Erde gemacht hat«, und der Diener legte stellvertretend für die Gemeinde ein Sündenbekenntnis ab. Unter Weglassung der Absolution, die im Straßburger Gottesdienst verwendet wurde, sangen sie anschließend einen Psalm. Nach einem festgelegten Gebet schloss sich die Predigt an, die wiederum in ein weiteres längeres Gebet überging. Der an sich kurze Gottesdienst schloss mit der Erteilung des aaronitischen Priestersegens.

Nichts ist für die Theologie der Reformation charakteristischer wie der Gemeindegesang, und doch ist weniges der reformatorischen kirchlichen Aktivität so vernachlässigt worden wie dieser. Er war alles andere als ein angenehmes Element und ist ziemlich inkonsequent in einen Gottesdienst eingeführt worden, der durch eine düstere Lebensanschauung bestimmt war. Wir haben bereits gesehen, dass der Gemeindegesang im Jahre 1537 eine der vier Grundlagen für die Kirchenreform war. Wir haben gesehen, dass Calvin in Straßburg den Gesang in der französischen Kirche einführte. Wir haben gesehen, dass er von den *Ordonnances* gefordert wurde. Wir haben gesehen, dass Calvin im Grunde den Gesang ins Zentrum seiner Theologie von der Kirche rückte. Nach dem Grund braucht man nicht lange zu suchen. Um ihn mit größter Einfachheit zu formulieren: Die Kirche ist der Ort, an dem das Evangelium verkündigt wird; das Evangelium ist die frohe Botschaft; eine frohe Botschaft macht Menschen glücklich; glückliche Leute singen. Doch dann können auch traurige Leute singen, um sich zu erheitern:»Bist du ermattet? Die Musik wird dich erheitern.« In der bemerkenswerten zweiten Hälfte der *Epistel an den Leser* rechtfertigt Calvin seine Einführung des Gemeindegesangs.

Er kann sie leicht mit der altkirchlichen Praxis rechtfertigen; dies genügt ihm jedoch nicht. Er beruft sich auch auf den Einfluss der Musik im Allgemeinen, den praktisch jeder empfinde:»Unter den anderen Dingen, die den Menschen entspannen und ihm Wonne [*volupté*] bereiten, ist die Musik entweder das erste oder zumindest eines der wichtigsten; und wir sollten sie als eine Gabe Gottes betrachten, die für diesen Gebrauch gedacht ist.«[186] »Es gibt, wie Platon weise gemeint hat, kaum etwas in der Welt, was die Wege des Menschen in diese Richtung lenken oder bewegen kann. Und tatsächlich erfahren wir, dass sie eine geheime und beinahe unglaubliche Tugend hat, um Herzen in die eine oder andere Richtung zu lenken.«[187] (Niemand, so dürfen wir ein interessantes Licht auf Calvins Charakter werfen, hätte dies schreiben können, der es nicht selbst empfunden hätte.) Dieser gottgegebenen Kraft möchte er ihren wahren Zweck in der

---

186 Op. sel., Bd. 2, S. 16; OC, Bd. 6, Sp. 169-170.
187 Ebd.

Anbetung Gottes wieder zuweisen und sie so von ihrer Verdrehung im Dienste der Ziellosigkeit und Unreinheit befreien.

Die alten Kirchenväter hatten die Menschen ihrer Zeit oftmals wegen ihrer unkeuschen und unanständigen Lieder angegriffen, die sie, nicht ohne Grund, als ein tödliches und satanisches Gift zum Verderben der Welt betrachteten. Wenn wir uns nun an die entschlossene Haltung Calvins gegen die weitverbreiteten, ausschweifenden Lieder in Genf erinnern, sehen wir, dass es ihm dabei nicht nur um die öffentliche Moral ging, damit keusche Ohren nicht beleidigt würden, sondern um eine Befreiung der gottgegebenen Kunst aus dem Dienst des Feindes Gottes, dem sie aber nicht gehört. Im Gottesdienst der Gemeinde stehen Christen in der Gegenwart Gottes und seiner Engel, und das Singen ist, wie Chrysostomos sagte, das Miteinstimmen in den Chor der Engel. Doch wie tot und kalt kann der Gottesdienst sein! Die Lieder sind für uns »wie ein Ansporn, der uns anregt, zu Gott zu beten und ihn zu preisen, über seine Werke nachzusinnen, damit wir ihn lieben, fürchten, ehren und verherrlichen«.[188]

Die besten Lieder sind die Psalmen, denn der Heilige Geist selbst hat sie eingegeben und komponiert. »Und doch, wenn wir sie singen, sind wir uns sicher, dass Gott uns die Worte in den Mund legt, als ob er selbst sie in uns sänge, um seine Herrlichkeit zu preisen.«[189] Das Singen ist zudem nicht nur eine Sache des Klanges, sondern auch des Verstandes. Hierin liegt, wie Augustinus sagt, der Unterschied zwischen Vögeln und Menschen. Ein Bluthänfling, eine Nachtigall und ein Papagei werden zwar schön singen, aber ohne das Gesungene zu verstehen, »die dem Menschen eigene Gabe ist zu singen und dabei zu wissen, was er sagt«[190]. Was die Melodie betrifft, so sollte sie nicht zu leicht und kapriziös wie weltliche Melodien sein, sondern sollte *pois et maiesté*, Gewicht und Majestät, haben, passend zu ihrem Gegenstand und zum Singen in der Kirche geeignet sein. Lasst uns daher »diese göttlichen und himmlischen Gesänge mit dem guten König David« singen.[191]

---

188  Op. sel., Bd. 2, S. 17; OC, Bd. 6, Sp. 169-172.
189  OC, Bd. 6, Sp. 171-172.
190  Ebd.
191  Op. sel., Bd. 2, S. 18.

Die in Straßburg verwendeten Psalmen wurden 1539 veröffentlicht: *Aulcuns pseaulmes et cantiques mys en chant* – »Einige Psalmen und Lieder, für den Gesang eingerichtet«. Dieses Liederbuch enthielt 19 Psalmen, das *Nunc dimittis*, die Zehn Gebote und das *Credo*. Zwölf der Psalmen waren Bearbeitungen von Titeln aus einer unveröffentlichten Sammlung von Clément Marot. Der Rest des Psalters scheint Calvins eigenes Werk gewesen zu sein. Die Herkunft der Melodien, die nur in der Melodiezeile abgedruckt waren, konnte man nicht sicher zurückverfolgen; es wird jedoch angenommen, dass Mathias Greiter aus Straßburg sie zumindest zusammenstellte und arrangierte.

Seit Ende 1542 war Clément Marot Flüchtling in Genf. Für ihn war es nicht der rechte Ort, und er blieb nicht; aber er schrieb weitere 19 Psalmen in Reimform, von denen Calvin einige im Psalter von 1543 als Ersatz für seine eigenen Versionen von minderer Qualität wählte. Von gleichem Wert wie Marot war ein anderer Flüchtling, Louis Bourgeois, der ab 1541 sechzehn Jahre lang in Genf lebte und Musik unterrichtete. Inwieweit seine Kirchenliedmelodien nachgeahmt sind, lässt sich sehr schwer ausmachen, doch sicherlich erfüllten sie so, wie sie von ihm kamen, auf bewundernswerte Weise Calvins Forderung nach Gewicht und Majestät. Einige haben einen Platz in modernen Liederbüchern gefunden, und sie sind ganz ausgezeichnet, selbst in ihren bearbeiteten Harmonien in *Hymns Ancient und Modern*; ist nicht die Melodie des englischen Psalms 100 (»All people that on earth do dwell«) unter den Melodien geistlicher Lieder unübertroffen? Später kam es zu Reibereien zwischen dem Komponisten und Calvin, der die Mehrstimmigkeit im Gemeindegesang ablehnt, zweifelsohne, weil sie von der nötigen Einfachheit ablenkte: »Alles, was im Lobpreis Gottes benötigt wird, ist eine reine und einfache Modulation der Stimme.« Der Psalter von Bourgeois mit mehrstimmigem Satz musste daher in Lyon statt in Genf gedruckt werden.

Neben den regelmäßigen und den gelegentlichen Gottesdiensten (an denen Calvin seinen Anteil hatte – im Jahrzehnt von 1550 bis 1559 zum Beispiel nahm er etwa 270 Trauungen und etwa 50 Taufen vor), sollten die Diener die Kranken und die Gefangenen besuchen. Die *Ordonnances* schrieben vor, »dass niemand drei Tage lang ganz ans Bett gebunden bleiben darf, ohne es den Geistlichen wissen zu lassen«[192]. Sonst wurden keine regelmäßigen Krankenbesuche gefordert; doch besuchten die Geistlichen ohne Zweifel auch solche, die in der einen oder anderen Weise in Schwierigkeiten waren. Die Zeit nach dem Mittagessen am Samstag wurde für den Besuch bei den Gefangenen freigehalten. Donnerstags traf sich das *Konsistorium* für die Verwaltung der Kirchenzucht, und freitags versammelten sich die Pfarrer zu der sogenannten *Congrégation*, einem Bibelstudium, bei dem ein Schriftabschnitt von einem Geistlichen ausgelegt und dann von der Versammlung erörtert werden sollte.

Die *Compagnie des pasteurs* traf sich ebenfalls vierteljährlich zu einer gegenseitigen offenen und liebevollen Selbstkritik. In der Kirche, wie Calvin sie konzipierte, half jeder jedem. Wenn alle Gläubigen in Christus Jesus vereint sind, dann ist ein privater Gläubiger ein Widerspruch in sich. Nicht nur die Segnungen und die Tugenden betreffen das Gemeinwohl, sondern auch die Fehler und Schwächen betreffen die anderen Glieder des Leibes. Es sollte keine Heuchelei geben, mit der man vortäuscht, etwas anderes als ein Sünder zu sein, kein Verhehlen oder Bemänteln von Sünden; sondern der Gläubige muss, gleichwie Gott zu den Menschen vollkommen ehrlich ist und die Menschen ehrlich zu Gott sein müssen, mit dem anderen Gläubigen mutig, offen und ehrlich umgehen. Das vierteljährlich stattfindende Treffen war ein kleiner Gerichtstag, an dem jedermann, ohne Rücksicht auf Schmeicheleien und Konventionen, sich selbst durch die Augen seiner Mitmenschen sah und, sofern er weise war, keinen Groll hegte, sondern die einzigartig freudige Befreiung der freiwilligen Demütigung kennenlernte.

---

192  OC, Bd. 10a, Sp. 27; Theological Treatises, LCC, S. 68.

# Calvin, der Prediger

Das wichtigste Amt des Pastors ist, wie es in den *Ordonnances* heißt, »das Wort Gottes zur Unterweisung, zur Ermunterung, zur Ermahnung und Zucht zu verkündigen und dies sowohl im öffentlichen als auch im privaten Rahmen ständig zu wiederholen.«[193] Die Reformatoren maßen der Predigt nicht aus erzieherischen oder sozialen, sondern aus theologischen Gründen so große Bedeutung bei. Es war nicht so, dass die Predigt, zusammen mit Flugschriften, das zeitgenössische Propagandamedium war, obgleich sie bisweilen zweifellos zu jenem Zweck eingesetzt wurde. Ebenso wenig war es lediglich so, dass die Predigt das effektivste Mittel für die Ausbildung einer Gemeinde in den neuen Ideen war. Die Triebkraft hinter dem Predigtmechanismus ist eine theologische. Der wahre Grund ist im biblischen Konzept vom Worte Gottes zu finden.

»Das Wort Gottes« wird so leicht zu einem Schlagwort mit schwacher und unsicherer Bedeutung, dass wir uns ins Gedächtnis rufen müssen, dass es für die Reformatoren von enormer Bedeutung und frisch, lebendig und explosiv war. »Das Wort Gottes« meinte »das Wort, das Gott selbst spricht«. Es war das Wort Gottes, welches das Weltall erschuf; das heißt, Gott redete, und das, was er sagte, rief das nicht da Gewesene ins Dasein. Durch sein Wort begegnete Gott in seiner freien Majestät dem Menschen. »Das Wort« war ein Synonym für den Sohn Gottes, der Mensch wurde und der unter den Menschen als die lebendige Verkündigung des ewigen Willens Gottes an den Menschen lebte. »Das Wort« war auch die schöpferische Äußerung des fleischgewordenen Wortes; seine Worte brachten Lazarus aus den Toten wieder; seine Worte geben der Welt das Leben; seine Worte sind reinigend; seine Worte werden die Menschen am Jüngsten Tag richten. Doch dann nahmen die Reformatoren, als sie die Apostelgeschichte und die Briefe lasen, wahr, dass auch die Predigt der Apostel und Evangelisten »das Wort Gottes« oder »das Wort des Herrn« genannt wurde, sodass es

---

193  OC, Bd. 10a, Sp. 17; Theological Treatises, LCC, S. 58. Siehe zu Calvins Predigt Mülhaupt, *Die Predigt Calvins*; Parker, *Oracles of God* und *Calvin's Preaching*.

notwendig wurde, die Begriffe »Evangelium«, »Predigt« und »Wort Gottes« als Synonyme zu betrachten.

Was machte aber das Wort der neutestamentlichen Prediger zum Wort Gottes? Die Antwort darauf ist nicht ganz einfach. Einerseits war ihr Wort insofern das Wort Gottes, als es die getreue Auslegung des Wesens und Wirkens des Wortes Gottes, Jesus Christus, war. Darüber hinaus war es jedoch als jene getreue Auslegung als eine Fortsetzung des Wirkens des Wortes Gottes, Jesus Christus, zu sehen; eine Fortsetzung aber in dem Sinne, dass er selbst, Jesus Christus, das Wort Gottes, fortwirkte. Der Wert und die Kraft lagen nicht in den Aposteln, sondern in dem Wort Gottes. Daher war die Predigt des Evangeliums nicht allein bei den Aposteln das Wort Gottes, denn das Evangelium sollte jedem, der es verkündigte, das Wort Gottes sein. Die notwendige Voraussetzung ist immer, dass die Predigt die getreue Auslegung des Wesens und Wirkens des fleischgewordenen Wortes ist. Es ist notwendig, dass Prediger nicht »ihre eigenen Träume und Träumereien vorbringen, sondern das, was sie selbst empfangen haben, getreu weitergeben«.[194] In der Heiligen Schrift und in der Verkündigung, die die Heilige Schrift getreu auslegt, redet Gott selbst, indem er sein Dasein, seine Absicht, seinen Willen darlegt und dem Menschen heilbringend offenbart, dass er Geschöpf Gottes, Sünder und Erlöster ist. Und überdies redet Gott, abgesehen von der Botschaft der Heiligen Schrift, nicht zum Menschen. Wie hätten die Reformatoren, da dies der Fall ist, anders handeln können, als die Predigt in den Vordergrund ihres pastoralen Wirkens zu stellen?

Calvin gebraucht sehr häufig die bestimmteste Ausdrucksweise, um zu bekräftigen, dass die Predigt des Evangeliums das Wort Gottes ist. Es ist so, als ob von der Gemeinde »Gottes eigene Stimme hier lebendig vernommen würde«[195]. Jemand »predigt, auf dass Gott durch den Mund eines Menschen zu uns reden möge«.[196] »Und was ist der Mund Gottes? Es ist eine Erklärung, die er uns über seinen Willen abgibt, wenn er durch seine Diener zu uns spricht.«[197] Wenn

---

194  OC, Bd. 54, Sp. 8.
195  *Institutio* I, vii, 1.
196  OC, Bd. 53, Sp. 266.
197  OC, Bd. 25, Sp. 666f.

wir einen Eifer haben, Gott zu dienen und zu ehren, und friedlich begehren möchten, dass unser Herr seinen Königsthron in unserer Mitte aufrichten möge, wenn wir sein Volk sein und unter seinem Schutz wohnen wollen, wenn wir begehren, in ihm auferbaut zu werden und mit ihm verbunden zu sein und mit ihm bis an das Ende zu beharren, wenn wir (kurz gesagt) das Heil begehren, müssen wir lernen, demütige Jünger zu sein, um die Lehre des Evangeliums aufzunehmen und die Hirten zu hören, die er zu uns gesandt hat, so als ob Jesus Christus selbst persönlich zu uns spräche.[198]

Calvin unterschied sorgfältig und notwendig zwischen dem Prediger und dem Wort Gottes. Der Prediger ist nicht Gott, sondern ein von Gott ausgesandter Bote. In sich selbst ist er nichts. Seine ganze Autorität und die ganze Rechtfertigung für seine Predigt liegt in seiner Stellung als Botschafter, das heißt in den beiden Tatsachen, dass Gott ihn zum Predigen berufen hat und dass er nur das predigt, was Gott ihm in der Heiligen Schrift zu predigen gebietet. Wenn jedoch diese beiden Voraussetzungen erfüllt sind, kann der Prediger nicht den Anspruch zurückziehen, dass das Evangelium, welches er predigt, das Wort Gottes ist und als solches den völligen Gehorsam von ihm und von seiner Gemeinde fordert.

Die Predigt ist auch formell an die Schrift gebunden, und zwar so eng, dass sie immer Schriftauslegung sein muss. Dies kann durch das Predigen über einzelne Textpassagen wie die Episteln und Evangelien für das Kirchenjahr erreicht werden. Der Praxis vieler Kirchenväter folgend, aber noch viel konsequenter, predigte Calvin Sonntag für Sonntag oder Tag für Tag, indem er seiner Verkündigung ganze Bücher der Bibel zugrunde legte. Tatsächlich trieb er dies so weit, dass er, wie er in einem Brief bald nach seiner Rückkehr nach Genf im Jahre 1541 schrieb, an seinem ersten Sonntag in Saint Pierre mit der Schriftstelle fortfuhr, mit der er am Ostersonntag 1538 aufgehört hatte, »womit ich andeutete, dass ich mein Predigtamt für eine Zeit unterbrochen, es aber nicht gänzlich aufgegeben hatte«[199].

Zunächst predigte Calvin, wie anzunehmen ist, sonntags zweimal

---

198  OC, Bd. 51, Sp. 566.
199  OC, Bd. 11, Sp. 365-366; Herminjard, Bd. 7, S. 412.

und einmal an jedem Montag, Mittwoch und Freitag. Doch im Herbst 1542 drängten ihn einige, die seine Verkündigung schätzten, noch häufiger zu predigen,»was ich bereits begonnen habe und zu tun bestrebt sein möchte, bis die anderen dem Volk annehmlicher sein werden«.[200] Dies erwies sich jedoch als eine zu schwere Bürde, und nach zwei Monaten entband ihn der Rat von der Verpflichtung, sonntags mehr als einmal zu predigen.[201] Im Oktober 1549 wurden allerdings für jeden Tag Predigten angeordnet, und von nun an predigte Calvin gewöhnlich eine Woche lang täglich, die nächste Woche pausierend sowie an Sonntagen zweimal.

Seine Gewohnheit war es, das Alte Testament an Wochentagen auszulegen, das Neue Testament an Sonntagen, obgleich er den Sonntagnachmittag manchmal auch den Psalmen widmete. Wir haben kaum Hinweise darauf, welche Bücher er vor 1549 auslegte oder auch nur, welche einzelnen Predigten er hielt. Sicherlich hielt er bis August 1549 eine Predigtreihe über den Hebräerbrief, und es scheint daher, als habe er 1548 mit jenem Buch begonnen. Irgendwann, wahrscheinlich zwischen 1546 und 1548, legte er sonntagnachmittags die in Reimform gebrachten Psalmen im Gesangbuch aus. Da er nach 1549 nicht über den Römerbrief, das Johannesevangelium, Philipper, Kolosser und die katholischen Briefe predigte, dürfen wir mutmaßen, dass er das vorher schon getan hatte. Mehr als ein Sekretär versuchte, seine Predigten aufzuschreiben, doch war niemand von ihnen kompetent genug, um mehr als nur die wesentlichen Stichpunkte zu notieren.

Die Bedeutung des Jahres 1549, das in diesem Zusammenhang immer wieder erwähnt wird, liegt darin, dass dies das Jahr war, in welchem die *Compagnie des étrangers*, die Gesellschaft der Flüchtlinge, die in der Regel seinen Dienst in einer Weise lobte, wie viele der Genfer es nicht zu tun vermochten, es unternahm, einen professionellen Skribenten anzustellen, dessen ganze Arbeit im Stenografieren und Transkribieren seiner Predigten (oder zumindest in der Beaufsichtigung ihrer Transkription) und in deren Weitergabe

---

200  OC, Bd. 11, Sp. 417; Herminjard, Bd. 8, S. 79; ET, Bd. 1, S. 314.
201  OC, Bd. 21, Sp. 302.

an die Diakone bestehen sollte. Nur wenige Prediger haben solch schöne Komplimente bekommen. Die *Compagnie* hatte das Glück, einen Franzosen namens Denis Raguenier zu finden, der ein bemerkenswertes System der Kurzschrift gelernt oder entwickelt hatte, das ihn befähigte, jede dieser Predigten von jeweils etwa 6000 Wörtern Länge mit Federkiel und Tinte aufzuschreiben, in einer unbeheizten Kirche, Sommer wie Winter, und zwar jedes Mal innerhalb einer Stunde auf einmal. Calvin selbst revidierte und redigierte die Predigten nicht mehr, nachdem er sie gehalten hatte. Von dem Zeitpunkt an, zu dem Raguenier seine Arbeit begonnen hatte, wurden alle Predigten aufgezeichnet, transkribiert und in Serien gebunden.[202]

Und so können wir seine Predigten verfolgen: eine Reihe von 189 Sonntagspredigten über die Apostelgeschichte zwischen 1549 und 1554, eine kürzere Predigtreihe über einige der paulinischen Briefe zwischen 1554 und 1558 und 65 Predigten über die Evangelienharmonie zwischen 1559 und 1564. Während dieser Zeit hielt er an den Wochentagen Predigtreihen über Jeremia und Klagelieder (bis 1550), über die Kleinen Propheten und Daniel (1550–1552), 174 Predigten über Hesekiel (1552–1554), 159 Predigten über Hiob (1554–1555), 200 Predigten über das 5. Buch Mose (1555–1556), 342 Predigten über Jesaja (1556–1559), 123 Predigten über das 1. Buch Mose (1559–1561), eine kurze Predigtreihe über das Buch der Richter (1561), 107 Predigten über 1. Samuel und 87 über 2. Samuel (1561–1563) sowie eine Predigtreihe über 1. Könige (1563–1564).

Bevor man über eine derart ungewöhnliche Aktivität auf der Kanzel lächelt, tut man gut daran, sich zu fragen, ob man es vorzöge, sich übernommene Ansichten über eine Religion der Sozialethik oder eine schlecht verdaute Frömmigkeit, vorgetragen in schludrigem Deutsch, anzuhören, die man heutzutage in den meisten Kirchen jeder Denomination, der man beitreten könnte, hören wird, oder 342 Predigten über das Buch des Propheten Jesaja, Predigten, die aus einer unendlichen Leidenschaft für den Glauben und einer brennenden Aufrichtigkeit geboren sind, geniale Predigten mit theologischem

---

202 Siehe Gagnebin, *L'incroyable histoire.*

Sinngehalt, lebendig, voller Weisheit und Bildersprache, die Tiefen des Mitleids und der nicht auszulöschenden Freude der Hoffnung aufzeigen. Diejenigen in Genf, die Sonntag für Sonntag, Tag für Tag zuhörten und ihre Ohren nicht verschlossen, sondern »unterwiesen, ermuntert, ermahnt und bestraft« wurden, erhielten eine Ausbildung im Christentum, wie sie seit den Tagen der Väter wohl nur wenigen Gemeinden in Europa zuteil wurde.

Calvin predigte ohne Notizen und, wie es scheint, direkt mit seinem hebräischen Alten und griechischen Neuen Testament als Grundlage. Er hatte nur wenig Zeit für die unmittelbare Vorbereitung, aber seine genaue Kenntnis der Bibel und seine umfassende Lektüre konnte er in seinem Gedächtnis immer abrufen. Außerdem hatte er schließlich Kommentare über viele der Bücher, die er auslegte, geschrieben. Vielleicht bestand seine ganze Vorbereitung darin, dass er sein Gedächtnis auffrischte und über die Anwendung des Schriftabschnitts auf die Gemeinde und die Situation nachdachte:

»Wenn ich auf die Kanzel stiege, ohne zu geruhen, in ein Buch hineinzublicken, und frivolerweise bei mir selbst denken sollte: ›Nun ja, wenn ich hinaufsteige, wird Gott mir schon genügend Stoff geben, über den ich sprechen kann‹, und hierher komme, ohne mich zu bemühen, etwas zu lesen oder über das nachzudenken, was ich vorbringen sollte, und zuvor sorgsam erwogen zu haben, wie ich die Heilige Schrift zur Auferbauung des Volkes auslege, dann wäre ich vermessen.«[203]

Die Form seiner Predigten ist durch die Auslegung bestimmt. In der Theorie folgt sie dem Muster der Erklärung einer Klausel oder eines Satzes und ihrer Anwendung auf das Volk, manchmal im Kontext einer unmittelbaren Situation. In der Praxis ist die Form flexibel, sogar frei. Durch seine Fähigkeit, bei der Sache zu bleiben und den Stoff in kurze Abschnitte zu gliedern, gewöhnlich mit einer solchen Formel wie »so weit zu diesem Punkt« oder »wir sehen also, was der Prophet [oder Apostel] hier sagen wollte«, wird sie davor bewahrt, in eine weitschweifige Rede auszuarten.

Seine Vortragsweise war lebendig, leidenschaftlich, innig, direkt

---

203   OC, Bd. 26, Sp. 473f.

und verständlich. Der ganze Calvin stand hinter ihr. Wie viele zurückhaltende Menschen, konnte er auf der Kanzel sich selbst vergessen und so leicht aus tiefstem Herzen sprechen, wie dies in gedruckten Werken der Fall war. Er konnte wütend und ungehobelt zornig sein, und er konnte milde und voller Mitgefühl sein. Bald wie ein Richter vom alten Schlag, bald wie ein Vater oder eine Mutter. Zum Beispiel so:

»Und hierin sehen wir, dass solche, die wollen, dass das Gesetz heute verworfen werde und man nicht mehr darüber spreche, wie Hunde und Schweine sind. Sie sind wie gewisse böse Spitzbuben, die vor nicht langer Zeit ihr ›Consummatum est‹ in all ihren Tavernen ausgespieen haben, sodass ich gezwungen war, ihnen in meinen Predigten aufs Heftigste zu widerstehen.«[204]

Oder so:

»Wir sehen auch viele, die keinen anderen Lohn dafür haben, dass sie dem Evangelium folgen, als dass sie verfolgt, gejagt und ihrer Güter beraubt worden sind. Einige haben all ihre Besitztümer verloren, andere werden in engen Gefängnissen gefangen gehalten, und noch andere werden gar auf grausame Weise den Flammen überliefert. Obgleich (wie ich sagen möchte) viele arme Gläubige keine andere Vergeltung für ihre Annahme des Evangeliums empfangen haben, muss doch die Freude, von der hier die Rede ist, mehr als vortrefflich sein, und wir müssen lernen, in der Liebe zu ruhen, die unser Herr Jesus Christus zu uns hegt, da wir sehen, dass er für uns wie ein Vater und wie ein Heiland sein und uns als seine Kinder haben möchte. Dies alles möge die Traurigkeiten, die wir haben, versüßen, und mögen wir Mut fassen in der Gnade und Güte unseres Herrn Jesus Christus.«[205]

Seine Sprache war anschaulich und leicht. Er sprach in einer Weise, die die Genfer verstehen konnten, und ging dabei, wie es den Anschein hat, sogar so weit, dass er einige der sprachlichen Besonderheiten ihres Französisch selbst verwendete, von denen manche noch heute in Gebrauch sind. Auf die Klarheit des Sinnes und der Diktion legte er großen Wert, indem er sorgfältig ungewöhnliche Wörter oder Fachausdrücke im Bibeltext erläuterte. Es gibt eine bemerkenswerte

---

204 OC, Bd. 54, Sp. 283f.
205 OC, Bd. 46, Sp. 289-290.

kleine Textstelle, wo er befürchtet, dass die Leute zwei Wörter mit ähnlichem Klang verwechseln und somit ihre Bedeutung nicht erfassen könnten: »Beachten wir, dass das Evangelium in zweierlei Weise wie *un van* [eine Getreideschwinge] ist. Ich meine nicht *le vent*, der bläst, sondern *un van* zum Worfeln, oder ein Sieb, weil viele von euch dieses Wort besser verstehen werden.«[206]

Er tendiert auch dazu, fiktive und geistreiche Dialoge zwischen ihm und einem Gegner einzuflechten:

»›He! Du kannst mir nicht vorschreiben, was ich tun soll.‹ ›Mein Freund, damit sagst du in Wirklichkeit, dass du Gott nicht über dich herrschen lassen möchtest und du das Gesetz abschaffen willst.‹«

Oder noch einmal:

»Wir können viele sehen, die aufgebracht sind, wenn wir sie korrigieren oder ihnen drohen. ›Was? Ist das eure Lehrweise? Wir möchten durch Milde gewonnen werden.‹ ›Möchtet ihr? Dann geht zu Gott und lernt seine Lektion von ihm.‹ Seht, wie diese empfindlichen Seelen keinen einzigen Tadel ertragen können, wenn er ihnen vorgetragen wird. Und warum? ›He! Wir möchten mit einem anderen Stil belehrt werden.‹ ›Nun denn, geht in die Schule des Teufels, denn er wird euch schon genügend schmeicheln zu eurem Verderben.‹«[207]

Es wäre genauso unmöglich, die gesamte Lehre der Predigten auf knappem Raum zu vermitteln, wie es unmöglich wäre, die Lehre der vielen Bücher der Bibel wiederzugeben, welche sie auslegen. Vielleicht ist es aber zunächst einmal erforderlich, die Vorstellungen zu korrigieren, die viele Menschen von seiner Verkündigung haben. Die Predigten sind keine streng logischen Vorlesungen über die Souveränität Gottes, Prädestination, Vorsehung und Kirchenzucht. Ebenso wenig sind sie nichts als Angriffe auf die *Seigneurie* wegen ihrer Halbherzigkeit in der Unterstützung des Dienstes, auf die breite Masse wegen offenkundiger Sünde oder unverhohlener

---

206   OC, Bd. 46, Sp. 574. Ich bin Herrn Maurice Miles dankbar, der mich auf dieses und das nächste Zitat aufmerksam gemacht hat.

207   OC, Bd. 54, Sp. 291.

Verachtung des Predigtdienstes, auf das Papsttum wegen kirchlicher Missbräuche, oder auf theologische Gegner wegen ihrer Dummheit. All diese Elemente wird man in den Predigten finden, doch sind sie nicht im strikten Sinne ihr eigentliches Thema. Ihr Thema ist das Thema der Heiligen Schrift. Somit ist es leichter, zu erklären, worum es in der einzelnen Predigt geht, als in der Gesamtheit der Predigten. Wenn sein Text eine Stelle aus dem Buch Hiob ist, wird er diese Stelle auslegen und anwenden. Wenn sie aus dem Epheserbrief stammt, dann wird er diese Stelle auslegen und anwenden. Er wird nie die Verachtung der Heiligen Schrift begehen, die heute vorherrschend ist, wo ein Vers aus der Bibel entnommen und dann über etwas völlig anderes gepredigt wird. Wir haben bereits gesehen, dass Calvin sich in seinen Kommentaren auf bemerkenswerte Weise dem Text seines Dokuments unterwirft, in dem Bestreben und der Absicht, den Sinn, der dem Verfasser vor Augen stand, zu erklären. Dasselbe tut er in seiner Predigt. Obgleich die Einheit der Schrift überall vorausgesetzt wird, lässt er den einzelnen Schriftabschnitt seine eigene Botschaft ausrichten. Seine Predigten haben also genauso viele Themen wie die Heilige Schrift selbst. Allerdings hat er uns selbst eine Richtlinie für die Interpretation seiner Predigten gegeben:

»Jedes Mal, wenn wir zur Predigt kommen, werden wir über die freien Verheißungen Gottes belehrt, um uns zu zeigen, dass wir in seiner reinen Güte und Barmherzigkeit unsere ganze Ruhe finden müssen, dass wir uns gar nicht auf unsere eigenen Verdienste oder irgendetwas gründen, das wir unsererseits bringen können, sondern dass Gott uns die Hand reichen muss, damit er alles beginne und vollbringe. Und dies wird uns (wie die Heilige Schrift uns zeigt) durch unseren Herrn Jesus Christus zugeeignet, und zwar in einer solchen Weise, dass wir ihn von ganzem Herzen suchen müssen ... und dass Jesus Christus allein uns leitet. Das wird uns, wie ich sagen möchte, jeden Tag gezeigt. ... Es wird uns auch verkündigt, dass der Dienst Gottes gar nicht im Ersinnen törichter Andachtsübungen besteht und dass wir Gott im Gehorsam dienen müssen. Danach wird uns gezeigt, dass wir unsere Herzen und unsere Zuneigungen an erster Stelle opfern müssen und dass Heuchelei für ihn verächtlich ist. Das alles wird uns täglich verkündet. Daneben wird uns gezeigt, wie wir Gott anrufen können. Es wird uns gezeigt, mit welchen

Zeichen wir getauft worden sind und was für unsere ganze Lebenszeit und sogar bei unserem Tode die Frucht unserer Taufe ist, und weshalb das Abendmahl verwaltet wird. Das alles wird uns also verkündigt.«[208]

Ingesamt sind also das Heil Gottes in Christus und das Leben des Gläubigen im Gehorsam die Themen, über die in Saint Pierre täglich gepredigt wird. Alles Negative in den Predigten ist lediglich das Gegenteil dieser positiven Predigt; es existiert nicht eigenständig. Nicht die Androhungen des Verderbens, sondern die Verheißungen des ewigen Lebens; nicht der Zorn Gottes, sondern seine Güte und Barmherzigkeit; nicht die Leugnung der Verdienste des Menschen, sondern die Behauptung der Verdienste Christi; nicht die Angriffe auf gängige abergläubische Praktiken, sondern das Drängen auf einen gehorsamen Dienst und auf Selbstaufopferung; nicht die Ablehnung des Sakraments der Buße, sondern die Verkündigung der beiden herrlichen Sakramente des Evangeliums. Gerade dies alles predigte Calvin während seines ganzen Dienstes in Genf.

Nichtsdestoweniger war es eine Verkündigung, die bei all ihrer Lebendigkeit, Leidenschaft und Klarheit harte Anforderungen an die Gemeinde stellte. Die Gemeindeglieder waren keineswegs eine passive Zuhörerschaft; sie wurden zur aktiven Teilnahme versammelt. Das Mindeste war, dass sie sich die Mühe machen mussten, die Predigt zu verstehen – eine Anstrengung, auf die – nebenbei bemerkt – wahrscheinlich die intellektuelle Qualität unter dem gemeinen Volk großteils zurückzuführen ist, die für »calvinistische« Länder so charakteristisch werden sollte. In diesem Sinne schrieb Karl Holl:

»Man rümpft heute wohl die Nase über das viele Predigen in Genf und den ›intellektualistischen‹ Unterricht. Aber man möge sich klar machen, daß auf diesem Intellektualismus ein guter Teil der Durchschlagskraft des Calvinismus beruhte. Der Calvinist wußte, was er glaubte, und warum ers glaubte.«[209]

Mehr noch, es wurde die Beteiligung des Glaubens gefordert. Die gepredigte Gnade wurde fruchtbar, wenn sie geglaubt und

---

208 OC, Bd. 49, Sp. 661.
209 Gesammelte Aufsätze, Bd. 3, S. 267.

angenommen wurde. Ansonsten gereichte sie als Geruch des Todes zum Tode (2. Kor 2,16). Sicherlich wurde diese Beteiligung durch den Heiligen Geist gewirkt. Das gepredigte Evangelium war eine menschliche und körperliche Aktivität und bestand in der Stimme eines Mannes, der Worte äußerte, die von anderen Menschen gehört und verstanden wurden. Gott in seiner Gnade gibt aber seinen Geist in der Predigt des Wortes, öffnet die Ohren und erleuchtet den Sinn, sodass das Gepredigte als sein eigenes Wort verstanden wird, das von ihm ausgeht und zu einer liebevollen persönlichen und schöpferischen Begegnung mit dem Hörer kommt. Und der Erste, der, wie Calvin sagte, gehorsam zu sein hat, muss der Prediger selbst sein: »Denn es wäre für ihn besser, wenn er sich beim Aufstieg zur Kanzel den Hals bräche, wenn er sich nicht die Mühe gibt, der erste zu sein, der Gott nachfolgt.«[210] »Ich rede nämlich so zur ganzen Gemeinde, dass diese Lehre sich in erster Linie an mich selbst richten muss.«[211] Die Weise, wie er sich selbst als ein Mitglied der Gemeinde behandelt, zeigt sich an seinem üblichen Gebrauch des Personalpronomens »wir«, und nicht »ihr«.

In der Predigt wurde die Gemeinde in die Teilnahme am Gottesdienst mittels der Predigt mit hineingenommen. Die Predigt ist nämlich genauso sehr ein gottesdienstlicher Akt wie die Eucharistie und für den Gottesdienst der Kirche zentral. Gott redet; der Mensch glaubt – und er erfreut sich mit Danksagung. Die Predigt ist, wie wir sagen können, die hörbare Eucharistie, das Abendmahl die sichtbare Eucharistie. Calvin sagte gerne, dass auf der Kanzel Christus präsidieren muss. Das Verb ist bedeutsam, da es uns an den »Präsidenten« der Eucharistie in der Alten Kirche erinnert. Folglich bietet Christus, der Inhalt und die Substanz des Evangeliums, in ihr seinen gebrochenen Leib und sein vergossenes Blut dar. Und er führt sein Volk, wie Calvin sagt, ebenso wie der Vorsänger im Chor, im Lobpreis und in der Danksagung an. Wir sollten auch bedenken, dass, wenn das in den *Articles* von 1537 zum Ausdruck gebrachte Ideal umgesetzt worden wäre, jeder tägliche Gottesdienst in Genf neben seiner Predigt auch in einer Feier der Eucharistie bestanden hätte.

---

210  OC, Bd. 26, Sp. 304.
211  OC, Bd. 50, Sp. 327.

Wir haben die Predigt Calvins viel ausführlicher behandelt, als es in Biografien über ihn üblich ist. Dies liegt nicht bloß daran, dass er einen großen Teil seiner Zeit und Energie der Predigt widmete, sodass er nicht richtig gesehen werden kann, es sei denn auf der Kanzel, sondern auch, weil es unmöglich ist, seinem Wirken in Genf Gerechtigkeit widerfahren zu lassen, es sei denn, dass man der Predigt den wichtigsten Platz einräume. Wollte man nur seine Kämpfe um die Kirchenzucht beschreiben, so gäbe man ein verzerrtes Bild wieder. Wir können mit Entschiedenheit sagen, dass niemand über Calvins Kirchenzucht schreiben sollte, der seine Verkündigung nicht studiert und nicht viele seiner Predigten gelesen hat.

# 7. Widerstand gegen eine fromme Gesellschaft

## Der Widerstand formiert sich

In Genf erfuhr Calvin bitteren und lang anhaltenden Widerstand gegen sein Werk. Es wäre aber falsch, wenn man über seine Laufbahn dort überwiegend mit Bezug auf diesen Widerstand schreiben wollte. Von da aus ist es nur noch ein Schritt, bis man ihn als einen Spross aus jener sehr unglücklichen und unangenehmen Gattung der streitsüchtigen Prediger, die bei ihrem Volk ankommen, oder, nicht weniger abstoßend, als den Tyrannen von Genf beschreibt. Überdies war der Kampf der Opposition gegen Calvin keineswegs der wichtigste Bestandteil seines Lebens. Es ist historisch und theologisch von größerer Bedeutung, dass er seine Bücher schrieb und seine Predigten hielt, als dass er sich eine unzähmbare Frau anhören musste, die ihm Schimpfworte zurief, weil sie ihren Willen nicht durchsetzen konnte. Für uns liegt das Interesse an der Opposition gerade in der Tatsache, dass sie eine Opposition war, dass sie die Reaktion zeigt, die durch seine Kirchenpolitik hervorgerufen wurde. Erst auf diesem Wege, indem wir zunächst versuchen, Calvins Theologie und seine praktische Arbeit in der Kirche zu verstehen, werden wir zu einer näheren Betrachtung der Aktivitäten der Opposition geführt.

Die Schwierigkeiten wurden durch zwei Faktoren verursacht. Der eine war der undisziplinierte Starrsinn und die Furcht einer großen Gruppierung innerhalb der Gemeinde. Der andere war jene Mischung aus Entschlossenheit, Erregbarkeit und Intelligenz, die Calvins Charakter ausmachte. Wenn Gottes Wort eindeutig ein Prinzip vorschrieb, dann musste es befolgt werden. Das mögliche Übel, das daraus hervorgehen könnte, würde sich entweder nicht als ein Übel erweisen oder könnte vermieden werden. Das Übel würde sicherlich kommen, wenn man Gott nicht gehorchte. Was Calvin selbst widerfuhr, hatte keine Konsequenzen, solange der Wille Gottes befolgt wurde. Das Emblem, das er als Siegel benutzte, mit einer Hand, die ein Herz darbietet, mit dem Motto *Prompte et sincere*, war ein wahrhaftes Symbol. Doch zu seinem Glauben, dass Gott ihn berufen habe, sein Botschafter in Genf zu sein, müssen wir seine intellektuelle Vorrangstellung vor Kollegen, Ratsmitgliedern und Bürgerlichen hinzunehmen. Dann haben wir alle Voraussetzungen für eine Monarchie – nicht für eine absolute Monarchie, denn er gehorchte stets der *Seigneurie*, und ich nehme nicht an, dass er in seinem Leben je ein Genfer Gesetz brach –, aber eine Konzentration von moralischer und intellektueller Autorität und die unermessliche Macht, die davon abhängig ist, in einem Menschen.

Die Widersacher, die um ihre persönlichen Genüsse und Freiheiten besorgt waren, mochten diese Autorität nicht und fürchteten sich vor ihr als einer Bedrohung ihrer Existenz. Wir wissen – wir können es aus seinen Schriften ganz leicht beweisen –, dass Calvin kein Malvolio war. Doch für sie war er genau und buchstäblich Malvolio, und sie sahen ein Genf voraus, wo es, weil er tugendhaft war, keine Lustbarkeiten mehr geben sollte. Die Schwierigkeiten waren kein direkter Konflikt zwischen Kirche und Staat. Sogar als sie zu etwas Derartigem degenerierten, waren immer noch komplizierendere Faktoren beteiligt. Ebenso wenig war es ein direkter nationaler Kampf zwischen Patrioten und Fremden. Dies war einer der sich hartnäckig haltenden Schlachtrufe; doch es waren die Patrioten, die eine Fremdherrschaft oder zumindest einen fremden Einfluss begehrten, die Fremden, die die Unabhängigkeit Genfs absicherten, selbst wenn es das Genf einer Mischrasse werden sollte. Auch war es kein Versuch der Kirche, Redefreiheit oder Religionsfreiheit zu erlangen. Manchmal mussten der Rat oder ein Einzelner vor der Missachtung der Freiheit gewarnt werden, doch die Freiheit selbst war bereits hinlänglich gewährleistet.

Im Jahre 1543 war die Frage nach dem Recht zur Exkommunikation zwischen dem Rat und dem Konsistorium erhoben worden. Der den Vorsitz innehabende Syndikus beanspruchte es für den Rat. Calvin protestierte in seiner reizbaren Art, dass sie dafür zunächst ihn töten oder verbannen müssten. Vor den Syndici legte er seinen Standpunkt ausführlich dar, und »ohne jede Schwierigkeit habe ich das bekommen, worum ich gebeten hatte«.[212] Doch sein Hinweis an Viret, dass dahinter eine Intrige der Unzufriedenen gestanden habe, hat das Gepräge von Wahrheit. Es ist undenkbar, dass, wenn Calvin, der klarste Schriftsteller in Europa, aufrichtig sein Konzept der Kirchenzucht darlegte, die Syndici ihn nicht richtig verstehen konnten. Daher scheint es, dass die *Seigneurie* annahm, dass Calvins Interpretation der *Ordonnances* die richtige war und dass diese das Gesetz von Genf sei.

Um 1545 oder 1546 fing die zunächst unkoordinierte Opposition an, sich zu einer Partei zu vereinigen. Der Name der Libertiner, der ihnen gegeben wurde, beschreibt sie sehr gut. Sie konnten das Joch einer Kirchenzucht nicht ertragen, die konsequent und ohne Rücksicht auf Reichtum oder Stand ausgeführt wurde. Ihr Motiv war nicht politisch in dem Sinne, dass sie der Kirchenverfassung eine verantwortbare Alternative gegenübergestellt hätten. Es war jedoch insofern politisch, als sie versuchten, das Genfer Recht bezüglich der Kirchenordnung aufzuheben. Es wäre weit von der Wahrheit entfernt, sie als Bürger mit edler Gesinnung anzusehen, denen es darum gegangen sei, eine lebensfähige Beziehung zwischen Kirche und Staat zu begründen.

Der Kern der Partei bestand aus ein paar untereinander verwandten Familien, den Favres, den Bertheliers, den Vandels, den Septs. Viele von ihnen waren Mitglieder des einen oder des anderen Rates; manche fristeten ihre Zeit als Syndici. Der wohlhabende Kaufmann François Favre, jetzt ein Mann in den Sechzigern, sein Sohn Gaspard und seine Tochter Françoise (für Calvin Penthesilea, Königin der Amazonen) waren eine Zeit lang die wichtigsten Plagegeister. Nachdem Frieden mit ihnen geschlossen worden war, nahmen die beiden Bertheliers, Philibert und François-Daniel, ihren Platz ein. Diese waren Neffen von Pierre Vandel, der Anwalt und Syndikus in den Jahren 1548 und 1552 war. Sie standen im Zentrum einer zügellosen Gruppe, die zu jedem Unfug bereit war und sich selbst *les enfants de Genève*, echte Söhne der Republik, nannte. Was für ein Kerl Philibert Berthelier war, wird anhand der Antwort deutlich,

---

212  OC, Bd. 11, Sp. 521; Herminjard, Bd. 8, S. 298; ET, Bd. 1, S. 353.

die er Calvin gab, nachdem sie versucht hatten, seine Predigt durch übertriebene Hustenanfälle zu unterbrechen. Als Calvin vor dem Rat protestierte, erwiderte Berthelier vulgär, dass, wenn er sie am Husten hinderte, »wir furzen und rülpsen werden«[213].

Die Sept-Brüder, Balthasar und Michel der Jüngere, waren durch Heirat mit den Favres verwandt, ebenso wie das führende Gruppenmitglied, Ami Perrin. Es war Perrin, der den Prediger in den frühen Tagen der Reform vor der aufgebrachten Menge geschützt hatte. Perrin war es auch, der abgesandt worden war, um Calvin zurück nach Genf zu begleiten. Perrin gehörte dem Komitee an, das für den Entwurf der *Ordonnances* zuständig war. Er war nicht nur mehrere Male Syndikus, sondern auch Generalhauptmann, d. h. Befehlshaber der Bürgerwache. Und Perrin war nicht nur mit den Septs verwandt, sondern hatte Françoise Favre geheiratet. Diese Familienbande brachten ihn von Calvin ab; sein großer Ehrgeiz (»unser komischer Caesar«, um mit Calvin zu sprechen) und seine unbestrittenen Fähigkeiten stellten ihn an die Spitze des Widerstandes. Doch war er ein Mann, der sich für sein Format zu groß wähnte, und am Ende bewies er, dass es ihm nicht nur am politischen Sachverstand mangelte, sondern auch an der Entschlossenheit, die ihm Erfolg hätte bringen können.

Die Ameaux-Affäre im Jahre 1546 offenbart, wie die Opposition in den Stadträten stark genug war, um Calvin indirekt anzugreifen, aber nicht stark genug, um seinem Gegenangriff standzuhalten. Ameaux, der Schwierigkeiten mit dem Konsistorium gehabt hatte, verlieh seinen Gefühlen Ausdruck, indem er Calvin einen schlechten Menschen nannte, einen bloßen Picarden, der falsche Lehre predige. Er wurde gefangen genommen, es wurde ihm vor dem *Kleinen Rat* der Prozess gemacht, und er wurde zur Zahlung einer Strafe von sechzig Kronen und zum öffentlichen Bekenntnis seines Vergehens verurteilt. Doch als der Fall zur Ratifizierung vor die *Zweihundert* kam, verringerten sie das Strafmaß für Ameaux dahingehend, dass er sich vor ihnen bei Calvin entschuldigen solle. Calvin wollte nichts davon wissen; solange Ameaux keine geeignete Wiedergutmachung

213  OC, Bd. 21, S. 417.

für seine Beleidigung des Namens Gottes leistete (denn er hatte gesagt, dass das Wort Gottes falsche Lehre sei), wollte Calvin nicht wieder auf die Kanzel steigen. Es kam beinahe zu einem Aufruhr. Die *Zweihundert* gaben nach, und Ameaux wurde dazu verurteilt, Sühne zu leisten, indem er in einem Hemd durch die Straßen der Stadt zog und eine Flamme trug, an bestimmten Orten niederkniete und Gott um Vergebung bat.

Ein paar Monate später begab sich Perrin in die offene Opposition. Im April 1546 wurde seine Ehefrau vor das Konsistorium zitiert mit der Anklage, getanzt zu haben, was einen Bruch des Genfer Gesetzes darstellte. Dies war bei einer Feierlichkeit geschehen, der viele Notabeln von Genf beigewohnt hatten. Es stellte sich auch heraus, dass unter anderem auch Ami Perrin gegen das Gesetz verstoßen hatte, ebenso wie der gegenwärtige Präsident des Konsistoriums, Amblard Corne. Sie alle wurden inhaftiert. Corne nahm die Strafe widerstandslos an und wurde wieder eingesetzt. Perrin jedoch tat so, als ob die Geschichte unwahr sei und wollte noch nicht einmal vor dem Konsistorium erscheinen, als er vorgeladen wurde. Calvin schrieb ihm einen Brief, in dem er ihn hinsichtlich seiner Absichten nicht im Unklaren ließ. Er bedaure, wie er sagte, dass Perrin nicht vor das Konsistorium gekommen sei, denn dies hätte eine Gelegenheit geboten, die ganze Angelegenheit mit ihm und Corne auszudiskutieren. Wenn Unparteilichkeit ein Rechtsgrundsatz sei, könne Parteilichkeit in der Kirche sicherlich nicht geduldet werden. Perrin sollte inzwischen Calvins Ziele und seinen Charakter kennen: »Ich bin jemand, dem das Gesetz meines himmlischen Herrn so sehr am Herzen liegt, dass ich mich nicht davon abbringen lassen werde, es um eines lebenden Menschen willen mit gutem Gewissen zu behaupten.« Er nahm auf Perrins guten Namen und dessen Position Rücksicht; gerade jenen guten Namen und jene Autorität war er zu schützen bestrebt. Die Leute behaupteten, und dies war eigentlich eine Behauptung, die von *Perrins* Ehefrau ausgegangen war, dass diese Ereignisse in einem Sieben-Jahres-Zyklus verliefen und dass dies (mehr oder weniger!) das siebte Jahr sei, seit er und Farel verbannt worden seien. Ein solches Geschwätz konnte jemandem keinen Schrecken einjagen, der »nicht um der Muße oder des Gewinnes willen nach Genf zurückkehrte und dem es auch nichts ausmachen würde, wenn er die Stadt wieder verlassen müsste«. Perrin sollte daher verstehen, dass Calvin das tun würde, was er zu tun angekündigt hatte. Er wollte ihm vor allem bewusst machen, dass er sich »der wichtigsten Tugend des Gehorsams gegen Gott und der Aufrechterhaltung der guten Ordnung in der Kommune und in der Kirchenpolitik« befleißigen sollte.[214] Perrin scheint durch diesen Brief gerührt gewesen zu sein, denn er verhielt sich im Mai vor dem Konsistorium still und demütig.

In diesem Jahre trugen sich auch drei weitere Angelegenheiten zu, die für den Sozialhistoriker von Interesse sind. Die erste betraf die Tavernen. Es scheint so, als ob das Gesetz nicht nur auf das Übel der Trunkenheit abzielte, sondern auch positiven Charakter trug und einen Versuch darstellte, auch diesen Bereich des Genfer Lebens mit einem christlichen Geist zu durchdringen. Man könnte daher sagen, dass es auf die Heiligung der Taverne ausgerichtet war. Die vielen Tavernen, um diesen Weinhäusern einen beschönigenden Namen zu geben, wurden geschlossen, und an ihrer Stelle wurden fünf *abbayes* eröffnet. (Der kuriose Name bezeichnet möglicherweise ein Klubhaus.) Sie sollten nicht bloß als anständige, sondern als religiöse Gaststätten betrieben werden. Sie sollten nicht gewinnorientiert sein. Jeder musste vor und nach dem Essen und Trinken ein Tischgebet sprechen. Es sollte eine französische Bibel in den Lokalen liegen. Das Fluchen, Verleumden und Tanzen war verboten. Psalmen konnten gesungen werden, und jeder, der sich dazu getrieben fühlte, konnte eine Ansprache vor der übrigen Gesellschaft zu ihrer Erbauung halten. Die *abbayes* bestanden nicht lange, und die Tavernen waren bald wieder in Betrieb. Doch diese Naivität (als die sie uns aus unserer modernen Perspektive erscheint) dieses Experiments sollte uns nicht die ähnliche Art von Heiligung der Gemeinschaft in manchen puritanischen Regimentern im England des 17. Jahrhunderts und die gute Gesellschaft und die guten Lektionen, die Christ und dann Christin und ihrer kleinen Schar im Hause des Auslegers (in John

---

214  OC, Bd. 11, Sp. 338-339; ET, Bd. 2, S. 42-44.

Bunyans *Pilgerreise zur seligen Ewigkeit*) zuteil wurden, vergessen lassen.

Die zweite betraf ein Schauspiel. Nachdem ein Passionsspiel bald nach Ostern erfolgreich aufgeführt worden war, bat eine Schauspielergruppe um die Erlaubnis, »die Apostelgeschichte zur Auferbauung des Volkes« aufzuführen. Der Rat bat Calvin darum, sich über die Zuverlässigkeit des Stückes zu äußern. Er erklärte es für zuverlässig und gottselig, sagte aber, dass die Pfarrer meinten, es solle nicht gerade jetzt aufgeführt werden, obgleich sie sich ihm auch nicht widersetzen würden. Es wurde jedoch zugelassen, und der Geistliche Abel Poupin wurde mit der Organisation betraut. Der Rat verbat zugleich (wie es scheint, ohne Absprache mit den Geistlichen) eine Aufführung eines Stückes über die Mühen des Herkules und anderer antiker Helden, das »der Kampf der Kräfte des Herkules und anderer antiker Helden« hieß,[215] was zweifelsohne einen ortsansässigen vulgären Schauspieler, der »nur selten Herkules oder eine Rolle spielen konnte, in der eine Katze zerrissen werden kann, damit alles zerberstet«, enttäuschte. Als jedoch »die Apostelgeschichte« aufgeführt wurde, zog dies wüste Beschimpfungen seitens des Geistlichen Michel Cop nach sich, der diese auf der Kanzel aussprach. Das verursachte eine der häufigen Genfer Unruhen, welche Calvin und Poupin besänftigen mussten. Es gelang ihnen auch, die Schauspieler ruhig zu stellen. Calvin war zornig über Cop, nicht nur, weil er zur falschen Zeit gesprochen hatte, sondern auch, weil »ich das, was er gesagt hatte, überhaupt nicht billigen konnte«. Das Ende vom Lied war, dass die Schauspielerei für den Augenblick noch fortwährte, wobei Viret als Zuschauer kam, »um unseren sehr wütenden Freund wieder zur vollen Einsicht zu bringen«[216]. Eine Woche später jedoch erbaten die Pfarrer und verordnete der Rat, dass solche »Historien« bis zu einem gelegeneren Zeitpunkt eingestellt würden.

Die dritte Angelegenheit war, dass die Geistlichen sich bemühten, die Vornamensgebung zu regulieren. Es gab, so sagten sie, zu viele

---

215  OC, Bd. 21, Sp. 382.
216  OC, Bd. 11, Sp. 355-357; ET, Bd. 2, S. 47-48.

törichte Namen, zu viele lästerliche, zu viele bedeutungslose. Der Rat befahl Calvin, eine Liste verbotener Namen zusammenzustellen. Diese Liste enthielt die göttlichen Namen – Dieu-le-Fils, beispielsweise, oder Jésus; Namen von Götzen; religiöse Worte wie Dimanche, Pâques oder Croix; Verkleinerungsformen anstelle des ursprünglichen Namens, und sogar Worte, die den Ohren schmutzig vorkommen. Es ist zu beachten, dass es keine Liste erlaubter Namen gab und die Geistlichen auch nicht solche Überspanntheiten wünschten, wie sie in puritanischen Kreisen im 17. Jahrhundert gängig wurden.

Das Jahr 1548 brachte ein wenig Ruhe in den Sturm. Sicherlich begann Philibert Berthelier, aktiver zu sein, und die Favres traten weiter in den Registern auf. Perrin wurde als Generalhauptmann wiedereingesetzt. Im September war Calvin wegen eines Briefes, den er 1545 an Viret geschrieben hatte und worin er sie kritisiert hatte, in Schwierigkeiten mit den Ratsherren verwickelt. Er entschuldigte sich, und im Oktober vergab ihm der Rat und befahl ihm, in der Zukunft seine Pflicht besser zu erfüllen. Farel, der anwesend war, konnte dies nicht ertragen und brach in einen heftigen Protest aus. Welches Recht hatten sie, Monsieur Calvin zu gebieten, seine Pflicht besser zu erfüllen, einem Mann, der in der Erfüllung seiner Pflicht nie versagt hatte, dem immer die besten Interessen von Genf am Herzen gelegen hatten, einem Mann, der in der Welt der Gelehrsamkeit herausragend war, der sogar, wenn die Notwendigkeit es erforderte, so große Männer wie Luther und Melanchthon gerügt hatte?[217] Dann gingen sie alle weg und aßen gemeinsam zu Abend.

## Calvins häusliches Leben

Nach ein paar Jahren wurde Calvins Haus von seinem Eigentümer benötigt, und er zog in das Haus an jener Stelle ein, die heute eine Gedenktafel trägt. Obgleich er durch seine Schriften und als kirchlicher Staatsmann in ganz Europa berühmt war, lebte Calvin

---

217  OC, Bd. 21, Sp. 439-440.

auf äußerst bescheidene Weise. Sowohl sein Haus als auch die darin enthaltenen Möbel gehörten dem Rat. Er war daher empört, dass Gerüchte über seine Tausende verbreitet wurden, wenn er doch nicht »einen Fuß Land« besaß und nicht genug Geld hatte, »um ein Grundstück zu kaufen«, außer wenn sein vierteljährliches Gehalt einging. »Ich benutze immer noch das Mobiliar von jemand anderem. Weder der Tisch, an dem wir essen, noch das Bett, in dem wir schlafen, ist mein Eigentum.«[218] Er hatte ein großes Haus, das groß genug war für seine Ehefrau, ihn selbst und ihre Tochter, für Antoine, dessen Frau und deren junge Kinder sowie für die Knechte; und dann war immer noch Raum für die Gäste.

Über Calvins Eheleben wissen wir beinahe nichts. Sie hatten nur ein Kind, einen Jungen, der eine Frühgeburt war und nur kurze Zeit lebte. Dies trug sich im Jahre 1542 zu. Idelette, die blasse Figur, die in der Geschichte nur neben ihrem Ehemann lebt, litt hinterher viel unter ihrer schlechten Gesundheit. Sie vermochte auch den Verleumdungen der Libertiner nicht zu entgehen. Françoise Favre verbreitete, dass sie nicht besser sei, als sie sein sollte, da sie und ihr erster Ehemann, nach der Weise vieler Wiedertäufer, nie eine Zivilehe eingegangen waren. Sie war im Herbst und Winter 1545 mehrere Monate lang krank, dann wieder im Jahre 1547, und 1548 so schwer, dass Calvin um ihr Leben fürchtete. Sie starb Ende März 1549, am Ende voller Sorge um ihre beiden Kinder, während Calvin versprach, dass er sie wie seine eigenen behandeln würde. »Mein Kummer ist wahrhaft sehr groß. Mir ist die beste Freundin meines Lebens geraubt worden, oder eine die, wenn es so bestimmt gewesen wäre, bereitwillig nicht nur meine Armut, sondern auch meinen Tod mit mir geteilt hätte. Während ihres Lebens war sie die treue Gehilfin meines Dienstes. Von ihrer Seite erfuhr ich nie auch nur das geringste Hindernis.«[219] Er heiratete nie wieder. In einer überraschend offenherzigen Passage in einer Predigt über den 1. Timotheusbrief erzählte er seiner Gemeinde, warum:

---

218  OC, Bd. 12, Sp. 504; ET, Bd. 2, S. 92.
219  OC, Bd. 13, Sp. 230-231; ET, Bd. 2, S. 202.

»Was mich betrifft, so möchte ich nicht, dass man mir besondere Tugend zuschreibt, weil ich nicht verheiratet bin. Es wäre eher ein Laster in mir, wenn ich Gott in der Ehe besser dienen könnte, als wenn ich so bliebe, wie ich bin … Doch ich kenne meine Schwachheit, dass vielleicht eine Frau es mit mir nicht gut finden könnte. Wie auch immer es sei, ich enthalte mich der Ehe nur, damit ich freier sei, um Gott zu dienen. Dies liegt aber nicht daran, dass ich dächte, ich sei tugendhafter als meine Brüder. Wehe mir, wenn ich jene falsche Meinung hätte!«[220]

Was ist »meine Schwachheit«? Seine schlechte Gesundheit? Oder vielleicht seine Reizbarkeit?

Antoine Calvin war in seiner Ehe weniger glücklich. Im Herbst 1548 wurde seine Frau des Ehebruchs beschuldigt, aber freigesprochen. Sie lebten auch weiterhin zusammen. Doch 1557 wurde sie beim Ehebruch mit Calvins Knecht, Pierre Daguet, ertappt. Antoine wurde geschieden, und seine Frau wurde verbannt. Es wurde dann auch entdeckt, dass Daguet sich im Stillen einiger Kleinigkeiten aus den Habseligkeiten seines Herrn bemächtigt hatte. Für Calvin war es allerdings ein noch viel heftigerer Schlag, als wenig später seine Stieftochter Judith ebenfalls des Ehebruchs überführt wurde. Für ein paar Tage war er zu beschämt, um auch nur sein Haus zu verlassen.

In diesem Viertel der Oberstadt rund um die Kathedrale lebten auch einige der Freunde aus früheren Jahren. Nicolas Cop, das lebendige Erinnerungsstück an den Allerheiligentag des Jahres 1533, lebte direkt nebenan in der Rue des Chanoines. François Budé, der Sohn des großen Guillaume, hatte Paris verlassen und sich mit seiner Mutter, seinen zwei Brüdern und zwei Schwestern in Genf niedergelassen. Er lebte um die Ecke am Puits Saint Pierre. Laurent de Normandie, der früher Jurist und Bürgermeister von Calvins Heimatstadt Noyon gewesen, nun aber der wichtigste Verleger in Genf geworden war, hatte ein Haus an der Place Saint Pierre. Andere frühere Freunde oder Gefährten lebten anderswo in der Stadt. Robert Estienne, Stephanus, der berühmteste Drucker akademischer Werke in Frankreich in der ersten Hälfte des Jahrhunderts, zog Ende 1550 mit seinem ganzen Geschäft nach Genf und wurde zum führenden

---

220  OC, Bd. 53, Sp. 255.

Drucker in der Stadt. Sein berühmtes Logo, die *Oliva Roberti Stephani*, schmückte die Titelseiten vieler Kommentare Calvins und der *Institutio* von 1559.

1547 kam ein alter Freund nach Genf. Dieser war einer der Söhne von de Montmor, mit dem Calvin aufgewachsen war, dessen Vornamen wir aber nicht kennen. Zur Zeit seiner Ankunft hielt Calvin nach einem Ehemann für eine gewisse Mademoiselle de Wilergy Ausschau. Sein Freund erschien ihm geeignet, noch ziemlich jung mit 34 Jahren, gutmütig, sehr milde und sanftmütig. Obgleich er »im früheren Leben tief von den jugendlichen Torheiten getrunken hatte«,[221] hatte er sich, soweit Calvin bei diskreten Untersuchungen entdecken konnte, keine Geschlechtskrankheit zugezogen, anders als der Sieur de Pare, ein vorheriger Bewerber um die Hand des Mädchens.

Calvin war ein guter und treuer Freund. Wie die meisten Männer, hatte er seine affektiven Verluste; allerdings waren sie im Vergleich mit seinen lebenslangen freundschaftlichen Beziehungen gering – de Montmor, Laurent de Normandie, Mathurin Cordier aus seiner Kindheit; Beza, Wolmar, Cop aus seiner Jugend; Farel, Melanchthon, Bullinger aus seinem frühen Mannesalter. Es gab immer die Schmeichler und die Heldenverehrer, wie Jean de l'Espine, der zu schreiben wagte, dass er wünschte, er könne Calvins »lieblichste Stimme« hören und sein »holdestes Antlitz« erblicken.[222] Aber er misstraute jedem Lob und zog es vor, seine Fehler und Schwächen zu erfahren. Vielleicht war es diese Offenheit und Ehrlichkeit, die ihn seine Freunde sogar als Liebesbeweise wertschätzen ließ. Und seinerseits konnte er, wie er in einer notvollen Zeit sagte, nicht ohne Freundschaft leben.

Calvins Haus in der Rue des Chanoines war genauso sehr ein Zentrum kirchlicher Aktivität wie ein Zufluchtsort vor der Welt. Nicolas Colladon kannte die dortige unaufhörliche Betriebsamkeit sehr genau:

---

221  OC, Bd. 12, Sp. 586-587; ET, Bd. 2, S. 128.
222  OC, Bd. 13, Sp. 516.

»Ich glaube nicht, dass man Seinesgleichen finden kann. Denn wer könnte seine gewöhnlichen und außergewöhnlichen Arbeiten aufzählen? Ich weiß nicht, ob jemand in unserer Zeit mehr zuhören, antworten, erwidern, schreiben oder Dinge von größerer Bedeutung tun musste. Die Vielzahl und Qualität allein seiner Schriften reicht aus, um jeden zu erstaunen, der sie betrachtet, und noch mehr jene, die sie lesen ... Er hörte nie auf zu arbeiten, Tag und Nacht, im Dienste des Herrn, und hörte sich höchst unfreiwillig die Bitten und Ermahnungen an, die seine Freunde jeden Tag an ihn richteten, sich doch etwas Ruhe zu gönnen.«[223]

Wolfgang Musculus nannte ihn zurecht einen immer gespannten Bogen. Die Briefe und die anderen Schriften mussten geschrieben oder zwischen Predigten, Vorlesungen, Treffen und Besuchern diktiert werden, die ein Dutzend Dinge mit ihm zu regeln hatten. Und die ganze Zeit über ging seine Gesundheit immer mehr in die Brüche. Er schrieb im März 1546 voller Verzweiflung an de Falais:

»Die Schwierigkeit rührt von den Störungen und Unterbrechungen des Gedankengangs her, die dazwischenkommen und einen Brief schon einmal zwanzigmal oder noch häufiger unterbrechen können. Was die Gesundheit betrifft, so war ich viel schwächer, als ich dir vor einer kleinen Weile schrieb, als ich es jetzt bin. Aber obgleich es mir körperlich ziemlich gut geht, werde ich unaufhörlich von einem Schmerz gequält, der mich nichts schaffen lässt. Denn abgesehen von den Predigten und Vorlesungen, ist hier ein Monat vergangen, in welchem ich kaum etwas getan habe, und zwar so sehr, dass ich mich beinahe schäme, so nutzlos zu leben.«[224]

Colladon hat uns auch einen Bericht über den Lebensalltag Calvins hinterlassen:

»Was sein gewöhnliches Leben betrifft, so wird jeder bezeugen, dass er sehr maßvoll war, ohne jede Verschwendung oder jeden Geiz, sondern von einer lobenswerten Mäßigung geprägt. Es ist wahr, dass er sich um seines Magens willen gewisser gängiger Fleischsorten enthielt, auch solcher, die er gerne mochte, doch geschah dies, ohne dass er anspruchsvoll oder in Gesellschaft schwierig gewesen wäre. Einen Fehler hatte er, dass er in seiner Abstinenz zu wenig auf seine Gesundheit achtete, indem er sich viele Jahre lang meistens

---

223  OC, Bd. 21, Sp. 107.
224  OC, Bd. 12, Sp. 319-320; ET, Bd. 2, S. 29.

mit einer einzigen Mahlzeit im Laufe von 24 Stunden zufrieden gab und nie irgendetwas zwischen zwei Mahlzeiten aß ... Seine Gründe waren die Schwäche seines Magens und die Migräne, von welcher er meinte, aus Erfahrung zu wissen, dass sie nur durch eine kontinuierliche Ernährung gelindert werden könne. Manchmal habe ich gesehen, dass er sich bis in den nächsten Tag hinein jeglicher Speisen enthielt.«

Inwieweit Calvin mit dieser Bescheidenheit die Absicht verfolgte, seiner Gesundheit zu dienen, und inwieweit sie ein freiwilliges Fasten darstellte, lässt sich unmöglich sagen. Wenn wir seine Schriften heranziehen, müssen wir *Institutio* III, ix, ein Kapitel, dessen Überschrift wir mit *»Vom Trachten nach dem zukünftigen Leben«* übersetzen können, mit *Institutio* III, x, *»Wie wir das gegenwärtige Leben und seine Mittel gebrauchen sollen«* zusammenbringen. Wenn er in dem einen Kapitel die Gläubigen auffordert, eine Verachtung für ihr irdisches Leben zu hegen und den Todestag und die Auferstehung am Jüngsten Tag mit Freude herbeizusehnen, so nennt er doch in dem anderen jene Philosophie unmenschlich, die den Menschen seiner Sinne beraubt, ihm den Genuss und die Freude am Essen und an der Kleidung, an Blumen und Bäumen, Gold und Elfenbein wegnimmt. Die Hauptregel ist: Die Freiheit des Genusses ohne die Knechtschaft der Hemmungslosigkeit. Wenn er selbst das Fasten praktizierte, dann dürfen wir sicher sein, dass er es als eine körperliche Übung und nicht um seiner selbst willen durchführte.

## Bearbeitung der Institutio und Kommentare zum Neuen Testament

Colladon fährt mit einer Beschreibung der Arbeitsweise Calvins wie folgt fort:

»Da er so schwach war, schlief er auch sehr wenig; doch bei aller Energielosigkeit, die daraus resultierte, ließ er es sich nicht nehmen, immer für die Arbeit und die Ausübung seines Amtes bereit zu sein. An den Tagen, an denen er nicht predigen musste, ließ er sich um fünf oder sechs Uhr morgens Bücher ans Bett bringen, sodass er etwas verfassen konnte; dabei hatte er jemanden, der für ihn schrieb. Wenn es seine Woche war, war er immer zu der Stunde bereit, auf die Kanzel zu steigen; und anschließend, nach Hause zurückgekehrt, legte er sich voll bekleidet auf sein Bett und setzte seine Arbeiten an einem Buch fort ... Siehe, so diktierte er am Morgen die meisten seiner Bücher, als er seinem Genie freien Lauf lassen konnte.«[225]

Während des Diktiervorgangs kam sicher irgendjemand vorbei und blieb vielleicht für eine halbe Stunde oder sogar eine ganze Stunde da. Doch dann »erinnerte er sich meistens an die Stelle, an der er aufgehört hatte, und setzte seinen Gedankengang fort, ohne das vorher Geschriebene nochmals anzusehen.«[226]

Seine Hauptwerke in diesen Jahren waren Neuausgaben der *Institutio* und Kommentare über fast alle Bücher des Neuen Testaments. Im Laufe seines Lebens suchte Calvin nach der Form, die seine Theologie am besten zum Ausdruck bringen würde. 1536 hatte er dafür den Rahmen des Katechismus gebraucht. Als er die Katechismusform 1539 aufgegeben hatte, wurde die neue Form von siebzehn Kapiteln nur noch durch das gemeinsame Thema zusammengehalten, durch die Einheit der Perspektive und durch eine Entfaltung und Darstellung des einen Themas. Trotz ihrer Frische und Brillanz, trotz der Verständlichkeit und Eindeutigkeit ihrer französischen Übersetzung, konnte man diese Ausgabe kaum als viel mehr als eine Serie zusammenhangloser *loci communes* betrachten.

Diese Form sollte jedoch im Laufe der nächsten zwanzig Jahre beibehalten werden.[227] Die beiden Hauptrevisionen bestanden in erster Linie in Erweiterungen. So enthielt die Ausgabe, welche Rihel im März 1543 in Straßburg publizierte, 21 Kapitel. Zwei neue Kapitel waren hinzugefügt worden, das eine über Gelübde, eingebettet zwischen den Kapiteln über das Gesetz und über den Glauben; das andere über menschliche Überlieferungen war direkt vor der christlichen Freiheit angeordnet. Das Kapitel mit der Auslegung des Apostolischen Glaubensbekenntnisses wurde in vier Abschnitte aufgeteilt und das Kapitel 14 von 1539 über die Gewalt der Kirche

---

225  OC, Bd. 21, Sp. 109-110.
226  OC, Bd. 21, Sp. 109.
227  Siehe für die Institutio Warfield, *Literary History*; Pannier, *Comment Calvin a révisé* ...

in den Abschnitt des Glaubensbekenntnisses über die Kirche eingefügt. Diese verstärkte Auslegung des Glaubensbekenntnisses war die bedeutsamste Veränderung, die durchgeführt wurde, denn sie zeigt, dass Calvin sich geistig bereits in die Richtung der endgültigen Form hinbewegte. Da die Ausgabe im Januar 1542 vollendet war, vermuten wir, dass die Revision Calvin während des ersten Herbstes und Winters, die er wieder in Genf verbrachte, beschäftigte. Die nächste Ausgabe von 1545 stellte lediglich eine Korrektur der Fassung von 1543 dar; die französische Übersetzung aber, die ebenfalls 1545 veröffentlicht wurde, kam dem lateinischen Original um einen Monat zuvor und stellte in Wirklichkeit eine Übersetzung der Version von 1543 dar. Diese wurde nicht von Rihel, sondern von Jean Gérard, oder Girard, aus Genf gedruckt.

Am 15. Februar 1549 schrieb Valeran Poullain, ein großer Bewunderer der Schriften Calvins und ein unermüdlich auf weitere Bemühungen Drängender, aus Straßburg: »Ich verstehe, dass du an eine Neuausgabe deiner *Institutio* denkst. Ich habe sie sorgfältig gelesen, habe einige Druckfehler korrigiert und habe auch Randbemerkungen angebracht. Ebenso habe ich ein Register aller Bibelstellen, sowohl der zitierten als auch der ausgelegten, für den Gebrauch der Studenten erstellt, damit sie eine direkte Möglichkeit haben, die Schrift anzuwenden.«[228] Es ist zweifelsohne Poullains Register, das auf der Titelseite als eine der Neuerungen in der Neuauflage angekündigt wird.

Der Drucker jedoch, wiederum Gérard, scheint die Veröffentlichung aus irgendeinem Grunde hinausgeschoben zu haben: »Ich weiß nicht, ob es Gérards Faulheit ist«, schrieb Calvin an Farel, dessen Buch *Le Glaive de la Parolle veritable* ebenfalls verzögert erschien, »oder weil seine häuslichen Angelegenheiten in Verwirrung geraten sind, oder weil er anderen Büchern den Vorrang gegeben hat, aber ich habe sicherlich öfters mit ihm darüber gesprochen. Die *Institutio*, welche schon vor einem Monat hätte fertig gestellt werden sollen, ist immer noch nicht abgeschlossen.«[229]

---

228  OC, Bd. 13, Sp. 192.
229  OC, Bd. 13, Sp. 192; ET, Bd. 2, S. 248-249.

Schließlich kam sie 1550, als eine nochmalige Erweiterung der Ausgabe von 1543/1545, heraus. Sie hatte die gleiche Kapitelanzahl, und der Stoff war in der gleichen Reihenfolge angeordnet, aber zum Zwecke der größeren Erleichterung des Auffindens einer Stelle waren die Kapitel nunmehr auch in Abschnitte untergliedert. Gérard veröffentlichte die französische Übersetzung dieser Ausgabe, Stephanus aber zeichnete für den ersten Nachdruck der lateinischen verantwortlich.

Eine der auffälligsten Verbesserungen in den Ausgaben seit 1543 waren die enorm vermehrten Bezugnahmen auf die Kirchenväter und, etwas weniger, auf die scholastischen Theologen. Ambrosius, Cyprian, Theodoret, Hieronymus, Leo I., Gregor I. und Bernhard von Clairvaux kommen alle häufig vor, doch Augustinus nimmt bei Weitem den bedeutendsten Platz unter ihnen ein. Die Theologie Calvins fand ihre formale Verortung mehr und mehr innerhalb der Hauptlinie der Tradition der katholischen Theologie.

Er hatte beabsichtigt, Kommentare zu allen Paulusbriefen und sogar zu allen Briefen des Neuen Testaments zu schreiben. Der *Römerbrief* war 1540 erschienen; danach jedoch herrschte einige Jahre lang Schweigen. Der *1. Korintherbrief* folgte nicht. Farel erkundigte sich schriftlich, was daraus geworden sei. Calvin erwiderte: »Was deine Ermahnung an mich betrifft, den Kommentar zu schreiben, so wünsche ich nur, ich hätte mehr Zeit und eine bessere Gesundheit.«[230]

Auch Poullain bettelte um den Kommentar. Calvin sei nicht besonders weise, sagt er; er lasse sich vom Teufel zu anderen Aufgaben ablenken, obgleich er eigentlich Kommentare schreiben sollte:

»Ich möchte, dass Calvin ein für alle Mal nur dies beschließt, dass er niemals ruhen wird, bis er Kommentare über alle Paulusbriefe, dann über die Propheten und dann über den Rest der heiligen Bücher geschrieben hat. Gütiger Gott! Wie würden diese der Kirche helfen! Wie viel würden sie zur Ehre Christi ausrichten! Welch eine unauflösliche Unsterblichkeit würden sie erlangen!«[231]

---

230  OC, Bd. 12, Sp. 391; ET, Bd. 2, S. 58.
231  OC, Bd. 12, Sp. 216.

Man möchte meinen, dass es kaum konsequent ist, wenn die anderen Reformatoren Calvin moralisch zu einem Dienst in der Pfarrgemeinde drängen und dann noch darauf bestehen, dass er mehr Bücher als jemand schreiben soll, der nichts anderes zu tun hat. Doch Poullain musste nicht lange warten; der *1. Korintherbrief* war schon bis Ende Februar oder Anfang März 1546 herausgekommen, verlegt von Wendelin Rihel in Straßburg.

Als jedoch das Manuskript des *2. Korintherbriefes* zu Rihel gesandt wurde, ging es auf dem Wege verloren. Calvin hatte kein Zweitexemplar und war verrückt vor Sorge. Er berichtete Viret, dass, wenn es nicht auftauchte, er beschlossen habe, die Arbeit an den Paulusbriefen aufzugeben.[232] Am Ende erreichte es seine Bestimmung, und Calvin gelobte, dass er nie wieder ein Manuskript wegschicken würde, ohne ein Zweitexemplar zu haben – eine Vorsichtsmaßnahme, von der man erwarten würde, dass ein ausgebildeter Jurist sie von vornherein ergriffen hätte.

Nach diesem Schrecken gab Calvin das Veröffentlichen bei Rihel auf, bei dem er nur aufgrund des Gefühls der Dankbarkeit für in seiner Straßburger Zeit erwiesene Freundlichkeit geblieben war. Stattdessen wandte er sich an Gérard, der bis 1551 die Erstausgaben aller Kommentare verlegte. Und sicherlich beschäftigte er ihn damit. Die französische Version von *2. Korinther* kam 1547 heraus, *Galater, Epheser, Philipper, Kolosser* als eine Reihe im Jahre 1548, *1. und 2. Timotheus* im selben Jahr, *Titus* und *Hebräer* 1549. Wenn man den *Römerbrief* und die Lücke von sechs Jahren ausklammert, hatte er also innerhalb von vier Jahren Kommentare zum gesamten *Corpus Paulinum* vorgelegt. Diese wurden nun unter folgendem Titel in einem Band zusammengefasst: *Die höchst vortrefflichen Kommentare von Jean Calvin über alle Episteln von St. Paulus und auch über die Epistel an die Hebräer. Nach der letzten Revision durch den Verfasser ... Genf, Jean Gérard. M.D.LI.* Die Revision wurde wahrscheinlich in den ersten sechs Monaten des Jahres 1550 vorgenommen. *1. und 2. Thessalonicher* sowie *Philemon* scheinen in dieser Sammelausgabe zum ersten Mal erschienen zu sein. Die Überarbeitung war nicht tiefgreifend, außer

---

232  OC, Bd. 12, Sp. 368.

beim *Römerbrief,* der so viele Jahre zuvor geschrieben worden war. Der betagte Humanist Ambrosius Moiban aus Bratislava, ein ehemaliger Schüler von Reuchlin, sprach dafür sozusagen das Dankesvotum von Seiten der Welt der neutestamentlichen Wissenschaft aus:

»Ich gratuliere dir für die bemerkenswerte Gabe Gottes, durch welche du, in der Kraft (*en ergia*) des Geistes, die Heiligen Schriften so treffend auslegst. Ich bin dir noch nie begegnet, aber ich habe immer deine Schriften geliebt, ich habe deine Werke gelesen und wieder gelesen, und ich werde ihrer nicht müde. Und ganz besonders glücklich bin ich, dass du dieses Jahr das ganze Werk des Paulus mit deinen allerheiligsten Gedanken geziert hast.«[233]

Von St. Paulus aus wandte Calvin sich sogleich den katholischen Briefen zu. *Jakobus* war 1550 bereits in einer französischen Übersetzung erschienen; die ganze Reihe wurde aber in dem gleichen Monat wie die gesammelten *Paulusbriefe* veröffentlicht. Allerdings bezog er den 2. und 3. Johannesbrief nicht mit ein. Im Jahre 1556 wurde eine vollständige Ausgabe der Kommentare zu allen Briefen des Neuen Testaments von Stephanus veröffentlicht. Diesmal war die Überarbeitung äußerst gründlich, so gründlich, dass sie sich sogar auf nebensächliche Details der Rechtschreibung (z. B. *quum* für *cum, numquid* für *nunquid*) und auf eine vollständige und überaus sorgfältige Revision seiner lateinischen Übersetzung des griechischen Texts erstreckte. Er gab auch an, wo er seine Meinung über die Bedeutung eines Verses oder eines Wortes geändert hatte.

Bereits 1550 hatte er mit den historischen Büchern des Neuen Testaments begonnen, zunächst mit der Apostelgeschichte, über die er auch an Sonntagen predigte. Doch sein Kommentar nahm solche Proportionen an, dass er ihn in zwei Bände aufteilen musste. Der erste wurde 1552 veröffentlicht. Bevor der zweite im Jahre 1554 erscheinen konnte, war das *Johannesevangelium* 1553 herausgekommen. Auf die *Apostelgeschichte* und das *Johannesevangelium* folgte schnell der sehr umfangreiche Band der *Evangelienharmonie,* der im Juli 1555 von Stephanus veröffentlicht wurde. Dieser bestand aus den ersten drei Evangelien, die so angeordnet waren, dass sie eine einzige Handlung

---

233  OC, Bd. 14, Sp. 307.

ergaben. Mit ihr waren die Kommentare Calvins zum Neuen Testament vollständig erschienen, denn über die Offenbarung des Johannes schrieb er keinen.

Als ob dies für das Lebenswerk eines Mannes noch nicht genug wäre (und er hatte es im Grunde in einem Jahrzehnt geleistet), und während er noch mit den Paulusbriefen beschäftigt war, brachte er den ersten seiner Kommentare zum Alten Testament heraus, denjenigen über *Jesaja* (1551), den er dem jungen König Eduard VI. von England widmete, dem auch die *Katholischen Briefe* gewidmet worden waren.

## Der Widerstand wächst

Die Opposition gegen Calvin, die unter den 1547 gewählten Syndici eine Mehrheit bildete, fasste mit zunehmender Stärke auch Mut. Die Favres setzten ihre Belästigungen fort, doch nachdem sie inhaftiert worden waren, verließen sie die Stadt und kehrten in ihr Heimatland zurück. Nun geschah ein Ereignis, das noch mehr Aufsehen erregte. Am 27. Juni wurde ein Drohbrief, in dem verbaler Mord und Totschlag fröhliche Urständ feierten, auf der Kanzel von Saint Pierre gefunden:

»Du großer Schmerbauch, du und deine Gefährten, ihr tätet besser daran, wenn ihr den Mund hieltet. Wenn ihr uns zu weit treibt, werdet ihr euch in einer Lage wiederfinden, in der ihr den Tag verfluchen werdet, an dem ihr eurem Kloster entflohen seid. Wir haben genug davon, dass den Leuten Vorwürfe gemacht werden. Warum zum Teufel sind diese abgefallenen Priester hierher gekommen, um uns zu ruinieren? Diejenigen, welche genug haben, nehmen ihre Rache. Hütet euch, damit euch nicht das passiert, was Monsieur Werly aus Fribourg widerfahren ist. Wir wollen all diese Meister nicht. Beachtet das, was ich euch sage.«[234]

Das Dokument war nicht unterzeichnet.

Calvin nahm es ernst: »Es ist auf der Kanzel ein Dokument

---

234  OC, Bd. 12, Sp. 545.

gefunden worden, das uns mit dem Tode droht, wenn wir nicht schweigen.«[235] Einer aus der Gruppe der Favres, Jacques Gruet, wurde gefangen genommen. Als sein Haus durchsucht wurde, wurden mehrere belastende Schriften gefunden, Briefe, die sich kritisch über Calvin äußerten, und einige antireligiöse Passagen, die aus Büchern abgeschrieben waren. Am aufschlussreichsten war ein Brief an die *Seigneurie*, der besser als alles andere die Gefühle hinter der Opposition zum Ausdruck brachte:

»Lasst euch nicht durch die Stimme oder den Willen eines Mannes regieren. Ihr seht ja, dass Männer viele und unterschiedliche Meinungen in sich haben. Jeder Einzelne würde seinerseits gerne nach seinem Gutdünken regiert werden. Ein Säufer würde gerne mit Säufern umgehen, Faulenzer gleichermaßen. Weise Menschen möchten, dass jeder so sei wie sie selbst. Dies ist aber nicht möglich, und oftmals wird die Meinung eines einzelnen Menschen viel Übel verursachen ... Wenn ein Mensch von Natur aus hämisch ist, wünscht er, wenn er die Macht dazu hätte, dass jeder hämisch sei wie er selbst, und er wird alles hassen, was seiner Natur entgegen ist. Und wenn er diesen Vorrang und diese Autorität hat, möchte er, dass sein Naturell zur Ausübung gebracht werde. Im Gegensatz dazu wird jemand, der freudig ist, nach Vergnügen und Spaß verlangen ... Daher scheint mir, dass eine *Seigneurie* einen Staat schaffen sollte, in welchem keine Uneinigkeit über die Billigung der Unterordnung eines Volkes unter etwas besteht, was gegen seine Natur ist. Es gibt keinen König und keine Regierung einer Republik, die einem Mann gestattet, das zu tun, wovon er nicht möchte, dass man es ihm selbst zufüge. Zum Beispiel ermordet ein Mann einen anderen. Er verdient Strafe, wenn der Mord vorsätzlich geschah ... Kurz gesagt, verdient jeder, der boshafterweise und freiwillig einen anderen verletzt, bestraft zu werden. Nehmen wir aber an, ich bin ein Mann, der seine Mahlzeiten so einnehmen möchte, wie es ihm gefällt, was geht das andere an? Oder wenn ich tanzen möchte, oder mich amüsieren möchte, was hat das mit der Justiz zu tun? Nichts.«[236]

Wenn wir nicht wüssten, was Gruet mit »fröhlich«, »Vergnügen und Spaß« und »mich amüsieren« meinte, könnten wir Sympathie mit dem gemeinen Volk in seiner Verärgerung gegen die Kirchenzucht und die strenge Umsetzung des Zivilrechts hegen.

---

235  OC, Bd. 12, Sp. 546; ET, Bd. 2, S. 108.
236  OC, Bd. 12, Sp. 564-565.

Unter anhaltender Folter bekannte sich Gruet zu den folgenden Verbrechen: dass er erklärt habe, das Mosaische Gesetz besitze nur eine menschliche und relative und keine göttliche Autorität; dass er erklärt habe, dass alle Gesetze nach Lust und Laune der Menschen erlassen worden seien; dass er in Verbindung mit einer fremden Macht gestanden habe; dass er bestrebt gewesen sei, die Kirchenordnung umzustürzen; dass er eine bestimmte Bittschrift an die *Seigneurie* geschrieben habe, die auf die Unterwanderung »der Edikte, Statuten und Verordnungen unserer *Seigneurs* und *superieurs*« abgezielt habe; dass er mit gefälschter Handschrift den auf der Kanzel aufgefundenen Brief geschrieben habe, womit er Gott und seine Botschafter bedroht habe; dass er Hochverrat begangen habe, indem er die *Seigneurie* nicht über Briefe in Kenntnis gesetzt habe, die einen anderen bedrohten; dass er Briefe geschrieben habe, die andere zu unzüchtigem Verhalten angestiftet hätten.

Zumindest bei einigen dieser Anklagen ging es um Kapitalverbrechen. Das Gericht verurteilte ihn zum Tode, und er wurde am 26. Juli enthauptet. Eine Entdeckung, die ein paar Jahre später gemacht wurde, bestätigte die Ungeheuerlichkeit seiner Anschauungen. Im Jahre 1550 fanden die Handwerker, die einige Arbeiten in dem Haus erledigten, in dem er gewohnt hatte, unter einem Fußboden ein Notizbuch in seiner Handschrift vor. Seine pathologischen Delirien über die Religion erschreckten alle, die es sehen durften. Die Jungfrau Maria sei eine geile arme Dirne gewesen. Christus nannte er einen Lügner und einen Narren, böse, einen armen Bauern, dessen Wunder Hexereien gewesen seien und der den Tod gestorben sei, den er verdient habe. Das Konzil ordnete die Verbrennung des Buches an. Nicht nur Calvin war darüber schockiert. Pierre Vandet, der *Generalprokurator*, selbst ein Libertiner, nannte das Buch gräulich, schrecklich, verrufen, abscheulich, gotteslästerlich. Mit dem Urteil war man dem Meinungskonsens gerecht geworden.

König Franz I. von Frankreich starb am 31. März 1547 und fand in Heinrich II. seinen Nachfolger. Die *Seigneurie* ordnete Perrin ab, der dem neuen Monarchen in Paris den Respekt der Republik erweisen sollte. Als er im September zurückkehrte, tat er dies, um sich zwei Problemen zu stellen. Erstens brachte er seine Ehefrau und ihren Vater in die Stadt zurück – eine übereilte Handlung. Sogar der Generalhauptmann konnte Gesetzesbrecher nicht vor ihrer Strafe schützen. Sie wurden beide gefangen genommen und mussten sich vor dem Konsistorium für ihr früheres Betragen entschuldigen. Favre wurden auch seine Bürgerrechte aberkannt. Perrin fasste die Strafen als eine Beleidigung gegen seine Position auf und stürmte zum Rat hin. Prompt wurde er inhaftiert und ins Gefängnis geworfen. Inzwischen war das Konsistorium milde mit Favre verfahren, nachdem Calvin so freundlich mit ihm gesprochen hatte, dass er ihn ganz gewinnen konnte, sodass er sagte, dass »wenn Monsieur Calvin immer so sanft gesprochen hätte, dies alles nie hätte geschehen müssen«. In dem von ihm Gesagten steckte ein Körnchen Wahrheit. Sie schüttelten einander die Hände.

Es kam aber auch noch etwas anderes über den Aufenthalt Perrins in Paris heraus. Er wurde beschuldigt, Gespräche mit einem führenden Mitglied der französischen Regierung über ein Bündnis geführt zu haben, die er dem Rat nicht enthüllt hatte. Ein Teil der Übereinkunft war, dass der Generalhauptmann auch eine französische Kavallerieeinheit in Genf befehligen sollte. Dies war durch Laurent Meigret, Meigret-le-Magnifique, einen früheren, wenig bedeutenden Höfling des Hofes von Franz I., ans Licht gekommen, der während der Unruhen von 1534 nach Genf geflohen war, der aber mit der stillschweigenden Billigung des Genfer Rates als französischer Agent tätig war. Als Perrin beschuldigt wurde, brachte er Gegenanklagen gegen Meigret vor, und hierin wurde er sowohl von einer Gesandtschaft aus Bern als auch von Repräsentanten aus Savoyen unterstützt. Wie bei allen geheimen politischen Intrigen, ist es unmöglich, ihnen auf den Grund zu gehen. Nachdem Perrin mehrere Wochen lang im Gefängnis festgehalten worden war, wurde er zwar freigelassen, doch wurden ihm seine Ehrenämter aberkannt. Das gefährliche Amt des Generalhauptmanns wurde abgeschafft. Dies verursachte einen weiteren Aufstand, welchen Calvin in einem Brief an Viret beschrieb:

»Die *Zweihundert* waren einberufen worden. Ich hatte meinen Kollegen bereits gesagt, dass ich in die Ratskammer gehen würde. Wir kamen ziemlich früh dort an. Da draußen immer noch viele Leute herumliefen, gingen wir durch das Tor neben der Ratskammer hinaus. Viel verworrenes Geschrei war aus jenem Viertel zu hören. Dieses wurde so laut, dass es dort sicherlich einen Aufstand geben musste. Ich lief sofort auf den Platz. Alles sieht schrecklich aus. Ich begebe mich in die dichtesten Menschenmassen hinein, was jeden verblüffte. Die ganze aufgebrachte Menge drängt zu mir hin; sie ergreifen mich und ziehen mich hin und her – zweifellos, damit ich verletzt würde! Ich rief Gott und die Menschen zu Zeugen an, dass ich gekommen war, meinen Leib ihren Schwertern darzubieten. Ich bat sie, dass wenn sie Blut vergießen wollten, mit mir zu beginnen. Selbst die Wertlosen, aber insbesondere die Angeseheneren, beruhigten sich sofort. Schließlich wurde ich durch ihre Mitte gezogen und vor den Rat gebracht. Dort begannen neue Kämpfe, und ich warf mich zwischen sie … Es gelang mir, jeden so weit zu bringen, dass er sich still hinsetzte, und hielt dann eine lange und eindringliche Rede, welche sie, wie sie sagen, alle rührte.«[237]

Jetzt meinte er, dass er genug von Genf gehabt habe:»Ich habe mich noch nicht entschieden, was ich tun werde, außer dass ich die Wege dieser Leute nicht länger ertragen kann, wenngleich sie meine wohl ertragen mögen.«[238] Aber die Lage beruhigte sich wieder. Meigret wurde schließlich aus dem Gefängnis entlassen; Perrin wurde wieder in den Rat einberufen, und es fand eine weitere Versöhnung mit einem weiteren Händeschütteln statt.

## Der Kampf um die Kirchenzucht

Der entscheidende Kampf um die Kirchenzucht setzt nun ein. Er konzentrierte sich auf das Recht zur Exkommunikation, wurde aber an mehreren Fronten ausgefochten: an der kirchlichen, theologischen und der bürgerlichen. Das Ziel der Libertiner war es, Calvins Autorität einzuschränken, nicht, sie vollständig zu brechen. Es bestand keine echte Möglichkeit, ihn wegzuschicken und wieder

---

237 OC, Bd. 12, Sp. 632-633; ET, Bd. 2, S. 134-135.
238 OC, Bd. 12, Sp. 639; ET, Bd. 2, Sp. 137.

zu verbannen. Viele Jahre lang hegte die Mehrheit keinen solchen Wunsch, und als die Opposition die Macht erlangt hatte, stellte sie fest, dass diese nicht absolut war, sondern bedingt durch einen großen Respekt vor der Autorität, der in den letzten zwölf Jahren gewachsen war, durch die Ehrfurcht, die ein Großteil der Stadtbewohner (und nicht nur die Flüchtlinge) vor Calvin selbst hatte, und durch das, was wir Weltmeinung nennen könnten. Es war eine Sache, dass Bucer gezwungen wurde, Straßburg zu verlassen, weil er sich geweigert hatte, sich dem *Interim* von Kaiser Karl V. zu unterwerfen. Es war eine ganz andere Sache, dass Calvin aus Genf verbannt wurde, weil Ami Perrin und Philibert Berthelier seine Kirchenpolitik ärgerlich fanden. Es wäre für die Philister besser gewesen, wenn Samson mit geschorenen Locken in Gaza geblieben wäre.

Die Libertiner behielten ihren Widerstand in der einen oder anderen Weise bei, indem sie Unruhen schürten, die Geistlichen beleidigten und sich über die Autorität des Konsistoriums hinwegsetzten. Der aufsehenerregende Skandal um Roux Monet versetzte ihnen für eine Zeit lang einen Rückschlag. Dieser junge Sekretär im Justizministerium war ein besonderer Freund von Perrin, der ihn nichtsdestoweniger nicht zu schützen vermochte oder versuchte, als er unter der Anklage des Besitzes obszöner Bilder, »seiner Evangelien«, wie er sie nannte, inhaftiert wurde. Die Gerichtsprotokolle sind verloren, aber hier scheint mehr vorgelegen zu haben als die vorgebliche Anklage. Der Staatsanwalt, Vandel, selbst ein Libertiner, wollte ihn nicht zu seiner eigenen Verteidigung sprechen lassen. Zeitgenössische Quellen berichten, dass Monet sich rühmte, mit den Ehefrauen von vier der ehrenwerten Ratsherren geschlafen zu haben, unter ihnen Françoise Perrin und Madame Vandel. Welche Verbrechen er auch immer begangen haben mag, er wurde verurteilt und hingerichtet.

Der Fall von Philippe de Ecclesia ist ein aussagekräftiges Beispiel für die geringe Macht, welche die Geistlichen, und insbesondere Calvin, tatsächlich sogar in einer solchen Angelegenheit wie der Besetzung kirchlicher Ämter hatten.[239] De Ecclesia, Geistlicher in

---

239  Siehe für de Ecclesia die Fundstellen bei Kingdon und Bergier, *Registres*, Bd. 1, S. 57; 56-63; 132-134; 144-148. Hughes, *Register*, S. 92f.; 105-107; 108f.; 201-206; 209-211.

dem Dorf Vandoeuvres, wurde im Februar 1549 vor seine Mitbrüder im Predigtdienst geladen und für das Äußern von Absurditäten bei den *Congrégations* gerügt. Er entschuldigte sich, und es wurde beschlossen, die Angelegenheit streng vertraulich zu behandeln. Doch im nächsten Monat stand er wieder vor ihnen, nunmehr der Verleumdung jedes einzelnen seiner Mitbrüder und der Lehre, die sie predigten, beschuldigt, und außerdem des Beharrens in seiner eigenen Irrlehre. Seine Verteidigung war unbefriedigend, und der Fall wurde an den Rat überwiesen. Dessen Mitglieder baten die Pfarrer, ihm zu vergeben und ihn wiedereinzusetzen. Auf einer Vollversammlung der *Compagnie des pasteurs* wurde beschlossen, dass es ihm nicht gestattet werden solle, seinen Dienst fortzusetzen, und der Rat wurde davon in Kenntnis gesetzt. Der erste Syndikus, diesmal Perrin, übermittelte die Meinung der Ratsmitglieder, dass er, obzwar er sich in der Vergangenheit schlecht benommen habe, nunmehr ein neues Leben beginnen müsse. Sie würden ihm eine letzte Warnung erteilen. Die Pfarrer erwiderten, dass sie damit gar nicht einverstanden seien, aber eine Situation annehmen müssten, die sie nicht ändern könnten.

Drei Jahre später, als die Pfarrstelle von Jussy, einem etwa fünf Kilometer jenseits von Vandoeuvres gelegenen Dorf, vakant wurde, beschlossen die Pfarrer, dass de Ecclesia dorthin gehen und dass Jean Fabri seine Stelle in Vandoeuvres einnehmen solle. De Ecclesia wollte nicht gehorchen und beschwerte sich beim Rat, der ihn unterstützte und eine Neuwahl anordnete. Die Pfarrer blieben bei ihrem Beschluss. Daraufhin sagten die Ratsmitglieder, dass sie selbst einen Geistlichen wählen würden, und beorderten François Bourgoin nach Jussy. Bourgoin bat seine Mitbrüder um die Erlaubnis, seinen Dienst ganz niederlegen zu dürfen. Diese wollten sie nicht einräumen und drängten ihn, nach Jussy zu gehen, zumindest für eine Zeit lang. Calvin und Fabri erschienen vor den Syndici in dem Bemühen, sie zu überzeugen, allerdings erfolglos. Zu diesem Zeitpunkt wurde de Ecclesia aber des Wuchers, einer Straftat, beschuldigt. Im Dezember 1552 wurde er unter mehreren Anklagen vor die Pfarrer gebracht, darunter Häresie und schlechte

Behandlung seiner Ehefrau. Wiederum legte er beim Rat Beschwerde ein. Der Fall zog sich bis Ende Januar des nächsten Jahres immer weiter hin, als die »*Messieurs* beschlossen, dass de Ecclesia abgesetzt werden sollte«.[240]

Andererseits wurde Calvin in der Kontroverse um Jérôme Bolsec durch den Rat unterstützt. Maistre Jérôme war ein Karmelitermönch und Doktor der Theologie in Paris gewesen. Nachdem er wegen seiner evangelischen Auffassungen aus dem Lande geflohen war, praktizierte er als Arzt. Als er sich in dieser Eigenschaft in der Umgebung von Genf niederließ, wurde er Leibarzt der de Falais. Bei der *Congrégation* am Freitag, dem 16. Oktober 1551, legte Saint-André Johannes 8,47 aus: »Wer aus Gott ist, hört die Worte Gottes.« Wir wissen nicht, was er sagte, doch wenn er die Verse als einen direkten Hinweis auf die Prädestination interpretierte, ging er über Calvin hinaus, der sie weder im Kommentar zum *Johannesevangelium* noch in der *Institutio* so auslegte. Farel war anwesend und fügte einige Bemerkungen hinzu. Nach ihm kam Bolsec auf das Thema zu sprechen, über welches er bereits mit Calvin gestritten hatte, nämlich die Lehre von der doppelten Prädestination. Auserwählung und Verwerfung, so sagte er den Akten zufolge, seien keine ewigen Ratschlüsse Gottes, sondern vom Glauben abhängig. »Überdies bekräftigte er, dass diejenigen, die einen ewigen Ratschluss in Gott postulierten, nach welchem er etliche zum Leben und die Übrigen zum Tode bestimmt habe, aus ihm einen Tyrannen, und eigentlich einen Götzen machten, so wie die Heiden aus Jupiter einen solchen gemacht hätten.«[241] Es sei unrichtig, sagte er, diese Lehre Augustinus zuzuschreiben. Auch seien viele Verse der Bibel verdreht oder sogar falsch übersetzt worden, um die Lehre zu stützen. Calvin selbst war verspätet und unbemerkt hinzugekommen. Als Bolsec seine Ausführungen zu Ende gebracht hatte, hielt er eine Stunde lang eine improvisierte Ansprache zur Widerlegung. Am Ende der Zusammenkunft nahm ein Gerichtsdiener an der Justizbehörde Bolsec gefangen, wie man beachte, unter der Anklage, nicht dass er

---

240  Kingdon und Bergier, *Registres*, Bd. 1, S. 148; Hughes, *Register*, S. 206.
241  Kingdon und Bergier, *Registres*, Bd. 1, S. 80-81; Hughes, *Register*, S. 138.

die Prädestination geleugnet habe, sondern dass er gesagt habe, dass
»wir aus Gott einen Götzen machen«[242].

Die Prädestinationslehre Calvins tauchte in ihrer entwickelten
Form erstmals in der *Institutio* von 1539 auf, obgleich sie als zugrunde
liegende Voraussetzung bereits in der Erstausgabe auszumachen war.
Sie war nicht ursprünglich, und J. B. Mozley kann sogar sagen: »Ich
sehe keinen wesentlichen Unterschied zwischen der augustinischen,
der thomistischen und der calvinistischen Prädestinationslehre …
Diejenigen, welche annehmen, dass der hl. Augustinus sich von
Calvin in seiner Prädestinationslehre unterscheide, kennen die Lehre,
welche der hl. Augustinus zu diesem Thema vertrat, eigentlich nicht
richtig.«[243] Mozley hat im Grunde recht; und Calvin selbst ging
davon aus, dass seine Lehre sich überhaupt nicht von derjenigen des
Augustinus unterscheide.

Calvin beginnt mit demselben praktischen Punkt wie Augustinus.
Warum glauben, wenn das Evangelium gepredigt wird, einige daran,
und andere lehnen es ab? Die Antwort, dass einige glauben wollen
und andere ablehnen wollen, kann nicht endgültig sein; sie erklärt
lediglich den Glauben und Unglauben. Wie kann jemand, der bislang
ablehnen wollte, jetzt auf einmal glauben wollen? Der Mensch ist
ein Sünder, d. h. ein Wesen, das Gott ablehnen will. Es wird aus
dem Neuen Testament deutlich, dass der Glaube die Gabe Gottes
ist und dass der Wille des Menschen durch den schöpferischen Akt
des Heiligen Geistes aus einem ablehnenden in einen glaubenden
Willen verwandelt wird. Diejenigen also, die an das Evangelium
glauben, tun dies, weil ihr ablehnender Wille in einen glaubenden
Willen verwandelt worden ist.

Dies ist natürlich katholische Doktrin. Die Behauptung, dass
Menschen selbst ihren Willen verwandeln könnten, wäre der gröbste
Pelagianismus. Allerdings muss gefragt werden, ob dieser Akt des
Heiligen Geistes einer Blitzentscheidung Gottes entsprang oder
ob er geplant war. Wann bestimmte Gott, das Werk der Gnade im

---

242 Kingdon und Bergier, *Registres*, Bd. 1, S. 81; Hughes, *Register*, S. 138.
243 *Doctrine of Predestination*, Fußnote XXI, S. 393ff. Siehe auch den Artikel *Predestination*, in:
Richardson, *Dictionary of Christian Theology*.

Herzen des Menschen auszuführen? Diese Frage wird sowohl durch ausdrückliche biblische Aussagen als auch durch die allgemeine biblische Gottesvorstellung beantwortet. Unter den ersteren ist die bekannteste Schriftstelle Epheser 1,4:»... wie er [Gott] uns in ihm [Jesus Christus] auserwählt hat vor Grundlegung der Welt«, mit einem anderen Wort: ewig. Und für die letztere gilt, dass Gott in der Bibel immer als derjenige gesehen wird, der seiner Auswahl treu ist, der, wenn er liebt, bis ans Ende liebt, nicht als jemand, der erst für und dann gegen den Menschen ist. Der Beschluss Gottes ist daher genauso ewig wie Gott selbst. Somit ist die ewige Auserwählung bewiesen.

Was ist mit denen, die das Evangelium ablehnen? Diese Frage wird durch den Rückgriff auf die zahlreichen Bibelstellen beantwortet, die davon sprechen, dass Gott diesen oder jenen Menschen oder dieses oder jenes Volk verhärtet, oder davon, dass er an jenen vorübergeht, die er nicht auserwählt. Daher tut der Mensch, der das Evangelium ablehnt, dies, weil Gott ihn nicht auserwählt hat. Die Nichtauserwählung darf nicht bloß passiv als eine Auslassung interpretiert werden, sondern muss aktiv als eine Verwerfung gesehen werden. Und wenn die Frage nach dem *Wann* der Verwerfung gestellt wird, so wird sie durch die augustinische Lehre als ewig beantwortet. Daher liest sich Calvins Definition der Prädestination wie folgt:

»Unter Vorbestimmung verstehen wir Gottes ewige Anordnung, vermöge deren er bei sich beschloss, was nach seinem Willen aus jedem einzelnen Menschen werden sollte! Denn die Menschen werden nicht alle mit der gleichen Bestimmung erschaffen, sondern den einen wird das ewige Leben, den anderen die ewige Verdammnis vorher zugeordnet. Wie also nun der einzelne zu dem einen oder anderen Zweck geschaffen ist, so – sagen wir – ist er zum Leben oder zum Tode ›vorbestimmt‹.«[244]

Die Vorbestimmung zum Leben wird gewöhnlich Auserwählung genannt; diejenige zum Tode wird Reprobation oder Verwerfung genannt.

---

244  Institutio III, xxi, 5. Alle Texte aus der Institutio von 1559 sind nach folgender deutscher Übersetzung zitiert: Johannes Calvin, Unterricht in der christlichen Religion = Institutio Christianae religionis. Nach der letzten Ausgabe übersetzt und bearbeitet von Otto Weber, Neukirchen ⁶1997 (http://www.calvin-institutio.de/).

Die Heilsordung ist daher: Erstens die Auserwählung in der Ewigkeit; zweitens die Berufung in der Zeit, und in der Berufung die Buße und der Glaube an Jesus Christus; drittens die Verherrlichung im Reiche Gottes. Die Berufung durch das Evangelium und der nachfolgende Glaube sind die Erfüllung der Auserwählung. Calvin folgt Augustinus hier auch darin, dass er sich auf einen Gedankengang im Johannesevangelium stützt, demzufolge der Vater dem Sohne diejenigen gibt, die ihm bereits angehören: »Dein waren sie, und mir hast du sie gegeben« (Joh 17,6); »Alles, was mir der Vater gibt, wird zu mir kommen« (Joh 6,37).

Diese Lehre lässt viele Einwände zu, und diese Einwände sind häufig genug vorgebracht worden. Allerdings sind sie elementare Einwände, so wie sie jedem ernsthaften Menschen einfallen würden, und wir dürfen uns nicht einbilden, dass ein scharfsinniger und gründlicher Theologe wie Calvin sich ihrer nicht bewusst wäre. Er nimmt gewisse Klärungen vor, welche er offensichtlich als ausreichend betrachtet. Ob sie ausreichend sind, ist eine andere Frage; aber wir sollten nicht denken, dass wir Calvins Waffenrüstung mit Schilfgrad einbeulen könnten.

Bolsec jedenfalls war fachlich ein schlechter Theologe, und wie es scheint, lag seine besondere Schwäche im Bereich der Dogmengeschichte; er meinte sogar, dass Calvins Lehre bei Valla im 15. Jahrhundert entstanden sei. Er brachte ein paar vernünftige Kritikpunkte gegen Calvin vor, aber er tat dies von einem falschen Standpunkt aus und machte so ihre Aussagekraft zunichte. Er fragt Calvin, ob in Gott auch ein anderer Wille sei als der uns in der Heiligen Schrift geoffenbarte. Er ist bereit zu der Aussage, dass Gott unter den Menschen diejenigen auserwählt habe, die ihm wohlgefallen hätten und dass diese Auserwählung in Jesus Christus sei, ohne den niemand Gott annehmlich sei. Doch entgegen solch untadeliger Aussagen will er auch die Auserwählung vom Glauben abhängig machen, die Verwerfung von der Ablehnung des Evangeliums. Und so leitet er die altbekannten Einwände gegen die Lehre ein: Sie mache Gott zum Urheber des Bösen, zu einem Tyrannen; sie mache den Menschen zu einer Marionette; sie eröffne zwei Heilswege, einen durch die Auserwählung und den anderen durch Christus. Im Grunde genommen war Bolsec einer von jenen Leuten, die empfinden können, dass mit dieser Doktrin in ihrer klassischen Formulierung etwas nicht stimme und gezwungen sind, sie aus den falschen Gründen zu leugnen. Die Lehre von Augustinus und Calvin war, so mögen wir wohl denken, nicht gut. Bolsecs Leugnung von ihr war aber weitaus schlimmer. Sie hätte eine pelagianisierte Kirche zur Folge gehabt; und unter allen Kirchen ist die pelagianische in religiöser und moralischer Hinsicht die schwächste.

Bolsec hatte das Genfer Gesetz übertreten, und es wurde ihm der Prozess vor dem Zivilgericht gemacht. Doch die Pfarrer – und insbesondere Calvin – mussten die Fragen liefern, die dem Gefangenen gestellt werden sollten, denn die Richter selbst waren bezüglich der Prädestinationslehre noch unkundiger als Bolsec. Der Prozess bestand daher in einer theologischen Untersuchung vor den Magistraten. In dieser besonderen Situation erkundigten sich die Pfarrer bei dreien der Schweizer Kirchen schriftlich nach deren Meinung, zweifelsohne in der Hoffnung, dass ihr Urteil bestätigt werden würde. Leider waren die Antworten alles andere als nützlich. Basel sandte einen Ablehnungshinweis gegen Bolsec zurück; doch die Darstellung ihrer eigenen Position entsprach nicht den gehegten Hoffnungen. Sie zögen es vor, einfältig zu sein, sagten sie, und »wir bitten den Herrn, uns bis ans Ende in dieser Einfalt bewahren zu wollen«.[245] Allerdings seien sie stets gewillt, belehrt zu werden. Was Bolsec betreffe, so wollten sie nichts mit ihm zu tun haben; er sei ein Sophist und ein Stück weit ein Häretiker.

Zürich war weniger entgegenkommend. Auch sie enttäuschten mit ihrer Stellungnahme, doch noch schlimmer war, dass sie die Genfer Diener ermahnten, sich zu bemühen, zu einer friedlichen Einigung mit Bolsec zu gelangen. Er möge unmäßig gewesen sein, »aber, unsere Brüder, wir ersuchen auch euch um Mäßigung, denn ihr scheint in eurem Brief, welcher uns übergeben worden ist, äußerst streng zu sein«[246]. Nur die Kirche in Neuchâtel, die von dem loyalen

---

245  Kingdon und Bergier, *Registres*, Bd. 1, S. 122; Hughes, *Registers*, S. 173.
246  Kingdon und Bergier, *Registres*, Bd. 1, S. 124; Hughes, *Registers*, S. 177-178.

Farel geleitet wurde, stellte sich auf Calvins Seite. »Wer hat all diese Dinge auf eine reinere, wahrhaftigere und gottseligere Weise erklärt als unser Bruder Calvin in seiner ausgezeichneten *Institutio*? ... Mag Jérôme und jeder andere sterbliche Mensch beißen und fressen; sie werden keinen einzigen Punkt einer so sicheren und gefestigten Wahrheit umwerfen.«[247] Bolsec sei in heiligen Dingen nicht besser versiert als das dreckigste Schwein. Er sei ein elender Mistkerl und ein verräterischer Verdreher der Schrift.

Das Gericht nahm diese Erwiderungen als Verurteilungen von Bolsec an und verbannte ihn aus Genf. Dies gefiel Monsieur de Falais überhaupt nicht, der die *Seigneurie* zweimal um seine Freilassung ersucht hatte, wobei er sein Gesuch auf das Argument gründete, dass Bolsec sich besser als jeder andere Arzt auf die Behandlung seiner Beschwerden verstehe. De Falais machte Calvin für Bolsecs Sturz verantwortlich. Calvin tadelte de Falais für seine Launenhaftigkeit. Ihre Freundschaft fand ein abruptes Ende. Bolsec selbst kehrte später zur römischen Kirche zurück und suchte im Jahre 1577 Rache, indem er seine bösartige Fehldarstellung schrieb, die er eine Lebensbeschreibung von Calvin nannte.

Im Laufe des Jahres 1552 kamen die Libertiner an die Macht. Perrins Schwager Pierre Tissot, der dreimal das Amt des Syndikus bekleidet hatte, war auch Schatzmeister gewesen und hatte während vieler Jahre im Rat gesessen. Nun wurde er zum Verweser ernannt, d. h. zum Richter am Zivilgericht. Philibert Berthelier wurde Revisor, oder Hilfsrichter. Bei den Februarwahlen erlangten die Libertiner die Mehrheit unter den Syndici, mit Perrin als erstem Syndikus. Bald darauf wurde der Posten des Generalhauptmanns wiederbelebt und ihm übergeben. Sie wählten vier neue Mitglieder für den *Kleinen Rat*, von denen uns drei bereits bekannt sind: Balthasar Sept, Gaspard Favre und Vandel. Drei der Ratsherren waren im Jahre 1552 die Unruhestifter. Philibert Bonna war von dem Pfarrer Raymond Chauvet wegen »gewisser Anhänglichkeiten an die Ehefrau von Domeny« zurechtgewiesen worden.[248] Er, Berthelier

---

247 Kingdon und Bergier, *Registres*, Bd. 1, S. 127; Hughes, *Registers*, S. 182.
248 OC, Bd. 21, Sp. 520.

und Sept folgten Chauvet, als er nach Saint Pierre ging, und riefen ihm Beleidigungen zu. Nach drei Monaten juristischen Gerangels wurden sie gefangen genommen und auch exkommuniziert. Eine der Versöhnungen, welche der Rat so gerne initiierte, fand zwischen den Parteien statt. Die Schuldigen meinten dann, dass sie frei seien, um zu kommunizieren. Es wurde ihnen mitgeteilt, dass sie zunächst Zeichen der Buße aufweisen müssten. Insbesondere Balthasar bat darum, dass sein Kind getauft werden solle. Das Konsistorium entschied, dass er exkommuniziert sei, sein Kind könne nicht getauft werden.

Dieser Stand hielt sich ins Jahr 1553 hinein. Calvin musste sich dafür entschuldigen, dass er zu Fabris Hochzeit ging. Die Dinge standen so schlecht, dass er sich für einen Monat nicht außerhalb der Stadtmauern aufhalten konnte: »Sie haben nie eine ungehemmtere Ausschweifung gezeigt … Die ganze Republik steckt jetzt im Chaos, und sie streben nach dem Umsturz der etablierten Ordnung.«[249] Bald musste er aber eine Reise machen, denn er hatte gehört, dass Farel im Sterben liege. Calvin fand es genauso vor und sprach die Sterbegebete für seinen Freund. Er war von Kummer erfüllt und teilte nach seiner Rückkehr jedem die schlechte Nachricht mit. Bis Ende März war der robuste Farel wieder auf dem Wege der Besserung, und Calvin schrieb ihm, um sich dafür zu entschuldigen, dass er ihn verfrüht begraben habe:»Möge der Herr geben, dass die Kirche sehe, wie du mich überlebst … Lass uns aber jetzt so für Christus leben, dass wir täglich bereit sein mögen, für ihn zu sterben.«[250]

Mit ihrer Kontrolle über den *Kleinen Rat* wurden die Libertiner keck. Im März, mit der Osterkommunion in Sicht, verlangten die Syndici vom Konsistorium eine Liste mit allen exkommunizierten Personen zusammen mit den Gründen für ihren Kirchenbann. Die Pfarrer gingen gemeinsam zu ihnen und sagten, dass sie lieber ihre Rücktritte einreichen würden. Bis Mitte des Jahres waren die Zustände unerträglich geworden. Den Pfarrern wurden, selbst wenn

---

249  OC, Bd. 14, Sp. 455-456; ET, Bd. 2, S. 369-370.
250  OC, Bd. 14, Sp. 509; ET, Bd. 2, Sp. 377-378.

sie Bürger waren, die Sitze in der *Allgemeinen Ratsversammlung* verboten, die allen Bürgern offenstand. Der Rat versetzte eigenverantwortlich Bourgoin von Jussy nach Genf und ließ des Gallars seine Stelle einnehmen. Der Protest der Pfarrer blieb folgenlos.

Der Opposition schien es Freude zu bereiten, Calvins Launenhaftigkeit herauszufordern; und es ist nicht verwunderlich, dass er sogar noch reizbarer wurde und auf eine Beleidigung mit einer Beleidigung reagierte. Dies beklagte er in einem Brief:

»Für mich ist es sehr schwierig, nicht überzukochen, wenn jemand leidenschaftlich wird. Allerdings hat mich bislang noch niemand je brüllen hören. Allerdings fehlt es mir am Allerwichtigsten, nämlich dass ich mich durch diese Geißeln des Herrn in wahrer Demut üben lasse. Und daher ist es um so nötiger, dass ich durch die freien Schelten meiner Brüder gezähmt werde.«

»Schone mich nicht«, fährt er fort, »denn ich schäme mich bei dem Gedanken, dass du aus Furcht überfreundlich mit mir umgegangen sein könntest.«[251]

Die anhaltende Verfolgung erreichte schließlich ihr Ziel. Am Montag, dem 24. Juli, gestand Calvin ein, dass er geschlagen sei und bat um die Erlaubnis, sein Amt niederlegen zu dürfen: »M. Calvin hat protestiert und darum gebeten, dass der Rat nicht ungehalten sein möge, wenn er, da er sehe, dass manche ihm Übel wünschten und viele murrten und sich vom Wort abwendeten, in den Ruhestand gehe und nicht länger diene.«[252] Der Antrag wurde abgelehnt. Die Libertiner wollten einen unterwürfigen Calvin, nicht einen Calvin, der durch die Verbannung zum Märtyrer gemacht wurde und ihnen von Basel oder Zürich aus Widerstand leistete.

---

251  OC, Bd. 14, Sp. 478.
252  OC, Bd. 21, Sp. 547.

# 8. Von der Niederlage zur Sicherheit

Just zu diesem Zeitpunkt, als die Autorität Calvins in Genf ihren Tiefstand erreicht hatte, als er eigentlich besiegt war, geschah ein Ereignis von einer solchen Tragweite und mit solch weitreichenden Konsequenzen, dass die ganze Art der Schlacht sich radikal änderte. Auf den ersten Blick schien sie der Opposition eine wunderbare Gelegenheit zu bieten. Allerdings merkten Calvins Gegner, dass das Geschenk, welches das Geschick ihnen zugeworfen hatte, eine Handgranate war, die kurz vor der Explosion stand. Sie wurden sie gerade noch schnell genug los.

Am Sonntag, dem 13. August 1553, kam ein Mann, der vor der Justiz in Südfrankreich entflohen war, nach Genf. Am Nachmittag ging er nach Saint Pierre, um dort Calvin predigen zu hören. Er wurde erkannt, inhaftiert und ins Gefängnis geworfen. Dies war der Anfang des letzten Akts in der wechselhaften Laufbahn von Michael Servet.[253]

## Der Prozess und Tod von Michael Servet

Servet erlangte erstmals traurige Berühmtheit, als er, nachdem er in Toulouse Jura doziert und Sekretär des spanischen Kaplans des Kaisers gewesen war, in Basel lebte und seine Auffassungen über die Dreieinigkeit den widerstrebenden Ohren von Oekolampad anvertraute. Diese Ansichten legte er in einem Buch dar, das 1531 veröffentlicht wurde, unter dem Titel *de Trinitatis erroribus libri septem*, »Sieben Bücher über Irrtümer bezüglich der Trinität«. Von Basel ging er nach Straßburg, wo sein Hauptangriffsziel Bucer war und wo es ihm gelang, der Stadt unter den anderen Reformatoren einen schlechten Ruf zu verschaffen. Bucer bat ihn, die Stadt zu verlassen. Er kehrte nach Basel zurück, doch dort befahlen ihm die Magistraten, die in seinem Buch geäußerten Ansichten zu

---

253 Siehe für die zahlreiche Literatur über das Verfahren um Servet W. Niesel, *Calvin-Bibliografie*, S. 51-53.

widerrufen. Die Art und Weise, wie er gehorchte, war typisch für den Mangel an Aufrichtigkeit, den er sein ganzes Leben hindurch zeigte. Er schrieb ein neues Buch, *Dialogorum de Trinitate libri duo* (»Zwei Bücher mit Dialogen über die Trinität«), worin er das, was er geschrieben hatte, in dem Sinne widerrief, dass es ein unreifes Werk gewesen sei, dessen Ideen noch einer Weiterentwicklung bedürften. Die Inquisition in Spanien ordnete seine Gefangennahme an. Servet als solcher hörte scheinbar zu existieren auf.

Er tauchte in Paris als Michael Villeneuve, Dozent der Mathematik, wieder auf und nahm das Medizinstudium mit herausragendem Erfolg auf. Man sagt, dass er schon vor Harvey den Lungenblutkreislauf entdeckt habe. Er verfasste ein sehr populäres Werk über verschiedene Arten von medikamentösem Sirup, *Syruporum universa ratio* (»Der universale Gebrauch von Sirup«, 1537). Mitte der dreißiger Jahre vereinbarte Calvin unter Lebensgefahr ein Treffen mit ihm in Paris, damit er ihn »für den Herrn gewinnen« mochte. Servet erschien nicht zu dem vereinbarten Treffen. Die näheren Umstände sind unklar, und wir wissen nicht einmal, ob er für Calvin damals Servet oder Villeneuve war. Von Paris ging er nach Lyon, wo er die *Geographia* des Ptolemäus in lateinischer Sprache herausgab (Erasmus hatte 1533 den griechischen Text ediert). Doch als er nach Paris zurückkehrte, wurde sein Buch über Astrologie von der Medizinischen Fakultät verurteilt und unterdrückt. Als Villeneuve wurde er Leibarzt des Erzbischofs von Vienne, dessen Freundschaft er in Paris gewonnen hatte. Sein Schutzherr, ein großer Hasser von Luther und Calvin, konnte auch nichts von seinem Briefwechsel mit Calvin oder von einem eigenartigen Buch, das er vorbereitete, wissen. Zwei andere Bücher muss der Erzbischof, ein Literaturliebhaber, gebilligt haben, denn jetzt brachte Servet die zweite Auflage seines Ptolemäus und eine Neuausgabe der lateinischen Bibel von Pagninus heraus.

Im Jahre 1545 nahm er seine Verbindung mit Calvin wieder auf, indem er ihn durch einen gemeinsamen Bekannten, den Buchhändler Jean Frellon aus Lyon, um Hilfe zum Verständnis dreier schwieriger Punkte bat. Erstens, ob der gekreuzigte Mensch Jesus der Sohn Gottes gewesen sei und in welcher Weise oder Form diese Sohnschaft bestanden habe. Zweitens, ob das Reich Gottes in den Menschen sei, wann es beginne und wann ein Mensch wiedergeboren werde. Drittens, ob die Taufe ebenso wie das Abendmahl den Glauben erfordere und warum die Taufe im Neuen Bund eingesetzt worden sei.

Calvin schickte Antworten auf die Fragen. Servet war unzufrieden und bestritt seine Antworten. Calvin erwiderte nochmals, diesmal in größerer Ausführlichkeit, und schickte ihm auch ein Exemplar der *Institutio* zu, wo er seine Lehren vollständig dargelegt finden würde. Servet focht diese erneut an und schickte die *Institutio* mit seiner Kritik in Randbemerkungen zurück. Er schickte ihm auch einen Teil des Buches, welches er gerade schrieb, und einen Aufsatz, der aus dreißig »Briefen« oder Kapiteln bestand.

Es ist kaum zu glauben, dass ein Mann ganz bei gesundem Verstand war, der Calvin beschuldigen konnte, er würde lehren, dass Abraham aus Werken gerechtfertigt worden sei,[254] oder der solche heftige Unanständigkeiten an einen anerkannten Gelehrten schreiben konnte, dessen Rat er suchte: »Ich habe dir oft gesagt, dass jene Triade unmöglicher Ungeheuerlichkeiten, die du in Gott behauptest, durch keine richtig verstandene Schriftstelle belegt wird«;[255] »Johannes selbst sagt [1.Joh 2,3-4; 5,3]: ›Und hieran erkennen wir, dass wir ihn erkannt haben, wenn wir seine Gebote halten. Wer sagt: Ich habe ihn erkannt, und hält seine Gebote nicht, ist ein Lügner ... und seine Gebote sind nicht schwer.‹ Dies zeigt, dass deine Erkenntnis lächerlich ist, ja, sogar eine magische Bezauberung und eine lügnerische Rechtfertigung.«[256] Und so weiter. Sogar Bolsec nannte Servet einen »wahrhaft sehr arroganten und unverschämten Menschen«.

Calvin schrieb an Frellon, dass »eine gewisse Person«, wenn sie es nicht lernen könne, ein wenig bescheidener zu schreiben, ihm keine weiteren Briefe mehr zu schicken brauche. Doch ein Brief vom selben Tag an Farel klang schon völlig anders:

254  OC, Bd. 8, Sp. 670.
255  OC, Bd. 8, Sp. 653.
256  OC, Bd. 8, Sp. 674.

»Servet schrieb mir neulich und verband mit seinem Brief einen umfangreichen Band mit seinen wahnsinnigen Fantasien, mit dem prahlerischen Eigendünkel, dass ich darin etwas Erstaunliches und Unerhörtes sehen würde. Er würde gerne hierher kommen, falls es mir angenehm sei. Ich möchte aber nicht mein Wort für seine Sicherheit geben. Wenn er nämlich kommt, werde ich ihn nie lebendig wieder gehen lassen, wenn ich irgendwelche Autorität habe.«[257]

Die Geschichte dieses Briefes und seiner Veröffentlichung findet sich bei Doumergue, Bd. VI, S. 261-265. Der letzte Satz könnte als eine Drohung oder als eine Warnung gelesen werden. Falls es sich dabei um eine Drohung handelt, dann wurde sie Farel mitgeteilt und weder mittelbar noch unmittelbar Servet. Sollte er eine Warnung sein, dann ließ er sie auch Servet übermitteln, entweder direkt, indem er ihm mitteilte, dass er sich weigere, ihm freies Geleit zu geben, oder indirekt, indem er ihm nicht mitteilte, dass er ihm freies Geleit gebe. Der Briefverkehr hörte auf, und Calvin beschloss, dass »er hinfort nicht mehr ein einziges Wort aus mir herauspressen wird«[258]. Wir müssen beachten, dass Calvin sich der Identität von M. de Villeneuve bewusst war und dass er ihn jederzeit hätte entlarven können. Er verfolgte jedoch den festen Grundsatz, mit der römischen Kirche als System keinen Umgang zu haben.

Im Januar 1553 wurde dem Buch, das seit einigen Jahren fertig gewesen war, weiterer Stoff hinzugefügt, und es wurde unter dem Titel *Christianismi Restitutio* veröffentlicht: »Die Wiederherstellung des Christentums. Ein Aufruf an die ganze apostolische Kirche, einen Neuanfang zu machen, völlig wiederhergestellt in der Erkenntnis Gottes, dem Glauben Christi, unserer Rechtfertigung, Wiedergeburt, Taufe und dem Abendmahl. Unsere Wiederherstellung erfolgt endgültig im Reich der Himmel, mit der Lösung der Knechtschaft unter das gottlose Babylon und der Vernichtung des Antichrists und der Seinigen.«

Die *Restitutio* (der Titel zielt bewusst auf die *Institutio* ab) bestand eigentlich aus mehreren Büchern in einem: einer überarbeiteten Fassung von *de Trinitatis erroribus libri septem*, sieben weiteren Büchern

---

257  OC, Bd. 12, Sp. 283; ET, Bd. 2, S. 19.
258  OC, Bd. 13, Sp. 42; ET, Bd. 4, S. 409.

über den Glauben und die Reiche Christi und des Antichrists, die Wiedergeburt, den dreißig »Briefen«, den sechzig Zeichen des Antichrists und einer Apologie an Melanchthon bezüglich der Trinität und der Kirchenzucht. Da ein Basler Verleger sich geweigert hatte, irgendetwas damit zu tun haben zu wollen, bewegte er die Drucker Arnoullet und Guéroult aus Vienne dazu, es für ihn zu drucken. Diese miteinander verschwägerten Männer waren Genfer, der letztere ein Libertiner, der »ein paar Monate zuvor Genf verlassen hatte, um der Strafe für seine Hurerei und seine anderen Verbrechen zu entgehen«[259].

Es war aber in Vienne immer noch nicht bekannt, dass der Verfasser dieses anonymen Werkes niemand anders als M. de Villeneuve, der Leibarzt des Erzbischofs, war, oder dass M. de Villeneuve niemand anders war als der Häretiker Michael Servet. Wie er unentdeckt bleiben konnte, ist ein Rätsel, denn sicherlich wussten einige der Schweizer Reformatoren um seine Identität.

Sie wurde erst durch Guillaume de Trie, einen französischen Flüchtling in Genf, den Schwiegersohn von Guillaume Budé und einen persönlichen Freund Calvins, bekannt. Servet hatte ein Exemplar der *Restitutio* an Calvin geschickt, der, wie wir gesehen haben, Teile davon in Manuskriptform gelesen hatte und ihren Verfasser kannte. Er scheint mit seinen vertrauten Mitarbeitern und Freunden darüber gesprochen zu haben (denn dessen Ansichten waren nicht diejenigen, die er selbst verbreiten wollte). De Trie war einer von diesen, und er hatte einen in Vienne lebenden Vetter, den er für den evangelischen Glauben zu gewinnen versuchte. In seinem nächsten Brief frönt er der Apologetik und stellt die Reinheit der Theologie in Genf der Nachlässigkeit Roms gegenüber, welches jeden sagen lasse, was er wolle. Warum wohl? In Vienne lebe nämlich momentan ein Erzhäretiker, und er lebe nicht nur dort, sondern stehe tatsächlich sogar in den Diensten des Erzbischofs selbst. »Der Mann, von dem ich spreche, ist in allen Kirchen, die ihr verwerft, verurteilt worden. Unter euch wird er jedoch geduldet … Er ist ein portugiesischer Spanier mit dem richtigen Namen Michael Servet, er

---

259  OC, Bd. 21, Sp. 146.

nennt sich selbst aber gegenwärtig Villeneuve«.[260] Und er sandte ihm Seite 1 als Beleg. Dies geschah am 26. Februar.

Der Vetter, Antoine Arneys, leitete den Brief unverzüglich an die kirchlichen Behörden weiter, und binnen drei Wochen schrieb der Generalinquisitor des Königreichs Frankreich »streng geheim« an den Sekretär des Erzbischofs von Lyon, Kardinal de Tournon, und bat ihn, einen näheren Blick in die Materie zu werfen. Der Kardinal schrieb an den Generalverweser des Dauphiné und sagte, dass diese Angelegenheit von großer Wichtigkeit sei und umgehend behandelt werden müsse. M. Arneys wurde um weitere Auskünfte gebeten, wofür er einen Brief an M. de Trie schrieb, der ihm einen weiteren Stapel mit Papieren sandte:

»Aber ich will dir eines sagen: Ich hatte die größten Schwierigkeiten, sie überhaupt von M. Calvin zu bekommen. Nicht dass er möchte, dass solche abscheulichen Blasphemien ungestraft bleiben, sondern weil ihm scheint, dass es für ihn als jemanden, der nicht das Schwert der Justiz trägt, seine Pflicht ist, Häresien durch Belehrung zu überführen und nicht, sie mit dem Schwerte zu verfolgen. Ich war bei ihm aber so hartnäckig, indem ich protestierte, dass ich der Leichtfertigkeit beschuldigt werden würde, es sei denn, dass er mir hülfe, sodass er am Ende einwilligte, mir das zu geben, was du vor dir siehst.«[261]

M. de Villeneuve wurde daher im Gefängnis von einer durch Matthieu Ory, den Generalinquisitor, angeführten Kommission verhört. Nachdem er den Eid auf die Evangelien abgelegt und geschworen hatte, die Wahrheit zu reden, sagte der Gefangene, dass sein Name Michael de Villeneuve sei, Doktor der Medizin und gebürtig aus Tudelle in Navarra. Er gab einen kurzen Überblick über seine Laufbahn, in dem er seine Aufenthaltsphase in Basel und Straßburg auslieb. Er hatte die *Syruporum universa ratio* geschrieben, das Buch über Astrologie, und die *Apologia pro Campeggio*, doch sei kein anderes Buch von ihm gedruckt worden, obgleich er mehrere korrigiert habe. Es wurden ihm zwei gedruckte Blätter mit handschriftlichen Randbemerkungen gezeigt, in denen die Kindertaufe im Grunde eine

---

260  OC, Bd. 8, Sp. 837.
261  OC, Bd. 8, Sp. 842.

dämonische Ungeheuerlichkeit genannt wurde. Er erwiderte, dass er glaubte, dass Kinder durch die Taufe errettet würden. Er wurde darauf aufmerksam gemacht, dass er daher in seiner Handschrift einige Randnotizen im gegenteiligen Sinne korrigieren müsse. Dies versprach er zu tun, sagte aber, dass er nicht auswendig sagen könne, ob dieser Brief von ihm stamme oder nicht. Dann sagte er, dass er meinte, er sei von ihm und dass, wenn er irgendetwas gegen den Glauben geschrieben habe, er »sich der Bestimmung unserer heiligen Mutter Kirche unterwerfen« und, sofern es ihm gestattet würde, ihn sorgfältiger zu lesen, auch alle darin enthalten Irrtümer berichtigen werde.

Am nächsten Tag wurde er wiederum unter Eid verhört. Nun wurde ihm der »Brief« über den freien Willen gezeigt. Er fing zu weinen an und sprach: »Meine Herren, ich möchte Ihnen die Wahrheit sagen. Als diese Briefe geschrieben wurden, zu der Zeit, als ich in Deutschland war, vor etwa 25 Jahren, wurde in Deutschland ein Buch von einem Mann namens Servet, einem Spanier, gedruckt – ich weiß nicht, aus welchem Teil von Spanien er herkam oder wo er in Deutschland lebte ... Und nachdem ich das Buch in Deutschland gelesen hatte, schien es mir, da ich noch sehr jung war, etwa fünfzehn oder siebzehn Jahre, schien mir gut zu sein, tatsächlich sogar besser als andere.«[262] Er habe Calvin geschrieben, wie er sagte, und ihm einige Fragen gestellt, die Servet ihm gestellt habe, und zum Zwecke der Korrespondenz habe er den Namen Servet angenommen, obgleich er Calvin deutlich gemacht habe, dass er nicht Servet sei. Als er gesehen habe, dass Calvin zornig geworden sei, habe er den Briefwechsel abgebrochen. Bezüglich der Kindertaufe habe er schon lange seine Meinung geändert und wünsche nun, mit der Kirche Schritt zu halten. Was den »Brief« über die Trinität betreffe, so bringe dieser lediglich die Anschauungen von Servet zum Ausdruck.

Nach der zweiten Befragung sandte Servet seinen Knecht, der etwas Geld abholen sollte, das ihm zustand. Am nächsten Morgen stand er sehr früh auf, bekam den Schlüssel eines kleinen Gartens

---

262  OC, Bd. 8, Sp. 848.

vom Gefängniswärter, kletterte über die Mauer und »verließ«, wie der Genfer Stadtrat spöttisch an den Hof in Vienne schrieb, »das Gefängnis, ohne seinem Gastgeber Lebewohl zu sagen«[263]. Das Tribunal konnte seinen verlorenen Gefangenen lediglich noch verurteilen, und dies geschah am 17. Juni auch. Er soll »in einem langsamen Feuer lebendig verbrannt werden, bis sein Leib zu Asche wird. Für den Augenblick [das heißt, bis zu seiner Festnahme] ist das Urteil symbolisch zu verstrecken und sollen seine Bücher verbrannt werden.«[264]

Servet tat nun eine derart unglaublich törichte Sache, dass wir nur annehmen können, dass seine zwanzig Jahre des Schauspielens ihn in einen Zustand versetzt hatten, in welchem er Tatsachen nicht mehr von der Fantasie unterscheiden konnte. Völlig unnötig, soweit wir wissen, ging er, auf dem Wege nach Italien, nach Genf und besuchte Calvins Predigt in Saint Pierre. Auf Calvins Verlangen hin wurde er durch seinen Sekretär Nicolas de la Fontaine gefangen genommen, unter dem Genfer System, nach dem ein Kläger so lange ins Gefängnis gehen musste wie der Beklagte, bis er Beweise erbringen konnte.

Calvin stellte eine Liste mit theologischen Anklagepunkten zusammen, welche de la Fontaine dem Gericht einreichte. Die erste Anhörung, vor den Syndici, mit Pierre Tissot als Ankläger, fand am 14. August statt, wobei Servet unter seinem eigenen Namen der Prozess gemacht wurde. Die Anklagepunkte wurden vorgelesen, zusammen mit Servets Antworten. De la Fontaine erklärte sich für unzufrieden, und sie kehrten beide ins Gefängnis zurück. Am nächsten Tag löste Antoine Calvin de la Fontaine als Kläger ab. Am 16. August erschien Philibert Berthelier als Ersatzankläger für Tissot. Germain Colladon, der Onkel von Nicolas, und einst ein wohlbekannter Anwalt im Herzogtum Berry, war Anklagevertreter. Am nächsten Tag erschien Calvin vor dem *Kleinen Rat* mit einer Beschwerde gegen Berthelier, als versuche er, Servet in gewisser Weise zu entschuldigen (der Satz in den Protokollen ist schwer

---

263 OC, Bd. 8, Sp. 761.
264 OC, Bd. 8, Sp. 786.

verständlich). Während der nächsten mehreren Sitzungen war der erste Syndikus, Perrin, abwesend und Tissot nahm seinen Platz als Verweser wieder ein. Es wäre ermüdend, den Leser mit den Details der vielen Verhöre zu langweilen. Die Punkte, die bewiesen werden mussten, waren die folgenden:

1. Dass die fraglichen Schriften häretisch waren; das heißt, dass sie der Heiligen Schrift, so wie sie von den katholischen Vätern und Konzilien verstanden wurde, entgegen waren, und überdies häretisch bezüglich grundlegender Glaubenspunkte. Infolgedessen wurde viel Zeit mit der altkirchlichen Christologie verbracht.
2. Dass Servet der Verfasser der fraglichen Schriften war.
3. Dass er sie in der Absicht geschrieben hatte, dass sie verkauft werden sollten und dass von daher die in ihnen zum Ausdruck gebrachten Anschauungen auch anderen mitgeteilt werden sollten.
4. Dass er in Wort oder Schrift diese häretischen Anschauungen anderen Personen, unter ihnen M. Calvin, M. Viret und M. Poupin, mitgeteilt hatte.
5. Es musste auch aus dem römischen Recht bestätigt werden, dass Häresie im Reich eine strafbare Handlung war. Daher war viel vom Codex Justinian und von Beispielen oder angeblichen Beispielen für die Bestrafung von Häretikern durch die staatliche Obrigkeit die Rede.

Wie die Register der *Compagnie des pasteurs* belegen, wurde deutlich, dass der Prozess sich bis ins Endlose hinziehen würde. Nicht so sehr wegen der Kompliziertheit des Falles, denn tatsächlich kann überhaupt kein Zweifel daran bestehen, dass alle Bücher Servets nach den Maßstäben des katholischen Christentums schwerwiegend häretisch waren. Vielmehr bedienten sich die Libertiner des Prozesses, um Calvin zu schikanieren. Ihre Schwierigkeit war, dass die Romanisten Servet bereits zum Tode verurteilt hatten und dass ihr eigenes Verhalten in ganz Europa beobachtet wurde. Die Wiedereröffnung aller alten Bordelle in Genf – sozusagen das Wahlmanifest von Gaspard Favre – würde nicht, wie Perrin ganz genau wusste, für die möglichen religiösen, politischen und sozialen Konsequenzen entschädigen, die es hätte, wenn man Partei für einen äußerst berüchtigten Häretiker ergriffe. Sie konnten lediglich den Prozess weiter in Gang halten. Servet wusste inzwischen, dass seine Richter die eingeschworenen Feinde seines Anklägers waren, und seine ganze alte Unverschämtheit schlich sich wieder in seinen Umgang mit Calvin ein. Seine Erwiderungen an Calvin stehen in der Tat in einem höchst geschmacklosen Gegensatz zu seinem heuchlerischen Kriechen vor dem Inquisitor in Vienne. Und so schreibt Bonivard:

»Calvins Feinde, welche zu jener Zeit die Herrschaft in der Stadt erlangt hatten, stachelten Servet gegen Calvin durch ›den Bastard von Genf‹ auf, welcher der Gefängniswärter und ein Anhänger Perrins war. Sie stellten ihm die Hoffnung in Aussicht, ihn zu unterstützen, und überzeugten ihn so, nicht nur mit Calvin zu disputieren, sondern ihn auch zu beleidigen, wenn er mit ihnen zum Gefängnis ging.«[265]

Am 21. August ersann der *Kleine Rat* einen genialen Ausweg aus seinem Dilemma. Seine Mitglieder würden nach Vienne schreiben, »um zu erfahren, warum er dort festgehalten worden war und wie er entkam«, und sie würden auch an bestimmte Schweizer Kirchen und Gemeinden schreiben und sich nach deren Meinung erkundigen. Sie können kaum geglaubt haben, dass die anderen Kirchen sich auf Servets Seite gestellt hätten, doch vielleicht verließen sie sich darauf, wie im Falle Bolsec einige laue Erwiderungen zu empfangen. Selbst wenn die Meinung einheitlich gegen Servet wäre, würden sie in ihrer Verurteilung Servets lieber anderen als Calvin folgen. Während sie noch die Antworten abwarteten, erdachten sie eine andere Lösung und fragten Servet, ob es ihm lieber sei, wenn ihm weiter in Genf der Prozess gemacht werde oder ob er nach Vienne zurückgebracht werden wolle. »Er warf sich zu Boden und bat unter Tränen, hier gerichtet zu werden, und die Messieurs möchten mit ihm tun, was sie wollten, ihn aber nicht dorthin zurückschicken lassen.«[266]

Am 20. Oktober wurden die Antworten im Genfer Rat vorgelesen. Übereinstimmend und einhellig verurteilten Zürich, Basel, Bern und Schaffhausen die Auffassungen Servets als häretisch, gotteslästerlich und als ein Übel. Dies war das eigentliche Ende des Prozesses, und

---

265  Siehe Roget, *Histoire*, Bd. 4, S. 91.
266  OC, Bd. 8, Sp. 789.

am 26. Oktober ließ der *Kleine Rat* seine Entscheidung verlauten, jedoch nicht bevor Perrin zumindest eine letzte Bemühung zur Rettung Servets angestrengt hatte, indem der Fall den *Zweihundert* übertragen wurde. Am nächsten Tag wurde das Urteil verkündet, dasselbe Urteil wie in Vienne: Calvin und andere Diener baten darum, dass ihm die Verbrennung erspart bleiben und er stattdessen enthauptet werden möge. Dies wurde abgelehnt. Nach einem letzten Gespräch mit Calvin wurde Servet verbrannt; Farel begleitete ihn.

Sollte der Staat Häresie als ein Verbrechen bestrafen? Calvins Lehre von der bürgerlichen Obrigkeit steht in fast unveränderter Form von der Erstausgabe der *Institutio* bis zu ihrer letzten Ausgabe fest, und sie wird in der *Defensio orthodoxae fidei*, welche er auf die Bitte der deutschen Städte hin über den Servet-Prozess schrieb, neu formuliert. »Ist es christlichen Fürsten und Richtern erlaubt, Häretiker zu bestrafen?«[267] Der Zweck der staatlichen Obrigkeit ist es nicht nur, dass »Menschen atmen, essen, trinken und gewärmt werden, obgleich dies alles sicherlich dazu gehört, wenn sie für die menschliche Gesellschaft sorgt. Sie besteht aber auch, damit Götzendienst, die Verunehrung des Namens Gottes, Blasphemien gegen seine Wahrheit und andere öffentliche Beleidigungen gegen die Religion nicht aufkommen und nicht verbreitet werden mögen ... Schließlich, damit unter den Christen das öffentliche Antlitz der Religion herrschen und unter den Menschen die Menschlichkeit herrschen möge.«[268]

Folglich ist es die Pflicht des Staates, die wahre Religion zu etablieren und diese Religion, sobald sie einmal eingerichtet ist, zu verteidigen. Der Staat und seine Verwaltung sind keineswegs säkular oder unrein, ein neutraler oder der Kirche feindlich gegenüberstehender Bereich. Ganz im Gegenteil, denn die Gesetze und diejenigen, welche sie ausführen, sind von Gott für die Verwaltung der Welt eingesetzt. Die Herrscher sind Beamte und Diener Gottes und bekleiden als solche die Autorität nicht nur eines irdischen Amtes, sondern des Herrn, von dem her und für den sie ihr Amt ausüben. Angenommen, dass

---

267  OC, Bd. 8, Sp. 461.
268  Op. sel., Bd. 1, S. 260.

es die Pflicht des Staates ist, die wahre Religion zu etablieren und zu verteidigen, was soll eine Regierung tun, wenn sie wahrnimmt, dass die wahre Religion in ihren Grundfesten angegriffen wird?

Hinsichtlich der Tolerierung oder der Bestrafung liegt eine Differenz zwischen dem Meinungskonsens im 20. Jahrhundert und dem Meinungskonsens im 16. Jahrhundert vor. Unsere Vorstellungen erschaudern über den Schrecken und den Todeskampf des elendigen Opfers. Ihr Ordnungssinn richtete sich voller Abscheu gegen den Gedanken, dass Seelen durch falsche Lehre verderbt werden, dass Kirchen in Parteiungen auseinandergerissen werden könnten und dass Gott seine Rache an ihnen in Form eines Krieges, einer Seuche oder einer Hungersnot erzeigen könnte.

Der Fall des italienischen Flüchtlings Valentin Gentile stellt eine aufschlussreiche Parallele zu demjenigen von Servet dar. Die italienische Gemeinde in Genf war hinsichtlich der Trinitätslehre gespalten. Dementsprechend wurde ein Glaubensbekenntnis aufgesetzt, das auf Strafandrohung der Verbannung hin unterschrieben werden musste. Alle außer zwei Mitglieder unterschrieben. Gentile, der unterschrieben hatte, fuhr nichtsdestoweniger fort, seine trinitarischen und christologischen Irrlehren zu verbreiten. Im Juli 1558 wurde er inhaftiert und ins Gefängnis geworfen. Die Stellungnahme, die er abgab, wurde als unzulänglich empfunden und verurteilt. Da er nicht das Schicksal von Servet erleiden wollte, gab er vor, Buße zu tun. Eine Juristenkommission wurde zur Prüfung der Echtheit seiner Reue und seines Bekenntnisses abgesandt. Am 15. August verkündeten sie das Urteil gegen ihn, indem sie empfahlen, dass er durch Enthauptung hingerichtet werden solle. Da andere Personen jedoch seine Bußfertigkeit bezeugten, wurde das Todesurteil in eine Sühneleistung und die *amende honorable* umgewandelt – mit anderen Worten, in öffentliche Buße. Acht Jahre später brachte Gentile in Bern seine Auffassungen wiederholt zum Ausdruck; die Berner Obrigkeiten hatten keine Skrupel, das auszuführen, was Genf nicht fertiggebracht hatte, und so wurde er am 10. September 1566 enthauptet.[269]

---

269  OC, Bd. 21, Sp. 698ff.

# Der Fall der Perrinisten

Während der Dauer des Servet-Prozesses hatte die Verfolgung Calvins durch die Libertiner nicht nachgelassen. Wir haben ihn zuletzt in Verzweiflung gesehen, in der er um die Erlaubnis bat, seinen Dienst quittieren zu dürfen. Anfang September 1553, im Blick auf die in Kürze bevorstehende Feier des Abendmahles, debattierte der *Kleine Rat* über Philibert Bertheliers Bitte um Absolution und Calvins Beharren darauf, dass die Vollmacht zur Exkommunikation beim Konsistorium und nicht beim Rat liege. Der Rat willigte ein, dass Berthelier die Erlaubnis zu kommunizieren erteilt werde, bat ihn aber, sich dieser bei diesem Anlass nicht zu bedienen.

Am Kommunionsonntag, dem 3. September, bekräftige Calvin am Ende seiner Predigt die Nichtzuständigkeit des Konzils bei der Exkommunikation und verwarnte jeden Exkommunizierten, nicht nach vorne zu kommen. Er sprach mit solch schonungsloser Offenheit, dass er glaubte, seine Amtsniederlegung würde nunmehr angenommen, oder dass er fristlos entlassen würde. In der Nachmittagspredigt geschah es also, dass er in seiner Predigtreihe über die Apostelgeschichte nunmehr Kapitel 20 erreicht hatte, wo der hl. Paulus in einer ergreifenden Szene an der Meeresküste den Ältesten von Ephesus sein Lebewohl entbietet: »Und nun befehle ich euch Gott und dem Wort seiner Gnade, das die Kraft hat, aufzuerbauen und ein Erbe unter allen Geheiligten zu geben« (Vers 32). Er sei immer bereit gewesen, der Kirche zu dienen, sagte er, doch habe er erkannt, dass die Dinge so stünden, dass er nicht wisse, ob dies nicht seine letzte Predigt in Genf sei, denn diejenigen, die an der Macht seien, wollten ihn zwingen, etwas zu tun, das vor Gott nicht erlaubt sei. Wenn er gegangen sei, dürften die Menschen sich nicht an ihn persönlich hängen, sondern nur an das Wort Gottes, welches ihnen gepredigt worden sei. »Und so, Brüder, befehle ich euch, wie der hl. Paulus, Gott und dem Wort seiner Gnade.«

Anstatt ihn zu entlassen, handelte der Rat jedoch vernünftig und beschloss, dass die *Ordonnances* gründlich studiert werden sollten, damit man erkenne, was sie eigentlich aussagten. Es entstand jedoch sogleich eine Schwierigkeit. Das von dem Kanzleischreiber Trolliet, einem Mann, der Calvin ein großes Ärgernis gewesen war, angefertigte Exemplar unterschied sich von dem Original, das vom Ratssekretär geschrieben worden war, und diese Urschrift war verloren gegangen. Der Syndikus Darlot wurde deshalb für die Suche danach abgestellt. Nachdem er sie gefunden hatte, vergingen zwei Wochen der Diskussion. Am 18. September wurde der schicksalhafte Antrag gestellt, »ob der Rat anordnen könne, dass das Abendmahl dem gespendet werde, der beim Rat darum bitte, ohne dass er vor dem Konsistorium Buße zeige«. Eine Mehrheit beschloss, dass »wir uns so wie in der Vergangenheit an die Edikte halten sollten«,[270] das heißt, »die *Ordonnances* sind in dem Sinne zu interpretieren, wie sie seit 1541 ausgeführt worden sind«. Die Exkommunikation unterliegt der Jurisdiktion des Konsistoriums.

Anfang November waren die Libertiner mit ihrer Bemühung, sich den Fall Servet zunutze zu machen, gescheitert. Dies hatte zur Folge, dass Calvin als der Verteidiger des Glaubens gefeiert wurde, als ein Kämpfer der Christenheit. Überdies gab es Anzeichen dafür, dass das gemeine Volk in Genf angefangen hatte, die Pfarrer mit den Libertinern zu vergleichen und zu dem Schluss kam, dass es eine solche Stadt, wie die Geistlichen sie ihnen geben würden, vorzöge. Als Farel nämlich eine scharfe Predigt gegen »die Kinder von Genf« hielt, dass sie schlimmer als Räuber, Mörder, Diebe, Ehebrecher und Atheisten seien und durch einige von ihnen im Namen der Bürger von Genf vor den Rat zitiert wurde, wurde eine andere Bürgergruppe vorstellig, die sich ebenfalls im Namen der Bürger von Genf für ihn aussprach.

Der beharrliche Berthelier beantragte im November wiederum seine Wiederzulassung zu den Sakramenten, als ob er nicht ohne die Gnadenmittel leben könnte. Vier Tage später wurde die Frage der Exkommunikation unter den *Zweihundert* debattiert. Mit großer Mehrheit wurde beschlossen, dass die *Ordonnances* so ausgeführt werden sollten: Ein Missetäter sollte zunächst persönlich ermahnt werden. Wenn er sich nicht besserte, sollte er von zwei oder drei Mitgliedern

---

270  OC, Bd. 21, Sp. 554.

des Konsistoriums ermahnt werden. Sollte er immer noch unbußfertig bleiben oder ein sehr schweres Verschulden auf sich geladen haben, dann sollte er beim Rat vorgeladen werden. »Und was das Abendmahl betrifft, so hat das Konsistorium nicht die Gewalt, dieses jemandem ohne Geheiß des Rates zu verbieten. Sollte aber jemand da sein, von dem das Konsistorium meint, dass er das Abendmahl nicht empfangen solle, so sollte dies dem Rat mitgeteilt werden, der es erörtern und bestimmen wird, ob ihm der Sakramentsempfang verboten werden sollte oder nicht.«[271] Der Rat wird in Verbindung mit zwei oder drei Pfarrern handeln, »aber in einer solchen Weise, dass das letzte Wort bei dem Rat liegen wird«[272].

Da die Pfarrer den Beschluss nicht akzeptieren konnten, erbaten sie eine weitere Debatte im Rat der *Zweihundert* und auch in der *Ratsversammlung*. Diese wurde gewährt, und das Ergebnis war, dass Gutachten der Kirchen von Bern, Zürich, Basel und Schaffhausen eingeholt werden sollten. Als diese eintrafen, konnten sie nichts entscheiden.

Die Probleme zogen sich weiter hin, und in ihrem Mittelpunkt standen die Brüder Berthelier. Als das Jahr 1554 kam, dachte Calvin immer noch, dass er Genf verlassen müsse. Er fasste allmählich aber auch eine gewisse Hoffnung und bemerkte, dass die Libertiner, ebenso wie es bei ihm zuvor der Fall gewesen war, zu verzagen begannen. Philibert Berthelier wurde die Kommunion im Frühjahr und Sommer 1554 erneut verweigert, er stellte aber einen weiteren Antrag für die Feier im September. Nach einem langen und ergebnislosen Streit im Rat wurde beschlossen, eine Kommission einzurichten, die sich noch einmal in die Materie vertiefen sollte. Ihr Bericht wurde am 22. Januar 1555 abgegeben: »Der um 7 Uhr abends unter Eid versammelte Rat. Die Briefe aus Deutschland [d. h. aus den Schweizer Kirchen] wurden Wort für Wort vorgelesen, ebenso wie auch die Edikte über die Exkommunikation. Entscheidung: *On se tient aux editz* – wir werden uns an die Edikte halten.«[273]

---

271  OC, Bd. 21, Sp. 560.
272  OC, Bd. 21, Sp. 560.
273  OC, Bd. 21, Sp. 593.

Diese Entscheidung wurde am 24. Januar durch die *Sechzig* und die *Zweihundert* bestätigt. Die Kirchenverfassung von 1541 wurde nunmehr ratifiziert. Die Opposition der Libertiner wurde nun zu dem erklärt, was sie immer gewesen war, illegal.

Noch war aber nicht alles friedlich. Die Perrinisten hatten ihre Meinung noch nicht geändert, und sie waren immer noch an der Macht. Sie konnten Calvin immer noch auf vielerlei Weise verärgern. Beispielsweise veranlassten sie, dass er seine Abhandlung über die Eucharistie gegen Westphal bei Zensoren einreichen musste: »Daraufhin verlor ich die Beherrschung und sagte zu den vier Syndici, dass ich, selbst wenn ich noch weitere tausend Jahre lebte, nie wieder irgendetwas anderes in ihrer Stadt veröffentlichen würde.«[274] Sogar noch im Mai schien der Sieg über die städtische Disziplin kurzlebig gewesen zu sein, denn Calvin schrieb an Farel: »Hier zu Hause ist alles schrecklich verworren … Ich befürchte, dass du bald schlechte Nachrichten über die internen Zwistigkeiten in unserer Stadt empfangen wirst.«[275]

Mit seiner Einschätzung lag er falsch. Die Februarwahlen hatten die Perrinisten bereits hinausgeworfen, die so viele Jahre lang geherrscht hatten. Alle vier Syndici waren nun Anhänger Calvins. Sie fuhren fort, indem sie die Libertiner aus dem *Kleinen Rat* entfernten, und zwar nach demselben Gesetz, durch welches sie an die Macht gelangt waren. Die *Sechzig* und die *Zweihundert* wurden ebenfalls gesäubert. Etwa um dieselbe Zeit wurde einer großen Zahl französischer Flüchtlinge das Bürgerrecht verliehen. Der *Kleine Rat* blieb ihnen als solchen, die keine gebürtigen Genfer waren, verschlossen, sie konnten aber in die anderen Räte gewählt werden. Dass dies zum wirtschaftlichen Wohl der Stadt gereichte, ist nicht zu bezweifeln. Ob es aber weise oder ganz fair war, ist eine andere Angelegenheit. Zumindest sollte es die echten oder vorgetäuschten Befürchtungen vor einer französischen Unterwanderung erneut wecken.

Den Libertinern war zu Bewusstsein gebracht worden, dass sie nun ohne die Macht waren, welche sie lange genug innegehabt

---

274  OC, Bd. 15, Sp. 356.
275  OC, Bd. 15, Sp. 617-618; ET, Bd. 3, S. 182.

hatten, um sie als ihnen rechtmäßig zukommend zu betrachten. Diese Erkenntnis trieb die Wilden unter ihnen zum Aufstand, und sie rissen die Weiseren oder Ängstlicheren mit sich mit. Am 16. Mai legten sie einen Protest vor der Ratsversammlung dagegen ein, dass so vielen Franzosen das Bürgerrecht eingeräumt worden sei. Der Rat weigerte sich, irgendwelche Maßnahmen zu ergreifen.

An jenem Abend trafen sich die unzufriede Anführer zum Abendessen in einer Taverne. Perrin war der Gastgeber; unter den anderen waren Vandel, Sept und François Berthelier. Calvin glaubte, dass ein bewaffneter Aufstand angezettelt wurde; die meisten Historiker meinen, dass die Gesellschaft einfach zu viel trank und sich durch viel ungestümes Geschwätz darüber, dass Genf den Genfern gehören solle, mitreißen ließ. Auf jeden Fall machten sie sich daran, ein Haus niederzubrennen, von welchem sie meinten, dass es voller bewaffneter Franzosen sei. Als er dem Knecht eines ihrer Feinde begegnete, warf Berthelier einen Stein auf ihn und verletzte ihn. Am Hause angekommen, wurde der Rotte von dem Syndikus Aubert, der nebenan wohnte und seinen Amtsstab trug, befohlen, sich aufzulösen. Perrin schnappte ihm den Amtsstab weg, womit er implizierte, dass er die Macht an sich nahm. Es trat aber auch noch ein weiterer Syndikus auf den Plan und befahl Perrin, mit ihm zum Rathaus zu gehen. Jetzt hatten die Patrioten ein ungutes Gefühl; die Halbherzigen und die Besorgten verschwanden in dunklen Nebenstraßen, und bald war wieder alles still. Der Aufstand war wieder vorbei.

Allerdings war ein bewaffneter Aufstand gewagt worden. Perrin hatte es gewagt, gewaltsam die Macht an sich zu reißen. Die Autorität der Republik war angegriffen und beleidigt worden. Einige der Anführer flohen aus der Stadt, unter ihnen auch Perrin und Philibert Berthelier. Ihnen wurde in ihrer Abwesenheit der Prozess gemacht, und man verurteilte sie zum Tode. Andere weniger Glückliche wurden gefoltert und hingerichtet. Die am Leben Gebliebenen stellten weiterhin so viel Unfug an, wie sie es aus der Entfernung konnten. Doch der organisierte, lang andauernde Widerstand gegen Calvins Kirchenpolitik hatte sein Ende gefunden.

# Die Genfer Universität

Ein Teil der *Ordonnances* musste noch auf zufriedenstellende Weise umgesetzt werden. Es gab private und öffentliche Predigten. Es gab die Kirchenzucht. Die Diakone scheinen ihre Arbeit gewissenhaft ausgeführt zu haben; die Tatsache, dass wir so wenig darüber hören, legt nahe, dass es keine ernsthaften Beschwerden in einem Bereich gab, der gewöhnlich der erste ist, in dem Klagen aufkommen können (Apg 6,1)! Auch im Bereich der akademischen Theologie gab es eine beträchtliche Aktivität, sowohl in Form von Schriften, Vorträgen als auch der Verlagsarbeit. Die anvisierten Maßnahmen für die Hochschulausbildung waren jedoch noch nicht zufriedenstellend umgesetzt worden.

Wir haben bereits gesehen, dass es eine Schule mit Saunier, Cordier und Castellio als ehemaligen Lehrern gab. Diese war die Nachfolgerin einer Grammatikschule aus dem späten 14. Jahrhundert, welche sich im 15. Jahrhundert zu einer Schule entwickelt hatte, in der das *trivium* und das *quadrivium* unterrichtet wurde. Sie hatte schlechte Zeiten und wurde 1531 geschlossen, weil kein Schulmeister gefunden werden konnte. Im Jahre 1535 war die neue Schule im früheren Konvent des Stadtviertels Rive gegründet worden. Sie scheint während des Exils Calvins einen Niedergang erlebt zu haben, und nach seiner Rückkehr hatte er große Schwierigkeiten, Lehrer für diese Schule zu finden und diese mit angemessenen Gehältern zu versorgen. Calvins Bemühungen zur Einrichtung eines echten Bildungssystems in der Stadt schlugen fehl, wahrscheinlich angesichts der Unwilligkeit oder Unfähigkeit des Rates, genügend Geld zu beschaffen. Claude Baduel, der selbst daran interessiert war, ein Gymnasium in Nîmes zu errichten, schrieb ihm im Juni 1550:

»Ich ersehe aus deinem Brief [einem heute verlorenen Rundschreiben], dass die Magistraten eurer Stadt keine besonderen Mühen für die Einrichtung eines literarischen Gymnasiums [*Gymnasio literarum*] auf sich nehmen wollen, und ich sehe auch, dass diese Nachlässigkeit für dich sehr betrüblich ist.«[276]

---

276  OC, Bd. 13, Sp. 587-590.

Erst im Januar 1558 willigte der Rat ein, die Sache ernsthaft in die Hand zu nehmen.[277] Dann ging alles nur sehr langsam vorwärts. Am 25. März beschlossen die Syndici, dass sie nach dem Mittagessen hinabgehen und sich eine Stätte ansehen würden, wozu sie »Monsieur Calvin und andere geistvolle Leute« einladen wollten, sie zu begleiten. Am nächsten Montag sind sie ziemlich begeistert:

»Sie berichten, dass wir sechs Klassen im Garten de Bolomier aufbauen können [einem Garten, der nach dem Gründer des Krankenhauses von Bourg du Four im 15. Jahrhundert so benannt war], der den Studenten immer noch Raum für einen Spaziergang am Ufer der *Byse* lässt, von welcher Seite aus die Eingänge zugänglich sind. Dieser Ort bietet eine schöne Aussicht und viel frische Luft, sodass er für die Studenten gesund und wohltuend ist ... Der Bau muss so schnell wie möglich erfolgen.«[278]

Jeder, der sich mit der Erbauung eines öffentlichen Gebäudes befassen musste, wird den Gang der Ereignisse voraussagen können. Man fing nicht vor Ende 1558 mit dem Ausheben der Fundamente an. Das Holz ging aus, die Bausteine auch, und am Ende fehlte das nötige Geld. Das letztgenannte Problem war das schwerwiegendste, aber die Genfer Ratsherren waren im Beschaffen von Geldmitteln erfahren, denn sie hatten sich in den Tagen, als sie die Stadtmauern wiederaufbauten, darin üben können. Jetzt erhoben sie nicht nur reichlich Bußgelder von Straffälligen »für das Collège«, sondern befahlen auch allen Notaren, ihren Kunden die Notwendigkeit der Großzügigkeit sowohl zu Lebzeiten wie auch im Blick auf ihr Testament einzuschärfen. Am Ende gab natürlich jeder etwas, vom wohlhabenden Robert Stephanus mit seinen 312 Gulden bis hin zu den wenigen Sous der ganz Armen. Ein Teil der Erlöse des Verkaufes des von den Perrinisten beschlagnahmten Eigentums wurde ebenfalls dem Collège zugewendet. Schließlich wurde das Collège also erbaut. Es wurde zwar nicht rechtzeitig für die Eröffnungsfeier fertiggestellt, doch dann muss man sich fragen, bei welchem Gebäude dies überhaupt je der Fall ist? Tatsächlich konnten die Handwerker erst

---

277 Siehe für die Akademie Borgeaud, *Histoire de l'Université*; Geisendorf, *L'Université de Genève*.
278 OC, Bd. 21, Sp. 687.

1563 endgültig auszichen, und dann mussten im nächsten Jahr noch die Glaser kommen, um die Papierfenster durch Glas zu ersetzen, das bei einem Sturm herausgeblasen worden war. Doch als es fertiggestellt war, stand dieses stille Bauwerk fast genauso da wie heute, eine der angenehmsten Stätten in der Genfer Altstadt.

Calvin hatte bereits nach Professoren Ausschau gehalten, und dabei wollte er hoch hinaus. Cordier war seine erste Wahl gewesen, Cordier fühlte sich aber immer noch Lausanne verpflichtet. Dann fragte er Mercier, den Hebräischprofessor am Collège de France in Paris, der aber nicht kommen konnte. Als nächstes wandte er sich an Emmanuel Tremellius, der eine Zeit lang in Cambridge Hebräisch lehrte und später eine berühmte Bibel in aramäischer und lateinischer Sprache herausgeben sollte. Auch er konnte nicht kommen. Schließlich hatte Calvin das Glück, Thèodore de Bèze als Rektor zu gewinnen. Beza hatte, abgesehen von seiner lateinischen Übersetzung des Neuen Testaments von 1557, noch nichts Herausragendes geschrieben; seine Ausgabe des griechischen Neuen Testaments aber sollte 1565 veröffentlicht werden und das protestantische Studium des Neuen Testaments tiefgreifend beeinflussen.

Hatte er soeben Beza gewonnen, so kam für Calvin ein weiterer Glücksfall hinzu. Gerade zu diesem Zeitpunkt hatten sämtliche Mitglieder des Lehrkörpers in Lausanne im Protest gegen den Rat von Bern, unter dem sie ihren Dienst geleistet hatten, ihr Amt niedergelegt, und auf Calvins Einladung hin zogen sie nach Genf um und brachten einige ihrer Studenten mit. François Bérauld – der Sohn des gelehrten Nicolas Bérauld aus Orléans, dem Tutor des Admirals Coligny, der selbst ein Poet in lateinischer und griechischer Sprache und der Übersetzer Appians von Alexandrien ins Lateinische war – wurde Professor für Griechisch. Antoine Chevalier, der ein wenig später auch in Cambridge lehrte, sollte Professor für Hebräisch werden.

Die Akademie wurde mit einer großen Zeremonie in Saint Pierre am 5. Juni 1559 eröffnet. Calvin hatte dabei den Vorsitz inne und hielt die letzte Rede, und Beza skizziert in einer lateinischen Ansprache die Geschichte der höheren Bildung von den alttestamentlichen Patriarchen bis zu den modernen Universitäten.

Anders als man befürchtet hatte florierte das Unternehmen. Innerhalb von fünf Jahren war die Zahl der Schüler auf über eintausend am Collège, der sogenannten *schola privata*, und dreihundert Studenten an der Akademie, der *schola publica*, angewachsen. Letztere entsprach der Vorbereitung zu den Kursen an einer Universität und ähnelte dem, was wir im zweiten Abschnitt des ersten Kapitels skizziert haben. Sobald die Jungen die sieben Klassen durchlaufen hatten, lasen sie Werke von Virgil, Cicero und Livius auf Lateinisch, Polybios, Xenophon und Demosthenes auf Griechisch, nicht nur wegen der Sprache, sondern auch im Blick auf die antike Geschichte. In dieser Zeit begannen sie auch mit dem Studium der Philosophie. An der Akademie wurden sie in Theologie, Hebräisch, griechischer Lyrik und Philosophie, Dialektik und Rhetorik, den Naturwissenschaften und der Mathematik unterrichtet. Es gab auch einige Kurse in Medizin und später in Zivilrecht. Doch damit wir uns nicht in der Annahme verlieren, dass Calvin einfach eine Universität gründete, an der alle Fächer auf der gleichen Ebene standen, werden wir uns nun wieder den *Ordonnances* zuwenden und uns an den Zweck der Erziehung und Bildung erinnern:

»Der dem Pastoren am nächsten stehende Grad ... ist der des Dozenten der Theologie, bei welchen es gut sein wird, einen im Alten und einen im Neuen Testament zu haben. Da man aber von solchen Vorlesungen nur profitieren kann, wenn man zuerst in den Sprachen und den Humanwissenschaften unterrichtet worden ist ... sollte ein Collège für den Unterricht der Kinder eingerichtet werden, damit sie gleichermaßen für den geistlichen Dienst wie für die Zivilverwaltung vorbereitet werden.«[279]

Hier war die Theologie immer noch die *regina scientiarum*, die Krone der Bildung, für die alle Künste und Wissenschaften eine Vorbereitung waren. Die Studenten wurden nicht dafür ausgebildet, akademische Grade oder eine lukrative Beschäftigung zu erlangen, sondern damit sie Gott als Prediger des Evangeliums oder als gottesfürchtige Magistraten dienten.

---

279  OC, Bd. 10a, Sp. 21; Theological Treatises, LCC, S. 62-63.

# Kommentare zum Alten Testament und die letzte Ausgabe der Institutio

Calvin selbst war einer der beiden Theologieprofessoren und übernahm dabei zweifelsohne die Verantwortung für die Vorlesungen zum Alten Testament. Diese sind die eigentliche Quelle der meisten seiner Kommentare zum Alten Testament. Von ungefähr 1552 an kamen einige seiner jüngeren Freunde überein, gemeinsam zu handeln, um ihm seine Aufgabe zu erleichtern. Anstatt dass er einem Sekretär in seinem eigenen Zimmer diktieren musste, konnte er sich nun auf Mitschriften seiner Vorlesungen stützen. Der Kommentar zu *Jesaja* war bereits aus den Vorlesungen hervorgegangen, obgleich man von der Erstausgabe sagen kann, dass sie nicht Calvins eigenes Werk im eigentlichen Sinne war; denn Nicolas des Gallars, der als Stenograf tätig war, entnahm aus den Vorlesungen (bis 1549) die Hauptstichpunkte seiner Darlegungen, schrieb sie auf und las Calvin das Ergebnis vor, der sie je nach Erfordernis akzeptierte oder korrigierte. Nun aber wurde ein Plan entwickelt, wie man die Vorträge Wort für Wort mitschreiben konnte. Offenbar vermochte niemand die Leistungen von Denis Raguenier bei den Predigten zu übertreffen, und zweifelsohne nahm man an, dass diese ihn zu sehr beschäftigten, als dass er auch noch die Vorlesungen aufzeichnen konnte. Allerdings scheint es so, dass er auch bei ihnen mithalf, in Zusammenarbeit mit Jean Budé und Charles de Jonviller (oder Jonvilliers).

Im Vorwort zu den *Kleinen Propheten* erzählt Budé, wie nach den Psalmenvorlesungen (die von 1552 an gehalten wurden) einige von ihnen, die sich bereits für ihren Privatgebrauch Notizen gemacht hatten, es für gut hielten, ihre Notizen zusammenzustellen und, in Zusammenarbeit mit Calvin, einen Psalmenkommentar zu veröffentlichen. Ihr Plan scheiterte, denn Calvin wollte nichts von einem Kommentar über ein Buch hören, das Martin Bucer so gut ausgelegt hatte. Später änderte er seine Meinung und schrieb einen Kommentar (der, wie es den Anschein hat, keine Mitschrift dieser Vorlesungen war). Der Drucker Jean Crispin erklärte in einem Vorwort, wie sie ihren Auftrag ausführten:

»Beim Kopieren folgten sie diesem Entwurf. Jeder hatte seine Schreibunterlagen in der zweckmäßigsten Form vorliegen, und jeder Einzelne schrieb für sich mit der größten Geschwindigkeit. Wenn dem einen ein Wort entging (was manchmal geschah, insbesondere bei umstrittenen Punkten in jenen Teilen der Vorlesung, die mit besonderer Inbrunst vorgetragen wurden), wurde es von einem anderen aufgezeichnet … Unmittelbar nach der Vorlesung nahm de Jonviller die Mitschriften der anderen beiden, legte sie ihm vor, konsultierte seine eigenen, und nachdem er sie alle miteinander verglichen hatte, diktierte er jemand anderem den Wortlaut, den sie hastig niedergeschrieben hatten. Am Ende las er alles noch einmal durch, sodass er es am nächsten Tag Monsieur Calvin zu Hause vorlesen konnte. Wenn irgendein kleines Wörtchen fehlte, so wurde es hinzugefügt; oder wenn irgendetwas unzulänglich erklärt zu sein schien, so wurde es eindeutiger formuliert.«[280]

Das ganze Vorwort von Budé lohnt ein eingehendes Studium, nicht zuletzt aufgrund seiner Kritik an Calvins Vortragsstil. Er sei, wie er nahelegt, noch ziemlich in der altmodischen Weise aus der Zeit vor der Renaissance, »eher im scholastischen als im oratorischen Stil« gehalten, sei von einer »einfachen, wenngleich nicht unkultivierten Redeweise« geprägt, »die derjenigen, der man sich in früheren Zeiten in Vorlesungen bediente«, ähnle.[281] Dieser klare und schlichte Stil ist, wie Budé erkennt, auf bewundernswerte Weise für eine unmissverständliche Schriftauslegung gut geeignet. In einem Vorwort des Druckers zu *Daniel* finden wir eine kleine interessante Information über Calvins Vortragstechnik. Wie bereits gesagt, trug er direkt aus seiner hebräischen Bibel vor. Jeden Vers rezitierte er zuerst auf Hebräisch und übersetzte ihn dann ins Lateinische. Folglich sind, ebenso wie seine Kommentare zum Neuen Testament fest im griechischen Grundtext verankert sind, auch seine Kommentare zum Alten Testament im hebräischen Grundtext verwurzelt.

Mit der Hilfe dieser enthusiastischen Stenografen kamen Calvins Kommentare zum Alten Testament schnell aus den Druckerpressen von Genf. Im selben Jahr wie der zweite Band der *Apostelgeschichte* wurde die *Genesis* veröffentlicht. Die *Psalmen* von 1557 bestanden jedoch nicht aus Vortragsmitschriften, sondern es handelte sich

---

280  OC, Bd. 42, Sp. 189f.
281  OC, Bd. 42, Prolegomena, Seite 4; CTS Minor Prophets, Bd. 1, S. xxvii.

dabei um einen von Calvin selbst geschriebenen oder diktierten Kommentar. 1557 kam auch *Hosea* heraus; zwei Jahre später die *Kleinen Propheten* und ein neu geschriebener *Jesaja*, welcher der Königin Elisabeth von England gewidmet wurde, ebenso wie die Erstausgabe ihrem Bruder. An den Kommentar zu *Daniel* von 1561 schlossen sich die *Harmonie des Pentateuch*, *Jeremia* und *Klagelieder* im Jahre 1563 an. Zwei weitere Kommentare wurden postum veröffentlicht, *Josua* im Jahre 1564 und *Hesekiel 1–20* im Jahre 1565. Beza sagte, dass wenn er länger gelebt hätte, er Kommentare über jedes Buch der Bibel geschrieben hätte.

Es ist nicht ohne Bedeutung, dass dieser Theologieprofessor keine Dogmatikvorlesungen hielt, wie wir es nennen würden. All seine Vorlesungen waren der Schriftauslegung gewidmet. Der dogmatischen Theologie widmete er sich in der immer mehr erweiterten *Institutio*. Zuletzt haben wir die Ausgabe dieses Buches von 1550 mit ihren 21 Kapiteln behandelt. Wie schnell Calvin mit ihr unzufrieden wurde oder wie schnell er die Revision vornahm, wissen wir nicht. Im Herbst 1558 erkrankte er jedoch schwer an einem Viertagewechselfieber. In der Befürchtung, dass er mit einer unrevidierten *Institutio* sterben würde, zwang er sich, die Änderungen vorzunehmen, die er wünschte.

Jetzt ist eine doppelte Form bestimmend, einerseits die theologische, andererseits die literarische. Die literarische bestand in der einfachen Idee, das Apostolische Glaubensbekenntnis, welches bereits vier Kapitel in der vorherigen Ausgabe in Beschlag genommen hatte, als Rahmen für das Gesamtwerk zu nehmen. Die *Institutio* wurde daher in vier Bücher eingeteilt, für jeden Teil des Glaubensbekenntnisses ein Buch. »Ich glaube an Gott den Vater, den Allmächtigen ...«; Buch I: *Von der Erkenntnis Gottes als des Schöpfers.* »Und an Jesus Christus, seinen eingeborenen Sohn, unseren Herrn ... [der] wiederkommen wird, zu richten die Lebenden und die Toten«; Buch II: *Von der Erkenntnis Gottes als des Erlösers in Christo.* »Ich glaube an den Heiligen Geist«; Buch III: *Auf welche Weise wir der Gnade Christi teilhaftig werden.* »An die heilige, katholische Kirche ...«; Buch IV: *Von den äußeren Mitteln oder Beihilfen, mit denen uns Gott zu der Gemeinschaft mit Christus einlädt und in ihr erhält.* Der Stoff, der in den 21 Kapiteln gestanden hatte, wurde nun unter diesen vier Büchern vollständig neu angeordnet; jedes Buch wurde in Kapitel unterteilt, jedes Kapitel in nummerierte Abschnitte. Durch die Verwendung dieser Form hatte Calvin sein Werk zu einem ausführlichen Kommentar zum frühesten aller katholischen Glaubensbekenntnisse gemacht. Er macht damit formell deutlich, dass er in der Tradition der katholischen Kirche stehen möchte.

Durch seine literarische Form zieht sich aber auch die theologische Form hindurch: die Behandlung der Glaubenslehren in Beziehung zu der Erkenntnis Gottes.[282] Es wäre aber ein Fehler, diese theologische Form der *Institutio* als durch die Lehre von der Erkenntnis Gottes als des Schöpfers und die Lehre von der Erkenntnis Gottes als des Erlösers in Christus bestimmt zu interpretieren. Auf diese Weise würde man der Intention Calvins nicht gerecht und seine Theologie falsch deuten. Vielmehr ist die zweifache Erkenntnis, welche die *Institutio* bestimmt, diejenige, in deren Geist seit 1536 der erste Satz formuliert worden war: »Nahezu die gesamte heilige Lehre [dieser Passus wurde 1539 in »all unsere Weisheit« abgeändert], sofern sie wirklich den Namen Weisheit verdient und wahr und zuverlässig ist, umfasst im Grunde eigentlich zweierlei: die Erkenntnis Gottes und unsere Selbsterkenntnis.« Dieses äußerst profunde Verständnis der Beziehung zwischen Gott und dem Menschen und somit der Theologie ist mit dem ersten Kapitel noch nicht erschöpft. Sie begleitet uns durch die gesamte *Institutio* als Voraussetzung jeder Lehre, die erörtert wird.

Das Werk hatte nicht nur eine neue Form erhalten, sondern es wurde ihm auch in erheblichem Maße neuer Stoff hinzugefügt. Schon der Titel macht dies deutlich: »Unterricht in der christlichen Religion, jetzt erstmals in vier Büchern angeordnet und durch Kapitel unterschieden, nach der besten Methode; und so stark durch neues Material erweitert, dass sie fast als ein neues Werk betrachtet werden kann.« Zunächst von sechs Kapiteln auf 17 erweitert, dann von 17 auf 21 und nun auf 80. Dieses Anwachsen war weniger darauf

---

282 Siehe Parker, *Calvin's Doctrine of the Knowledge of God.*

zurückzuführen, dass neue Themen Kapitel für sich selbst erfordert hätten, als auf die erweiterte Behandlung vorhandener Themen und die notwendig gewordene Untergliederung der Kapitel. Ein bemerkenswertes Beispiel ist das Kapitel 6 aus dem Jahre 1536. Wir haben dort ein Kapitel mit dem Titel *Von der christlichen Freiheit*, in dem drei Themen behandelt sind: die christliche Freiheit selbst, die Autorität der Kirche und die bürgerliche Obrigkeit. 1539 wurden hieraus die drei Kapitel 13-15, die sich mit diesen jeweiligen Themen beschäftigten. 1543 wurde das Kapitel über die Autorität der Kirche jedoch verschoben und war nunmehr ein Bestandteil von Kapitel 7, unter der Auslegung der Passage des Glaubensbekenntnisses über die Kirche; die christliche Freiheit wurde ebenfalls als Kapitel 12 früher angesetzt, und der Abschnitt über die bürgerliche Obrigkeit, der nun *Vom bürgerlichen Regiment* hieß, wurde zu Kapitel 20. Im Jahre 1559 erscheint *Von der christlichen Freiheit* als Buch III, Kapitel 19; *Vom bürgerlichen Regiment*, seit 1536 nicht viel verändert, als das letzte Kapitel von Buch IV; der Stoff über die Kirche aber, 1536 nur ein Drittel eines Kapitels, 1539 gerade etwas mehr als ein Kapitel, wird 1559 auf nicht weniger als zwölf Kapitel in Buch IV ausgedehnt.

Am 2. Mai 1559 erteilte der Rat die Erlaubnis zur Veröffentlichung dieser Ausgabe; und Robert Stephanus schloss ihren Druck als prächtigen Folioband am 16. August 1559 ab. Die *Institutio* hatte ihre endgültige Form gefunden. Für Calvin blieb jetzt nur noch die Aufgabe, sie ebenso wie ihre Vorgängerinnen ins Französische zu übersetzen. Colladon beschrieb, wie Calvin seine Übersetzung erstellte:

»Er diktierte sowohl seinem Bruder Antoine als auch einem Diener, der als Sekretär agierte, etliche Dinge. An verschiedenen Stellen nahm er Seiten, die aus früheren französischen Ausgabe herausgerissen worden waren. Er konsultierte häufig die Buchbinder. Doch am Ende war es absolut unerlässlich, dass jemand das ganze Werk noch einmal durchging. An vielen Stellen waren beträchtliche Änderungen vorgenommen worden; gelöschte und eingefügte Stellen brachten den Text vom einen Ende bis zum anderen durcheinander, was die Lektüre erschwerte, oder an den Stellen, wo die Sekretäre das Wort, welches er sagte, nicht richtig verstanden, fehlerhaft machte. Auf die Bitte Antoines hin, der den Druck dieser Ausgabe bezahlte ... revidierte ich dieses ganze Durcheinander aus Latein und Französisch, so wie es in Calvins Papieren gestanden, und ich nahm es auf mich, den Text noch einmal durchzulesen, zu korrigieren und zu vergleichen, um ihn für den Druck verlässlicher, klarer, leichter verständlich und weniger konfus zu machen.«[283]

Durch die Schwierigkeiten, ein derart konfuses Exemplar zu drucken, ist eine ziemlich fehlerhafte Ausgabe erschienen, die erst 1921 als Calvins eigene Übersetzung anerkannt werden konnte.[284]

Die *Institutio* begann als ein Oratorium und endete als eine Kathedrale. Was hat zu dieser Entwicklung des Werkes geführt? Zuallererst Calvins Beschäftigung mit der Heiligen Schrift über so viele Jahre der Vorlesungs- und Predigttätigkeit sowie des Schreibens von Kommentaren hin. Gleichwie sein Verständnis der Bibel erweitert und vertieft wurde, so erforderte auch die Thematik der Bibel ein immer weiter fortschreitendes Verständnis ihrer inneren Zusammenhänge, ihrer Beziehungen mit der weltlichen Philosophie und ihrer Interpretation durch frühere Kommentatoren.

Zweitens eröffnete ihm sein Studium der Kirchengeschichte und der großen Theologen der Kirche eine umfassendere Schau der Probleme, mit welchen er sich beschäftigte und von denen er erkannte, dass sie, mit zeitbedingten Unterschieden, auch ihre Probleme gewesen waren. Die *Institutio* von 1559 ist formal ein weniger »modernes« Werk als ihre früheren Ausgaben und weist Ähnlichkeiten mit einigen patristischen und frühscholastischen dogmatischen Schriften auf. Vielleicht trifft das, was Budé über seine Vortragstätigkeit sagte, auch hier zu, dass er wiederum zu einer recht altmodischen Form neigte.

Und drittens zwangen ihn die Kontroversen, in die er verwickelt gewesen war, ebenso wie seine Sicht der zeitgenössischen theologischen und religiösen Lage, sich immer ausführlicher mit bestimmten Themen zu befassen. Und gerade hier zeigt sich, im Gegensatz zu dem, was wir gerade gesagt haben, die »Modernität« der *Institutio* am allerdeutlichsten. Calvin behandelt die Weisheit der

---

283 Widmungsbrief, *Institutio*, Lausanne 1576, fol. **ii.
284 Der Verdienst für diese wichtige textliche Arbeit gebührt J. W. Marmelstein: *Étude comparative des textes latins et français de l'Institution*.

christlichen Ära, und er gießt sein Buch in eine etwas altmodische Form, doch niemand konnte das Zeitalter, in dem er und für das er schrieb, missverstehen, das Zeitalter einer festgefahrenen römischen Theologie, einer verwirrten abendländischen Christenheit, einer Welt, die ihre ersten Schritte aus der Kirche heraus in die scheinbare Freiheit der diesseitigen Weltlichkeit unternahm.

# 9. Sorge für die Kirchen

## Der eine Leib

Eine Landkarte, welche die Welt um das Jahr 1500 darstellt, würde uns ganz Europa scharlachrot, mit der Farbe des Papsttums, gefärbt zeigen. Von der Iberischen Halbinsel bis nach Polen, von Sizilien bis zu den Shetland-Inseln – ein einheitliches Scharlachrot. Natürlich würde eine Karte mit großem Maßstab hier und da winzige weiße Flecken aufweisen: im Südosten der Grafschaft Buckinghamshire und in Essex, wo sich immer noch Lollarden hartnäckig hielten; in Böhmen das Weiß der Hussiten; im »kalten Alpengebirge« von Nordwestitalien die Heimat der Waldenser. Es ist auch wahr, dass das Scharlachrot nicht besonders waschecht war. Von einem anderen Blickwinkel aus betrachtet, schillerte es unbestimmt wie ein Stück Seide. Welche Farben hatten sie, die scheinreligiösen oder areligiösen Philosophien der Renaissance, der fromme Augustinismus der Brüder des Gemeinsamen Lebens, die Utopien der Wiedertäufer und die Paradiese von Hieronymus Bosch, die herkulischen Bemühungen von Kardinälen und Konzilien, welche die Ställe für die Krippe bereitmachen wollten? Doch ein anderer Blickwinkel auf die Landkarte lässt Europa wieder fleischfarben erscheinen.

Nach weiteren 50 Jahren sind die Farben gefestigter. Spanien und Italien sind wie eh und je scharlachrot; doch England, Schottland und die Schweiz sind weiß; Frankreich, Deutschland, die Niederlande und Polen sind rot-weiß-schraffiert. Die Kirche des Westens hat sich in zwei einander bekämpfende Glaubensgemeinschaften gespalten, die römisch-katholische und die evangelische. Doch wie ein großer Felsblock, der von der Klippe fällt und auf den Felsblöcken unten zerschellt, bilden die Evangelischen keine Einheit. Es gibt unter ihnen Anglikaner, Lutheraner und Reformierte; die wohlwollenden Bezeichnungen vermögen nicht über eine Vielzahl interner Differenzen unter ihnen hinwegzutäuschen. Es gibt Lutheraner, die so lutherisch sind, dass sie den jungen Martin Luther wie den Papst aussehen lassen und die gemäßigten Lutheraner attackieren, die sie

Kryptocalvinisten nennen. Zürich, das seinem im Krieg gefallenen Haupttheologen treu geblieben, Genf gegenüber aber sehr misstrauisch eingestellt; Bern, das durch seine Söhne des Zebedäus Feuer vom Himmel auf die Schriften Calvins herabrufen will. Und in England messen sie den Boden für die religiösen Duelle der nächsten Herrschaftszeit aus.

»Ich glaube ... die heilige, katholische Kirche, Gemeinschaft der Heiligen.« Calvin sagt: »Deshalb heißt die Kirche ›katholisch‹ oder ›allgemein‹; denn man könnte nicht zwei oder drei ›Kirchen‹ finden, ohne dass damit Christus in Stücke gerissen würde – und das kann doch nicht geschehen!«[285] Diese Einheit ist die Einheit in dem einen Christus. Grundlage der Kirche ist die Auserwählung Einzelner. Auserwählt und Christus einverleibt, sind sie folglich eins mit ihm; und weil sie eins mit ihm sind, so sind sie auch eins mit allen anderen, die ihm einverleibt sind. Es wäre völlig absurd, sich eine Anzahl einander bekriegender Elemente in Christus vorzustellen, die dennoch alle in Harmonie mit ihm seien. Das Konzept der Einheit steht ganz im Mittelpunkt der Lehre Calvins von der Kirche. Man hat behauptet, dass Calvins Denken durchweg *kollektivistisch* sei, man nennt es aber besser *vereinigend.* Wir denken dabei an sein Beharren auf der Einheit Gottes, auf der Einheit Christi, auf der ursprünglichen Einheit der Schöpfung, auf der Einheit mit Christus und somit auf der Einheit in Christus. Er sah nichts als so unchristlich, gottlos und entgegen der rechten Daseinsordnung an wie die Uneinigkeit:

»Nein, alle Auserwählten Gottes sind dergestalt in Christus miteinander verbunden, dass sie, wie sie ja an dem einen Haupte hängen, auch gleichsam zu einem Leibe zusammenwachsen, und sie leben in solcher Gefügtheit zusammen wie die Glieder des gleichen Leibes; sie sind wahrhaft eins geworden, als solche, die in einem Glauben, einer Hoffnung, einer Liebe, in dem gleichen Geiste Gottes miteinander leben und die nicht nur zum gleichen Erbe des ewigen Lebens berufen sind, sondern auch zum Teilhaben an dem einen Gott und dem einen Christus.«[286]

Hieraus ergibt sich eine wichtige Folgerung: Eins mit Christus zu sein bedeutet, dass er und der Gläubige alles, was sie haben, gemeinsam

---

285 *Institutio* IV, i, 2.
286 Ebd.

besitzen. So ist es zwischen den Gläubigen. »Die Gemeinschaft der Heiligen« bedeutet, dass alle Gaben, die Gott einem Gläubigen schenkt, nicht seine Privatausrüstung sind, sondern dem Gemeinwohl dienen müssen. Dies trifft nicht nur für geistliche Güter, sondern auch für materielle zu. Nicht, so fügt er gleich hinzu, dass der Privatbesitz verboten wäre, sondern dass der Gläubige sich selbst als den Verwalter dessen, was er besitzt, zum Wohle des ganzen Leibes betrachten sollte: »Denn wenn sie wahrhaft von der Überzeugung getragen sind, dass Gott für sie alle der gemeinsame Vater und Christus das gemeinsame Haupt ist, so kann es nicht anders zugehen, als dass auch sie, in brüderlicher Liebe miteinander verbunden, einander gegenseitig ihren Besitz mitteilen.«[287] Diese Einheit darf, wie er sagt, nicht durch einen falschen Prädestinatianismus oder den Zweifel daran, ob ein Mitglied der Kirche auserwählt ist, gestört werden, sodass wir, falls er verworfen ist, nicht verpflichtet wären, unsere Güter mit ihm zu teilen. Die Auserwählten sind Gott allein bekannt. Für uns ist es hinreichend, dass ein klares Bekenntnis des Glaubens an Christus vorliegt.

Da die Kirche die Gemeinschaft derjenigen ist, die bekennen, in Christus zu sein, folgt daraus, dass man, wenn man außerhalb der Kirche steht, außerhalb von Christus ist und somit, nach dem berühmten Ausspruch des hl. Cyprian, außerhalb des Heils steht. Für Calvin ist das christliche Leben das kirchliche Leben. Er entfaltet dazu das alte Bild von der »Mutter Kirche«: »Denn es gibt für uns keinen anderen Weg ins Leben hinein, als dass sie uns in ihrem Schoße empfängt, uns gebiert, an ihrer Brust nährt und schließlich unter ihrer Hut und Leitung in Schutz nimmt, bis wir das sterbliche Fleisch von uns gelegt haben und den Engeln gleich sein werden.«[288] Und in diesem Falle verlässt ein Mann seinen Vater und seine Mutter nicht; denn Gott ist unser Vater, und die Kirche ist alle Tage unseres Lebens unsere Mutter. Die mütterliche Gewalt liegt jedoch nicht in der Kirche selbst, sondern in dem Christus, der durch seinen Geist in der Predigt und im Sakrament in seiner Kirche gegenwärtig ist.

---

287 *Institutio* IV, i, 3.
288 *Institutio* IV, i, 4.

Die Konsequenz ist, dass niemand sich von der Kirche trennen darf. Die Trennung von der Kirche ist gleichbedeutend mit der Trennung von Christus. Es wird in jeder Kirche immer vieles geben, worüber man schimpfen kann; doch Fehler und Schwächen rechtfertigen keine Trennung, so lange das Wort Gottes rein gepredigt und die Sakramente recht verwaltet werden. Die Fehler, auf die er sich bezieht, können praktischer Natur sein, d. h. Missbräuche der einen oder anderen Art, Schwächen bei Geistlichen oder im inneren Kreis der Christen; oder sie können Randlehren betreffen. Es gibt fundamentale Lehren wie die Trinität, die Gottheit und Menschheit von Christus, die Rechtfertigung oder die christliche Liebe, deren Leugnung nicht geduldet werden kann. Und es gibt auch nicht-fundamentale Lehren (das Beispiel, das er nennt, ist der Aufenthaltsort der Seele unmittelbar nach dem Tode), um derer willen man sich nicht von der Kirche trennen darf.

Wir können an dieser Stelle schlicht fragen, warum Calvin Rom verließ. Er tat dies, gerade weil er diese Institution nicht länger als die Kirche Gottes betrachtete. Wenn die Kirche an der Gegenwart von Christus in seinem Evangelium und in den Sakramenten seines Evangeliums zu erkennen ist, dann war Rom nicht als Kirche erkennbar. Das Evangelium, so behauptete er, war unter dem Papsttum deutlich erkennbar abwesend; die wahre Bedeutung der Sakramente war derart verfälscht worden, dass ihre Form und ihr Wesen ihrem eigentlichen Charakter widersprachen. Daher fehlte es dem Papsttum an der Gegenwart des Erlösers und Herrn, des Hauptes, ohne den es nicht der Leib sein konnte. Folglich sagt er ganz unverblümt: »Mir genügt es voll und ganz, dass wir uns von ihnen haben wegwenden müssen, um uns zu Christus hinzuwenden!«[289] Obgleich Überreste von Kirchlichkeit unter dem Papsttum noch hier und da zu finden sind, sagt er, »dass sowohl die einzelnen Versammlungen, als auch der ganze Leib der rechtmäßigen Gestalt der Kirche ermangeln«.[290]

Eine Wiedervereinigung der evangelischen Kirchen mit Rom,

---

289 *Institutio* IV, ii, 6.
290 *Institutio* IV, ii, 12.

solange es seine mittelalterliche Theologie und Kirchenverfassung beibehielt und kanonisierte, sah Calvin bald als eine Unmöglichkeit an. Er setzte auch keinerlei Hoffnung auf die Religionsgespräche, die zu diesem Zweck veranstaltet wurden. Er selbst war, ohne dort eine große Rolle zu spielen, an den vom Kaiser in Worms und Regensburg in den Jahren 1540 und 1541 einberufenen Religionsgesprächen zugegen. Dort schämte er sich für die von Melanchthon und Bucer angestellten Bemühungen, einen Kompromiss zu schließen:

»Soweit ich es begreifen kann, könnten wir, wenn wir uns mit einem halben Christus zufrieden gäben, leicht zu einem gegenseitigen Verständnis kommen. Philipp und Bucer haben eine zweideutige und unaufrichtige Einigungsformel über die Transsubstantiation aufgestellt, um zu sehen, ob sie unseren Widersachern damit gefallen könnten, ohne selbst irgendetwas aufzugeben. Mit diesem Plan kann ich nicht übereinstimmen ... Sie schrecken nicht vor doppeldeutigen Aussagen in Gewissensangelegenheiten zurück, obwohl überhaupt nichts schädlicher sein kann als diese.«[291]

Er selbst wohnte keinen weiteren Religionsgesprächen zwischen Katholiken und Protestanten mehr bei, drängte aber auf die Notwendigkeit der Reform, zeigte die Grundlinien auf, denen man folgen sollte, und kritisierte die Schwachheit der angestellten Bemühungen in einer ganzen Reihe von Abhandlungen: *Über die Notwendigkeit der Kirchenreform* (1544), *Über die väterliche Ermahnung Pauls III. an den Kaiser* (1544), *Die Akten des Trienter Konzils, mit einem Gegengift* (1547), und *Das ehebrecherische deutsche Interim und die wahre Methode zur Reform der Kirche und zur Heilung ihrer Zerrissenheit* (1549). Allen Werken ist eine klare Botschaft gemeinsam: Die Einheit ist in Christus begründet und kann nur durch den Gehorsam der Heiligen Schrift gegenüber erreicht werden.

Ansonsten verfolgte er Rom gegenüber eine entschiedene, unnachgiebige Politik. Er wollte keinen persönlichen Umgang mit der Institution haben. Er unterhielt sozusagen keine Botschaft in Rom. Mit Einzelnen mochte er persönlich ein gutes Verhältnis behalten, während er sie zugleich aufrief, sich unverzüglich aus dem dreckigen

---

291  OC, Bd. 11, Sp. 217; Herminjard, Bd. 7, S. 115; ET, Bd. 1, S. 239.

Schlamm zu befreien. Und er bediente sich aller stilistischen Mittel, welche das 16. Jahrhundert von Demosthenes, Quintilian und Cicero gelernt hatte, um die Missbräuche des Papsttums anzuprangern. Eine seiner brillantesten Schriften in französischer Sprache und mit beißender Satire ist der *Traité des Reliques*. Der Untertitel verspricht »ein Inventar aller heiligen Leiber und Reliquien, welche in Italien, Frankreich, Deutschland, Spanien und anderen Königreichen und Ländern sind«.[292] Und so geht er eine lange Liste der Reliquien durch, die mit dem Leben von Christus, mit der Seligen Jungfrau und mit den Heiligen in Verbindung gebracht werden. Die Nägel des Kreuzes zum Beispiel. Einer ist in Mailand und ein anderer in Carpentras, zwei in Rom, einer in Siena und einer in Venedig, zwei in Deutschland, »in Frankreich, einer in der Sainte-Chapelle von Paris, der andere bei den Karmelitern, ein weiterer in Saint-Denis, einer in Bourges, einer in La Tenaille, einer in Draguignan. Und so gibt es insgesamt vierzehn«.[293] Die Häupter des hl. Johannes des Täufers, die zu vielen Gebeine des hl. Petrus und des hl. Paulus, die wunderbarerweise (aber in der falschen Größe) erhalten gebliebenen Wasserkrüge von Kana in Galiläa, die beiden Leichname der hl. Anna und die drei des Lazarus, das Haar und die Milch der Seligen Jungfrau; Calvin weiß, wo sie alle sind, entlarvt sie als Fälschungen und fragt, ob ein ernsthafter Mensch wirklich sein Vertrauen in die Fälschung anstatt völlig in die Wahrheit Gottes, den Jesus Christus der Schriften, setzen möchte.

Zu dem Zeitpunkt, als Calvin 1536 auf die Bühne der Geschichte trat, hatte Luther noch weitere zehn Jahre zu leben; Melanchthon und Bucer hatten den Gipfel ihres Einflusses erreicht; Zwingli war seit fünf Jahren tot gewesen und Bullinger hatte seinen Platz in Zürich eingenommen. Zwischen Luther mit seinen überzeugten Anhängern und den Männern von Zürich bestand offene Feindseligkeit. Bucers Ruf in Wittenberg war der eines gerissenen Intriganten; und die Schweizer Kirchen waren in den Augen Luthers alle vom gleichen Schlag. Obgleich

---

292 OC, Bd. 34, Sp. 412-413.
293 OC, Bd. 34, Sp. 421.

zweifelsohne kulturelle und nationale Unterschiede ihren Beitrag zu den Meinungsverschiedenheiten leisteten, war die unmittelbare Ursache die Abendmahlslehre. Das Marburger Religionsgespräch von 1529, das in der Hoffnung auf Beilegung der Differenzen oder auf das Erzielen eines Kompromisses einberufen worden war, bestätigte und verschärfte diese Gegensätze nur noch.

In dieser besonderen Situation stellte sich Calvin schon früh auf Luthers Seite und entwickelte um Luthers willen sogar eine derartige Abneigung gegen die Schriften von Zwingli und Oekolampad, dass er sie nicht einmal lesen wollte. Selbst zwischen den beiden Männern stehend, hatte er keinen Zweifel hinsichtlich der Überlegenheit Luthers: »Sie geraten in Wut, wenn jemand es wagt, Luther Zwingli vorzuziehen ... Dies verletzt Zwingli in keiner Weise, denn wenn man sie miteinander vergleicht, weißt du selbst, wie sehr Luther ihm vorzuziehen ist.«[294] Um den Abendmahlsstreit unter den Evangelischen zu schlichten, schrieb er seine *Kleine Abhandlung über das Heilige Abendmahl unseres Herrn Jesus Christus* (1540). Von Luther berichtet man, dass er nach deren Lektüre zu einem Freund gesagt habe: »Dieser ist gewisslich ein gelehrter und gottseliger Mann, und ich hätte ihm wohl diese Streitigkeit von Anfang an anvertrauen können. Wenn meine Gegner das gleiche getan hätten, wären wir bald miteinander versöhnt gewesen.«[295]

Doch Luther hatte die *Institutio* sogar schon vorher gelesen, wahrscheinlich die Ausgabe von 1539, und hatte durch Bucer freundliche Grüße übermitteln lassen: »Grüße für mich respektvoll Sturm und Calvin, deren Bücher ich mit besonderem Genuss gelesen habe.« »Nun«, sagt Calvin, »denke nur an das, was ich dort über die Eucharistie geschrieben habe und sieh Dir die Genialität Luthers an. Es wird für dich leicht sein, einzusehen, wie unvernünftig diejenigen sind, die hartnäckig von ihm abweichen. Philipp schrieb mir: ›Luther und Pomeranus haben darum gebeten, dass Calvin gegrüßt werden solle. Calvin hat große Gunst in ihren Augen gefunden.‹«[296]

---

294  OC, Bd. 11, Sp. 24; Herminjard, Bd. 6, S. 191; ET, Bd. 1, S. 85.
295  Herminjard, Bd. 9, S. 374, Fußnote 18.
296  OC, Bd. 10b, Sp. 432; Herminjard, Bd. 6, S. 130-131; ET, Bd. 1, S. 143.

Als einige Unruhestifter Luther eine Stelle zeigten, wo Calvin ihn kritisierte, sagte er dazu lediglich:»Ich hoffe, dass Calvin eines Tages besser über uns denken wird; auf jeden Fall aber ist es gut, dass er schon jetzt einen Beweis unseres guten Willens ihm gegenüber empfangen möge.« »Wenn wir von einer solchen Mäßigung nicht gerührt sind«, fuhr Calvin fort,»sind wir sicherlich aus Stein. Ich für mich bin davon tief bewegt und habe in der Vorrede zu meinem *Römerbriefkommentar* die Gelegenheit wahrgenommen, dies zum Ausdruck zu bringen.«[297]

Die Freundlichkeit währte jedoch nur eine kleine Weile. Luthers Wut über die Männer von Zürich im Jahre 1544 schloss auch Calvin mit ein. Unberechtigterweise, denn, wie er Farel mitteilte, hatte er noch nicht einmal die Bücher gelesen, die Luther so wütend machten. Bullinger riet er zur Zurückhaltung:

»Bedenke, was für ein großer Mann Luther ist und welch ausgezeichnete Gaben er hat; die Geisteskraft und resolute Beständigkeit, das Geschick, die Effizienz und theologische Kraft, die er aufgeboten hat, indem er all seine Energien dem Sturz der Herrschaft des Antichrists und der Ausbreitung der Lehre des Heils in der Nähe und Ferne widmete. Ich habe oft gesagt, dass ich ihn, selbst wenn er mich einen Teufel nennen sollte, immer noch als einen herausragenden Diener Gottes betrachten würde. Doch bei all seinen seltenen und vortrefflichen Tugenden hat er auch schwerwiegende Schwächen. Ich wollte, dass er sich befleißigt hätte, seine ruhelose, ungute Launenhaftigkeit im Zaum zu halten, die so leicht überall überkochen kann … Schmeichler haben viel Unheil bei ihm angerichtet, da er von Natur aus zu sehr dazu geneigt ist, sich selbst gegenüber eine zu große Nachlässigkeit walten zu lassen.«[298]

In dem Bemühen, die Zwietracht zu heilen, schrieb Calvin auch an Luther, indem er ihn als»meinen hochverehrten Vater« und»meinen allezeit geehrten Vater« anredete.[299] Dieser Brief erreichte ihn aber in Wirklichkeit nie. Er wurde über Melanchthon geschickt, der es für unweise hielt, Luther zum Zorn zu reizen, indem er ihm eine Mitteilung vom Feind zeigte. Die beiden kontinentalen Teile der

---

297  Ebd.
298  OC, Bd. 11, Sp. 774-775; Herminjard, Bd. 9, S. 374; ET, Bd. 1, S. 409.
299  OC, Bd. 12, Sp. 6ff.; ET, Bd. 1, S. 416ff.

evangelischen Kirche hatten sich auf ihre getrennten Pfade begeben, und innerhalb weniger Jahre schrieben lutherische Theologen ihre Polemiken gegen Calvins Abendmahlslehre, und er antwortete mit der gleichen Schroffheit.

Joachim Westphal aus Hamburg – ein Mann, der so lutherisch war, dass er es seiner Gemeinde nicht erlauben wollte, heimatlosen nicht-lutherischen Protestanten, die auf der Flucht vor der Verfolgung in England waren, Unterschlupf zu gewähren – eröffnete den Angriff auf Calvin in den Jahren 1552 und 1553 mit Abhandlungen, die nicht nur die lutherische Lehre von der Ubiquität (Allgegenwart) des Leibes Christi verfochten, sondern auch alle für nicht zur Kirche gehörig erklärte, die nicht mit ihr übereinstimmten.

Calvin erwiderte mit der *Verteidigung der gesunden und rechtgläubigen Lehre von den Sakramenten* (1555), und danach folgte die Kontroverse dem Lauf, der ihr im 16. Jahrhundert vorherbestimmt gewesen zu sein schien, mit Westphals *Verteidigung* als Antwort, Calvins *Zweiter Verteidigung* (1556), Westphals Erwiderung und Calvins *Letzter Ermahnung an Joachim Westphal* (1557). Melanchthon erlitt das Schicksal vieler Mitstreiter, indem er ins Kreuzfeuer geriet und ziemlich schwer verwundet wurde.

Wo Westphal aufhörte, da nahm Tilemann Heßhusius, mit schwierigem Namen und schwierigem Naturell, den Streit mit Traktaten gegen Calvin in den Jahren 1560 und 1562 wieder auf. Gegen den ersten Traktat antwortete Calvin, der jetzt der ganzen Angelegenheit müde geworden war, im Jahre 1561 mit *Von der wahren Teilhabe am Fleische und Blute Christi*. Hier schrieb er seinen zweifelsohne pathetischen Appell an Melanchthon, der im Jahr zuvor verstorben war:

»O Philipp Melanchthon! Ich appelliere an dich, der du jetzt mit Christus in Gott lebst und uns dort erwartest, bis wir mit dir im glückseligen Frieden vereint sein werden. Hunderte Male hast du, vom Kampfe ermüdet und von den Erprobungen überwunden und dein Haupt an meiner Brust ausruhen lassend, gesagt: ›Ich wollte, ich wollte, dass ich in diesem Schoße sterben möge!‹ Auch ich habe hinterher tausendmal gewünscht, dass wir zusammen gelebt hätten. Du hättest dann mehr Mut für den Kampf gezeigt.«[300]

300  OC, Bd. 9, Sp. 461-462; ET, Bd. 4, S. 119, Fußnote 1.

Calvin musste auch noch dem Problem der Verwirrungen unter jenen Kirchen begegnen, die wir heute als die reformierten bezeichnen würden, die nicht bloß in den Streitigkeiten zwischen Personen und der nicht-theologischen Uneinigkeit zwischen Ortskirchen bestanden, sondern auch in der theologischen und kirchlichen Zersplitterung. Die Hauptursache dafür war einmal mehr die Lehre vom Abendmahl Christi, obgleich auch die Kirchenverfassung und die Kirchenzucht ebenfalls Nährstoff für Zwietracht boten. Wieder und wieder beklagte Calvin in seinen Briefen den Mangel an Einheit, sowohl um seiner selbst willen als auch wegen des Ärgernisses, welches dies dem Rest der Welt bot: »Worüber sollten wir, mein lieber Bullinger, in dieser Zeit korrespondieren, wenn nicht über die Erhaltung und Bekräftigung der brüderlichen Liebe unter uns durch jedes mögliche, in unserer Macht stehende Mittel?«[301]

Calvin verhandelte in erster Linie mit Bullinger. 1546 schickte Bullinger ihm das von den Zürcher Predigern verfasste Bekenntnis, bat ihn um seine Kritik, welche Calvin gerne lieferte. Hieraus entstand eine weitere Briefkorrespondenz, in welcher wir sehen, dass Calvin die Einheit höher bewertete als einzelne Lehrpunkte. Warum hast du nicht auf die Punkte Bezug genommen, die ich angegeben hatte?, so fragt er. Wir können die Sache sicher ohne zu streiten miteinander diskutieren, und die Tatsache, dass wir geringfügig unterschiedliche Abendmahlslehren vertreten, zerstört keineswegs unsere Einheit. »In welcher Weise ich auch immer die feste Überzeugung von einer größeren Mitteilung Christi in den Sakramenten vertreten mag, als du sie in Worten zum Ausdruck bringst, werden wir nicht deswegen aufhören, an denselben Christus zu glauben und in ihm eins zu sein. Eines Tages wird es uns vielleicht gegeben werden, uns in vollkommenerer dogmatischer Harmonie zu vereinigen.«[302] Die Zürcher Theologen beargwöhnten ihn immer noch und schrieben ihm, wie er sagte, Ideen zu, die ihm nie in den Sinn gekommen seien.

Schließlich wurde eine Einigung erreicht, als Calvin und Farel im

---

301  OC, Bd. 11, Sp. 28; Herminjard, Bd. 6, S. 196; ET, Bd. 1, S. 89.
302  OC, Bd. 12, Sp. 166; ET, Bd. 2, S. 146.

späten Frühjahr 1549 nach Zürich gingen. Der sogenannte *Consensus Tigurinus*, die Zürcher Übereinkunft, wurde von den Vertretern von Zürich und Genf abgefasst und von zwei weiteren Schweizer Kirchen angenommen.

Der ambitionierteste Versuch zur Herstellung der innerevangelischen Einheit kam jedoch nicht von Calvin, sondern von Thomas Cranmer. Sein Bestreben war es, in England oder anderswo eine Generalsynode aller evangelischen Kirchen einzuberufen, auf der die Lehre erörtert werden sollte und man insbesondere versuchen wollte, zu einer Übereinkunft in der Abendmahlslehre und zu einer Formulierung, die diese zum Ausdruck bringt, zu gelangen. Diese Generalsynode sollte das evangelische Gegengewicht zum Konzil von Trient darstellen. Dementsprechend schrieb er an Bullinger, Calvin und Melanchthon, die anerkannten Anführer der zwinglianischen, calvinistischen und lutherischen Kirchen. Calvin lobte den Plan, der so völlig im Einklang mit seiner Lehre und seinen Wünschen war, und versprach:»Wenn ich irgendwie zu Diensten sein kann, würde ich es nicht bereuen, zehn Meere zu überqueren, falls es nötig wäre.«[303] Das Projekt verlief im Sande, und das 16. Jahrhundert hinterließ den Leib Christi, wie Calvin es formulierte, »blutend, seine Glieder getrennt«[304].

## Privatbriefe und offene Briefe

Im Jahre 1550 hatte Genf die Stellung eingenommen, die zuvor Zürich besetzt hatte, und war das Zentrum der evangelischen Christenheit geworden, mit Calvin als dem Anführer der nicht-lutherischen evangelischen Kirchen auf dem europäischen Kontinent. Wenn wir uns die elf Bände mit den Briefen, die in der Ausgabe des *Corpus Reformatorum* abgedruckt sind, ansehen, sind wir von der Vielfalt der Namen und Nationalitäten der Korrespondenten verwirrt. Aus Frankreich und Deutschland, aus der Schweiz und den

---

303  OC, Bd. 14, Sp. 313-314; ET, Bd. 2, S. 333.
304  OC, Bd. 14, Sp. 314; ET, Bd. 2, S. 333.

Niederlanden, aus Italien und Schottland, aus Polen und England kommen die Bitten um Hilfe; an diese Adressaten schickt er treu seine langen und sorgfältigen Antworten. Es ist ganz erstaunlich, dass er bis in die 1550er Jahre hinein nicht überredet werden konnte, die Briefe durch einen Sekretär schreiben zu lassen, weil er dachte, dass Leute beleidigt sein könnten, wenn er ihnen nicht in seiner eigenen Handschrift schrieb. Es war Jonviller, der nicht nur half, die Vorlesungen zur Bibel zu erhalten, sondern ihm auch diese Last erleichterte:

»Vor einigen Jahren sah ich, dass Calvin mit der Arbeit, eigenhändig, ohne einen Sekretär, Briefe zu schreiben, beinahe überfordert war. Ich bat ihn, sich zu schonen, und sagte, dass seine Briefe nicht weniger annehmbar seien, so lange er sie selbst unterzeichnete, ganz gleich, wer sie geschrieben habe. Er antwortete, dass er meinte, daran würde Anstoß genommen und dass er es als nachlässig betrachtet würde, wenn er sie nicht eigenhändig schriebe. Als ich ihm gute Gründe für die gegenteilige Annahme nannte, gab er nach, und jetzt setzt er [mich und] andere Sekretäre ein.«[305]

Einige wenige von seinen Briefen wurden aus rein persönlichen Gründen geschrieben, doch diese wurden überwiegend in den früheren Tagen verfasst. Da ist die reizende kleine Geste, als er, nachdem er einen Brief an Viret über einen von zwei Studenten verschickte und sah, dass der andere ein wenig eifersüchtig war, weil er nicht der Bote sein durfte, sich hinsetzte und für ihn einen anderen Brief ohne wesentliche Inhalte schrieb, in dem er Viret aber bat, vorzugeben, dass er überaus wichtige Mitteilungen enthalte.[306] Er schrieb sehr gerne an seine Freunde. Farel gegenüber war er am offensten, teilte ihm seine innersten Gedanken, seine Privatmeinungen über andere Personen und geheime Informationen mit (obgleich er wusste, dass Farel indiskret war); er tadelte ihn mit größter Freimütigkeit, lachte mit ihm und über ihn. In den Briefen an Farel sehen wir Calvin offenherzig und ungehemmt. Im späteren Leben nahm Bullinger Farels Platz in der Briefkorrespondenz Calvins ein, doch waren die Briefe an ihn nie so innig und herzlich.

---

305 OC, Bd. 20, Sp. 131.
306 OC, Bd. 11, Sp. 259; Herminjard, Bd. 7, S. 197-198; ET, Bd. 1, S. 253.

Zu seinen interessantesten persönlichen Briefen gehören diejenigen an Monsieur de Falais, eigentlich Jacques de Bourgogne, in der, wenngleich illegitimen, Nachkommenschaft des herzoglichen Hauses von Burgund, der am kaiserlichen Hof erzogen worden war. In den frühen 1540er-Jahren hatte er den evangelischen Glauben angenommen und Calvin geschrieben, um seinen Rat zu erbitten. Der Verbleib auf seinen Ländereien in den Niederlanden brächte das Problem der Angleichung an Rom mit sich. Das Verlassen derselben bedeutete die Aufgabe sehr vieler Güter für eine unbekannte und unsichere Zukunft. Calvin antwortete in seiner üblichen, direkten Weise:»Was du tun solltest, ist das Land zu verlassen, bevor du so tief im Schlamm versunken bist, dass du nicht mehr herauskommst; und je früher du weggehst, desto besser ist es.«[307]

De Falais handelte insofern auf den Ratschlag hin, als er zunächst in Köln Zuflucht suchte, unter dem Schutz des reformierenden Kardinal-Erzbischofs Hermann, und dann in Straßburg. Doch Mitte 1545 hielt Calvin nach einem guten Haus für ihn und seine Ehefrau in Genf Ausschau. Im nächsten Jahr widmete er ihm als jemandem, dessen Leben und Hausstand auf bewundernswerte Weise dem Ideal des heiligen Paulus entsprachen, den Kommentar zum *1. Korintherbrief.* Monsieur de Falais war sehr von seinem Kommentar eingenommen, sodass Calvin an seine Frau schrieb, um sie zur Geduld aufzufordern und sich nicht darüber zu beklagen, dass ihr Gatte»sich mit der Lektüre meines Kommentars ganz allein vergnügt«[308]. Er verspricht auch, ihren Vorschlag zu überdenken, einige seiner Predigten zu veröffentlichen, denkt aber, dass die Nachfrage nach ihnen nicht ausreichend sein dürfte.

Im Februar 1547 suchte er erneut ein Haus in Genf für sie und meinte, dass er eines mit einem guten Garten und einem schönen, großen Zeichenraum gefunden habe. Dieser Kauf kam nicht zustande, doch hatte er im Mai ein Haus von Perrin gemietet, unter ziemlich strengen Konditionen. Dies wurde ebenfalls fallen gelassen, vielleicht weil Madame im August ein Baby bekam. Ganz im Stile der Zeit

---

307  OC, Bd. 14, Sp. 43; ET, Bd. 1, S. 373.
308  OC, Bd. 12, Sp. 401; ET, Bd. 2, S. 63.

schrieb Calvin, dass er gerne einen halben Tag mit ihnen im Warten auf sein erstes Lächeln verbringen würde, aber auch im Ertragen seiner Tränen und Schreie, welche der Grundton seien, der erste Ton, der zu Beginn dieses Lebens erklinge, »damit wir von Herzen lächeln mögen, wenn wir im Begriff stehen, aus ihm zu scheiden«[309]. Leider war dem armen kleinen Säugling nicht die Zeit vergönnt, um lächeln zu lernen, denn er erlebte den September nicht mehr.

Schließlich brachte die Haussuche doch noch Frucht, und im Februar 1548 besorgte Calvin ihnen ein Grundstück in dem Dorf Veigy. Nach weiteren Verzögerungen waren sie schließlich bis August in Genf und lebten offenbar für den Rest des Jahres bei Calvin, bevor sie nach Veigy zogen, etwa 13 Kilometer außerhalb an der Straße nach Thonon.

Die meisten der Briefe Calvins betrafen jedoch kirchliche Angelegenheiten der einen oder anderen Art, und viele sind theologische Abhandlungen, die mehrere Tausend Wörter umfassten. Sie fanden sich aber auch in den schwarzen Büchern der Königin Margarete von Navarra wieder. Die Logik ihres Glaubens, die sie größtenteils von Lefèvre und Briçonnet gelernt hatte, hatte ihr Herz für die Spiritualität der sogenannten Libertiner geöffnet. Dieser Name (sie haben überhaupt nichts mit den Genfer Libertinern zu tun) steht für einen Antinomismus und eine Freiheit von religiösen Formen, einschließlich der Bibel. Calvin hatte ein Traktat *Gegen die fanatische und wilde Sekte der Libertiner, die sich selbst Spiritualisten nennen* geschrieben (1545); Margarete beschützte zwei von ihnen an ihrem Hof. Indem er sie angriff, griff Calvin, wie sie sagte, auch sie an. Ein langer Brief musste geschrieben werden.[310] An Herrscher oder einflussreiche Staatsdiener in Großbritannien, Polen und Frankreich kamen aus Genf Empfehlungen zur Kirchenreform und Ermahnungen, hierin kühn zu handeln. Die einheitliche Botschaft an alle lautete, bedingungslosen Gehorsam dem Worte Gottes gegenüber zu leisten, anstatt politische und persönliche Erwägungen an die erste Stelle zu setzen.

---

309  OC, Bd. 12, Sp. 578; ET, Bd. 2, S. 123.
310  OC, Bd. 12, Sp. 64ff.; ET, Bd. 1, S. 429ff.

Dies war auch der Hauptgedanke in den beiden frühen Offenen Briefen, die eigentlich an seinen Freund du Chemin aus Orléans und an den Reformer Gérard Roussel gerichtet waren und in denen es um das Fliehen des Götzendienstes und die Absage an das römische Priestertum ging (denn Roussel war gerade ein Bischofsamt angeboten worden). Und in den vielen Briefen an Bürgerliche, an den Adel oder an Königshäuser gab es immer wieder nur das eine Thema. »Kein Kompromiss!«, schrieb er an die Herzogin Renée, deren evangelischer Kaplan vorgeschlagen hatte, dass es taktisch klug für sie sei, zuerst der Messe beizuwohnen und anschließend ein nettes, stilles Abendmahl feiern zu lassen. »Kein Kompromiss!«, hieß es an die Adresse von Madame de Cany, der picardischen Dame, die von Laurent de Normandie für den Glauben gewonnen worden war und von ihrem Ehemann verfolgt wurde. »Kein Kompromiss!«, war die Botschaft an den König von Navarra, den Schwiegersohn von Margarete: »Obgleich es nach den Maßstäben der Welt weder nützlich noch zweckdienlich erscheint, die Wahrheit Gottes zu bekennen, haben Sie, Sir, zu bedenken, was derjenige von ihnen verlangt, der berechtigt ist, Gehorsam ohne jeden Widerspruch von Ihnen zu fordern.«[311]

An Monsieur d'Andelot, den jüngeren Bruder des Admirals Coligny, der während seiner Haft kapituliert hatte, schrieb er gereizt und ohne Mitleid: »Gott ist durch deinen übergroßen Respekt vor den Menschen betrogen worden, sei er aus Gunst, aus Furcht oder aus Achtung hervorgegangen … Dein Fall war sehr schwer und betrüblich, und du solltest seiner in Bitterkeit des Herzens gedenken.«[312] Er war über die Schwäche von Navarra aufgebracht, der von der Erfüllung seiner Pflicht durch »törichte Liebeleien«, durch »junge Mädchen« abgezogen und zusammen mit seinem Bruder, dem Prinzen von Condé, für seine Liebeleien gerügt wurde – sie stellten bei jemandem, der den übrigen ein Beispiel geben sollte, eine Quelle des Ärgernisses dar. Während das Schicksal des Evangeliums auf dem Spiel steht, denken diese Führer, sie hätten die Zeit, den Frauen nachzujagen.

---

311  OC, Bd. 17, Sp. 198; ET, Bd. 3, S. 426.
312  OC, Bd. 17, Sp. 252f.; ET, Bd. 3, S. 451.

Unter solchen Briefen wurde eine alte Korrespondenz wieder aufgenommen. Wer anders sollte 1559 in Genf auftauchen als der Sohn von François Daniel, der von zu Hause weggelaufen war, um sich der Armee des Herrn in Genf anzuschließen! Es war nicht das erste Mal, dass Calvin in den Schwierigkeiten der Familie Daniel um Hilfe angerufen wurde. Ich bin sicher, du wirst ärgerlich sein, schrieb er, weil er dich enttäuscht hat und dir ungehorsam gewesen ist. Sei aber nicht zu zornig über ihn. »Wenn du den Mut hättest, deine Pflicht so zu tun, wie du sie hättest tun sollen, so hättest ihm schon lange ein Beispiel gegeben.«[313] Er ist offensichtlich ein guter Kerl und hat Frankreich nur verlassen, weil er die abergläubischen Praktiken des Papsttums nicht ertragen kann. »Du solltest mit ihm zufrieden sein, und ich bitte dich liebevoll, ihn freundlich zu behandeln.«

Der Brief war erfolgreich, nicht nur, indem er Vergebung für den jungen Mann erwirkte, sondern auch, indem er die über 20 Jahre ruhende Freundschaft wiederbelebte. François wünschte, dass sein Sohn Zivilrecht studieren sollte; das wollte er auch tun, jedoch ohne davon begeistert zu sein. Calvin wollte auch darauf achten, dass er die Humanwissenschaften und Theologie studierte, vor allem aber darauf, dass er in der Gottseligkeit ausgebildet würde. Calvin hofft auch, dass François nun dem guten Beispiel seines Sohnes Folge leisten und sich aus den Fallstricken, in welche er verwickelt sei, herauslösen möge.[314] Zu einem frühen Zeitpunkt im neuen Jahr kehrte der junge Daniel nach Hause zurück, begleitet von einem Brief Calvins über seine Begabung und sein vielversprechendes Potenzial und mit Grüßen an die alte Madame Daniel, die immer noch am Leben war, und Geschenken für die Schwestern des Jungen.

Er war keineswegs der Einzige, der nach Genf ging, aber auch nicht der Einzige, der die Stadt bald wieder verlassen sollte. Es wurde geschätzt, dass die Flüchtlinge im Jahre 1557 den Einwohnern zahlenmäßig überlegen waren. Mehr als drei Viertel von ihnen waren von französischer Nationalität, und von den übrigen waren nur verhältnismäßig wenige nicht französischsprachig; sie

---

313  OC, Bd. 17, Sp. 585-586; ET, Bd. 4, S. 60.
314  OC, Bd. 17, Sp. 680-681; ET, Bd. 4, S. 77-78.

stammten entweder aus den südlichen Niederlanden oder aus den französischsprachigen Kirchen im Rheinland und hatten diese beiden Gegenden aufgrund von Verfolgung verlassen müssen.

Die internen politischen Folgen dieses gewaltigen Zustroms von Franzosen haben wir bereits gesehen, und niemand wird den Genfern wegen ihrer Besorgnis Vorwürfe machen wollen. Falls ihre Furcht jedoch in den Gefahren begründet war, die der städtischen Wirtschaft drohten, so war sie eher gerechtfertigt. Ein Robert Estienne, ein Jean Crispin, ein Laurent de Normandie schufen Reichtum und brachten der Stadt große Ehre. Doch diese berühmten Geschäftsleute konnten nicht mehreren Tausenden zusätzlicher Hände in einer Stadt Arbeit geben, die nur zwanzig Jahre zuvor lediglich Zehntausend Einwohner gezählt hatte. Wie wir gesehen haben, konnte Genf sich auch nicht über seine Stadtmauern hinaus ausdehnen. Daraus ergab sich ein sehr schwerer Wohnungsmangel. Der Mann (vielleicht mit Familie), der keine Arbeit finden konnte und keine befriedigende Unterkunft hatte, wanderte in eine andere Stadt ab. Die englischen Flüchtlinge, die in den Jahren 1554 und 1555 scharenweise nach Frankfurt, Zürich und Genf gekommen waren, kehrten, sobald sie hörten, dass Königin Maria tot sei und Elisabeth auf dem Thron sitze, nach dem England zurück, von dem sie wussten, dass es sie willkommen heißen würde.

Wo sie zahlreich genug waren, bildeten die nicht-französisch-sprachigen Flüchtlinge ihre eigene Kirche. Die Engländer neigten tatsächlich dazu, so weit wie möglich unter sich zu bleiben, was den Kontakt mit den Genfern betraf, und eine eigene Gemeinde zu bilden. Neben dem Reformator John Knox und William Whittingham, dem künftigen Dekan von Durham, gab es noch die Familien von John Bodley, dem Vater des späteren Gründers der Bodleyanischen Bibliothek in Oxford, von Sir William Stafford und Männern wie Sir Richard Morison und dem Drucker Rowland Hall. Sie beschäftigten sich hier mit wichtiger Verlagsarbeit, die ihren Höhepunkt in der *Geneva Bible* von 1560 finden sollte, der Bibel, die bis zur *King James Bible* die in England am meisten benutzte Bibelübersetzung war.

Unter die Einwanderer, die tatsächlich vor der Verfolgung geflohen waren, hatten sich auch einige merkwürdige Figuren und, wie wir mutmaßen dürfen, nicht wenige französische Geheimagenten gemischt. Einer der seltsamsten von ihnen lebte seit 1559 neben Calvin. Es war Jacques Spifame. Ein Eintrag in den *Registres de Conseil* für den 17. April jenes Jahres sagt uns, dass Jacques Spifame, der frühere Bischof von Nevers und »Präsident und Requetenmeister des Königs«, um des Evangeliums willen nach Genf gekommen sei und Asyl suchte. Dies wurde ihm gewährt. Er erwähnte auch, dass »er einige Jahre lang eine Frau gehalten hat, die er nie geheiratet hatte«[315]. Diese Angelegenheit wurde dem Konsistorium mitgeteilt, das der Verbindung seinen Segen gab. Binnen Kurzem wurde ihm das Bürgerrecht gewährt. Dann wurde der frühere Bischof ein Pastor. Leider wurde er ein paar Jahre später als Prediger nach Frankreich gesandt, und dort verhandelte er, wie der Rat hörte, um ein weiteres Bischofsamt. Es kam auch heraus, dass er nicht die ganze Wahrheit über seine Frau gesagt hatte und dass er einen falschen Ehevertrag geschlossen hatte. Um dieser Verbrechen willen oder – wahrscheinlicher noch – wegen einiger Intrigen mit Frankreich oder Savoyen, die er nie publik gemacht hat, wurde er 1566 in Genf enthauptet.

Die Italiener hatten seit 1542 ihre eigene Kirche. Ihr erster Diener war Bernardino Ochino, der frühere Generalobere der Kapuziner, gewesen, der eng mit Calvin verbunden war und der Genf höchst angenehm fand. Ein weiterer enger Freund Calvins war einer der italienischen Diakone, der aber zugleich ein so hoch gestellter Mann war, dass der Rat, als er Asyl beantragte, ihn sogleich verdächtigte, ein Spion zu sein; es war Galeazzo Caracciolo, der Marquis von Vico, das Oberhaupt einer der vornehmsten Familien in Neapel, ein Großneffe Papst Pauls IV. und Kämmerer des Kaisers. Er hatte sein Land und seine Karriere, seine Ehefrau und Familie zurückgelassen, um 1551 in Genf sesshaft zu werden, und dort blieb er für den Rest seines Lebens, trotz des Drängens des Papstes und der Familie zur Rückkehr. 1559 wurde er von seiner Ehefrau geschieden, offenbar aufgrund mutwilligen Verlassens, und er heiratete wieder. Zu

---

315  OC, Bd. 21, Sp. 714.

jener Zeit war dies so etwas wie eine berüchtigte Angelegenheit, sowohl wegen der Verbindungen Caracciolos als auch, weil es die reformierte Einstellung zur Wiederheirat nach der Ehescheidung veranschaulichte. Die italienische Kirche sollte aber durch trinitarische Häresien, die von Gentile verbreitet wurden, auch Probleme verursachen.

## Calvins Einfluss außerhalb von Genf

Wir kommen nun zu der Gründung und Organisation von Orts- oder Nationalkirchen. Manchen konnte Calvin nur auf der Grundlage solcher Auskünfte über die örtliche Situation, die man ihm gegeben hatte, einen Ratschlag erteilen, und er war nicht immer gut beraten. Gewöhnlich, vielleicht sogar immer, schrieb er nur dann, wenn man ihm deutlich gemacht hatte, dass seine Hilfe willkommen sein würde. Sein Rat wurde aber nicht ausnahmslos angenommen. So enthielten seine Briefe an den Herzog von Somerset, den ersten »Protektor« in England während der Herrschaftszeit Eduards VI., einen vollständigen Entwurf für die Reform der englischen Kirche. Der erste Brief war eigentlich eine kleine Abhandlung, die etwa 5000 Wörter umfasste.[316] In der Hauptsache empfahl er darin Folgendes: dass Vorsorge für die ungehinderte Verkündigung des Evangeliums getroffen werden solle, dass Missbräuche ausgerottet und eine Form der Kirchenzucht eingeführt werden solle. Er schrieb Somerset auch andere Briefe zu speziellen Aspekten der Kirchenorganisation und widmete ihm auch seinen Kommentar zum *1. Timotheusbrief*. Wie wir bereits gesehen haben, widmete er dem jungen König sowohl seinen *Jesaja* als auch die *Katholischen Briefe*. Doch Eduard hatte nie die Gelegenheit gehabt, die Ratschläge, die er erhielt, praktisch umzusetzen, denn er starb im Jahre 1553, und es folgte ihm seine Schwester Maria auf dem Throne nach. Einige der Flüchtlinge, die vor ihren Verfolgungsmaßnahmen flohen, haben wir in Genf gesehen, doch die Mehrheit ging nach Zürich oder Frankfurt.

---

316  OC, Bd. 13, Sp. 77-90; ET, Bd. 2, S. 168-184.

Mit der Thronbesteigung Elisabeths I. im Jahre 1558 hatte sich die Situation für Calvin völlig verändert. Wir dürfen vermuten, dass sein Rat von den Regierungsräten und Bischöfen Eduards eher respektiert denn als praktisch umsetzbar betrachtet wurde und dass, was auch immer geschehen mochte, die neue Königin keinerlei Zuneigung in Richtung Genf entwickeln würde. Sie hatte aber eine gute Entschuldigung für ihre Distanziertheit. Nicht nur hatte Calvin zur Unterstützung der Partei von John Knox in den berühmten Frankfurter Unruhen geneigt, indem er einige Dinge im *Book of Common Prayer* von 1552 für unpassend, wenn auch erträglich genannt hatte, sondern es kam noch schlimmer, weil er schon bald durch das Buch von John Knox gegen weibliche Herrscher, den *Ersten Trompetenstoß gegen das monströse Weiberregiment*, schwer kompromittiert worden war. Obgleich Calvin versuchte, die Angelegenheit durch Briefe an William Cecil zu bereinigen und die überarbeitete Fassung von *Jesaja*»der allerdurchlauchtigsten Königin, die für ihre Tugenden nicht weniger berühmt ist als wegen ihrer königlichen Würde, der Lady Elisabeth, der Königin von England und souveränen Lady in Irland und den umliegenden Inseln« widmete, war zunächst großer Schaden angerichtet worden.

Der von Calvin während der nächsten vierzig Jahre ausgeübte Einfluss war enorm, allerdings übte er ihn mittels seiner zahlreichen Werke aus, insbesondere durch die *Institutio* (die 1561 übersetzt wurde), aber auch durch die Übersetzungen seiner Kommentare und Predigten. Außerdem übte er nie einen direkten Einfluss gleichsam durch die offiziellen Kanäle aus, obwohl führende Staatsmänner und kirchliche Würdenträger einschließlich einiger Erzbischöfe überzeugte Calvinisten waren. In den Kontroversen zwischen der Kirche von England und den Puritanern und Separatisten ist die Position Calvins alles andere als klar. Eine ausführlichere Studie könnte jedoch aufzeigen, dass es die Verfechter der Staatskirche waren, die seine Unterstützung für sich in Anspruch nehmen konnten und dass ihre Gegner sich eher auf Bullinger und Beza beriefen.

Calvins Einfluss in Schottland war – so immens er war – ebenfalls kein unmittelbar ausgeübter, sondern mittelbar durch seine persönliche Beziehung zu Knox in Genf und durch seine Schriften. Nachdem Knox 1559 nach Schottland zurückgekehrt war, organisierte er eine Reform nach dem Muster von Genf mit einigen lokalen Anpassungen; allerdings suchte er nur sehr selten Calvins Rat. Seine Liturgie war derjenigen von Calvin sehr ähnlich, und das Schottische Bekenntnis von 1560 kann als eine Neuformulierung der Theologie Calvins betrachtet werden. Wieweit die Theologie und die Kirchenpolitik Calvins im Denken von John Knox umgewandelt wurden, ist eine andere Frage. Nichtsdestoweniger wurde der Name Calvins in Schottland immer noch geehrt, als er in England vergessen worden war.

In Polen hatte es eine lange Tradition der Unabhängigkeit päpstlichen Ansprüchen gegenüber gegeben. Zudem trieb gegen Ende der 1540er-Jahre die Verfolgung viele Evangelische aus Böhmen nach Polen. Hinzu kommt, dass sich in dem Land ein starker humanistischer Einfluss geltend machte. Eine Zeit lang schien es so, dass König Sigismund II., von seinem Kanzler Nikolaus von Radziwill dazu gedrängt, die Kirche im Sinne von Calvins Empfehlungen in Briefen und Buchwidmungen reformieren könnte. Dies geschah jedoch nicht; und die calvinistische Kirche in Polen, die einst zahlreiche Mitglieder und einen starken Einfluss hatte, war schon anfangs des 17. Jahrhunderts praktisch zerbrochen.

Kein Land war aber so sehr der Gegenstand der pastoralen Fürsorge Calvins wie sein eigenes Heimatland. Er lebte in Genf und erhielt nach vielen Jahren dort auch das Bürgerrecht; er blieb aber immer ein Franzose, der danach trachtete, seine Landsleute für Christus zu gewinnen und die Kirche zur Rückkehr zu ihren Ursprüngen im evangelischen Glauben zu bewegen.

Um Calvins Werk für Frankreich verstehen zu können, ist es erforderlich, etwas über den unmittelbaren Kontext seiner Religionsgeschichte zu wissen. Die Verfolgung, die Calvin und so viele andere im Jahre 1534 fortgetrieben hatte, setzte sich sporadisch fort, wobei die zur Verfolgung erlassenen Edikte mehr oder weniger rigoros umgesetzt wurden. Franz war ein träger Verfolger im Vergleich mit seinem Nachfolger Heinrich II., der, als er bei seiner Thronbesteigung im Jahre 1547 merkte, dass die Protestanten im Lande zunahmen, ein spezielles Gericht einsetzte, das sich mit ihnen beschäftigen sollte, die sogenannte *Chambre ardente* (»glühende Kammer«). Dieses Gericht war zwei Jahre lang aktiv, dann wurden die Häresieprozesse wieder von den kirchlichen Gerichtshöfen übernommen. Da die Kirchenmänner sich als zu milde erwiesen, wurden die Prozesse durch das Edikt von Chateaubriand wieder den Zivilgerichten überwiesen, und schon bald trat die *Chambre ardente* wieder auf. Es folgte eine Schreckensherrschaft, die mit den fürchterlichen Jahren in England unter Maria Tudor vergleichbar war. Versuche, eine noch strengere Inquisitionsgerichtsbarkeit nach spanischem Muster einzurichten, wurden von dem *Parlement* von Paris abgelehnt, doch änderte das an der Strenge und Schwere der Verfolgung nichts.

Mit einer solchen Situation konfrontiert, rief Calvin die evangelischen Christen in Frankreich zur Unnachgiebigkeit und Beharrlichkeit auf. Dies war von Anfang an seine Botschaft gewesen. Es war der Hauptinhalt einer seiner brillantesten französischsprachigen Abhandlungen: *Excuse de Iehan Calvin à Messieurs les Nicodémites* (1544); »Apologie von Jean Calvin an die Nikodemiten, auf ihre Beschwerde hin, dass er zu streng sei«. Es gibt viele in Frankreich, die das Evangelium gerne annehmen möchten, die aber Angst um sich selbst oder um ihre Familien haben. Es gibt andere, die verstandesmäßig an dem Evangelium interessiert sind und das Christentum halbwegs in eine Philosophie umwandeln, die aber keinerlei Notwendigkeit zur Reformation sehen. Es gibt die höflichen Geistlichen, *les délicats*, die eine verlockende und kultivierte Religion wollen, die sie ganz angenehm mit den Hofdamen diskutieren können. Und dann gibt es die opportunistischen Geistlichen, die sich von dem Zeitgeist ein wenig bewegen lassen, allerdings nicht weit, sondern gerade weit genug, um Aufmerksamkeit als moderne Menschen zu erlangen, Männer, die ihre Ohren aufsperren, geeignete Männer für gute Posten – denn wir dürfen nicht vergessen, dass ein reformbereiter Bischof, vorausgesetzt, dass er bei der Stange blieb, für Rom eine weitaus bessere Werbung war als ein alter Dickschädel wie Bédier. Sie alle sagen, dass Calvin zu extrem sei. Doch »das ist keine Frage von ihrer oder meiner Meinung. Ich zeige das, was ich in der Schrift gefunden habe. Und ich habe mich nicht beeilt, um zu diesen Schlussfolgerungen zu kommen, ohne mehr als dreimal darüber nachgedacht zu haben. Überdies sage ich nur das, was wohlbekannt ist und dem niemand widersprechen kann, ohne ganz klar das Wort Gottes zu leugnen.«[317] Sie müssen ihre weltliche Weisheit aufgeben, in der sie weiser sein wollen als Gott, und seinem Wort gehorsam werden. Sie brauchen die Verfolgung nicht zu suchen und auch keine wilden und unsinnigen Dinge zu tun. Sie sollen einfach dem Wort Gottes gehorsam sein; nicht ein wenig gehorsam und ihre Schwachheiten entschuldigen, sondern einen vollkommenen Gehorsam anstreben. Dann werden sie nicht mehr mit der Religion spielen wollen und anfangen, ernsthaft religiös zu sein. Sie werden nicht versuchen, sich zu verbergen, indem sie sich äußerlich der papistischen Religion angleichen. »Nikodemus kam in der Zeit seiner Unwissenheit bei Nacht zu Jesus. Nachdem er unterwiesen worden war, bekannte er ihn offen bei Tage, selbst in der Stunde der allergrößten Gefahr.«[318]

Calvin tat mehr, als die Gläubigen zu ermahnen und zu stärken. Er versorgte die Ortskirchen, die in vielen Bezirken entstanden, mit Literatur und, wo möglich, auch mit Predigern. Zunächst waren diese Kirchen lediglich Gruppen von Protestanten, die zum Gebet und zur gemeinsamen Bibellese zusammenkamen. Doch sogar schon in den 1540er-Jahren wurde deutlich, dass manche Gruppen aus diesem Stadium herausgewachsen waren und angefangen hatten, eine Organisation anzunehmen und auch Vorkehrungen für die Feier der Sakramente zu treffen, was einen bedeutsamen Schritt darstellte, wie wir bei den separatistischen Gemeinden in England sehen.

Die von Calvin entworfene Kirchenorganisation wurde allgemein angenommen, zweifelsohne aber in Details an die örtlichen Verhältnisse angepasst. Bis zum Ende des nächsten Jahrzehnts gab es möglicherweise mindestens 50 organisierte Kirchen in Frankreich.

---

317  OC, Bd. 34, Sp. 602.
318  OC, Bd. 34, Sp. 609.

Wie viele auf der Synode in Paris im Jahre 1559 vertreten waren, ist umstritten. Bei dieser Synode wurde, gegen Calvins Willen, ein Glaubensbekenntnis verfasst, die *Confessio fidei gallicana*, die auf seinem Genfer Bekenntnis basierte. Eine Kirchenordnung wurde ebenfalls entworfen. Da diese Kirche landesweit organisiert werden musste, war es erforderlich, dass sie über das Genfer Modell hinausging, das für eine Stadt mit drei Pfarrgemeinden und ein paar Dörfer gedacht war. In Frankreich war die zentrale Autorität in der evangelischen Kirche die Nationalsynode, in welche Vertreter aus der Lokalsynode oder dem lokalen Kolloquium gewählt wurden.

Genf hatte schon seit vielen Jahren den französischen Gemeinden Hilfe gesandt. Diese hatte primär darin bestanden, dass Bücher ins Land geschmuggelt und von den Kolporteuren verkauft wurden, die manchmal auch als Prediger agierten. (Ein interessanter Nebeneffekt davon war, dass der Buchdruck ein Hauptgewerbe in Genf wurde und der Bücherverkauf für den Export die größte Bedeutung hatte, was dabei half, die einheimischen Finanzprobleme zu bewältigen, jedoch keineswegs zu lösen.) Neben den Kolporteuren war Genf aber auch führend in der Entsendung regulärer Prediger nach Frankreich.[319] Zwischen 1555 und 1562 wurden über hundert Prediger nach Frankreich gesandt. Diese Aktivität ging, streng genommen, nur auf die Pastoren in Genf zurück. Die Ratsherren baten Calvin, ihnen nichts darüber zu berichten. Als die französischen Behörden sich beschwerten, konnten sie jede Verantwortung von sich weisen.

Von Lausanne gingen jedoch die fünf jungen Männer aus, die in Lyon gefasst und ins Gefängnis geworfen wurden. Calvin schrieb ihnen seine bekannte Aufforderung zur Standhaftigkeit. Inzwischen beten wir sowohl für euch, als wir auch bei den richtigen Behörden Einspruch erheben. Vertraut auf Gott; er hat noch nie jemanden enttäuscht. Sie waren ein Jahr lang im Gefängnis. Eine Begnadigung erschien zwar weniger wahrscheinlich, aber nicht unmöglich. Wenn das Wohlgefallen Gottes sie aufs Schafott führen sollte, schrieb er nun, dann sollen sie darauf vertrauen, dass seine Gnade bei ihnen sein werde, um sie zu stützen. »Hierauf, meine Brüder, nachdem

---

319 Siehe Monter, *Calvin's Geneva*, S. 135.

ich unseren guten Gott gebeten habe, euch unter seine Obhut zu nehmen, euch in allem und durch alles hindurch beizustehen und euch durch Erfahrung schmecken zu lassen, welch ein Vater er ist und wie sehr er auf das Heil der Seinigen bedacht ist, bitte ich auch, dass ihr meiner in euren Gebeten gedenken wollet.«[320] Schließlich stellte sich heraus, dass sie verbrannt würden:

»Da es aber so scheint, dass Gott sich eures Blutes als Siegel seiner Wahrheit bedienen möchte, gibt es für euch nichts Besseres, als euch auf dieses Ende vorzubereiten, indem ihr ihn bittet, euch so sehr seines Wohlgefallens zu versichern, dass nichts euch hindert, ihm überall hin zu folgen, wohin er euch ruft. Denn ihr wisst ja, meine Brüder, dass wir so abgetötet werden müssen, um ihm als ein Opfer dargebracht zu werden. Es kann nicht anders sein, als dass ihr schwere Kämpfe zu erdulden habt, damit das, was zu Petrus gesagt ist, sich in euch erfülle, dass man euch gürten werde und ihr gehen müsset, wohin ihr nicht wollt. Ihr wisst jedoch, in welcher Kraft ihr kämpfen sollt. Alle die, welche auf diese Kraft vertrauen, werden nie zuschanden, viel weniger verwirrt werden. Seid also, meine Brüder, zuversichtlich, dass ihr nach eurem Bedürfnis durch den Geist unseres Herrn Jesus gestärkt werdet, sodass ihr unter der schweren Last der Versuchungen nicht mehr versinken werdet als derjenige, welcher einen solch herrlichen Sieg errang, der inmitten unseres Elends für uns ein unfehlbarer Beweis unseres Triumphes ist. Da es ihm wohlgefällt, euch für die Standhaftigkeit in seinem Streit bis zum Tode einzusetzen, wird er eure Hände stärken, damit ihr obsiegt, und wird nicht zulassen, dass auch nur ein einziger Tropfen eures Blutes vergeblich vergossen werde.«[321]

Im Jahre 1559 trat eine unheilvollere Wende für die Sache der Protestanten ein. Die verfolgte Kirche begann, über einen bewaffneten Widerstand nachzudenken, sogar über einen bewaffneten Aufstand. Zu den Reihen der Evangelischen waren nunmehr auch große Mengen von Adligen gestoßen, die es nicht gewöhnt waren, Unrecht so geduldig zu ertragen wie die Mittelklassen, die bislang den französischen Protestantismus dominiert hatten. Es schien auch so, dass die unsichere politische Lage, die durch den plötzlichen Tod Heinrichs II. und durch den Regierungsrat, der wegen der Jugend und des schwachen Intellekts von Franz II. die Regierungsgeschäfte

---

320 OC, Bd. 14, Sp. 492; ET, Bd. 2, S. 375.
321 OC, Bd. 14, Sp. 545; ET, Bd. 2, S. 387.

übernahm, geschaffen wurde, eine günstige Gelegenheit zum Sturz der etablierten römisch-katholischen Kirche böte. Calvin wurde bezüglich seiner Meinungen über einen aktiven Aufstand befragt. Er hatte bereits in einem Brief an die Kirche in Paris deutlich gemacht, dass er sich der neuen Lage bewusst war, die durch den Wechsel in der Zusammensetzung der Kirche entstanden war, und hatte sich eindeutig gegen Gewaltanwendung ausgesprochen: »Lasst es eure Sorge sein, nichts zu versuchen, was durch sein Wort nicht gerechtfertigt ist … Es wäre für uns alle besser, ruiniert zu werden, als dass das Evangelium Gottes dem Vorwurf ausgesetzt würde, dass es Menschen als Vorwand zum Aufstand und zur Empörung gedient habe.«[322] Seine Lehre in der *Institutio* ist eindeutig, allerdings lässt sie eine Lücke für den Widerstand offen. Herrschern soll gehorcht werden, selbst wenn sie ungerecht und grausam sind. Kein Privatmann hat das Recht oder die Pflicht, dem Herrscher zu widerstehen oder ihn zu stürzen. Doch in einem Staat, der keine absolute Monarchie ist, wird es neben dem eigentlichen Herrscher immer seine Staatsminister geben, seine Adligen von königlichem Geblüt, sein Parlament. Calvin lässt daher eine Ausnahme zu und erklärt es tatsächlich sogar zur Pflicht gewisser Volksbehörden, sich dem Herrscher zu widersetzen, wenn seine Regierung unerträglich wird:

»Dabei rede ich aber stets von amtlosen Leuten. Anders steht nun die Sache, wo Volksbehörden eingesetzt sind, um die Willkür der Könige zu mäßigen; von dieser Art waren z. B. vorzeiten die ›Ephoren‹, die den lakedämonischen Königen, oder die Volkstribunen, die ›den römischen Konsuln, oder auch die ›Demarchen‹, die dem Senat der Athener gegenübergestellt waren; diese Gewalt besitzen, wie die Dinge heute liegen, vielleicht auch die drei Stände in den einzelnen Königreichen, wenn sie ihre wichtigsten Versammlungen halten. Wo das also so ist, da verbiete ich diesen Männern nicht etwa, der wilden Ungebundenheit der Könige pflichtgemäß entgegenzutreten, nein, ich behaupte geradezu: wenn sie Königen, die maßlos wüten und das niedrige Volk quälen, durch die Finger sehen, so ist solch ihr absichtliches Übersehen immerhin nicht frei von schändlicher Treulosigkeit; denn sie verraten ja in schnödem Betrug die Freiheit des Volkes, zu deren Hütern sie, wie sie wohl wissen, durch Gottes Anordnung eingesetzt sind!«[323]

---

322 OC, Bd. 16, Sp. 629f.; ET, Bd. 3, S. 361.
323 *Institutio* IV, xx, 31.

Auf den ersten Blick scheint die Lage in Frankreich genau einer solchen Ausnahme zu entsprechen. Hier war eine mächtige Monarchie, die eine tyrannische Politik gegenüber dem einfacheren Volk durchsetzte. Hier waren auch die drei Stände des Klerus, der Adligen und der Bürger, die allerdings seit einem halben Jahrhundert nicht in Konflikt miteinander geraten waren. Unter den vielen Adligen, die öffentlich den evangelischen Glauben bekannten, waren zwei Fürsten aus königlichem Geschlecht, der König von Navarra und sein Bruder, der Prinz von Condé. Der König von Frankreich unterdrückte die Protestanten, sei es in seiner eigenen Person oder durch einen Regierungsrat. Vom Klerus war nur wenig oder gar keine Hilfe zu erwarten. Die Adligen waren daher eindeutig am ehesten dazu geeignet, »die Willkür des Königs zu mäßigen«. Und dennoch wollte Calvin keine Gewaltanwendung billigen. Alles hängt also ganz klar davon ab, was er mit »mäßigen« und »entgegentreten« meint. Im Kontext der Tatsache betrachtet, dass er in Genf keine Schritte zum gewaltsamen Sturz des Regimes der Perrinisten unternahm und dass er auch jetzt in Frankreich diese Politik ablehnte, scheint es so, als ob er keinen bewaffneten Widerstand verfocht, sondern lediglich Druck auf den Herrscher durch verfassungsmäßige Mittel.

Die Chance auf die Anwendung verfassungsmäßiger Mittel hatte man jedoch durch die politische Torheit des Königs von Navarra vertan, der sich von der Königinmutter, Katharina de Medici, hatte manipulieren lassen. Somit ging die Macht in die Hand der Guisen über, das heißt, des Kardinals von Lothringen und seines Bruders, des Herzogs von Guise. Sie setzten die Verfolgungsmaßnahmen unter Heinrich II. fort. Nun wurde Calvin hinsichtlich einer speziellen Verschwörung befragt. Der Plan bestand darin, dass die Guisen gefangen genommen werden und die Protestanten an ihre Stelle treten sollten.

Der Anführer der Verschwörung war ein gewisser Godefroy de Barry, der Seigneur de la Renaudie, der von Calvin als »ein Mann ohne persönliche Verdienste« betrachtet wurde. Er besuchte Calvin, um seine Unterstützung zu gewinnen und in Genf Truppen auszuheben. »Ich setzte«, schrieb Calvin an Bullinger, »seiner Prahlerei sofort ein

Ende und bekannte meine tiefe Abscheu vor seiner Verschwörung.«[324] De Barry gab es dennoch so aus, als habe er Calvins Segen. Nach der Weise all dieser Möchtegern-Verschwörer hielt er vermeintlich geheime Treffen mit Sympathisanten in der Stadt ab. Freiwillige wurden angeworben. Calvin sagte zu ihnen, dass sie verhext sein müssten, und fragte sie, was sie zu erreichen hofften. Sie erwiderten, dass der Prinz von Condé das Genfer Glaubensbekenntnis dem König als eine Art Manifest für die evangelische Freiheit vorlegen werde und dass eine große Heeresmacht gesammelt würde, die den Prinzen im Falle, dass die Guisen versuchten, ihn gefangen zu nehmen, verteidigen solle. Calvin sagte, dass er damit immer noch nicht glücklich sei, es sei denn, sie achteten darauf, dass kein Blutvergießen entstehe, »denn ich erklärte ihnen, dass die unausweichliche Folge sein werde, dass aus einem einzigen Tropfen bald Ströme flössen, die Frankreich ertränken würden«.[325]

Die Verschwörung wurde natürlich vermasselt. Johannes Sturm aus Straßburg gegenüber brachte Calvin seine Entrüstung zum Ausdruck, nicht nur über das Prinzip hinter der Verschwörung, sondern auch über ihre amateurhafte Ausführung; »was sie töricht beschlossen, das planten sie kindisch«.[326] Aus dieser Verschwörung von Amboise flossen die Ströme von Blut, welche Calvin vorhergesagt hatte, die Religionskriege in Frankreich.

Er wurde während der nachfolgenden Ereignisse nicht nur gut informiert, sondern stand auch in engem Kontakt mit den Anführern der Evangelischen. Ein sehr großer Teil seiner Korrespondenz während der letzten Jahre seines Lebens beschäftigte sich mit den Unruhen in Frankreich. Während des Bürgerkrieges von 1562 akzeptierte er die vollendete Tatsache so weit, dass er vom Genfer Rat ein Darlehen für die Hugenotten erbat (welches sie nicht gewähren konnten) und die Sendung von Freiwilligen aus der Schweiz billigte. Als der Krieg mit dem Frieden von Amboise im April 1563 endete, war er wiederum ärgerlich über die schlechten Friedensbedingungen,

---

324  OC, Bd. 18, Sp. 84-85; ET, Bd. 4, S. 104.
325  OC, Bd. 18, Sp. 81-82; ET, Bd. 4, S. 107.
326  OC, Bd. 18, Sp. 38-39; ET, Bd. 4, S. 91.

die die Hugenotten angenommen hatten. Doch als er davon sprach, dass Gott seinen Anhängern eine zweite Chance gebe, sich in seinem Dienste nützlich zu machen,[327] so meinte er damit keinen weiteren Krieg, denn »ich werde immer meinen Rat geben, sich der Waffen zu enthalten und bekräftigen, dass wir alle lieber untergehen, als ein zweites Mal die Wirren in Kauf zu nehmen, die wir erlebt haben«[328]. Dies schrieb er der Comtesse de Roye, der Schwägerin von Condé. Der Waffenstillstand währte noch über Calvins Lebenszeit hinaus, sodass er den zweiten Bürgerkrieg in seinem Frankreich nicht miterlebte.

327  OC, Bd. 20, Sp. 8; ET, Bd. 4, S. 305.
328  OC, Bd. 19, Sp. 688; ET, Bd. 4, S. 302.

# 10. In Christus ist Sterben Gewinn

Im September 1558 platzte eine Bombe. Farel kündigte an, dass er heiraten würde. Calvin war sehr gefragt als jemand, der jungen Männern Bräute vorschlagen sollte. Nur ein paar Monate zuvor hatte er selbst Farel wegen eines solchen jungen Mannes geschrieben und gesagt, dass er aus dem Stegreif nur drei Mädchen kenne, die schön, tugendhaft und mit einer guten Mitgift ausgestattet seien; obwohl sicherlich zwei sehr schöne Mädchen in seiner Nähe lebten, sei doch ihre Mitgift nicht sonderlich groß. Komm eines Tages hier vorbei, sagte er, und wir werden darüber sprechen. Er erwartete wohl kaum, was er, als Farel vorbeikam, hören würde.

Farel, der jetzt 69 Jahre alt war, verlobte sich mit einem jungen Mädchen, der Tochter von Calvins Haushälterin, die ein Flüchtling gewesen war. Zudem hatte sie einige Zeit lang mit ihm unter demselben Dach gelebt, und dort lebte sie immer noch. Würde Calvin, sein bester und ältester Freund, die Hochzeit übernehmen? Nein, Calvin würde es nicht tun, und er sagte ihm das ganz unverblümt. Farel, der vielleicht – welch armer Kerl! – in einer Traumwelt voll leidenschaftlicher Liebe lebte, konnte nicht fassen, dass er dies so meinte, und als er nach Hause kam, schrieb er ihm und bat ihn, seine Meinung zu ändern. Calvin antwortete: »Ich habe dir ins Gesicht gesagt, dass ich weder zu eurer Verlobungsfeier noch zu eurer Hochzeit kommen würde, sowohl weil es unmöglich war, als auch, weil ich es für unweise hielt. Daher bin ich überrascht, dass du mich noch einmal einlädst.«[329] Farel solle so bald wie möglich heiraten, um alles nicht noch schlimmer zu machen, denn es war durch diese Sache schon genügend Ärgernis erregt worden.

Farels Kollegen schrieben an Calvin. Sie waren gleichsam total von den Socken. Was sollten sie tun? Konnten sie ihn zwingen, die Verlobung aufzulösen? Calvins Antwort ist voller Verlegenheit, Zorn und Mitleid – »der arme Bruder Meister Guillaume«, »wir schämen uns für seine Schwachheit«, »ich bin baff vor Erstaunen«, »vor nur sechs Monaten hätte der arme Bruder gesagt, dass ein alter Mann,

---

329 OC, Bd. 17, Sp. 335; ET, Bd. 3, S. 475.

der eine junge Frau heiraten wolle, wie ein Verrückter gefesselt werden sollte«, »ich habe ihn sehr scharf dafür getadelt«. Aber nein, man kann daran nichts mehr ändern. Farel hat dem Mädchen sein Wort gegeben, und er muss es halten. Die Ehe ist nicht illegal, und niemand hat ein Recht, sie zu unterbinden. Aber vergesst auch sein vergangenes Leben nicht, wenn ihr über ihn urteilt, »wie er 36 Jahre lang und länger Gott gedient und die Kirche auferbaut hat, wie nützlich seine Mühen gewesen sind und mit welchem Eifer er gestrebt hat«.[330] Calvin selbst schrieb ihn nicht völlig ab, aber seine Briefe an ihn wurden selten und kurz.

Kaum hatte Calvin sich von dem Viertagewechselfieber der Jahre 1558–1559 erholt, da verschlimmerten sich seine Lungenprobleme. Beim Predigen in Saint Pierre überstrapazierte er seine Stimme und brachte hernach einen heftigen Hustenanfall mit nach Hause, so heftig, dass ein Blutgefäß in seinen Lungen zerbarst und er eine schlimme Blutung hatte. Von diesem Zeitpunkt an ging es mit seiner anfälligen Gesundheit bergab. Er erlitt große Schmerzen durch ein Steinleiden und durch Hämorrhoiden und wurde immer mehr durch die Lungentuberkulose geschwächt. Er setzte seine normale Arbeit jedoch fort, wenngleich er ab Anfang 1563 »oftmals in einem Sessel oder auf dem Pferderücken zu seinen Verpflichtungen getragen wurde«[331]. Dies tat er bis Februar 1564, als er in einer erbärmlichen Notlage war, wie sein Brief an die Ärzte von Montpellier, die gefragt hatten, ob sie irgendetwas tun könnten, um ihm zu helfen, bezeugt:

»Ich kann euch meine Dankbarkeit nicht anders bezeigen, als euch zu empfehlen, euch aus meinen Schriften das zu entnehmen, was euch als geistliche Medizin nützlich sein mag. Vor zwanzig Jahren habe ich dieselben höflichen Dienste von den ausgezeichneten Ärzten von Paris, Acatus, Tagant und Gallois, erfahren. Doch zu jener Zeit war ich noch nicht von der Gicht angegriffen worden, wusste noch nichts vom Steinleiden oder dem Harngrieß, wurde nicht von Darmkoliken gequält, auch nicht von Blutungen oder Hämorrhoiden heimgesucht und gefährdet. Gegenwärtig greifen all diese Feinde mich wie Truppen an. Sobald ich mich von einem Viertagewechselfieber erholt hatte, erlitt ich starke und akute Schmerzen in meinen Waden, welche,

330 OC, Bd. 17, Sp. 351-352; ET, Bd. 3, 47S–5.
331 OC, Bd. 40, Prolegomena, Seite 2; CTS, Ezekiel, Bd. 1, xlvii.

nachdem sie teilweise nachgelassen hatten, ein zweites und dann ein drittes Mal wiederkehrten. Schließlich wurde daraus eine Gelenkkrankheit, welche sich von meinen Füßen bis zu meinen Knien ausbreitete. Ein Geschwür in den Hämorrhoidenvenen quälte mich lange Zeit ... Im letzten Sommer peinigte mich eine Nierenentzündung. Da ich die Erschütterungen auf dem Pferderücken nicht ertragen konnte, wurde ich auf einer Bahre aufs Land getragen. Als ich nach Hause kam, wollte ich ein Stück des Weges laufen. Ich war kaum eine Meile gegangen, als ich gezwungen war, wegen eines Gefühl der Energielosigkeit in den Lenden anzuhalten, denn ich wollte Wasser lassen. Und dann floss zu meiner Überraschung Blut anstelle von Urin. Sobald ich nach Hause gekommen war, ging ich zu Betten. Die Nierenentzündung war sehr schmerzhaft, und Heilmittel verschafften mir nur teilweise eine Linderung. Schließlich stieß ich unter schmerzhaftesten Anstrengungen einen Nierenstein aus, und dies milderte das Übel ab. Allerdings war er so groß, dass er den Harnweg zerbarst und der Blutfluss konnte nur durch eine Injektion von Muttermilch durch eine Spritze aufgehalten werden. Seither habe ich mehrere andere Steine ausgestoßen, und der Druck in meinen Lenden ist ein hinlängliches Symptom dafür, dass immer noch ein Stein dort sein muss. Es ist jedoch gut, dass nach wie vor winzige oder zumindest mäßig kleine Partikel ausgestoßen werden. Die sitzende Lebensweise, zu welcher ich durch die Gicht in meinen Füßen verurteilt bin, lässt jede Hoffnung auf eine Heilung zunichte werden. Durch die Probleme in meinem Gesäß werde ich auch daran gehindert, Bewegungsübungen zu machen. Denn obgleich kein Geschwür zum Vorschein kommt, sind dennoch die Venen stark angeschwollen ... Aber ich strapaziere so ganz rücksichtslos eure Geduld, indem ich euch zur Belohnung für eure Freundlichkeit doppelte Mühen bereite, und zwar nicht, indem ich euch zu Rate ziehe, sondern indem ich euch die Mühe mache, den Bericht über meine Belanglosigkeiten durchlesen zu müssen.«[332]

Und an Bullinger schrieb er am 6. April 1564:

»Obgleich der Schmerz in meiner Seite nachgelassen hat, sind meine Lungen so voller Schleim, dass mein Atmen schwierig und kurz ist. Ein Stein in meiner Gallenblase hat mir während der letzten zwölf Tage sehr große Mühen bereitet. Hinzu kommt noch unsere Besorgnis. Alle Heilmittel haben sich nämlich bislang als unwirksam erwiesen. Das Reiten wäre bestens geeignet gewesen, doch quält mich ein Geschwür in den Hämorrhoidenvenen sogar beim Sitzen oder wenn ich im Bett liege, sodass ich die beim Reiten entstehenden Erschütterungen nicht ertragen kann. In den vergangenen drei Tagen war auch die Gicht ganz

---

332  OC, Bd. 20, Sp. 253-254; ET, Bd. 4, S. 358ff.

besonders schlimm. Du wirst also nicht überrascht sein, wenn so viele Leiden mich träge machen. Man kann mich kaum zur Nahrungseinnahme bringen, und auch der Geschmack des Weines ist mir bitter.«[333]

Am Mittwoch, dem 2. Februar, predigte er am Vormittag über 1. Könige und hielt am Nachmittag seinen 65. Vortrag über Hesekiel, den er mit folgendem Satz beschloss:

»Und da dies zu seinem alten Bundesvolk gesagt wurde, weil sie in das Land Kanaan zurückkehrten, wie viel mehr sollte die freie Güte Gottes von uns gepriesen werden, wenn sein himmlisches Reich an diesem Tage für uns offen steht, und wenn er uns freiweg zu sich selbst im Himmel und zu der Hoffnung der glückseligen Unsterblichkeit beruft, welche durch Christus für uns erlangt worden ist?«

Und er schloss mit dem Gebet:

»Gewähre, o allmächtiger Gott, dass wir bereits in der Hoffnung auf die Schwelle deines ewigen Erbteils getreten sind und wissen, dass für uns eine sichere Wohnung im Himmel bereitet ist, nachdem Christus dort aufgenommen wurde, der unser Haupt und der Erstling unseres Heils ist, gewähre (so möchte ich sagen), dass wir mehr und mehr auf dem Wege deiner heiligen Berufung voranschreiten mögen, bis wir am Ende das Ziel erreichen und so die ewige Herrlichkeit genießen, von welcher du uns in dieser Welt einen Vorgeschmack bietest; durch denselben Christus, unseren Herrn. Amen.«[334]

Im Laufe der verbleibenden Woche ging es ihm nicht gut genug, so-dass er hätte predigen oder Vorträge halten können. Am Sonntagvor-mittag aber predigte er wieder über die Evangelienharmonie. Da-nach konnte er die Kanzel von Saint Pierre nicht mehr besteigen. Nichtsdestoweniger besuchte er manchmal noch die *Congrégation* am Freitag, sprach dort kurz und schloss mit Gebet ab.

Mit einem rührenden, aber plumpen Versuch, ihr Mitleid zu zeigen, forderten die Mitglieder des Kleinen Rates die Syndici auf, ihn zu besuchen und ihm ein Geschenk von 25 Kronen zu übermitteln. Calvin empfing die Syndici, lehnte aber das Geld ab, denn er wollte

---

333  OC, Bd. 20, Sp. 382-383; ET, Bd. 4, S. 362.
334  OC, Bd. 40, Sp. 516; CTS, Ezekiel, Bd. 2, S. 345.

nicht bezahlt werden, wenn er nicht arbeitete. Im März ging es ihm später ein wenig besser, und er dachte sogar, dass er noch länger leben würde. Doch die Anstrengung und Aufregung, die das Abhalten der monatlichen Zusammenkunft für wechselseitige Kritik in seinem Haus mit sich brachte, und die Diskussionen mit den Pfarrern über Revisionen im französischen Neuen Testament warfen ihn wieder zurück. Noch einmal wartete er auf den Rat, und am Ostertag empfing er das Sakrament in Saint Pierre. Er diktierte auch weiterhin Briefe. »Was denn?«, so sagte er, wenn man ihn zur Ruhe drängte, »möchtet ihr etwa, dass der Herr mich untätig vorfindet, wenn er kommt?«

Am 25. April machte er sein Testament. Es gab nicht sehr viel, was er hinterlassen konnte. Dem Collège hinterließ er zehn Kronen und denselben Betrag der *Compagnie des pauvres étrangers*. Seiner Nichte, der Tochter Maries, zehn Kronen, den beiden Söhnen Antoines jeweils 40 Kronen und seinen Töchtern jeweils 30 Kronen. Ihrem Bruder David, einem ungehorsamen Sohn, wurden nur 25 Kronen hinterlassen. Wenn der Verkauf seiner Habseligkeiten mehr als die berechnete Summe einbrachte, sollten die Mehreinnahmen unter den Vermächtnisteilnehmern verteilt werden; tatsächlich erwies sich seine eigene Berechnung aber als ungefähr richtig. Antoine, »meinem geliebtesten Bruder«, hinterließ er, ehrenhalber nach richtigem Maß, einen Silberkelch, der ihm von Monsieur de Trie gegeben wurde.

Da es sein Wunsch war, von dem *Kleinen Rat* Abschied zu nehmen, besuchten ihn dessen Mitglieder am 27. März. Er sagte zu ihnen, dass er glaube, dass seine Zeit kurz sei und dass er ihnen für die ihm erwiesene Freundlichkeit danken wolle; es sei ihnen unmöglich gewesen, noch mehr zu erzeigen. Es sei sicherlich so gewesen, dass er in Genf viele Konflikte gehabt habe, doch sei dies nicht ihre Schuld gewesen. Er bat sie um Verzeihung dafür, dass er nicht alles getan habe, was er hätte tun sollen; doch seine Absichten seien gut gewesen, und wenn er sagte, dass Gott ihn überhaupt nicht gebraucht habe, so wäre er ein Heuchler. Er bat auch um Verzeihung für seine Ungeduld und seine schlechte Laune, die zu seiner Gemütsart gehörten, für die er sich jedoch schäme. Und es sei auch richtig, dass die Herren ein Wort der Ermahnung hörten. In allem müssten sie ihr Vertrauen auf Gott setzen, wenn es gut ergehe nicht weniger als in Widerwärtigkeiten, denn »wir haben ein Beispiel in David, der bekennt, dass als er in seiner Königsherrschaft befestigt war, sich selbst so weit vergaß, dass er tödlich gestrauchelt wäre, hätte Gott sich seiner nicht erbarmt«. Möchten alle, die im Gemeinwesen ihre Pflicht täten, ein jeder nach seiner Berufung, ohne Neid oder Hass, zu Gott aufblicken und ihn um die Leitung durch seinen Heiligen Geist bitten.[335]

Am nächsten Tag trafen sich die Geistlichen in seinem Haus, und er teilte ihnen seine letzte Botschaft mit. Ich bin oft krank gewesen, sagte er, doch jetzt fühle ich mich ganz anders, als ich mich je zuvor gefühlt habe. Ich bin so schwach, dass ich ohnmächtig werde, wenn man mich ins Bett legt, und ich kann die ganze Zeit kaum atmen. »Ich bin ganz anders als andere kranke Menschen. Wenn sie ihr Ende nahen sehen, versagen ihre Sinne, und sie fallen ins Delirium. Ich fühle mich sehr benommen, aber es scheint so, als ob Gott meine innerlichen Sinne ganz konzentrieren möchte. Ich denke, dass ich viele Schwierigkeiten haben werde und dass das Sterben mir viel Mühe bereiten wird.«[336] Er befürchtete, dass er die Sprechfähigkeit verlieren könne.

Und dann ließ er in seiner Abschiedsrede noch einmal in einer eigenartigen Mischung aus Hingabe, Selbstrechtfertigung und Bitterkeit sein Leben in Genf an ihrem geistigen Auge vorüberziehen:

»Als ich erstmals in diese Kirche kam, fand ich fast nichts in ihr. Man predigte in ihr, und das war alles. Man hielt Ausschau nach den Götzen, ja, und verbrannte sie. Aber es fand keine Reformation statt; alles war in Unordnung. Da war natürlich der gute Mann, Maistre Guillaume, und der dann blinde Courault (er ist nicht blind geboren, sondern in Basel blind geworden). Und neben ihnen war da noch Maistre Antoine Saunier und jener ausgezeichnete Prediger Froment, der seine Schürze ablegte und auf die Kanzel stieg, dann wieder in seinen Laden zurückging, wo er quasselte und somit eine doppelte Predigt hielt.

---

335 OC, Bd. 9, Sp. 888-889; ET, Bd. 4, S. 370.
336 OC, Bd. 9, Sp. 891; ET, Bd. 4, S. 373.

Ich habe hier außerordentliche Kämpfe durchgestanden; bei Nacht hat man mir, vor meiner Haustür, zum Spott mit fünfzig oder sechzig Schüssen aus Hakenbüchsen salutiert. Man kann sich vorstellen, wie dies einen armen, scheuen Gelehrten, so wie ich es bin, in Angst versetzt hat.

Nachdem ich dann aus dieser Stadt vertrieben worden war, ging ich nach Straßburg; und als ich dort einige Zeit gelebt hatte, wurde ich hierher zurückgerufen. Allerdings hatte ich hier nicht weniger Schwierigkeiten, als ich mich bemühte, meine Pflicht zu tun, als zuvor. Sie hetzten mir Hunde auf die Fersen und riefen: ›Spießer! Spießer!‹, und sie schnappten nach meiner Robe und meinen Beinen. Ich ging zum *Rat der Zweihundert*, als sie kämpften, und ich hielt die anderen zurück, die gehen wollten und dort nichts zu tun hatten. Sie können sich rühmen, dass sie es waren, die alles taten, wie M. de Saulx [Nicolas des Gallars], doch war ich da, und als ich eintrat, sprachen sie zu mir: ›Gehen Sie weg, Monsieur, sie haben nichts gegen Sie.‹ Ich erwiderte: ›So etwas werde ich nicht tun. Kommt, ihr bösen Menschen, die ihr seid, kommt und tötet mich. Mein Blut wird gegen euch sprechen, und diese Bänke werden es von euch fordern.‹ Ich habe also viele Kämpfe durchstanden. Und ihr werdet erleben, dass es noch andere, nicht weniger große, geben wird. Denn ihr seid eine verderbte und unselige Nation, und obwohl es in ihr auch gute Menschen gibt, ist die Nation als solche verdorben und böse, und ihr werdet Schwierigkeiten haben, wenn Gott mich abberufen haben wird; denn obwohl ich nichts bin, weiß ich dennoch sehr genau, dass ich dreitausend Tumulte verhindert habe, die in Genf hätten ausbrechen können. Aber fasst Mut und befestigt euch, denn Gott wird sich dieser Kirche bedienen, wird sie erhalten und versichert euch, dass er sie beschützen wird.

Ich habe viele Schwächen gehabt, die Ihr ertragen musstet, und selbst all das, was ich getan habe, ist im Grunde nichts wert. Die schlechten Menschen werden diesen Ausspruch bestimmt ausschlachten. Aber ich wiederhole noch einmal, dass all mein Tun nichts wert ist und ich eine elende Kreatur bin. Ich kann allerdings wohl von mir sagen, dass ich das Gute gewollt habe, dass mir meine Fehler immer missfallen haben und Gottesfurcht in meinem Herzen Wurzeln geschlagen hat. Ihr könnt es bestätigen, dass mein Bestreben gut gewesen ist. Darum bitte ich Euch, dass Ihr mir das Schlechte verzeiht. Wenn es aber auch etwas Gutes gegeben hat, so richtet Euch danach und befolgt es!

Was meine Lehre betrifft, so habe ich getreu gelehrt, und Gott hat mir die Gnade geschenkt, das, was ich geschrieben habe, so getreu, wie es in meiner Macht stand, zu schreiben. Ich habe nicht eine einzige Schriftstelle verfälscht und ihr nach bestem Wissen und Gewissen keine falsche Auslegung gegeben; und obwohl ich ihr leicht einen schwierigen Sinn hätte beilegen können, wenn ich es darauf angelegt hätte, habe ich jene Versuchung überwinden können und immer Einfachheit angestrebt.

Ich habe nichts aus Hass gegen jemanden geschrieben, sondern habe immer getreu das dargelegt, was ich für zur Ehre Gottes gereichend hielt. Was unsere internen Angelegenheiten betrifft, so habt ihr Monsieur de Bèze gewählt, der meine Stelle einnehmen soll. Bemüht euch, ihm zu helfen, denn die Aufgabe ist groß und so schwer, dass er eventuell unter ihrer Last versinken könnten. Achtet aber darauf, ihn zu unterstützen. Ich weiß, dass er einen guten Willen hat und tun wird, was er kann.

Jeder möge über die Verpflichtung nachdenken, welche er nicht nur dieser Kirche, sondern auch der Stadt gegenüber hat, welcher ihr im Glück wie im Unglück zu dienen versprochen habt. Jeder möge sich an seine Berufung halten und nicht versuchen, sich von ihrer Ausführung zurückzuziehen. Wenn Menschen nämlich in den Untergrund gehen und Intrigen schmieden, können sie eventuell sagen, dass sie nicht nachgedacht hätten und dass sie dieses oder jenes nicht beabsichtig hätten. Sie mögen aber die Verantwortlichkeit bedenken, die sie vor Gott auf sich genommen haben.

Und trachtet auch danach, dass es unter euch kein Gezänk oder scharfe Worte gebe, denn manchmal gibt es ja solche Sticheleien. Diese werden natürlich auch zum Spaß stattfinden, aber es kann durch sie eine Bitterkeit im Herzen entstehen. Das alles ist zu nichts gut, und es ist sogar einer christlichen Grundhaltung entgegen. Ihr solltet euch davor hüten und in guter Eintracht und aller Freundschaft und Aufrichtigkeit miteinander leben.

Ich hatte diesen Punkt vergessen: Ich bitte euch, keine Veränderungen, keine Neuerungen einzuführen. Die Leute verlangen oft nach Neuerungen. Nicht dass ich um meinetwillen aus Ehrgeiz darauf bestehen würde, dass das, was ich eingeführt habe, bleiben sollte und dass die Leute es beibehalten sollten, ohne sich etwas Besseres zu wünschen, sondern weil alle Veränderungen gefährlich und manchmal schädlich sind.

Nach meiner Rückkehr aus Straßburg verfasste ich den Katechismus, und zwar in Eile; denn ich wollte nie den Dienst akzeptieren, solange sie noch keinen Eid bezüglich dieser beiden Punkte abgelegt hätten, nämlich, den Katechismus und die Kirchenzucht zu wahren. Und während ich ihn schrieb, kamen sie, um Papierblätter von der Größe meiner Hand zu holen und sie zum Drucker zu tragen. Denkt ihr, dass, obwohl Monsieur Pierre Viret damals in dieser Stadt lebte, dass ich ihm jemals auch nur ein Wort davon gezeigt hätte? Dazu hatte ich nie die Zeit. Manchmal habe ich tatsächlich daran gedacht, meinen Worten noch einen letzten Schliff angedeihen zu lassen, wenn ich die Muße dazu gehabt hätte.

Was die Sonntagsgebete betrifft, so nahm ich das Formular von Straßburg an und entlehnte daraus den größten Teil. Weitere Gebete konnte ich ihm nicht entnehmen, denn es enthielt keine solchen, sondern ich entnahm alles der Heiligen Schrift.

Ich musste auch ein Taufformular erstellen, während ich in Straßburg war, wo die Kinder von Wiedertäufern aus fünf oder sechs Orten zur Taufe zu mir gebracht wurden. Damals stellte ich dieses grobe Formular zusammen, welches ich euch trotz allem nicht zu ändern raten würde.

Die Kirche von Bern hat diese Kirche betrogen, und sie haben mich immer mehr gefürchtet, als sie mich liebten. Ich möchte sie wissen lassen, dass ich in der Meinung starb, dass sie mich eher fürchteten als liebten. Und sogar jetzt fürchten sie mich mehr, als sie mich lieben, und sie haben immer die Befürchtung gehabt, dass ich ihre Eucharistie stören könnte.«[337]

Noch einmal wandte er sich mit einem rührenden Brief an Farel:

»Da es Gottes Wille ist, dass du mich überleben solltest, so gedenke unserer Freundschaft. Sie war für die Kirche Gottes nützlich, und ihre Früchte erwarten uns im Himmel. Ich möchte nicht, dass du dich meinetwegen ermüdest. Ich vermag nur noch schwer zu atmen und erwarte jeden Augenblick, meinen letzten Atemzug zu tun. Es ist genug, dass ich für Christus lebe und sterbe, der allen seinen Jüngern ein Gewinn sowohl im Leben als auch im Tode ist.«[338]

(So heißt es in Calvins Übersetzung von Philipper 1,21 in seinem Kommentar:»Denn Christus ist für mich Gewinn im Leben und im Sterben.«) Farel kam ihn jedoch noch zum letzten Mal besuchen; danach erbat er aber, dass die vielen Besucher lieber für ihn beten als ihn besuchen sollten. Weitere vierzehn Tage lang siechte er in Schmerz und Pein dahin, versuchte immer noch zu arbeiten und rezitierte Verse aus den Psalmen. Wie er vorausgesagt hatte, war er bis zum Ende bei klarem Verstand. Am 27. Mai berichtete das *Registre de Conseil*:»Heute gegen acht Uhr am Abend ist *le sponsable Ian Calvin* ganz und gar bei klaren Sinnen und hellem Verstand zu Gott heimgegangen, Gott sei Dank.«[339]

Zunächst lag sein Leichnam offen aufgebahrt; es kamen aber so viele, die ihn sehen wollten, dass man befürchtete, den Evangelischen würde vorgeworfen, den Kult eines neuen Heiligen zu schaffen. Daher wurde er am Sonntag, dem 28. Mai, auf dem allgemeinen Friedhof begraben, ohne Grabstein, wie er selbst es gewünscht

---

337  OC, Bd. 9, Sp. 891-894; ET, Bd. 4, S. 373-377.
338  OC, Bd. 2, Sp. 302-303; ET, Bd. 4, S. 364.
339  OC, Bd. 21, Sp. 815.

hatte. »Und dort liegt er heute, erwartend die Auferstehung, welche er uns gelehrt und die er so beständig erhofft hat.«[340]

---

340  Colladon, in: OC, Bd. 21, Sp. 106.

# Anhang I: Argumente für die Neudatierung

Gewöhnlich ordnet man den frühen Jahren Calvins die folgenden Daten zu:

| | |
|---|---|
| 10. Juli 1509 | Geburt |
| 1523–27 oder 1528 | Universität Paris |
| 1527 oder 1528–29 | Universität Orléans |
| 1529–31 | Universität Bourges |
| 1531–33 | In Paris und Orléans |
| 1533–34 | In Paris, Angoulême und Noyon |
| 1534 | Flucht nach Basel |

Seine Bekehrung wird irgendwo zwischen 1527 und 1534 angesetzt. Wir möchten nun die Zuverlässigkeit dieser Daten näher untersuchen.

## Die autoritativen Quellen

Beza 1 erwähnt nur das Geburtsdatum Calvins und das Jahr, in dem er nach Basel ging, dem er auch »seine erste Institutio« zuschreibt (OC, Bd. 21, Sp. 30). Beza 2 ist weniger präzise, er scheint aber das Jahr 1534 als das Datum für Basel anzunehmen. Colladon gibt das Geburtsdatum an, ein ungefähres und unrichtiges Datum für die Veröffentlichung des *Commentarius de clementia* (»ii avoit adonc 24 ans seulement«, OC, Bd. 21, Sp. 56) und das Jahr seiner Flucht nach Basel mit 1534. Er sagt auch, dass Calvin das Jahr, bevor er Frankreich verließ, in Orléans verbrachte, wo er *Psychopannychia* verfasst habe. Somit liefern die frühesten Biografien uns nur drei Daten für diese Periode, und eins davon ist mit Sicherheit unrichtig. Wenn wir keine anderen Informationsquellen hätten, wüssten wir nur, dass er 1509 geboren wurde und 1534 nach Basel ging.

Wir besitzen aber auch das für Noyon relevante Quellenmaterial, die Auswahl und die Zusammenstellung der Register des Kathedralkapitels, so wie sie bei Lefranc, in Desmays *Remarques*, Le

Vasseurs *Annales* und in dem Material über Orléans angegeben sind. Lefrancs Daten sind anhand von K. Müller, *Calvins Bekehrung,* zu korrigieren. Schließlich haben wir 16 Briefe, von und an Calvin geschrieben, die in OC, Bd. 10b, Sp. 1ff. und Herminjard, Bd. 2 und 3, zu finden sind. (Die englische Übersetzung von Bonnets Briefsammlung ist für seriöse Studien nutzlos, da sie gravierende Irrtümer in der Übersetzung und Datierungsfehler aufzuweisen hat.) Calvins Autografen seiner frühen Briefe sind nicht erhalten (außer Nr. 18, in: OC, Bd. 10b, Sp. 25–26), sondern es handelt sich bei den Texten um Abschriften, die von Pierre Daniel angefertigt wurden, der Sohn eines der Korrespondenten. Calvin selbst gibt in diesen frühen Briefen nie das Jahr an. P. Daniel schrieb ihnen Daten zu, die allerdings fast immer ein Jahr oder früher ausfallen als die Angaben bei Herminjard, der in erster Linie für die heute allgemein anerkannten Datierungen verantwortlich ist. Die Herausgeber der OC haben sich in der Hauptsache damit begnügt, ihm zu folgen.

Die Register von Noyon bestimmen die Daten für Calvins Beziehungen mit dem Kathedralkapitel, für sein Leben außerhalb von Noyon lassen sich daraus aber nur Schlussfolgerungen ziehen. Die Briefe, bei denen man in erster Linie vom reinen Urkundenbeweis abhängig ist, sind weniger verlässliche Anlasspunkte. Mehr als eines der von Herminjard angegebenen Daten basiert auf Vermutungen.

## Wann begann Calvin in Paris?

Wann nahm Calvin seine Studien in Paris auf? »1523«, ist die Antwort, die man allgemein liest. Dieses Datum wird – offenbar fraglos – von jedem Gelehrten anerkannt – der einzige mir bekannte Abweichler ist Imbart de la Tour. Und so wollen wir diesen Strom bis zu seiner Quelle zurückverfolgen. Diejenigen, welche es für nötig befinden, einen Beleg anzugeben, verweisen uns auf Lefranc oder Herminjard, Bd. 2, S. 279, Anm. 2. Wenn wir uns zunächst Lefranc zuwenden, so finden wir dort, dass er uns ebenfalls zu Herminjard schickt. Wir haben daher keine andere neuere Quelle als Herminjard.

Welche Belege führt er an? Es sind Desmay und »Calvin. Comment. sur I Thessalon«. Unter Letzterem versteht er zweifelsohne Calvins Widmungsbrief an Cordier. Der Brief erwähnt aber keine Daten und weist noch nicht einmal auf solche hin. Also kommt Herminjards einziger Beleg für 1523 bei Desmay vor, der ein Jahrhundert später schrieb. Welche Autorität führt Desmay aber an? Es ist ein Eintrag in den Registern des Kathedralkapitels von Noyon für den August 1523, in dem aufgezeichnet ist, dass Gérard Cauvin die Erlaubnis erteilt hat, Jean bis zum 1. Oktober aus Noyon wegzuschicken, damit er der damals wütenden Pest entrinnen mochte. Das Ziel, wohin Jean ging, wird aber überhaupt nicht erwähnt. Was ist aber wahrscheinlicher, fragt Desmay, als dass er bei dieser Gelegenheit zum Studienbeginn nach Paris geschickt wurde? Dies ist eigentlich ein derart schwaches Argument, dass sicher niemand es beachtet hätte, wenn nicht eine oberflächliche Wahrscheinlichkeit ihm eine gewisse Glaubwürdigkeit verliehen hätte. Diese oberflächliche Wahrscheinlichkeit besteht darin, dass Jean im August 1523 gerade 14 Jahre alt geworden war und dass dies das Alter war, in dem man von Knaben im 16. Jahrhundert annimmt, dass sie an die Universität gingen.

Daher wollen wir nun den Universitätseintritt ein wenig näher betrachten. Wir müssen direkt feststellen, dass dies Thema mit vielen Ungewissheiten behaftet ist und es töricht wäre, wenn wir Gewissheit vortäuschten. Allerdings können wir zumindest Verallgemeinerungen eruieren, von welchen wir annehmen, dass sie, da kein gegenteiliger Beweis vorliegt, auf Calvin zutreffen.

Im frühen 16. Jahrhundert scheinen die meisten Studenten ihre universitäre Laufbahn aufgenommen zu haben, als sie ins Teenageralter kamen. So schreibt Thurot: »Wenn ein Schüler lesen und schreiben konnte und die Grundbausteine der lateinischen Grammatik verstand, wurde er für fähig erachtet, den Logik-Kurs zu besuchen. Er konnte an die Universität von Paris gehen; und gewöhnlich begann man vor dem Alter von fünfzehn Jahren, Vorlesungen an der Artistenfakultät zu besuchen« (S. 37). Fünfzehn ist daher normalerweise die obere Altersgrenze. Thurot nennt uns auch eine Untergrenze: »Dieser Unterricht [d. h. die Vorbereitung für den Kurs in den Künsten, der auf unseren S. 20-23 erläutert ist] wurde im Alter von zwölf oder dreizehn Jahren abgeschlossen, dem Alter, in welchem Knaben in die Artistenfakultät eintraten« (S. 94). Daher »konnte man ... mit vierzehn Baccalaureus sein« (S. 39).

Wir wissen, dass Paris Calvins erste Universität war. Daher war er nicht eine der Ausnahmen, ein älterer Mann, sondern gehörte zur Altersgruppe von zwölf bis fünfzehn Jahren. Da wir annehmen müssen, dass ein höheres Alter in dieser Gruppe gewöhnlich auf Rückständigkeit schließen lässt, sollten wir erwarten, dass Calvin, mit seinem »außergewöhnlichen Gedächtnis« und seiner »einzigartigen Begabung« eher früh als spät in die Fakultät eintrat. Es scheint so, dass er nicht sogleich mit dem Kurs in den Künsten begann, als er nach Paris ging, sondern einige Zeit mit dem vorbereitenden Grammatik-Kurs verbrachte. Daher wird er, falls er 1523 nach Paris gegangen ist, 1524 in die Artistenfakultät eingetreten sein, etwa im Alter von fünfzehn Jahren, als einige schlaue Knaben bereits Baccalaurii sind. Calvin ist aber ein außerordentlich kluger Junge, der, wie wir erfahren, seine Kameraden hinter sich lässt (Beza, Colladon, Masson). Wir sind also direkt mit einer Unwahrscheinlichkeit konfrontiert.

Wenden wir nun die niedrigen Lebensalter, die Thurot angibt, auf Calvin an. Wenn er im Alter von zwölf oder dreizehn Jahren an der Artistenfakultät eintrat, wäre das Datum entweder 1521 oder 1522. Wir wissen nicht, wie lange er mit dem vorbereitenden Kurs in La Marche verbrachte; wir müssen ihm aber Zeit zugestehen, während der er unter dem unzulänglichen Unterricht des Lateinlehrers saß, und auch Zeit (ein paar Monate, wie er selbst sagt), in denen er von Cordier profitieren konnte. Ein akademisches Jahr oder der Großteil davon kann postuliert werden. Diese würde seinen Eintritt in La Marche auf 1520 oder 1521 festlegen. Imbart de la Tour vermutet, dass die Kaplanspfründe, die Calvin im Mai 1521 erhielt, die eindeutig eine Beihilfe für seine Ausbildung darstellte, unmittelbar seiner Zulassung zum Universitätsstudium vorausging. Dies ergibt sicherlich einen besseren Sinn als die »Pest«-Theorie; es erfordert aber nicht notwendigerweise das Jahr 1521 für die Einschreibung an der Universität, denn die Beihilfe hätte ihm auch gegeben werden können, als er bereits an der Universität war. Nichtsdestoweniger sind, obgleich die Jahre 1520 oder 1521 wahrscheinlichere Daten sind als 1523, die Argumente für 1520 (was mir eher wahrscheinlich erscheint) gegenüber denjenigen für 1521 nicht zwingend.

## Die Länge des Kurses an der Artistenfakultät in Paris

Die Fachleute differieren hinsichtlich der Details, sind sich im Endergebnis aber nahezu einig. Hastings Rashdall: »Die Zeit derjenigen, die sich zum Studium volle viereinhalb Jahre lang in Paris niederließen, scheint in der Regel wie folgt eingeteilt gewesen zu sein: Sie gingen im Oktober hin, erwarben ihren B.A. im Frühling ihres zweiten Jahres, das Lizenziat zwei Jahre danach, und ›qualifizierten‹ sich gegen Ende desselben Jahres ... Bis zum 16. Jahrhundert war die Studienlänge auf dreieinhalb Jahre reduziert worden« (S. 463-464). Renaudet stellt einen anderen Zeitplan auf. Die Artistenfakultät ließ die Knaben im Alter von etwa 15 Jahren zum Philosophiekurs zu, wenn sie in der Grammatik kompetent waren (*Préreforme*, S. 26). Dieser Kurs, der zwei Jahre dauerte, schloss mit dem Bakkalaureat ab. Ein weiteres Studienjahr führte bis zum Magister Artium. Er sagt nichts über ein Lizenziat. Möchten wir einen Überblick über die komplizierte Darstellung Thurots gewinnen, so teilt er uns darin Folgendes mit: (a) dass der Student, um sich für den B.A. zu »qualifizieren«, mindestens 14 Jahre alt sein und im dritten Jahr des Logik-Kurses stehen musste (S. 43) – folglich konnte er im Alter von zwölf Jahren begonnen haben; (b) dass im 15. Jahrhundert die Baccalaurii des einen Jahres in der Regel die Lizenziaten des nächsten wurden (S. 53) – hier besteht aber eine Unstimmigkeit, denn nach den Regeln von 1452 legte der Lizenziat einen Eid nicht nur darüber ab, dass er drei Jahre lang in Paris studiert hatte (oder vielmehr zwei Jahre und einen Teil eines Jahres), sondern auch darüber, dass er mindestens 21 war; drittens, dass Lizenziaten sich in der Regel am Ende desselben akademischen Jahres, in welchem sie ihr Lizenziat erhalten hatten, für den M.A. qualifizierten; der Lizenziat erklärte unter Eid, dass er mindestens 21 Jahre alt war und dass er sechs Jahre lang in den *Artes* studiert hatte. Man braucht kein sehr guter Mathematiker zu sein, um zu erkennen, dass nicht alle diese Aussagen gleichermaßen korrekt sein können.

Es scheinen also beträchtliche Abweichungen zwischen den Experten zu bestehen. Allerdings wird uns eine Tabelle zeigen, dass die Unterschiede letztlich doch nicht so groß sind:

|  | *Rashdall* | *Thurot* | *Renaudet* |
|---|---|---|---|
| Immatrikulation bis B.A. | 1 ½ akademische Jahre | 2 ½ Jahre | 2 Jahre |
| B.A. zum Lizenziat | 2 Jahre | 1 Jahr | } 1 Jahr |
| Lizenziat zum M.A. | selbes Jahr | selbes Jahr |  |
| Insgesamt | 3 ½ bis 4 Jahre | 3 ½ bis 4 Jahre | 3 Jahre |

[Beachten wir aber Rashdalls letzten Satz, dass im 16. Jahrhundert die Zeit auf 3 ½ Jahre verkürzt worden war. Dies wird durch Einträge in den Archiven der Universität, so wie sie von Villoslada wiedergegeben worden sind (S. 22f.), bestätigt.]

Wenden wir nun diese Berechnungen auf Calvins Jahre in Paris an.

Er geht im Jahre 1520 oder 1521 nach Paris und schreibt sich im Collège de la Marche für den Vorbereitungskurs in der Grammatik ein.

Er tritt 1521 oder 1522 für den Philosophiekurs in die Artistenfakultät ein.
Er erwirbt den B.A. zwischen 1523 und 1525.
Er erwirbt 1525 oder 1526 das Lizenziat.
Er qualifiziert sich 1525 oder 1526 für den M.A.

Es scheint eine Diskrepanz zwischen einem solch frühen Datum für den Magister Artium und der Tatsache zu bestehen, dass er in den Registern von Noyon nicht vor dem 30. April 1529 Magister genannt wird. Müller weist aber auf Weglassungen des Titels in späteren Einträgen hin (z. B. 1. Mai 1529, 20. Juni 1530, 7. Januar und 23. August 1533). Zu diesem Zeitpunkt verlässt Calvin Paris.

# Die Länge des Studiums des Zivilrechts in Orléans

Wir treten nun in die Periode ein, welche Doumergue »ein chrono-logisches Rätsel« nannte (Bd. 1, S. 127). Müller sagt noch nüchterner: »Von da an ist die Chronologie ungewiss« – als ob sie vorher gewiss gewesen wäre. Ich möchte meinen, dass die Chronologie durch die Annahme des Jahres 1523 noch weiter und unnötig verkompliziert wird, wodurch man gezwungen ist, Calvins Abwanderung auf 1528 oder frühestens auf den Herbst 1527 zu datieren.

Hinsichtlich einer amtlich beglaubigten Tatsache im Zusammen-hang mit seinen Jurastudien können wir sicher sein. In der eidesstattlichen Erklärung, die vom 14. Februar 1532 datiert (ohne nähere Angaben), wird er »maistre Iehan Cauvin, licencié-ès-lois«, genannt. Bis zu diesem Zeitpunkt hatten Calvins Jurastudien ihn bereits bis zum Lizenziat gebracht. Ob die Universität, die ihm diesen akademischen Grad verlieh, diejenige von Orléans oder Bourges war, ist von geringer Bedeutung. Orléans ist viel wahrscheinlicher; gehen wir aber von Bourges aus, dann müssen wir folgern, dass Bourges die Zeit, die er in Orléans verbracht hatte, für die Erlangung seines Grades anrechnete. (In Bourges scheint die Länge des Kurses 40 Monate oder mindestens drei Jahre für das Bakkalaureat und drei für das Lizenziat betragen zu haben.)

Wenden wir uns nun den Statuten und Bräuchen der Universität von Orléans zu. Bimbenet gibt die Zeit für den Kurs, der zum Bakkalaureat führt, bis 1512 mit fünf Jahren an (S. 323). Er erwähnt keine Kürzung dieser Periode bis 1679, als er auf zwei Jahre abgekürzt wurde – doch das betrifft uns kaum. Die Periode vom Bakkalaureat bis zum Lizenziat war, nach 1512, drei Jahre lang (S. 325). Folglich dauerte, Bimbenet zufolge, der ganze Kurs acht Jahre. Fourniers *Histoire de la science du droit en France* berücksichtigt das 16. Jahrhundert nicht, und wir müssen daher vorsichtig damit sein, seine Zeitangaben unbestätigt anzuwenden. Er unterstreicht, dass das Bakkalaureat am Ende von fünf Studienjahren kam. Über das Lizenziat sagt er, dass es ebenfalls in der Regel am Ende von fünf Jahren erlangt wurde (S. 115). Im Jahre 1447 wurden jedoch sowohl das Bakkalaureat als auch das Lizenziat auf 40 Monate reduziert. Da wir annehmen (was wir aber nicht ausdrücklich lesen), dass die Berechnung nach dem akademischen Jahr mit etwa zehn Monaten erfolgte, würde dies vier Jahre für jeden Teil erlauben, und man erhielte dann insgesamt acht Jahre. Fournier ergänzt aber in einer Fußnote: »Die zeitlichen Anforderungen wurden von diesem Jahr an, verglichen mit den früheren Zeiten, ein wenig abgekürzt« (S. 117, Fußnote 1).

Das Doktorat wurde den Lizenziaten ohne weitere Prüfungen und bald nach dem Lizenziat verliehen. Es ist unmöglich auszumachen, welchen Beleg Herminjard für die Vorstellung hatte, dass anderthalb Jahre für ein Doktorat in Orléans genügen würden (Bd. 2, S. 279, Fußnote 2). Sie sieht so aus, dass er lediglich von der Annahme ausging, dass Calvin im Frühjahr 1528 nach Orléans ging und es im Sommer 1529 verließ, um sich nach Bourges zu begeben und durch eine einfache Subtraktion ungefähr anderthalb Jahre übrig hatte. Doinels Berechnungen weisen eine gewisse Plausibilität auf; allerdings widersprechen ihnen sowohl Bimbenet als auch Fournier. Ihm zufolge dauerte das Doktorat drei Jahre, die folgendermaßen eingeteilt waren: ein Jahr des Eingeschriebenseins für das Bakkalaureat; ein zweites Jahr für das Lizenziat; ein drittes für das Doktorat.

Wenn wir nun Bimbenet und Fournier auf Calvins Jurastudien anwenden, sollten wir erwarten, dass er, wenn er 1525 oder 1526 anfing, sein Lizenziat in etwas weniger als acht Jahren empfing, d. h. 1533 oder 1534. Dies ist aber nicht möglich, denn er war sicher am 14. Februar 1532 *licencié-ès-lois* und war wahrscheinlich bis März 1531 graduiert, da es den Anschein hat, dass er von diesem Zeitpunkt an bis 1532 nicht in Orléans war, abgesehen von kurzen Besuchen. [Battles und Hugo (*Calvin's Commentary on De Clementia*, S. 6*) folgen irrigerweise Lefrancs Datum des 14. Februar 1531. Das französische Jahr begann im März. Überdies ist, dem Dokument selbst zufolge, Gérard bereits tot, und sein Tod trat am 26. Mai 1531 ein.] Wir sehen also, dass Calvin sein Jurastudium in sechs Jahren abschloss. Die Kürze der Zeit passt zu den Berichten bei Beza und Colladon über seine ausgezeichneten Leistungen in Orléans.

Die Dauer dieser Periode kann auch zur Bestimmung des Datums seiner Abwanderung nach Orléans und somit zur Bestätigung unserer Datierung des Beginns seiner universitären Laufbahn verwendet werden. Unser feststehendes Datum ist der 14. Februar 1532. Nehmen wir für den Augenblick die bis zu acht Jahre von Fournier oder die vollen acht Jahre von Bimbenet an, und wir sehen, wie er 1524 nach Orléans geht. Dies ist unwahrscheinlich, denn es würde bedeuten, dass er spätestens 1519 in das Collège de la Marche und 1520 in die Artistenfakultät eintrat, als er erst elf Jahre alt war. Deutlich ist jedoch, dass Calvin auch nicht erst im Herbst 1527 nach Orléans gegangen sein konnte. Das Jahr 1525 würde ihm sechs Jahre, das Jahr 1526 fünf lassen.

Somit macht nicht nur die Länge des Studiums der *Artes* in Paris, sondern auch die des Jurastudiums in Orléans das Jahr 1523 für seinen Eintritt in das Collège de la Marche höchst unwahrscheinlich. Sie erhöht vielmehr die Wahrscheinlichkeit von 1520 oder sogar 1521.

1529 wanderte Calvin, wie es den Anschein hat, nach Bourges ab. Dieses Jahr ist eine Annahme, die erstens auf der Tatsache basiert, dass Alciati dort im April 1529 seine Vorlesungstätigkeit aufnahm, und zweitens auf einem Brief Calvins aus Meillan bei Bourges, welchen Herminjard auf den September 1530 datiert, von dem er aber annimmt, dass er Belege für Calvins Aufenthalt in Bourges im Jahre 1529 enthalte. Wir nehmen das Jahr 1529 an, ohne aber völlig davon überzeugt zu sein. Wenn wir ihm lange genug Zeit in Orléans geben, um seinen Baccalaureus zu erlangen und mit seinem Lizenziat zu beginnen, das heißt dreieinhalb oder vier Kalenderjahre, kann er zwischen 1525 (und sogar 1526) und 1529 eingeordnet werden.

Die vorgeschlagenen Neudatierungen können wir nunmehr in einer Übersicht darstellen:

| | |
|---|---|
| 1520/1521 | Calvin tritt in das Collège de la Marche ein. |
| 1521 oder 1522 | Er tritt in die Artistenfakultät ein. |
| 1525 oder 1526 | Er qualifiziert sich für den Magister Artium. |
| 1525 oder 1526 | Er wandert nach Orléans ab. |
| 1529–1530 | Calvin in Bourges. |
| Oktober 1530–März 1531 | Calvin in Orléans. |
| Frühjahr 1531 | Er erwirbt das Lizenziat. |

Zum Abschluss möchte ich noch einmal betonen, dass es sich bei den Argumenten, obgleich sie auf Urkundenmaterial basieren, gezwungenermaßen um Wahrscheinlichkeiten und nicht um Gewissheiten handeln muss. Sich an das Wahrscheinliche zu halten, ist der gute Rat, den Aristoteles den Bühnendichtern vor langer Zeit gab. Historiker und Biografen (die Historiker im Kleinen sind) müssen ebenfalls dem Wahrscheinlichen folgen. Allerdings müssen sie bedenken, dass im wahren Leben nicht die wahrscheinliche Unmöglichkeit eintritt, sondern eher die unwahrscheinliche Möglichkeit. Ich hoffe, man wird mir zustimmen, dass meine Rekonstruktion wahrscheinlicher ist als die allgemein anerkannte Datierung. Doch über all diese Erwägungen muss man Gibbons Urteil stellen: »Die Gesetze der Wahrscheinlichkeit, die im Allgemeinen so wahr sind, können im Besonderen sehr trügerisch sein.« Dies gilt dann aber auch für Desmay und Herminjard!

# Anhang II: Die Bekehrung Calvins

Auf keine Phase im Leben Calvins ist mehr Energie verwendet worden und hat man so viel Ideenreichtum eingesetzt wie auf den Zeitpunkt, die Art und Weise, die Ursachen und die Umstände seiner Bekehrung. Die Informationen, mit welchen unsere Primärquellen uns versorgen, widersprechen oftmals entweder einander oder den gesicherten oder vermuteten Kenntnissen, die wir über seine frühen Lebensjahre haben. Derart unterschiedliche Auffassungen, solch unterschiedliche Datierungen sind vorgebracht worden, und nach fast einem Jahrhundert der Calvin-Studien hat man so wenig Gewissheit erlangt, dass man ihnen am liebsten Einhalt gebieten möchte, wenn es nicht so wäre, dass es beim Schreiben einer Calvin-Biografie unmöglich ist, die Ereignisse des Jahrzehnts von 1525 bis 1534 zu beschreiben, ohne zu einer Entscheidung zu kommen, ganz gleich, wie vorläufig und zurückhaltend diese ausfallen mag.

Der Ansatz zweier neuerer Autoren (P. Sprenger, *Das Rätsel um die Bekehrung Calvins* und A. Ganoczy, *Le jeune Calvin*) ist sehr begrüßenswert. Der eine unterzieht Calvins Ausdrucksweise über seine Bekehrung einer näheren Untersuchung; der andere ergründet Calvins Darstellung theologisch und versucht zu verstehen, was die Bekehrung in Bezug auf Calvin als einen Mann der Kirche bedeutete. Beiden gegenüber hegt der Verfasser dieser Zeilen eher Sympathie als gegenüber denjenigen, deren vorrangiges Ziel es ist, ein Datum festzulegen. Allerdings scheint es so, dass sich, als Nebenprodukt solcher Forschungen, wie Sprenger und Ganoczy sie angestellt haben, auch eine bestimmte Periode für die Bekehrung herauskristallisiert.

Es ist von allergrößter Bedeutung, welche Quellen wir als Belegmaterial heranziehen. Es ist üblich geworden, (1.) einen Abschnitt aus Calvins Vorrede zu seinem *Psalmenkommentar* (1557) zu benutzen, (2.) eine kurze Stelle aus der *Zweiten Ermahnung an Westphal*, (3.) eine Passage aus der *Antwort an Sadoleto* und (4.) die Darstellungen bei Beza und Colladon. Dem hat Sprenger (5.) noch Calvins Kommentar zu Apostelgeschichte 9 mit der Bekehrung des hl.

Paulus hinzugefügt. Unter diesen Dokumenten denke ich nicht, dass die *Ermahnung an Westphal* in Bezug auf Daten irgendetwas beweist; die Stelle in der *Antwort an Sadoleto* ist ein Glaubensbekenntnis, das in den Mund eines Laien gelegt wurde, der aus der römisch-katholischen Kirche zum evangelischen Glauben konvertiert war. Es besteht genauso wenig Grund für die Identifizierung Calvins mit dem Konvertiten wie für diejenige eines Bühnenautoren mit einer seiner Figuren. Sprengers Vergleich der Ausdruckweise Calvins bezüglich seiner Konversion im Psalmenkommentar mit seiner Ausdrucksweise bezüglich des hl. Paulus ist sowohl aufschlussreich als auch irreführend – aufschlussreich in lexikografischer Hinsicht, irreführend aber insofern, als sie Calvins Bekehrung mit der Bekehrung des Paulus in Zusammenhang bringt. Calvin selbst tut dies nämlich nicht, und sein Schweigen ist bedeutungsvoll. Es ist nicht schwer zu erkennen, warum er sich nicht selbst mit Paulus verglich. Einerseits war Paulus vor seiner Bekehrung ein Verfolger der Kirche gewesen; Calvin hingegen war nie ein Verfolger, weder der Protestanten, noch der Katholiken. Und andererseits wollte Calvin nicht irgendwelche wundersamen Offenbarungen aus dem Himmel für sich in Anspruch nehmen und damit als »geistlich« gelten.

Daher wollen wir nun den Abschnitt aus seiner Vorrede zum *Psalmenkommentar* eingehender ansehen:

»Gott zog mich aus verborgenen und niedrigen Anfängen heraus und übertrug mir jenes höchst ehrenwerte Amt des Verkündigers und Dieners des Evangeliums. Schon als kleinen Knaben hatte mich mein Vater zum Theologen bestimmt. Als er aber sah, dass die Rechtswissenschaft ihre Jünger in der Regel reich macht, da veranlasste ihn diese Hoffnung zu einer plötzlichen Änderung seines Planes. Und so geschah es, dass er mich vom Studium der Philosophie abrief und mich in die juristischen Kollegs schickte. Aus Gehorsam gegen ihn versuchte ich auch, allen Fleiß auf sie zu verwenden. Gott aber lenkte durch den verborgenen Zügel seiner Vorsehung meinen Lauf schließlich doch in eine andere Richtung. Zuerst zwar war ich dem Aberglauben des Papsttums allzu tief verfallen und es war nicht leicht, mich aus diesem tiefen Schlamm herauszureißen. Dann aber zähmte Gott mein weit über mein Alter hinaus verhärtetes Herz durch eine unerwartete Bekehrung zur Belehrbarkeit. Und als ich erst einmal etwas von wahrer Frömmigkeit geschmeckt hatte, überkam mich ein solcher Drang, hier Fortschritte zu machen, dass ich meine übrigen Studien zwar noch nicht gänzlich beiseite warf, sie aber doch wesentlich kühler betrieb. Und bevor ein Jahr vergangen war, sammelten sich um mich, den Neuling und Anfänger, alle die, die nach reiner Lehre Verlangen trugen, um bei mir zu lernen.«[341]

Mit den ersten drei Sätzen brauchen wir keine Zeit zu verbringen. Wir beginnen mit dem vierten Satz.

*Und so geschah es* ... Obwohl keine festen Daten angegeben sind, wird uns hier eine bestimmte Periode genannt, in der er aus dem Studium der Philosophie (d. h. dem Studiengang in den Artes) abgerufen wurde und das Jurastudium aufnahm. Dieser Satz verbietet es uns sicherlich, Bezas und Colladons Behauptungen zu akzeptieren, dass er sich in Paris vom Papsttum wegzubewegen begonnen habe.

... *versuchte ich auch, allen Fleiß auf sie zu verwenden* ... das heißt, auf die Jurisprudenz. Dies ist eine Bestätigung dessen, was wir gerade gesagt haben. Der Kontext der Bekehrung ist sein Jurastudium.

*Gott aber lenkte ... schließlich* ... Calvin richtete sich nunmehr auf eine juristische Laufbahn aus. Gott aber lenkte seinen Kurs um.

*Zuerst zwar* ... Wann ist dieses »zuerst« anzusetzen? Während er versuchte, allen Fleiß zu verwenden, denn dem nächsten Satz zufolge war das Ergebnis dessen, was geschah, dass er anfing, seine übrigen Studien zu vernachlässigen. Wir müssen jedoch sowohl für seine harte Arbeit als auch für seine weniger harte Arbeit Zeit einräumen. Auf jeden Fall sehen wir, dass die Bekehrung während seines Jurastudiums und nicht vorher oder nachher geschah.

... *zähmte Gott ... zur Belehrbarkeit* ... Die Zähmung eines wilden oder unbändigen Tieres ist eine Metapher, die bei Calvin häufig vorkommt. Hier liegt der Nachdruck auf der »Belehrbarkeit«, dem Gegenteil von »verhärtetes Herz« im gleichen Satz (siehe Sprenger, S. 52ff. für eine gründliche Behandlung).

... *durch eine unerwartete Bekehrung*. Gewöhnlich mit »plötzlich« übersetzt. Das Wort *subita* kann aber entweder »plötzlich« oder »unerwartet« bedeuten. Dass Calvin sich dieser Zweideutigkeit

---

341 Die deutsche Übersetzung ist, in zur besseren Übereinstimmung mit der englischen Fassung leicht abgewandelter Form, übernommen worden aus: F. Wendel, *Calvin. Ursprung und Entwicklung seiner Theologie,* Neukirchen 1968, S. 23-24.

bewusst war, wird in seinem *Kommentar über De Clementia* offenbar: »*Subita* – nicht nur plötzlich [*repentina*], sondern auch unerwartet [*inconsiderata*]. Denn Dinge, welche unvorbereitet geschehen, haben kaum einen Zweck. Daher wird *subitum* für unbedacht [*inconsulto*] gebraucht« (Battles und Hugo, S. 55-56). Der Zusammenhang unserer vorliegenden Stelle scheint *inconsiderata* zu erfordern – das heißt, dass die Bekehrung nicht die Folge eines Wunsches oder einer Absicht Calvins war, sondern unerwartet stattfand. Ob sie plötzlich geschah, ist in diesem Kontext irrelevant. Die Bekehrung selbst (für Calvins Gebrauch von *conversio* siehe Sprenger, S. 45ff.) nimmt in diesem Satz nur wenig Raum ein. Wäre der Ausdruck *subita conversione* weggelassen worden, hätten weder die Grammatik noch die Logik darunter gelitten: »Dann aber zähmte Gott mein weit über mein Alter hinaus verhärtetes Herz zur Belehrbarkeit.« Die Bekehrung ist jedoch das, was »zuerst« geschieht. Wir lesen jetzt nicht, dass er aus dem tiefen Schlamm herausgerissen worden und von dem Aberglauben des Papsttums befreit, sondern nur, dass er gezähmt und belehrbar gemacht worden sei.

*... war ich ... allzu tief verfallen ...* In einer Hinsicht führte die Richtung, in welche Calvin sich bewegte, ihn zu einer juristischen Laufbahn; in anderer Hinsicht führte sie ihn auf den Pfad der spätmittelalterlichen Religion. Sprenger bezieht »den Aberglauben« in erster Linie auf die Reliquienverehrung und den gottesdienstlichen Gebrauch von Bildern. Doch damit wird der Begriff zu sehr verengt. »Aberglauben des Papsttums« ist sicher ein Sammelbegriff als Bezeichnung für alles, was Calvin als eine entartete Form des Christentums betrachtete. Aberglaube ist nicht Religionslosigkeit, sondern falsche Religion. Er kann bedeuten, dass man einer falschen Gottesvorstellung huldigt, anstatt sich seiner Selbstoffenbarung zu unterwerfen (so die *Institutio* I, iv, 1; xi, 1 usw.); oder er kann das Übertragen dessen sein, was nicht Gott ist, auf das, was Gott allein gehört (so die *Institutio* II, viii, 16). Calvin sagt nicht, dass er bestimmten abergläubischen Praktiken oder Glaubensüberzeugungen im Papsttum allzu tief verfallen war, sondern dass er dieser abergläubischen Religion, als die er das Papsttum bezeichnete, verfallen war.

*Mein weit über mein Alter hinaus verhärtetes Herz.* Das heißt, dass es in seiner Anhänglichkeit an die römische Kirche verhärtet war. Diese Klausel ist ein nützlicher Hinweis auf die Periode im Leben Calvins, in welcher er sich bekehrte. Wir dürfen die Bekehrung nicht in einem Alter ansetzen, als seine Überzeugungen gefestigt waren und er selbst diesbezügliche Entschlossenheit zeigte. Folglich sind, wenn man die frühere geistige Reife in jenem Jahrhundert bedenkt, seine Mittzwanziger Jahre (d. h. etwa um 1534, eine von vielen bevorzugte Datierung) zu spät angesetzt. Q. Breen schreibt diesbezüglich etwas Unglückliches:»Calvin bekehrte sich ... zu einem recht späten Zeitpunkt in seinem Leben. Bis zu seinem 24. Lebensjahr war er fast völlig dem humanistischen Ideal ergeben. In der Regel erleben junge Leute ihre Bekehrung als Lebensveränderung, bevor sie achtzehn sind!« (S. 146).

*Überkam mich ein solcher Drang...* Die Auswirkung seiner Bekehrung auf seine Jurastudien. Der Gedankengang ist der folgende:»Ich versuchte mein Bestes, um hart zu arbeiten: Gott zähmte mein Herz durch eine unerwartete Bekehrung. Ich ging meinen anderen Studien wesentlich kühler nach.« *Imbutus* hat mehr als eine Bedeutung. Der Sinn eines Beginns passt hier am besten (vgl. Augustinus:»qui fide christiana primitus imbuti sunt« – *Catechesis I. I.* Siehe andere Beispiele bei A. Blaise, *Dictionnaire Latin-Français des Auteurs Chrétiens*). Dementsprechend wird»geschmeckt« bei Calvin im Gegensatz zum Erfülltsein benutzt; im Deutschen würden wir von»einem bloßen Vorgeschmack« sprechen (siehe seine Kommentare zu Hebr 6,4-5, 1. Petr 2,3).»Wahre Gottseligkeit« ist im Gegensatz zu»dem Aberglauben des Papsttums« zu verstehen. Jener ist die fälschlich sogenannte *pietas*; was Calvin nun schmeckte, war die echte *pietas*.

*Meine übrigen Studien.* Calvin hat, seit er das Jurastudium erwähnte, nicht von anderen Studien gesprochen. *Reliqua* kann einfach»andere« bedeuten, sodass er hier von»meinen anderen Studien« sprechen könnte, welche dies auch immer gewesen sein mögen. Wenn wir aber der Argumentation folgen:»Studium der Philosophie«,»juristische Kollegs«,»versuchte ich auch, allen Fleiß auf sie zu verwenden«, »eine unerwartete Bekehrung«,»dass ich meine übrigen Studien ...

wesentlich kühler betrieb«, dann wäre der wahrscheinlichste Sinn von *reliqua* »das Übriggebliebene« von seinen Jurastudien. Er gibt seine Arbeit am Recht nicht gänzlich auf, aber sie wird durch den Wunsch, in der wahren Gottseligkeit Fortschritte zu machen, relativiert oder verringert. Das vergleichende Wort *frigidius* ist daher in Beziehung sowohl zu »versuchte ich auch, allen Fleiß auf sie zu verwenden« als auch auf *exarsi* zu setzen. Folglich lautet der Sinn: »Ich brannte darauf, Fortschritte zu machen; den Rest meiner Studien betrieb ich wesentlich kühler«; und »damals versuchte ich auch, allen Fleiß auf sie zu verwenden; jetzt betreibe ich den Rest meiner Studien wesentlich kühler«.

*Bevor ein Jahr vergangen war.* Muss dies als ein Hinweis auf ein Kalenderjahr verstanden werden, wie man es gewöhnlich tut? Aufgrund dieser Formulierung wird die Bekehrung so spät wie möglich angesetzt, denn man sagt, dass wir vor etwa 1534 nicht feststellen könnten, dass Leute zu Calvin kämen, um von ihm zu lernen. Gegen diese Schlussfolgerung aus dem Stillschweigen brauchen wir lediglich einzuwenden, dass unsere Kenntnis über seine frühen Lebensjahre zu gering ist, als dass wir hierin sicher sein könnten. Wenn *annus* hier ein Kalenderjahr meint, dann müssen wir mit Calvin als einem Zentrum evangelischen Wirkens schon zu einem früheren Zeitpunkt rechnen, als wir es für möglich gehalten hätten. Dies ist der wahrscheinlichste Sinn von *annus*. Ich möchte aber noch einen anderen vorschlagen.

*Den Neuling und Anfänger.* Mit etwas Zögern möchte ich fragen, ob die Worte *conversio, docilitas, novitius, tiro* und *annus* nicht gemeinsam ein einziges Bild darstellen könnten, das des Eintritts in das Klosterleben? Der erste Eintritt ins Ordenshaus war die *conversio* von der Welt. Der *novitius*, der Novize, war der Mönch in seiner Probezeit. *Tiro* hingegen, das ursprünglich ein Armeewort für einen Rekruten war, wurde von christlichen Autoren für Katechumenen gebraucht (vgl. Commodianus, *Instructiones* 2, 4, 5; oder Augustinus: »tiro Christi loquitur, cum accedit ad fidem« – *Enarrationes in Psalmos* 26, 1, 1). Das Noviziat dauerte gewöhnlich ein Jahr. Betrachtet Calvin nun sein Leben in diesem metaphorischen Sinne und seine

Bekehrung als eine *conversio* zum Leben eines Religiösen, ein Leben, in welchem alles Gott gewidmet und geweiht war?

Ist es aufgrund unserer Lektüre dieses Abschnitts aus der Vorrede möglich, einen wahrscheinlichen Zeitpunkt für die Bekehrung anzugeben? Eines scheint auf jeden Fall klar aus ihr hervorzugehen: Wenn Calvin sich richtig an die Ereignisfolge erinnerte, dann muss seine Bekehrung während seines Jurastudiums angesetzt werden. Eine Datierung vor Orléans ist inakzeptabel, ebenso wie eine Datierung nach seiner Erlangung des Lizenziats. Wenn also die Jahre 1525 (1526) und der März 1531 die Anfangs- und Endtermine sind, dann müssen wir eine Zeit einräumen, in der er hart arbeitete, und eine Zeit (die möglicherweise kürzer ausfiel), in der er seine Studien kühler betrieb. Irgendein Zeitpunkt zwischen 1528 und dem Frühjahr 1530 wäre möglich. Falls die Abwanderung nach Bourges jedoch auf eine ungebrochene Begeisterung für das Jurastudium hindeuten sollte, müssten wir einen Zeitpunkt nach dem Frühjahr 1529 annehmen. Falls die Geschichten über sein Predigen in Bourges aber einen wahren Kern haben, müssen wir auch dafür Zeit einräumen. Das spätere Ende des Jahres 1529 oder das Frühjahr 1530 scheinen dann angezeigt zu sein. Hiernach bricht Calvin seine Jurastudien nicht gänzlich ab. Er kehrt im Oktober 1530 (?) für den letzten Teil seines Kurses nach Orléans zurück und erwirbt sein Lizenziat. Er geht für weitere Studien nach Paris und stellt den *Kommentar zu De Clementia* fertig.

Nun zur Aufgabe der Kaplanspfründe im Mai 1534. Hätte, so fragt man, ein gewissenhaft ehrlicher Mensch wie Calvin weiter von einem groben Missbrauch profitieren wollen, wenn er ihn einmal als einen Missbrauch erkannt hätte? Daher bekehrte er sich ganz kurz vor dieser Handlung. Die Tatsache jedoch, dass er die wahre Gottseligkeit geschmeckt hatte, bedeutet nicht, dass er bei allen ethischen Problemen sofort die richtige Lösung hatte. Tatsächlich sah er es 25 Jahre später als die Pflicht des Staates an, unbußfertige Häretiker hinzurichten. Gewiss ist es viel wahrscheinlicher, dass er diese Einkommensquellen als Beihilfen für seine Ausbildung betrachtete. Er war nun schon fast 25; seine Studentenzeit war vorbei;

die Priesterweihe zog er überhaupt nicht mehr in Erwägung. Daher hatte er kein Recht mehr, seine Kaplanspfründe zu behalten.

# Abkürzungsverzeichnis

| | |
|---|---|
| OC | Opera Calvini (Corpus Reformatorum) |
| Op. sel. | Opera selecta (Barth und Niesel) |
| CTS | Calvin Translation Society |
| ET | English Translation of Calvin's letters |
| | (Englische Übersetzung der Briefe Calvins) |
| LCC | Library of Christian Classics |

# Quellen und Sekundärliteratur

Es gibt vier Hauptinformationsquellen über das Leben Calvins. Erstens die zeitgenössischen Register; zweitens die Korrespondenz; drittens zeitgenössische Chroniken; viertens zeitgenössische oder annähernd zeitgenössische Biografien.

*Register.* Die heute verlorenen Register des Kathedralkapitels von Noyon sind nur durch die Abschriften einiger Einträge und durch eine Sammlung aus dem 18. Jahrhundert bekannt. Diejenigen, die einen Bezug zu Calvin aufweisen, sind in Lefranc, *La Jeunesse*, abgedruckt worden. Die Korrektur einiger Daten durch K. Müller sollte beachtet werden (*Calvins Bekehrung*). Für die spätere Periode haben wir die Register der Genfer Räte und der *Compagnie des pasteurs*. Auszüge aus den ersteren sind in OC, Bd. 21, nachgedruckt worden. Die letzteren sind als zwei von Bergier und Kingdon edierte Bände und als Auswahl in der englischen Übersetzung von Hughes erschienen.

*Korrespondenz.* Calvins Briefwechsel füllen die Bände 10b bis 20 in OC. Viel weiteres Material im Zusammenhang mit Calvin und seinem Kreis ist in den neun Bänden von Herminjard zu finden, die jedoch im Jahre 1544 aufhören. Die englische Übersetzung von Calvins eigenen Briefen von D. Constable und M. R. Gilchrist wurde zu früh veröffentlicht, um noch die Vorteile der wertvollen Fußnoten bei Herminjard und in OC nutzen zu können. Die Qualität der Übersetzung ist überdies schlecht und gab zu vielen spöttischen Bemerkungen in den Fußnoten der OC Anlass.

*Chroniken.* Diese stehen in Beziehung zu Genf und sind bereits, wie man erwarten kann, sehr gründlich durchgearbeitet worden. Sie stammen von der Nonne Jeanne le Jussie, welche die frühen Jahre der Reform in der Stadt durchlebte, von Michael Roset, dem Ratssekretär, von Antoine Froment, einem der frühen Evangelisten, und von François Bonivard, dem Gefangenen von Chillon.

*Biografien.* Die früheste autobiografische Skizze Calvins steht in der Vorrede zu seinem *Psalmenkommentar* (OC, Bd. 31, Sp. 23ff.). Sie bietet den knappsten Überblick über sein Leben und wurde mit der

Absicht verfasst, die Schritte zu markieren, die ihn zu seinem Dienst geführt hatten. Die nächsten drei Lebensbeschreibungen hängen miteinander zusammen. Die erste von Beza (der ich den Kurztitel Beza 1 gegeben habe) war in französischer Sprache abgefasst und bildete die Vorrede zu dem postum publizierten *Josuakommentar* (1564). Die zweite, die ebenfalls eine Vorrede zum *Josuakommentar* darstellt (1565), wurde unter Bezas Namen herausgegeben, war aber tatsächlich das Werk von Nicolas Colladon. Die dritte war in lateinischer Sprache verfasst; sie hieß *Ioannis Calvini Vita*, stammte von Beza und war in seiner Ausgabe der *Calvini Epistolae et Responsa* (1575) enthalten (ihr habe ich den Kurztitel Beza 2 gegeben). Der Wert dieser Lebensbeschreibungen besteht darin, dass sie von Männern verfasst wurden, die Calvin gut kannten (Beza lernte ihn wahrscheinlich in Bourges kennen) und die in Kontakt mit seinen frühen Freunden waren. Colladons Darstellung stellt auch eine Primärquelle für die Daten der Predigt- und Vorlesungstätigkeit Calvins dar. Diese Lebensbeschreibungen enthalten Unrichtigkeiten, aber die Skepsis hinsichtlich ihrer allgemeinen Richtigkeit, die einige Autoren zeigen, ist überzogen. Sie können ruhig akzeptiert werden, es sei denn, faktisch bestätigte Beweise (und nicht bloße Mutmaßungen) widersprechen ihnen. Bolsecs *Histoire de la vie, moeurs, constance et mort de Jean Calvin* (1577), in der er nur darauf bedacht war, seinen alten Feind zu verleumden, kann vernachlässigt werden. Doch Le Vasseur gab sich in seinen *Annales* (1633), die nicht weniger scharf waren, wenigstens die Mühe, die Register von Noyon heranzuziehen sowie einige alte Einwohner jener Stadt zu befragen, die schon als zweite Generation etliches überliefern konnten. Desmay basierte seine *Remarques* ebenfalls auf die Register von Noyon und auf »Gespräche, welche ich mit denen führte, die Calvins Zeitgenossen noch gesehen und mit ihnen gelebt hatten« (S. 398). Von seinem Werk in seiner Gesamtheit heißt es, dass es nicht mehr erhalten und nur noch durch Cimber und Danjou, *Archives curieuses*, bekannt sei, welche Desmays Darstellung als aus dem Jahre 1621 stammend datieren. Diese Herausgeber druckten die ersten dreißig Seiten nicht ab, »weil sie nur weniger wichtige Auskünfte über die Eltern Calvins enthalten« (S. 387, Fußnote 1). Tatsächlich gibt es aber ein Exemplar von Desmay in der British Library; die ersten Seiten enthalten aber (wie Doumergue es sah und ich es bestätigen konnte) nur einen Aufsatz über die anglikanische Liturgie. Papire Massons sehr ordentliche Lebensbeschreibung Calvins in seinen *Elogia varia* (1638) bedient sich ebenfalls der Tradition aus Noyon.

Unter den späteren Werken steht Doumergue, trotz der aus seiner Parteilichkeit resultierenden Fehler und seiner mangelnden Ausgewogenheit mit seinem Reichtum an detaillierten Informationen alleine da. Lefrancs *La Jeunesse* war eine Pionierarbeit, die bis heute nicht übertroffen worden ist. Seine Schwäche ist, dass er, als ein Nachkomme der Familie von Calvins Mutter, über Calvin ausschließlich in seiner Beziehung zu Noyon schreibt. Er gibt auch eine größere Detailkenntnis vor, als wir sie wirklich besitzen.

Die nachfolgende Liste enthält nur die Namen von Werken, die in den Fußnoten erwähnt werden. Siehe für erschöpfende Bibliografien, zunächst bis 1900: OC, Bd. 59, Sp. 517-586; von 1901 bis 1959: W. Niesel, *Calvin-Bibliografie 1901-1959*, München 1961; von 1960-1972: J. N. Tylenda, *Calvin Bibliography 1960-1970* und P. De Klerk: *Calvin Bibliography 1972*, beide im Calvin Theological Journal, Band 6, Nr. 2; Band 7, Nr. 2, und jährlich fortgeführt.

## Die Schriften Calvins

*Ioannis Calvini Opera quae supersunt omnia.* Ediderunt G. Baum, E. Cunitz, E. Reuss, 59 Bde., Braunschweig und Berlin 1863-1900 [Edition Corpus Reformatorum].

[A.d.Ü.: Dem Übersetzer lag diese unentbehrliche Zusammenstellung aller Werke Calvins als DVD-ROM vor: *Calvini Opera Database 1.0.* Edited by: Instituut voor Reformatieonderzoek, Apeldoorn, The Netherlands, Copyright 2005 (Bezugsmöglichkeit über http://www. instituutreformatieonderzoek.nl/english/index.html, Zugriff am 17. September 2008). Herrn Prof. Dr. Herman J. Selderhuis sei sowohl für die Herausgabe dieses wichtigen Speichermediums als auch für dessen kostenlose Überlassung zum Zwecke der Übersetzung der vorliegenden Biografie ins Deutsche herzlich gedankt!]

*Joannis Calvini Opera Selecta.* Ediderunt P. Barth, W. Niesel, D. Scheuner, 5 Bde., München 1926-1952.

*Supplementa Calviniana. Sermons inédits.* Neukirchen (1936) 1961ff. Noch nicht abgeschlossen.

Johannes Calvin, *Unterricht in der christlichen Religion = Institutio Christianae religionis.* Nach der letzten Ausgabe übersetzt und bearbeitet von Otto Weber, Neukirchen ⁶1997 (http://www.calvin-institutio.de/, Zugriff am 17. September 2008).

*Calvin Translation Society*, 47 Bde., Edinburgh 1843ff.

*Calvin: Theological Treatises.* Translated with introductions and notes by J. K. S. Reid, Library of Christian Classics, Bd. XXII, London 1954.

*Calvin's Commentary on Seneca's »De Clementia«.* With introduction, translation and notes by F. L. Battles and A. M. Hugo, Published for the Renaissance Society of America, Leiden 1969.

A.-L. Herminjard, *Correspondance des Réformateurs dans les pays de langue française.* Recueillie et publiée avec d'autres lettres relatives à la Réforme et des notes historiques et biographiques, 9 Bde., Genf und Paris 1866–1897.

*Letters of John Calvin.* Compiled from the original manuscripts und edited with historical notes by Dr. Jules Bonnet, Bd. 1–2, translated by David Constable, Edinburgh 1855, 1857; Bd. 3–4, translated by M. R. Gilchrist, New York 1858 (ND 1972 und 1973).

## Register und Chroniken

Noyon: Relevante Auszüge abgedruckt in Lefranc, *La Jeunesse*, S. 193-201, und in Le Vasseur, *Annales.*

Orléans: Relevante Auszüge abgedruckt in Doinel, *Calvin à Orléans.*

Genf: *Registre du Conseil.* Relevante Auszüge abgedruckt in OC, Bd. 21.

Registres de la compagnie des pasteurs de Genève au temps de Calvin. Édités par R. M. Kingdon und J.-F. Bergier, 3 Bde., Genf 1962, 1964, 1969 (*Travaux d'Humanisme et Renaissance*, Bd. 55 und 107).

The Register of the Company of Pastors in the Time of Calvin. Edited and translated by P. E. Hughes, Grand Rapids 1966.

François Bonivard, *Chroniques de Genève*, édités par G. Revelliod, Genf 1867.

Antoine Froment, *Les Actes et Gestes Merveilleux de la Cité de Genève*, édités par G. Revelliod, Genf 1854.

Jeanne le Jussie, *Le levain du Calvinisme*, Genf 1865.

Jean Roset, *Les Chroniques de Genève*, édités par H. Fazy, Genf 1894.


## Frühe Biografien

Beza 1. *Theodore de Besze au Lecteur chrestien*, als Vorrede zu den *Commentaires sur le livre de Iosue*, Genf 1564 (OC, Bd. 21, Sp. 21-50).

Colladon. *Commentaires de M. Iean Calvin sur le livre de Iosué*. Avec une Preface de Theodore de Besze, contenant en brief l'histoire de la vie et mort d'iceluy, Genf 1565 (OC, Bd. 21, Sp. 51-118).

Beza 2. *Ioannis Calvini Vita*, in: *Calvini Epistolae et Responsa*, Genf 1575 (OC, Bd. 21, Sp. 119-172).

Jacques Desmay, *»Remarques sur la Vie de Jean Calvin, tirées des Registres de Noyon, ville de sa naissance«*, in: L. Cimber und F. Danjou: *Archives Curieuses de l'Histoire de Frankreich depuis Louis XI jusqu'à Louis XVIII*, Bd. 5, Paris 1835, S. 387-398.

Jacques Le Vasseur, *Annales de l'Eglise Cathedrale de Noyon, jadis dites de Vermand*, Paris 1633.

Masson: *Cl. Viri Io. Papirii Massonis … Elogia Varia …*, Paris 1638.


## Andere frühe Werke

Bayle: *The Dictionary Historical und Critical of Mr. Peter Bayle*, 5 Bde., London ²1734–1738.

Cellini: *The Life of Benvenuto Cellini written by himself,* Translated by A. Macdonell (Everyman edition), London 1960.

*Corpus Iuris Civilis.* Editio stereotypa. Ediert von P. Krüger, T. Mommsen, R. Schoell und G. Kroll, Berlin 1872, 1877, 1895.

Cranmer: *The Miscellaneous Writings und Letters of Thomas Cranmer,* Edited for the Parker Society by J. E. Cox, Cambridge 1846.

D. Reichling, *Das Doctrinale des Alexander de Villa-Dei.* Kritisch-exegetische Ausgabe mit Einleitung, Verzeichniss der Handschriften und Drucke, nebst Registern, Berlin 1893.

*Desiderii Erasmi Roterodami Opera Omnia ...,* 9 Bde., Lugduni Batavorum 1703–1706.

*Opus Epistolarum Des. Erasmi Roterodami denuo recognitum et auctum per P. S. Allen & H. M. Allen,* Oxford 1934.

Jewel: *The Works of John Jewel, the Third Portion,* Edited for the Parker Society by J. Ayre, Cambridge 1848.

François Rabelais, *The Histories of Gargantua und Pantagruel,* Translated by J. M. Cohen, London 1955.

Ridley: *The Works of Nicholas Ridley.* Edited for the Parker Society by H. Christmas, Cambridge 1841.


## Sekundärliteratur


J. E. Bimbenet, *Histoire de l'Université de Lois d'Orléans,* Paris und Orléans 1853.

*Biografie universelle* (Michaud). Nouvelle édition, Paris und Leipzig 1843–1847.

A. Blaise, *Dictionnaire Latin-Français des Auteurs Chrétiens,* Paris 1954.

J. Bohatec, *Calvin und das Recht,* Graz 1934.

C. Borgeaud, *Histoire de l'Université de Genève.* Bd. 1: *L'Academie de Calvin, 1559–1798,* Genf 1900.

J. Boussard, »L'Université d'Orléans et L'Humanisme au début du XVIe Siècle«, in: *Humanisme et Renaissance* 5, 1939, S. 209-230.

Q. Breen, *John Calvin: A Study in French Humanism,* Hamden (CT) [2]1968.

V. Carrière, »La Sorbonne et L'Evangélisme au XVIe siècle«, in: *Aspects de l'Université de Paris*, Paris 1949.

C. Cuissard, *L'Etude du Grec à Orléans depuis le IXe siècle jusqu'au milieu du XVIIIe siècle*, Orléans 1883.

J. Dagens, »Humanisme et Evangélisme chez Lefèvre d'Etaples«, in: *Courants Religieux et Humanisme à la fin du XVe et au début du XVIe Siècle* (Collogue de Strasbourg 9.-11. Mai 1957), Paris 1959.

H. Dörries, »Calvin und Lefèvre«, in: *Zeitschrift für Kirchengeschichte* 44/4, 1925, S. 544-581.

J. Doinel, »Jean Calvin à Orléans. Date précise de son sejour d'aprés des documents inédits«, in: *Bulletin de la Société de l'histoire du Protestantisme français*, Bd. XXVI, 1877, S. 174-185.

E. Doumergue, *Jean Calvin. Les hommes et les choses de son temps*, 7 Bde., Lausanne 1899–1927.

M. Fournier, *Histoire de la science du droit en France*. Bd. 3: *Les Universités françaises et l'enseignement du droit en France au Moyen-Age*, Paris 1892, ND Aalen 1970.

B. Gagnebin, *L'incroyable histoire des Sermons de Calvin*, Genf 1955.

A. Ganoczy, *Le jeune Calvin: Genèse et évolution de sa vocation réformatrice*, Wiesbaden 1966.

P.-F. Geisendorf, *L'Université de Genève*, Genf 1959.

M. Godet, »Le Collège de Montaigu«, in: *Revue des Etudes Rabelaisiennes*, Bd. VII, Paris 1909, S. 285-305.

M. Godet, *La Congrégation de Montaigu* (1490–1580), Paris 1912.

K. Holl, »Johannes Calvin« (1909), in: Ders., *Gesammelte Aufsätze*, Bd. 3: Der Westen, Tübingen 1928, S. 254ff.

W. A. Hunter, *Introduction to Roman Law*. Revised by F. H. Lawson, London [9]1934.

P. Imbart de la Tour, *Les Origines de la Réforme*. Bd. 3: *L'Evangélisme (1521–1538)*, Paris 1914.

H. F. Jolowicz, *Historical Introduction to the Study of Roman Law*, Cambridge 1939.

P. Kibre, *The Nations in the Mediaeval Universities*, Cambridge (MA) 1948.

H. Lecoultre, »Une grève d'étudiants au XVIe siécle«, in: *In Memoriam. Mélanges*, Lausanne o.J., S. 67-83.

A. Lefranc, *La Jeunesse de Calvin*, Paris 1888.

J. W. Marmelstein, *Etude comparative des textes latins et français de l'Institution de la religion chrestienne par Jean Calvin*, Groningen und Den Haag 1921.

P. Mesnard, »Jean Calvin, étudiant en droit, à Orléans«, in: *Actes du Congrès sur l'ancienne Université d'Orléans*, Orléans 1962, S. 81-91.

E. W. Monter, *Calvin's Geneva*, New York 1967.

M. Mousseaux, *Briçonnet et le mouvement de Meaux*, Paris 1923.

J. B. Mozley, *A Treatise on the Augustinian Doctrine of Predestination*, London 1878.

E. Mülhaupt, *Die Predigt Calvins, ihre Geschichte, ihre Form und ihre religiösen Grundgedanken*, Berlin 1931.

K. Müller, »Calvins Bekehrung«, in: *Nachrichten von der Königlichen Gesellschaft der Wissenschaften zu Göttingen*, Göttingen 1905, S. 188-255.

H. Naef, *Les origines de la Réforme a Genève*, Genf 1936.

W. Niesel, *Die Theologie Calvins*, München 1938, [2]1957.

J. Pannier, »Comment Calvin a révisé les editions successives de l'Institution«, in: *Bulletin de la Société de l'histoire du Protestantisme français*, Bd. LXXIX, 1930, S. 79-81.

T. H. L. Parker, *Calvin's Doctrine of the Knowledge of God*, Edinburgh 1969.

T. H. L. Parker, *Calvin's New Testament Commentaries*, London 1971, Edinburgh [2]1993.

T. H. L. Parker, *Calvin's Old Testament Commentaries*, Edinburgh 1986, [2]1993.

T. H. L. Parker, *The Oracles of God. An Introduction to the Preaching of John Calvin*, London 1947, Cambridge [2]2002.

T. H. L. Parker, *Calvin's Preaching*, Edinburgh 1992.

T. H. L. Parker, *Calvin. An Introduction to his Thought*, London 1995.

R. Peter, »Jean Calvin, Avocat du Comte Guillaume de Fürstenberg: Eléments d'un dossier«, in: *Revue d'Histoire et de Philosophie Religieuses*, Nr. 1, 1971, S. 63-78.

R. Peter, »Notes de Bibliografie Calvinienne à propos de deux ouvrages récents«, in: *Revue d'Histoire et de Philosophie Religieuses*, Nr. 1, 1971, S. 79-81.

J. Quicherat, *Histoire de Sainte-Barbe, Collège, Communauté, Institution*, 2 Bde., Paris 1860.

Hastings Rashdall, *The Universities of Europe in the Middle Ages*. Edited by F. M. Powicke and E. B. Emden, 3 Bde., Oxford 1936.

L. Raynal, *Histoire du Berry depuis le temps les plus anciens jusqu'en 1789*, Bd. 3, Bourges 1844.

A. Renaudet, *Préréforme et Humanisme à Paris pendant les premières guerres d'Italie* (1497–1517), Paris ²1953.

A. Renaudet, »L'Humanisme et l'Enseignement de l'Université de Paris au temps de la Renaissance«, in: *Aspects de l'Université de Paris*, Paris 1949, S. 135-155.

A. Renaudet, »Paris de 1494 à 1517: Eglise et Université; Rèformes Religieuses; Culture et Critique humaniste«, in: *Courants Religieux*, S. 5-24.

A. Renaudet, »Un problème historique, la pensée religieuse de Lefèvre d'Etaples«, in: *Humanisme et Renaissance*, Genf 1958, S. 201-216.

M. Reulos, »Les attaches de Calvin dans la région de Noyon«, in: *Bulletin de la Société de l'Histoire du Protestantisme français*, Paris 1964, S. 193-200.

K. Reuter, *Das Grundverständnis der Theologie Calvins*, Neukirchen 1963.

H. Y. Reyburn, *John Calvin, his life, letters and work*, London 1914.

A. Richardson, *Dictionary of Christian Theology*, London 1969.

A. Roget, *Histoire du peuple de Genève depuis la Réforme jusqu'à l'Escalade*, 7 Bde., Genf 1870–1887.

F. C. von Savigny, *Geschichte des römischen Rechts im Mittelalter*, 6 Bde., Heidelberg 1815–1831.

P. Sprenger, *Das Rätsel um die Bekehrung Calvins*, Neukirchen 1960.

L. Thorndike, *University Records and Life in the Middle Ages*, New York 1949.

C. Thurot, *De l'Organisation de l'Enseignement dans l'Université de Paris au*

*Moyen-Age*, Paris und Besançon 1850.

P. E. Viard, *André Alciat 1492–1550*, Paris 1926.

R. Villoslada, *La Universidad de Paris durante los estudios de Francisco de Vitoria (1507–1522)*, Analecta Gregoriana XIV, Rom 1938.

W. Walker, *John Calvin, the Organizer of Reformed Protestantism 1509–1564*, New York 1906 und 1910.

B. B. Warfield, *The literary History of the Institutes of the Christian Religion*, Philadelphia 1909.

F. Wendel, *Calvin. Ursprung und Entwicklung seiner Theologie*, Neukirchen 1968.

# Register

Acatus 282
Accursius 48
Agnetus 72
d'Ailly 41
Alciati 56-59, 64, 299
Alexander de Villa-Dei 31
Allen 68, 316
d'Amboise 278
Amboise, Frieden von 278
Amboise, Verschwörung von 278
Ambrosius 204
Ameaux 192-193
d'Andelot 265
Anne de Bretagne 29
Appian 242
Apuleius 70
Aristoteles 33, 40-41, 149, 300
Arneys 228
Arnoullet 227
Aubert 239
Augustinus 88, 174, 204, 214-215, 217-218, 305-306

Baduel 240
de Barry 277-278
Barth, K. 10
Barthélémi 17
Bartholus 48, 52
Basel 15, 17, 22, 75, 79-80, 111-112, 115, 121, 129, 138-140, 151-152, 169, 218, 221, 223, 228, 232, 237, 285, 291
Battles 29, 70, 72, 298, 304, 314
de la Baume 118, 120
Bayle 17, 315
Beaujeu 60
Béda (oder Bédier) 17-19, 35, 74, 273
du Bellay 60
Bérauld, F. 242

Kirche:
    Artikel zur Organisation 130 ff.
    Compagnie des pasteurs 176, 213, 231, 311, 315
    *Congrégation* 171, 176, 213-214, 284
    Dienst 126, 165 ff., 169-171, 175, 195-196
    frühe Reform 120-121
    Glaubensbekenntnis 132-135, 274
    Gottesdienst 132, 171 ff.
    Heiliges Abendmahl 131, 167 f.
    Katechese 132-133
    Kirchenzucht 131-132, 166 f., 190 f., 235-237
    Konsistorium 167 f., 176, 190, 192-193, 210, 212, 220, 235-237
    *Ordonnances ecclesiastiques* 165-170, 173, 176 f., 191 f., 235 f., 240, 243
    Pfarrgemeinden 166
    Psalter 174 f.
Gentile 234, 269
Gérard (oder Girard) 203-205
Gerson 33
Gilchrist 311, 314
Godet 34, 317
Gregor 204
Greiter 175
Groote 34
Gruet 208 f.
Guéroult 227
Guise 277 f.

Hall, R. 267
Familie Hangest:
    Hangest, A. 29
    Hangest, Charles 28
    Hangest, Claude 52, 55 f., 71
    Hangest, J. 30
Heinrich II., von Frankreich 209, 272, 277
Hermann, Erzbischof von Köln 263
Hermann, von Lüttich 140 f.
Herminjard 24, 64, 59 f., 72, 74, 79 f., 139 f., 142-143 ff., 157 ff., 165, 169-171, 179 f., 191, 242, 248, 255, 257 f., 260, 299 f., 311, 314
Heßhusius 259

Cornelia Dömer

# Mit Martin Luther unterwegs

Entdecken Sie Martin Luther ganz neu –
auf Wochenendausflügen oder bei
Schaukelstuhl-Lesereisen.

Klappenbroschur 11,8 x 21 cm,
160 Seiten,
Nr. 394.879,
ISBN 978-3-7751-4879-5

Er ist eine der drei wichtigsten Personen des vergangenen Jahrtausends, so das »Life Magazin« über Martin Luther. Mit seinen Ideen hat er die Welt verändert. Dieser Reiseführer macht das bewegte Leben des Reformators lebendig. Von Eisenach bis Wittenberg, von Erfurt bis zur Wartburg. An unzähligen Stätten entdeckt der Leser die Spuren von Luther. Dr. Cornelia Dömer erklärt Geschichte und Geschichten, die dahinterstecken. Zahlreiche Farbfotos, Stadtpläne und Adressen machen das Büchlein zu einem idealen Begleiter für unterwegs.

*Bitte fragen Sie in Ihrer Buchhandlung nach diesem Buch!*
*Oder schreiben Sie an: SCM Hänssler, D-71087 Holzgerlingen;*
*E-Mail: info@scm-haenssler.de*

Heinrich Fausel

# D. Martin Luther

Gb., 13,5 x 20,5 cm,
560 Seiten,
Nr. 394.189,
ISBN 978-3-7751-4189-5

»Dass ich aber Baccalaureus und Magister wurde, dann das braune Barett ablegte, andern überließ und Mönch wurde, … und dass ich dann trotzdem dem Papst in die Haare geriet und er mir wieder, dass ich eine entlaufene Nonne zum Weibe nahm, – wer hat das in den Sternen gelesen?«

In voller Breite Luther selbst reden zu lassen. Seine Stimme zu hören, anstatt sich Bilder von ihm zu machen. Das ist das Ziel von Professor Heinrich Fausel. Dabei stützt sich der Autor vor allem auf Luthers Tischreden, Briefe und diejenigen Schriften, in denen der Reformator besonders unmittelbar und unbekümmert spricht.

Fausels Meisterwerk erstmals in einem Band – mit fünf ergänzenden Registern.

*Bitte fragen Sie in Ihrer Buchhandlung nach diesem Buch!*
*Oder schreiben Sie an: SCM Hänssler, D-71087 Holzgerlingen;*
*E-Mail: info@scm-haenssler.de*